艺文中的政治

南宋士大夫的文化活动与人际关系

黄宽重 著

北京大学出版社
PEKING UNIVERSITY PRESS

图书在版编目(CIP)数据

艺文中的政治：南宋士大夫的文化活动与人际关系/黄宽重著. —北京：北京大学出版社，2020.6
（未名中国史丛刊）
ISBN 978-7-301-31045-8

Ⅰ.①艺…　Ⅱ.①黄…　Ⅲ.①知识分子–研究–中国–南宋　Ⅳ.①D691.71

中国版本图书馆CIP数据核字（2020）第015461号

书　　　名	艺文中的政治——南宋士大夫的文化活动与人际关系 YIWEN ZHONG DE ZHENGZHI—— NANSONG SHIDAFU DE WENHUA HUODONG YU RENJI GUANXI
著作责任者	黄宽重　著
责 任 编 辑	刘书广　王立刚
标 准 书 号	ISBN 978-7-301-31045-8
出 版 发 行	北京大学出版社
地　　　址	北京市海淀区成府路205号　100871
网　　　址	http://www.pup.cn　新浪微博:@北京大学出版社
电子信箱	zpup@pup.cn
电　　　话	邮购部 010-62752015　发行部 010-62750672 编辑部 010-62755217
印 刷 者	三河市北燕印装有限公司
经 销 者	新华书店
	650毫米×980毫米　16开本　17.5印张　277千字 2020年6月第1版　2021年2月第2次印刷
定　　　价	56.00元

未经许可，不得以任何方式复制或抄袭本书之部分或全部内容。
版权所有，侵权必究
举报电话: 010-62752024　电子信箱: fd@pup.pku.edu.cn
图书如有印装质量问题，请与出版部联系，电话:010-62756370

出版弁言

北京大学中国古代史研究中心，自20世纪80年代初一路走来，已经将近而立之年。

中心创立伊始，我们的前辈邓广铭、周一良、王永兴、宿白、田余庆、张广达等先生曾经共同制定了"多出人才，快出人才；多出成果，快出成果"的方针。全体同人在这片清新自由的学术天地中勤勉奋励，从容涵育，术业各自有专精，道并行而不相悖。

为有效凝聚学术力量，积极推动中国古代史研究的持续发展，并集中展示以本中心科研人员为主的学术成果，我们决定编辑"未名中国史丛刊"。"丛刊"将收入位于前沿、专业质量一流的研究成果，包括中心科研人员、兼职人员、参加中心项目成员和海外长期合作者的个人专著、文集及重大项目集体研究成果等。

致广大，尽精微，这是中心学人共同的方向。我们将为此而努力。

北京大学中国古代史研究中心
2011年7月

未名中国史丛刊

（第十五种）

丛刊编委会

主　编　邓小南
副主编　侯旭东
编　委　（依音序排列）
　　　　邓小南（北京大学中国古代史研究中心）
　　　　侯旭东（清华大学历史系）
　　　　罗　新（北京大学中国古代史研究中心）
　　　　荣新江（北京大学中国古代史研究中心）
　　　　沈卫荣（中国人民大学国学院）
　　　　王利华（南开大学历史学院）
　　　　吴玉贵（中国社会科学院历史研究所）
　　　　张　帆（北京大学历史系）

目 录

代绪论：南宋政治、社会与文化的发展 …………………………… 1

议题编

壹 南宋政治史研究的三重视角 …………………………………… 29
贰 "嘉定现象"与南宋政治、社会研究刍议 ……………………… 49

研究编

壹 中兴继统下的南宋艺文风尚 …………………………………… 73
贰 楼钥家族的文物搜藏与传承 …………………………………… 83
叁 楼钥的艺文涵养养成及书画同好 ……………………………… 103
肆 刘宰的人际关系与乡里公益 …………………………………… 131
伍 南宋中期士人的《兰亭序》品题 ……………………………… 155
陆 南宋与元代士人的兰亭雅集 …………………………………… 187

评述编

壹 邓小南《祖宗之法——北宋前期政治述略》评述 …………… 211
贰 陶希圣的中国社会史研究历程 ………………………………… 225

余论：从士人艺文交流到移动社会的知识建构 …………………… 243

参考书目 ……………………………………………………………… 251

后　记 ………………………………………………………………… 269

Contents

Introduction: Political Developments, Society, and Culture in the Southern Song ··· 1

Part One　Topics

1. Three Views in the Study of Southern Song Political History ············ 29
2. The "Jiading Phenomenon": A Proposal for the Study of Southern Song Politics and Society ··· 49

Part Two　Studies

1. Artistic Fashions in Official Circles during the Reestablishment of the Song ··· 73
2. Lou Yue's Family Art Collection and its Transmission ················ 83
3. The Aesthetic Education of Lou Yue and His Friends in the Arts ······ 103
4. Liu Zai's Social Circle and the Local Public Weal ················ 131
5. Mid-Southern Song Colophons on the "Orchid Pavilion Preface" ··· 155
6. "Orchid Pavilion" Gatherings in the Southern Song and Yuan ········ 187

Part Three　Perspectives

1. An Evaluative Introduction to Deng Xiaonan, *Zuzong zhi fa: Bei Song qianqi zhengzhi shulüe* ··· 211

2. The Development of Dr. Tao Xisheng's Research on Chinese History ·· 225

Conclusion: From Literati Artistic Interaction to the Construction of Knowledge in a Mobile Society ·· 243

Bibliography ·· 251

Postscript ·· 267

代绪论：南宋政治、社会与文化的发展

近百年来，中国学者研究历史受时代影响甚深。清末民初，国家积弱受侮，武功文治兼备的汉唐盛世每每使知识分子深向往之；相对地，武功不竞又难以彰显汉族荣光的宋朝总难吸引当时学者的青睐。因此，宋朝一度成为中国历史研究中受忽略的朝代，渡江后一百五十三年的南宋历史更长期受到漠视。

列强环伺的内外压力虽使宋史为多数学者所漠视，却也有学者在反省中国历史发展的同时，注意到宋朝在其中所居的关键位置。王国维指出，"天水一朝人智之活动与文化之多方面，前之汉唐、后之元明皆所不逮"①；严复亦认为，"若研究人心政俗之变，则赵宋一代历史，最宜究心。中国所以成为今日现象者，为善为恶，姑不具论，而为宋人所造就，什八九可断言也"②。自此以降，包括陈寅恪、钱穆与日本学者内藤虎次郎等均相继揭示宋朝的历史意义，吸引后继学者投身研究；其中，诠释中国近世发展变化的"唐宋变革说"更成为长期引领国际汉学界研究的重要观点，有宋一朝在中国历史发展中的转折性意义遂逐渐获得学界肯定。

宋史研究虽渐受到重视，但在现实政治的有意渲染下，在江南重建政权的南宋往往因历史处境特殊而招致"小朝廷"之讥。为避免触动敏感的政治神经，学界对宋史研究的关注焦点多着眼于北宋时期，除若干政治事件，以及如岳飞、文天祥、辛弃疾、朱熹等在民族气节、理学发展等方面具指标意义的少数人物研究成果较为丰硕，其他与南宋相关的研究议题均显得稀疏，某些议题甚至一度成为两岸均难以言宣的研究禁区。

---

① 王国维，《宋代之金石学》，收入《王观堂先生全集》（台北：文华出版公司，1968）第5册，页1295。
② 严复著，王栻主编，《严复集》（北京：中华书局，1986）第3册，《与熊纯如书(52)》，页668。原刊1923年1月之《学衡》第13期。

然而，南宋迫于金、蒙等北方强敌压力而长期偏安江南，固然因武力不竞而显得疲弱，但在教育文化、社会经济、学术思想，乃至文学艺术上皆有飞跃性的发展。赵宋君臣推动科举文治的国家政策，以江南繁盛的经济为发展基础，缔造出不同于汉唐一统盛貌，亦有别于北宋开基立业气象的政治文化风格。南宋政治经济的发展，造就出以追求精神文化为主的士人群体，而南宋士人对国家社会的关怀重心转移也开启了中国文化转向内敛的定型期，形成往后近八百年由江南领导中国文化发展的模式。①

南宋时期对北宋既有承袭亦有改变，对今人而言则既熟悉又陌生。为充分揭示南宋的历史意义，本章作为全书绪论，将从政治局势、士人群体的产生及其社会文化特质等三个层面，探讨南宋王朝因立国形势的差异，如何在承继祖宗立国精神之余，因应时势环境变迁而权宜调整北宋以降的强干弱枝与重文轻武的基本国策，以及从而衍生的政治文化转变与特色，以期有助读者掌握此时期艺文与政治所以密切交织的时空背景。

一、立国形势与战略发展

南宋时代政治文化特色之形成，与其立国环境关系密切。自澶渊之盟后，北宋与辽维持了百余年的和平稳定局面。然而，到徽宗时，君臣得知东北女真崛起，威胁辽国，遂谋借与金结盟以恢复故土，从而积极推动联金灭辽的海上之盟。不意在联金灭辽过程中，宋廷君臣昧于掌握内外情势与自身实力，反与金掀起冲突，竟造成徽钦蒙尘、帝国覆亡的命运，此即中国历史上著名的靖康之难。

当开封被围时，徽宗九子康王赵构正奉命使金于外，遂得免被祸。在臣僚推戴下，赵构于南京应天府继位，是为高宗。在重重危机中，宋廷以"勤王"为号召，凝聚人心士气，并对金采取退避求和的姿态，以求保存赵宋血脉，延续国祚。女真初兴，既覆宋鼎，乃成立伪政权以稳定华北局势。同时，金廷更积极挥兵南下，对系赵宋命脉的高宗"穷其所往而追之"，迫使赵宋君臣渡江，甚至退居海上，以避敌自存。在时局急迫时，幸赖无数民间武力与勤王之师敌前抵抗、阵后游击，有效牵制女真攻势，才

---

① 刘子健，《略论南宋的重要性》，收入氏著，《两宋史研究汇编》（台北：联经出版公司，1987），页79—85。

使南宋君臣得以渡过重重险阻,逐步稳住政局。

南宋政权建立于兵马倥偬之际,深知退避无法求存,唯有具备战斗实力,才有求和的条件。于是,宋廷以安内为先,扩大招安乱兵盗贼,将之纳编为国防战力,建立江淮分层的防御体系,并准予边境民间自卫武力组织名为镇抚使的军政机构,以为边防屏障。为支持庞大的国防需求,宋廷更以江南富裕的经济实力为基础,推展各项财政措施以充益国库,如鼓励海内外贸易、强化茶盐酒专卖、加强财赋稽征、增加税目、扩大税基等,借一连串财政中央化的政策,增辟财源,支撑政局。

政局稳定后,高宗君臣感于大将专兵情况日益严重,有危及朝廷权威之势,先后推动"战""和"二种攸关政权维系却又相互矛盾的因应方案。绍兴十一年(1141),宋廷在秦桧主导下,以"孝养天下"为名,与金订下绍兴和议。该和议因有助稳固政局并维护高宗继统的正当性,而获得高宗首肯。高宗亦借此推动"众建"之策,收大将兵权,以铲除韩世忠、岳飞等异议大将;而后在江淮边地建立十个都统制,并借设置总领所,统筹供应军方兵粮兼掌控军情,逐步推动军队国家化。同时,更以文字狱压制反和文臣,奠定南宋政权长期倚江南而立的国势。

迨金海陵王为谋统一中国,挥兵南下,高宗时期的和平局势乃为之一变。此时,素主和议的高宗仓促应战,幸而宋军与抗金义军前后牵制,而金北方又有叛军拥立新帝金世宗,引发金兵弑杀海陵王,战情方趋缓和。此后,高宗禅位养子孝宗,以待新局势发展。孝宗继位,有恢复之志,起用老臣张浚,发动北伐。与此同时,金世宗既稳住北方政局,宋军又操之过急,遂败于符离,显示双方均势已定,难以突破。宋金双方在新皇帝以和为贵的前提下,由战转和,签订较绍兴和议更为平等的隆兴和议,再度确定了双方实力均衡的南北对峙之局。

宁宗时期,宋金的稳定和平之局再度生变。权臣韩侂胄先是排挤另一定策大臣赵汝愚,专权擅政,又发动庆元党禁,得罪道学士人;后更昧于情势,急于以恢复为名,冒险发动北伐,却一战而败。复以金人策动四川吴曦叛宋,宋廷无力再战,只有应金要求,函韩侂胄之首并称臣、增岁币,以屈辱求和。继任宰相史弥远既以反韩侂胄而主和得政,遂只能继续持守和议政策。

然而既和之后,华北局势又有巨变。成吉思汗于北方崛起,统一蒙古之后,继而进犯华北,不仅阻碍宋金使道,导致岁币不继,更以铁骑敲响金朝丧钟。于此蒙兴金衰之际,南宋朝野对联蒙灭金与联金抗蒙各持异见,史弥远则鉴于战事不利社稷,仍持和策。然而,金宣宗在迁都开封之后,为获财源以充实战力,遂以宋岁币不到与边界民乱为口实,掀起战端;宋廷旋即应战。宋金实力相当,而且金背后既有蒙古威胁,境内又有以山东忠义军为主的地方势力崛起,或牵制金军,或助宋抗金,战事遂呈僵局。后因金颓弊已极,宋又与蒙古联军,遂于端平元年(1234)灭金。

金室既亡,宋蒙乃依约隔境为邻。蒙古以新盛之势东征西讨,并未着意经营南方新土;然而理宗亲政之后,君臣昧于形势,发动入洛的军事行动,意图恢复三京,不料竟中途而溃。宋廷破坏和约之举导致蒙宋关系由和转战,唯此时蒙军主力以西征为主,未全力南侵,加以宋强化边防及谨慎以待,因此宋战力虽远逊蒙古,但仍能以背海之势苦撑四十五年而方亡。

南宋在强敌长期环伺下立国江南,实需因应不同情势而随时调整和、战策略,以寻求生存发展的契机。高宗前期运用退避求和、能战而后能和的策略,结合可用民气以渡过紧急危难,故而积极推动与金议和;此实迫于双方实力均衡所致,难为主战朝臣所接受。其后有志恢复的帝王如孝宗、理宗,朝臣如韩侂胄、郑清之等虽积极筹划推动北伐复兴行动,然而宋与金、与蒙间的危险平衡已然确定,种种积极右武的作为,非但难以贯彻,反常危害国基,甚至招致亡国。同理,金廷亦有破坏和约、欲求统一或恢复的君臣,奈何形势如此,求战者终至败退。在国势未能超越实力平衡下,无论宋、金,乃至蒙古,试图打破平衡者,最后往往招致政权危机,显见具有守势实力的"和"才是当时的中道之策。

然而,靖康之难乃赵宋的国仇家恨,君臣求战之声甚盛;南宋君臣对偏安江南的情势亦难以自安,和战遂成南宋朝野的争论焦点。积极主战、倡言恢复的议论长期居于舆论主流;和战非但关乎国运存亡,其争议也与南宋国运相终始。较之于北宋欲收燕云十六州纯由国防着眼,南宋对金更有靖康之难此不共戴天之仇,"恢复"之议实有其神圣意义。南宋士大夫对《春秋》大义的诠释重点,亦由北宋的尊王转向强调攘夷。求生存与求发展之间存在现实与理想的落差,此落差遂形成南宋君臣,乃至士大夫间伴随和战而生的长期论辩,甚而衍生为政治斗争的导火线。此一情况,即是南宋与北宋立国形势差异之所在。

南宋是中国南北经济中心转换后第一个立国江南的王朝,而其背海立国的形势亦为中国历史前所未有。① 就军事实力而论,较之赵匡胤所建立的北宋,南宋疆域丧失五分之二,险要尽失;女真、蒙古的战力与气势则犹胜于契丹,随时可能撕毁和议、重启战端,实需强化边备以随时备战。战力既不可弛,财政压力便难以稍减,军事开支成为南宋长期沉重的国计负担。② 然而,虽然北方劲敌具骑战优势,战力皆远非以步兵为主的宋人所能比,但富裕江南为宋廷提供的抗御经济后盾却反较金、蒙丰厚。南宋以江南为基础,形成背海立国的情势,此形势既关乎南宋战略方向,也深刻影响了中国的发展走向。

自高宗建都临安以来,南宋政权始终倚江河为防,此形势易守难攻,遂造成南宋武备不竞的印象。宋人深知立国形势之限,因此在国防战略上,积极强化守备性的防御战力。宋廷在两淮、荆襄及四川设下三个防御面,建立前卫、联卫与边卫地区所形成的边防线。在防御前线,既部署正规军作为防御主力,又在江淮地区积极修筑砖城,强化城防,组织山水寨与团结自卫武力,乃至兴建山城等防御工事。宋廷利用江河水运流动力强劲的优势,既防海道,又将山城、水寨与江河水运有效结合,形成水陆联防的有力屏障,以防堵金蒙攻势,保障国防安全。在晚宋时期守备四川时,此战略尤现功效,如孟珙强化川东守备、余玠兴筑抗蒙山城等均是有力证明。水陆联防也是南宋乍观武力不竞、国势至弱,却能在诸国中抗御蒙古最久的关键。

尤有甚者,南宋陆路国防战力虽不足与金蒙骑兵优势相抗,但立足江南、背海立国的形势却有利宋廷利用水路,面向海洋以寻求生存资源。前述建立沿岸、内河水军形成攻守兼具的屏障,固为一端,而发展海外贸易,更使南宋活动面扩大到广袤海洋。对外贸易海道所形成的海上丝路,取代了唐代盛极一时的陆路丝路,缔造东西文化交流的新纪元。南宋转向海洋,在诸多面海发展的民族中,获得了领导地位,海权发展较北宋更胜一筹,成为中国历史上特殊的海权时代,此亦南宋立国形势所造成的一大特色。③

---

① 刘子健,《背海立国与半壁山河的长期稳定》,收入《两宋史研究汇编》,页21—40。
② 王德毅,《略论宋代国计上的重大难题》,收入氏著,《宋史研究论集·第二辑》(台北:新文丰出版公司,2008),页323—354。
③ 柯睿格(Edward A. Kracke)原著,陶晋生译,《宋代社会:在传统之内的变迁》,收入《宋史论文选集》(台北:台湾编译馆,1995),页2。

南宋以江南的自然环境与经济资源为基础,建立背海立国的形势,既与北宋有显著差异,应运而生的各种政治、经济与社会现象,自与北宋有所不同,遂形成了南宋一百五十三年独特的时代特色。

二、兼收并蓄与政治包容

宋高宗赵构在江南建立的赵宋政权承继了北宋既有的祖宗家法,沿袭强干弱枝、守内虚外、重文轻武的立国传统。不过,在风雨飘摇中建立的南宋政权,北方既有强敌的威胁,内政亦存在诸多挑战,立国形势较北宋更为艰难。南宋欲维系国祚,势需以稳固政局为先务,步步为营,因此对北宋各项既有国策不得不采取更为实际、更具弹性的作为,以因应迥异的内外情势,也使得南宋的政权性格较北宋更具妥协性,此即刘子健教授所谓"包容政治"[①]。

不论是国防战略或制度设计,北宋不同时期虽应对方式各异,但其军制设计或军事统御、部署方式,如将从中御、消弭地方武力,目的均在分散军将权力、强化中央实质领导,贯彻"强干弱枝"基本国策。然而,南宋建政以来,在强敌侵犯下,为救亡图存,既以剿抚并行策略,允许军将扩大军队组织,壮大战力,亦恢复"镇抚使"一职,承认民间自卫武力拥有唐代藩镇的军政、民政及财政权,甚至准予世袭,以换得江淮边防屏障的建立。[②]

这种做法容许军将与地方势力扩大事权,以求中央政权存续,连带造成大将专兵、地方权重的局面,严重威胁中央皇权。为改变此现象,在与金议和前后,宋廷借"推恩""众建"等方式,陆续解除大将专兵的军事控制权,并透过建置都统制与总领所等各项制度改革,强化中央领导,达成军队国家化。然而,在国防告急时,宋廷在各边区亦常以恢复镇抚使为因应策略;在不危及中央政权的前提下,宋廷往往默许军事紧急地区的地方势力存在。这些举措都是在不背离强干弱枝的基本国策下,南宋朝廷为顺应时势所作的弹性调整。

除了顺应时势而调整国防政策外,地方军的建立与地方武力的组织

[①] 刘子健,《包容政治的特点》,收入《两宋史研究汇编》,页41—77。
[②] 黄宽重,《南宋地方武力——地方军与民间自卫武力的探讨》(台北:东大图书公司,2003),页145—202。

尤能体现南宋政权的弹性特质。南宋时期,宋廷为了应付庞大的军事开支,遂在各地加强税赋征收,并强化茶盐等专卖事业,以广筹国库财源。此举造成境内茶盐走私活动蓬勃,而走私者往往拥有武装力量,常因遭遇宋廷镇压而演变为区域性叛乱。宋廷虽在江淮设有十个都统制司,以重装备正规军常驻,但这类军队系为抗御女真、蒙古骑兵威胁而设,实难克服岭南特殊的丘陵地形,敉平叛乱。为了稳固财源,并维护境内治安,南宋朝廷允许广东、福建、湖南等地自筹财源,成立摧锋军、左翼军及飞虎军等地方军队,作为对付地区性叛乱、维持地方治安的军事武力,而透过朝廷节制、地方领导的二元指挥体系之弹性运作方式,适时调整。同时,在江淮乃至湖北、四川等临边地区,则透过团结组织山水寨的民间武力,及组成强勇军、武定军等地方军,利用其熟悉地理形势的优势协助正规军,成为巩固边防的辅助力量。

南宋时期,不论是借恢复唐代藩镇的镇抚使,以换得江淮边防屏障,或者在正规军防备江淮的同时,组织成立山水寨等民间自卫武力,乃至为维持境内社会秩序、稳固统治基础,在岭南地区设置各种地方军,都是在不背离北宋以来的强干弱枝国策下,为求国家生存与发展所实行的弹性作为,充分显示在军政规划与执行上的包容策略。

除了国防军事,南宋的政治领导策略也较北宋具有更大的包容与弹性。北宋政治制度的设计,旨在借由分散地方与中央官僚权限,达成皇帝专制、中央集权的目的。北宋君主多半亲自裁决军机大政,开国的太祖、太宗为消除五代乱象所塑造的大权独揽现象,固是典型;[①]即便是得君行道的王安石欲开展变法革新,其权势予夺仍在神宗,皇权之尊至为明显。科举"殿试"制度强化了士大夫为天子门生的观念,无形中提升了帝王权威;而宋廷的崇文政策,则塑造出皇帝"与士大夫治天下"的政治氛围,提升了士人经世致用的理想。士人地位既高,荣誉感加重,对政治的参与及意见的表达更为强烈。君主往往利用士大夫舆论作为制衡宰执的工具,其中尤以台谏官对宰执施政的批评最具牵制作用,故有宰执承台谏风旨之说。复以枢密主军政,与宰执并称二府,事权分离,更强化皇权独专的现象。然而,事权分离、意见纷歧也正是酿成北宋中晚期党争不止的因素。

---

① 刘静贞,《北宋前期皇帝和他们的权力》(台北:稻乡出版社,1996)。

相对于北宋皇权独专的局面，南宋的君权与相权关系样貌较为多元。南宋偏安，政情演变迫使宰执经常需要兼知枢密使，以紧急处理军务，形成宰辅互兼，乃至由宰相兼理民政国计的现象。①当司讽谏的言官对宰执有所纠弹，皇帝为保护宰执，则常以拖延敷衍、调护或抑言奖身的方式，安抚性压制言官。②除孝宗一朝君权较尊外，甚至出现秦桧、韩侂胄、史弥远及贾似道四位北宋所无、权势极盛的权臣。与北宋相较，南宋君权有削弱之势，相权则相对扩大。

南宋权相的出现，除了前述因战时体制强化宰相的决策权，以及自光宗以降诸帝个性庸弱较少作为外，尤其与此时期特殊的政治环境有关。高宗时期，秦桧独相与相权高涨，实出于高宗对个人权位的维护。为稳定内外情势，高宗责成秦桧推动与金和议，兼收大将兵权，压抑反和文臣；秦桧既承担责任，因而获得宠信，遂得以独相十余年。韩侂胄、史弥远、贾似道三人得以操持权柄，则源于参与帝业继承操作之故。继位之君既是庸弱之辈，又德其拥立之功，在内外交迫的严峻情势下，出现像史弥远独相二十六年威福自任的现象，自然毋须意外。甚至到史弥远死后，面对言官严词批判史弥远专权，劝谏皇帝勿过度庇护其家族，理宗仍下御笔表明"朕欲全功臣之世，而人言不已，戒饬史宅之等安分畏法，益加戒谨。仍令自今中外臣僚奏章，毋得群撼，务存大体"③。这种维护宰相的态度及相权独尊的情况，若从皇位继承过程探求，不难理解。不过，史弥远侄儿史嵩之因父丧起复问题，引致言官及太学生激烈抗议，最后迫使理宗接受嵩之罢相的要求，也显现皇帝对权相家族的维护仍有其限度。

这种君权与相权的转变固然是南北宋的差异所在，不过学界亦认为对南宋相权评估仍不宜过高。刘子健即指出，南宋相权主要表现在官僚调度、任免等民政方面，并无统帅权及直辖的队伍。④况且，自北宋以来，君尊臣卑的形态既已形成，加上士大夫群体的觉醒与力量的壮大，亦足以对相权形成牵制。因此，即使形势上经常出现因皇帝无能，而由宰相

---

① 梁天锡，《论宋宰辅互兼制度》，收入《宋史研究集》（台北：台湾编译馆，1969）第四辑，页275—308；刘子健，《包容政治的特点》，收入《两宋史研究汇编》，页59。
② 刘子健，《南宋的君主与言官》，收入《两宋史研究汇编》，页11—20。
③ 袁甫，《蒙斋集》（台北：商务印书馆，1983，收入《景印文渊阁四库全书》第1175册，据台北故宫博物院藏乾隆四十七年[1782]文渊阁本影印），卷5，《论史宅之奏》，页11下。
④ 刘子健，《包容政治的特点》，收入《两宋史研究汇编》，页59。

代替其行使决策权等宰相事权扩大的现象,但实际上宰相仍只是君主授权下的代理者,无法实质取代君权。

南宋非但在行政体制上张弛兼具,以利君王驾驭臣僚,即便在重文轻武的传统国策中,亦能捕捉到文武间平衡收放的弹性。南宋的政治社会环境虽有文化内向、重文轻武的现象,但面对强敌环伺的立国处境,宋廷仍须时时备战;而强化国防战力,势需倚赖武人支持。因此,在政策推动上,南宋采取种种宽容武人的作为,如允许武官营利、换文资,以励边功①,甚至由朝廷赐予武将家庙,使之与皇帝宠信的重要文臣并列等等②。这些举措在在显示南宋朝廷对文武生态平衡的考虑。

为求局势稳定,包容各方、兼收并蓄,乃至相互妥协的政治运作模式,是南宋政权有别于北宋的重要特点。这种包容妥协的施政特点,不像北宋以大刀阔斧的方式,积极推动变革,而是力求维系,尽量在既有体制上调整修正。此一作法虽然易使宋廷的政治作为趋于消极保守;但相互包容、不走极端的策略,却也体现出南宋朝廷面对外在压力时具有较强的政治强韧度。相较于在女真兵驱迫下,北宋迅即"崩溃"覆亡,而南宋面对蒙古劲兵攻击,仍能以至弱之势勉力相抗,慢慢"瘫痪"而亡,就更能体现两宋差异和南宋软实力所在。

三、士人的乡里关怀与经营

赵宋王朝建国后,太祖、太宗所揭示的重文轻武国策,开启了有宋一朝的文治政局。宋廷透过科举制度大量取士,并迅速任官,使业举求宦成为个人乃至家族起家的重要途径,吸引无数有志者投身科考功名之路。复以社会经济繁荣与印刷术发展,促进了教育普及,读书识字者日益增多,遂形成以知识为身份认同的士人群体。朝廷对士人言论的宽容,更激发其关心家国政事的经世热忱,论政风气蓬勃发展。在"与士大夫治天下"的理念下,士人意识抬头,关切国事,并将国家发展与个人命运联结,致力追求富国强兵之策。熙宁以降,更由君主与朝臣联手,推动

---

① 刘子健,《略论宋代武官群在统治阶级中的地位》,收入《两宋史研究汇编》,页179。
② 关于南宋赐予武将家庙,可参洪铭聪,《南宋家庙制的发展》(台北:台北大学历史学系硕士论文,2012),页28—33;详细事例,见徐松辑,《宋会要辑稿》(台北:新文丰出版公司,1976,据民国三十四年[1945]上海大东书局影印国立北平图书馆徐氏原稿影印),《礼》12之3—14。

一连串的变法革新运动。然而,士人对改革理念彼此立场歧异,却也造成党同伐异的攻讦恶斗,非但朝野议论失去目标,更酿成党祸,间接造成北宋崩亡。

南宋政权建立后,外患危及国基,救亡图存较之变法革新,更为急切。士大夫也因鉴于变法引发党争实为北宋亡国之源,因此讳言变革。复以进士录取名额激增,官多阙少的现象日益严重,高官名宦乃至一般士大夫长期赋闲居家者普遍。高宗时期,不少朝臣因政见与秦桧相左,被迫乡居,已肇其端。史浩即曾言:"贤大夫从官者,居官之日少,退闲之日多。"①孝宗以来,史浩、汪大猷、楼钥、朱熹、吕祖谦、袁燮等名臣,也多曾因政见不同于当道,长期乡居。这些淡出朝政的士大夫虽无法在朝堂参与国政,却仍是乡里间领袖一方的耆老。他们与在乡谋生的士人,虽因身份之故而有仕途荣枯之别,但在成长过程中,举业既为共同追求的目标,基于同乡、同学的情谊,以及对士人身份的认同、对乡里的共同关怀,使他们彼此连结在一起,除相互游赏酬唱之外,进一步透过个人或家族群体的通力合作,推动地方教化、慈善救济或公共建设等活动。

像四明名宦史浩、汪大猷、楼钥等人,退闲之后,在家乡共组以怡情游赏、赋诗唱和为主的五老会、八老会、尊老会、真率之集等诗社,并推动具有团结士人及建立集体意识的乡饮酒礼。史浩也曾在淳熙八年(1181),延致陆学的重要传人沈焕、杨简、袁燮,以及吕祖俭等人,在乡里讲学论辩,使四明成为南宋教育、学术活动的中心之一。四明耆老更结合当地士绅富室,共同出资,在家乡重建州县学,提供养士费用,以及参与地方桥梁、堰堤的修筑。这些作为都反映士族关怀并致力乡土建设的用心。②不论慈善救济、乡里建设,或组织诗社、推动乡饮酒礼等公共事务,四明地区的士人从个人到家族,经由长期合作,成为南宋时代兼具文化深度与广度的地方之一。③士人官僚形成群体力量,关怀地方,致力乡里建设,此现象与北宋时期士人官僚致力于全国性兴革事务相较,自有性质上的转变。江南各地区公益活动蓬勃发展,正是南宋基层社会的一大

---

① 马泽修,袁桷纂,《延祐四明志》(北京:中华书局,1990,《宋元方志丛刊》第6册,据咸丰四年[1854]《宋元四明六志》本影印),卷14,页42上。另参竺沙雅章,《宋代官僚の寄居について》,《东洋史研究》,41卷1号(京都:1982.6),页28—57。
② 黄宽重,《宋代的家族与社会》(台北:东大图书公司,2006),页155—169。
③ 黄宽重,《政治、地域与家族——宋元时期四明士族的衰替》,《新史学》,第20卷第2期(台北:2009.6),页9。

特色。

南宋士人透过政治运作以展现地方社会影响力的现象,在争取书院与祠庙赐额的过程中,尤为普遍。书院获得赐额,表示官方承认其地位,是地方的一项荣誉。宋代书院虽盛,但除北宋初年嵩阳、岳麓、石鼓等书院获得朝廷赐额外,鲜见赐额记录。直到朱熹重修白鹿洞书院,获得朝廷赐额、赐书后,士人关切地方文教,除了参与书院的兴建与课程规划之外,更常见与地方长官一齐向朝廷争取赐额。在宁宗之前,宋廷对书院颁赐额的事例尚不多见;及至理宗一朝,理学既成为朝廷标举的学术思想主流,这些理学家借书院推广道学理念日益普遍,朝廷赐额的情况也更为常见。①

祠庙制度则是朝廷经由审查,检核庙神的灵验程度,而后给予赐额或赐号,同时列入祠典中。除了有收揽人心的作用之外,也是朝廷控制地方社会的手段,以将中央权威延伸到基层。在宋神宗以后,这种祠庙制度才有进一步发展。宋徽宗时期,浙江地区因花石纲引发变乱,地方大族组织自卫武力,借着神力凝聚人心,抗拒谋进犯乡里的叛乱者,稳定了地方秩序。事后,透过州县官府向朝廷请求赐封,使祠庙赐额数量激增。②到南宋,地方官和地方士人共同推动庙宇的兴建及请赐庙额,豪民巨族更在其中扮演重要角色,如福建莆田方氏家族于祥应庙兴修与赐额争取上便始终居主导地位。

除神祠外,南宋时代地方豪族更为自己祖先立庙,并向朝廷争取庙额。嘉定二年(1209),鄞县人汤建中等地方人士,向宋廷请赐政和年间推动废湖为田的知明州楼异祠堂为丰惠庙,表面上是地方人士共同推动,实际上与其孙楼钥在四明社会的领袖地位关系密切。③宋理宗绍定年间,休宁程氏家族以其先祖程灵洗保障乡里有功,向朝廷请赐额,获得"忠壮"的庙额,也与此时退休的高官程珌倡议推动有关。④

---

① 陈雯怡,《由官学到书院——从制度与理念的互动看宋代教育的演变》(台北:联经出版公司,2004),页155—195。
② 须江隆,《地域社会へのまなざし—祠庙制の新局面—》,《「唐宋变革」・を考える(第53回东方学会全国会员总会シンポジウムI发表论文集)》,页2—28。
③ 王元恭修,王厚孙、徐亮纂,《至正四明续志》(北京:中华书局,1990,《宋元方志丛刊》第7册,据咸丰四年[1854]《宋元四明六志》本影印),卷9,页7下。
④ 朱开宇,《科举社会、地域秩序与家族发展——宋明间的徽州》(台北:台湾大学出版委员会,2004),页60—61。

南宋各地士人或大族为民间神祠或家族祖先立庙,争取庙额、赐号,积极筹措经费、组织信众、兴建庙宇、举办庙会,活动非常频繁,角色也日益重要。相反地,北宋以来,由官方扮演推动主力的地方祀典,则因与地方社会的关系较为疏淡,地方士人参与度降低,呈现衰微之势。①这种现象结合地方公益活动的推展及书院发展,可以体现南宋地方权势之家在耕耘乡里、致力于基层社会建设,甚至塑造地域性文化特色之余,也借着向朝廷争取各项资源的机会,以展现自身家族在地方社会的影响力。这与北宋时期新兴家族透过教育,创造"起家"资源,乃至取得功名、累积声望,以及士人致力于朝政改革的情况,亦有所不同。

四、士人群体意识的形塑

南宋士人群体在从事各项乡里公益活动的过程中,更关注士人群体本身的发展,因而有意识地推动形式各异的互助组织,乃至标榜知识价值的各项文化活动,以彰显儒业的特殊价值。个中原因,实源出于宋代科举竞争日趋激烈、士人群体急速扩张,导致士人间既竞争又必须合作。最能彰显南宋士人经由群体共同努力,致力于建立兼顾地方特色,且强化士人意识的现象,莫过于各类型士人互助团体的成立、乡先生祠的兴建,以及设置救助士人官僚的乡曲义庄、济助地方典范后裔的学廪等社会文化活动。

在宋廷积极推动文治政策的激励下,士人成为社会上庞大的群体。自北宋以来,朝廷透过科举扩大拔擢有志功名的士人,科举考试的公正与公开性受到社会普遍认同,成为入仕主要途径之一,借知识求取功名利禄成为社会的主流价值。印刷术发达、教育普及,欲跻身仕途以改变个人乃至家族命运者,遂积极投入举业,使得士人群体急速膨胀。尤其到南宋,江南社会的繁荣和朝廷的扩大取士,教育类型趋于多元,地方上出现大量追求参与儒业的士人。这些士人因受教内容与追求目标一致,而共同拥有"士"的身份,虽然品类相杂,却在血缘及地缘关系之外,形成因业缘而相类聚的基层社会群体。

---

① 皮庆生,《宋代民众祠神信仰研究》(上海:上海古籍出版社,2008),页281—282。

追求功名既是士人的共同愿望,他们彼此的竞争也非常激烈。①如福州在乾道元年(1165)解额为六十二人,当年参加解试者多达一万七千多人;淳熙元年(1174)参加解试者更增至二万人,录取率在百分之一以下,甚至有千人取一的情况。②绝大多数的落第者虽需暂时仰赖贩鬻知识谋生,但在追求功名的道路上,教育资源及科考花费仍是庞大的支出,并非人人能轻易取得,有志者必须耗费可观的金钱与精力,面对一次次科举的考验。

因此,举业固是个人乃至家族翻身的良机,却也是绝大多数士人与其家庭长期的沉重负担。为了克服困难,除辛勤经营有成的小康之家个别购置图书、延师教育自家子弟之外,也有乡里家族共同集资成立书院,供乡里学子读书。甚至由地方政府及乡里社会组成各种义田、义庄、贡士庄、举子庄等,资助士人读书或参加考试的旅费。③显示地方人士为提升乡里竞争力、凝聚乡里意识所作的努力。不过,这些义庄等地方公益组织,毕竟财力有限,难以全面协助贫穷士人;若由地方缙绅资助经费,则不免有施舍之意,也并非人人乐于接受。在这种环境下,基层社会出现由一般士人共同集资组成的经济互助团体,以利达成彼此参与科考的共同愿望。在科举竞争激烈的南宋,这类互助团体必然所在多有。目前所见,最早的是光宗绍熙五年(1194)以前,谢谔在江西临江军所创、名为"义约"的组织,在抚州崇仁县及湖南衡州也都曾出现。④

这类组织中,保存记录最为丰富者,当属福建过省会与万桂社。在建宁府的过省会拥有成员数千人,规模相当大,该组织是扭转大儒真德秀一生命运的关键角色。真德秀家境贫穷,第一次应考时,由于旅费不足,只有徒步赶路赴临安应考。千里路远,他到考场时已精疲力竭,终因无力应考而落第。后来他参加过省会,得其资助,加上亲友馈赠,才能"舍徒而车,得以全力于三日之试"⑤,终于中举。万桂社则是由泉州人林

---

① 包伟民,《中国9到13世纪社会识字率提高的几个问题》,收入氏著,《传统国家与社会(960—1279)》(北京:商务印书馆,2009),页305、306—308、313。
② 梁庚尧,《宋代福州士人与举业》,《东吴历史学报》,第11期(台北:2004.6),页175—213。
③ 梁庚尧,《南宋城居官户与士人的经济来源》,收入氏著,《宋代社会经济史论文集》(台北:允晨文化公司,1997),页219—321。
④ 楼钥原著,顾大朋点校,《楼钥集》(杭州:浙江古籍出版社,2010),卷68,《跋抚州崇仁县义约》,页1214—1215。
⑤ 真德秀,《西山先生真文忠公文集》(台北:台湾商务印书馆,1979,收入《原式精印大本四部丛刊正编》第61册,据上海涵芬楼借江南图书馆藏正德刊本影印),卷27,《万桂社规约序》,页7。

彬所组织的,参加者约三百人,规模虽不如过省会,但对致力于科举的贫士而言,帮助甚大。除此之外,在江东饶州,最晚在嘉定三年(1210)也出现名为义约的类似组织。①上述这些例子,都表现了基层社会中,不少贫穷士人为了达成争取功名的愿望,在艰困的环境中,采取共同集资、集体自力救济的方式,相互合作、扶持,是贫穷士人发扬群体意识的表现之一。

在南宋的基层社会中,由四明著名士族史浩、汪大猷、沈焕等所推动的乡曲义庄,更是士人群体意识的展现与发扬。四明的乡曲义庄由史浩在淳熙五年(1178)罢相乡居后提议设置,本意不仅在帮助穷困的知识分子及官僚,更重要的积极目标则是借由士人集体力量建立经济互助体系,促使士人崇尚廉耻、培养廉能官僚,以澄清吏治。这个区域性的社会福利组织虽受范氏义庄照顾族人的启发,但其救助对象是有功名的士大夫家族后裔,透过结合士人、富室,超越家族内部的运作模式,汇集众人善款,并且建立制度与组织运作的方式来推动,以期永续经营。从北宋家族义庄到南宋乡曲义庄的发展,显示士人阶层成为社会主流后,更关注士人正面形象的塑造。因此,其关怀面向从个别家族,延伸到整个乡里士人阶层,尤是四明士人乡里意识的展现。②

为乡里先贤立祠崇祀,自古即为凸显乡土意识的重要方式。到宋代,崇祀乡贤的方式是在社庙别立先贤祠,或移到州县学中,但南宋中期以前,各地乡贤祠崇祀对象都是有功乡里的先贤或名宦,并未有专祀推动地方教育、培育乡里人才的乡先生的祠堂。到理宗淳祐五年(1245),知明州颜颐仲为表彰陆学对四明的贡献,在州学明伦堂左右分立二个祠堂,其中右侧祠堂特别用以崇祀弘扬陆学有功的四位四明乡贤——舒璘、沈焕、杨简、袁燮——此举显示在南宋晚期,地方上出现专以祭祀理学家及推动地方学术教育有功的先贤祠堂,来导正学术走向及标举地区性的文化特色,也是南宋士人意识集体表现的方式。③

---

① 洪咨夔,《平斋文集》(台北:商务印书馆,1981,收入《四部丛刊广编》第41册,据上海涵芬楼景印常熟瞿氏铁琴铜剑楼景宋钞本影印),卷10,《楚泮荣登义约序》,页1上。林岩,《宋代举子赴考的旅费问题》,《中华文史论丛》第4期(2012),页123—152。
② 梁庚尧,《家族合作、社会声望与地方公益:宋元四明乡曲义田的起源与演变》,收入柳立言等编辑,《中国近世家族与社会学术研讨会论文集》(台北:历史语言研究所,1998),页213—237。
③ 郑丞良,《南宋明州州学先贤祠与人物祭祀》,收入浙江大学宋学研究中心编,《宋学研究集刊》第1辑(杭州:浙江大学出版社,2008),页320—347。

除了乡贤祠祀外,南宋时期乡里士人在与地方官吏协同兴建与经营州县学之余,更筹措经费,成立以关怀士人为对象的公益组织,来形塑地方特色。苏州士人与官员共同经营州学与常熟县学,均是实例。苏州州学全盛时期校舍有七百五十间、校产有一万一千五百六十三亩,可提供六百位学生的教养费用,并设有"吴学义廪",仿效范氏义庄、四明乡曲义庄等作法,成立以士人群体为对象的公益组织。为了感念范仲淹兴学,州学教授倪千里更从吴学义廪中,拨款兴建祠堂,专祀范仲淹,并资助支持范氏族人求学,帮助范氏子孙延续儒业。[1]

常熟虽有县学,在北宋并未设有专祀乡贤子游的祠堂。庆元三年(1197),知县孙应时在县学讲堂东侧,建吴公祠堂以奉祀子游,是常熟县表彰先贤之始。理宗时,官员与邑士不仅重建子游祠堂,寻访子游后裔,更设立"象贤斋",由县府提拨专款,买书、延聘教师,并购地作为永久资助子游后裔教育的经费来源。[2]在苏州,官民群力经营州县学,致力地方教育,种种作为都与理学家积极倡导、推动、发扬儒学精神有关。不过,聚养地方典范性人物后裔,并提供教养经费,更显示士人塑造地方意识的用心。

北宋推行文治政府、宽容文人的政策,孕育出范仲淹"先天下之忧而忧,后天下之乐而乐"的经世精神和文彦博所言君主应"与士大夫治天下"的雄心壮志,激发出士人群体意识的勃兴,从而掀起一波波关怀国事、致力于朝政兴革的变法革新,然终因士大夫彼此政见不同,党同伐异,而肇致国祚中辍。南宋士大夫记取亡国教训,虽仍关注和战,议论蓬勃,并提出朝政兴革意见,但帝王乾纲独断,朝臣更替不已,加上进士录取额多,形成官多阙少的严重现象,使众多汲汲追求高位的士人未能如愿,只有退居乡里,转而关怀耕耘在地社会,形成有别于北宋的新风貌。

南宋时期,国家财政高度集中中央,形成地方财政窘迫的局面。面对此一环境,从庙堂回归乡里的官员与众多不第而在地方经营有成的士人,以同学、乡谊之故携手合作。士人与富室、官员既经由共同致力于上

---

[1] 熊慧岚,《宋代苏州州学的财务经营与权益维护——兼论州学功能与教授职责的扩增》,《台大历史学报》,第45期(台北:2010.6),页79—116。
[2] 李卓颖,《地方性与跨地方性:从"子游传统"之论述与实践看苏州在地文化与理学之竞合》,《历史语言研究所集刊》,第82本第2分(台北:2011.6),页325—398。黄宽重,《孙应时的学宦生涯:道学追随者对南宋中期政局变动的因应》(台北:台大出版中心,2018),页99—100。

述学校、书院、桥梁、水利设施各项地区性公共建设,弥补地方因财政匮乏、无力施政的不足,也为地方菁英与豪右所构成的基层力量,创造了发展空间,形成此后中国基层社会的基本结构。士人更凭借着儒业、经济力与社会声望、实力,超越个人、家族的范畴,着眼乡里,共同规划、推动如社仓、义役、乡曲义庄等长期性社会公益组织与教化植根活动,进而塑造具有区域意识的文化模式,乃至有目的地形塑士人群体意识,成为南宋时代基层社会的一大特色。①

五、诗文风格,雅俗并陈

宋代是中国文化创造的黄金时期。经济繁荣与教育普及,造就大量以儒为业的士人。这些士人虽志在功名举业,却因掌握知识而有多元的发展空间。《袁氏世范》明确指出,士人在求取功名之外,各种仰赖知识为生的可能性:

> 其才质之美,能习进士业者,上可以取科第、致富贵;次可以开门教授,受束修之奉。其不能习进士业者,上可以事笔札、代笺简之役;次可以习点读,为童蒙之师。如不能为儒,则巫、医、僧、道、农圃、商贾、伎术,凡可以养生而不致于辱先者,皆可为也。②

显示南宋社会经济分工成熟,士人职业发展相当多元。然而,士人能力素质差异,造成其事业成就有别,其生活、生计的质量与品味也有所不同。尤其到南宋,士人生涯发展转向巩固地位以扩展对整体社会之影响,从而趋向精神层面的追求,不仅使整个时代在本质上趋于内敛,③也造就雅俗交叠并陈的文化发展面向。

这种雅俗并陈、兼容并蓄的文化表现,在宋以前的各个时代均曾出现,但南宋因着士人群体的膨胀与社会经济的多面向发展,特别明显。道学最能体现宋代在中国思想史上的学术特点,而其形上探求尤具深

---

① 黄宽重,《宋代基层社会的权力结构与运作——以县为主的考察》,收入黄宽重主编,《中国史新论·基层社会分册》(台北:联经出版公司,2009),页323—324。
② 袁采,《袁氏世范》(台北:商务印书馆,1983,收入《景印文渊阁四库全书》第698册,据台北故宫博物院藏乾隆四十七年[1782]文渊阁本影印),卷中,《子弟当习儒业》,页22下。
③ 刘子健著,赵冬梅译,《中国转向内在:两宋之际的文化内向》(南京:江苏人民出版社,2002)。

意。自北宋张载、二程等揭其序幕,到南宋中期有了明显的分流、竞逐与整合。在此时期,道学名家如张栻、吕祖谦、叶适、陈亮,乃至二陆、朱熹等并起,互相攻错争雄。嘉定时期,在经历庆元党禁禁锢的艰难之后,开启了以推动朱学为主流的整合过程。到理宗端平以后,朱学弟子透过科举、书院与政治力的推波助澜,使朱学成为理学代表,确立其独尊地位。[1]

嘉定时期道学再起与兴盛的过程中,由于追随者众,形成一股社会风潮。其中,固然有致力发扬儒家理念的有道之士,却也同时出现因追逐潮流者众而显现庸俗荒诞的面貌。理宗亲政后,就出现"(朱)熹之书满天下,不过割裂掇拾,以为进取之资"[2]的扭曲现象。社会上存在人人道学君子,实际上多是沽名钓誉的怪论。周密引述吴兴老儒沈仲固的话:

> 其徒有假其名以欺世者,真可以嘘枯吹生。凡治财赋者,则目为聚敛;开阃捍边者,则目为粗才;读书作文者,则目为玩物丧志;留心政事者,则目为俗吏。……自诡其学为正心、修身、齐家、治国、平天下。……于是天下竞趋之,稍有议及,其党必挤之为小人,虽时君亦不得而辨之矣。其气焰可畏如此。[3]

这种弥漫尚空谈、不务实、言行不一、责人严苛等虚伪矫枉的风气,与魏晋时的清谈误国无异。[4]可以说在道学发展上,呈现庄重深邃的学术风貌,也掺杂世俗弊陋的歪风,正是南宋思想文化发展雅俗并陈的特色。

各种文学作品如诗、词、俗文学,同样能彰显这种多样发展、兼容并蓄的社会现象。以诗学为例,元初重要学人袁桷指出,南宋诗坛主要有三个流派,包括江西诗派、江湖诗派及理学诗派。这种流派的分野不仅反映社会环境与时代变迁,也凸显了士人群体的不同文化取向。[5]袁桷所说"至乾淳间,诸老以道德性命为宗,其发为声诗,不过若释氏辈,条达

---

[1] 参见何俊,《南宋儒学建构》(上海:上海人民出版社,2004),页338—340;王宇,《刘克庄与南宋学术》(北京:中华书局,2007),页121—155。
[2] 脱脱总纂,《宋史》(北京:中华书局,1977),卷422,《徐侨传》,页12614。
[3] 周密原著,吴企明点校,《癸辛杂识·续集》(北京:中华书局,1988)下,《道学》,页169。
[4] 王宇,《刘克庄与南宋学术》,页151。
[5] 王宇,《刘克庄与南宋学术》,页195。

明朗,而眉山、江西之宗亦绝"①,提到道学对诗内涵的改变一事,正显示理想性强的道学家,为了扩大影响层面,除借由科举教育的途径外,也将诗文当作移风易俗、宣讲道学理想与教化的工具,并一度成为文人眼中的典范之作。尤其在程朱正统地位确定后,富含道学思维的"击壤体"趁势流行,朱学传人真德秀就主张诗当切于世教民彝。②

理学诗风潮引发文坛的响应与批判,另二支流行的诗派——永嘉四灵及江湖诗派——正是对理学诗的回应。南宋中叶,在杨万里、范成大、陆游等人相继谢世后,盛极一时的江西诗派呈现颓势,诗坛寂静。叶适虽为道学家之一,但反对宣讲教化性诗文,并提出"洛学兴,文字坏"的说法。③在叶适的支持提倡下,崇尚晚唐姚贾回归人性自然之诗风,具清新气象,永嘉四灵因而崛起,其诗作风格成为诗坛代表。此一创作风格更获得大批江湖诗人的推重和效法,逐渐形成颇具代表性的江湖诗派。

这两个诗派的发展变迁,除揭示两宋分别继承不同时代唐诗风格的变化,也揭示出晚宋的文化风尚与现实社会面貌。从永嘉四灵到江湖诗派,不仅是诗风转变,更标志着特殊士人群体的形成;这一切都和整个南宋社会文化变化,息息相关。江湖诗派起于宁宗嘉定年间,透过诗社形成的士人社群,以四灵为先驱、刘克庄为领袖。这些士人或是布衣卿客型的文士,或虽任官但地位不高。南宋官员流动性强、荐举文化盛行,这些士人以诗文行谒公卿,获取提拔或生活资源,是错综复杂的人际社会及经济发展下产生的群体。与晚唐苦吟诗人情况相似,这些江湖诗派士人既因迫于生计而需长期漂泊求生,作品中对人生的感受、世态人情之炎凉有深刻的体会,所发出的甘苦之言更反映底层民众的心声,充分表现诗在基层社会的生命力。④

江湖诗派成员颇多,据张宏生考订有一百三十八人,多居布衣、游客,或官位不高的士人。其中,陈起以诗人兼出版商活跃于都城临安,并发挥组织运作功效,尤居关键角色。陈起,字宗之,号芸居,是一位未仕诗人,在临安棚北大街睦邻坊开设书铺,经营书籍刊印出版业务。由于

---

① 袁桷,《清容居士集》(台北:商务印书馆,1979,收入《原式精印大本四部丛刊正编》第67册,据上海涵芬楼影印元刊本影印),卷48,《书汤西楼诗后》,页5下。另参杨亮,《宋末元初四明文士及其诗文研究》(北京:中华书局,2009),页88。
② 杨亮,《宋末元初四明文士及其诗文研究》,页69—74。
③ 杨亮,《宋末元初四明文士及其诗文研究》,页70。
④ 张宏生,《江湖诗派研究》(北京:中华书局,1995),页3—4。

书籍为从事举业的主要凭借,士人大量投入举业,便刺激了刻书业的发达。同时,由于南宋中期崇尚晚唐的诗风兴盛,带动刊刻中晚唐诗文的风气。陈起所经营的书铺即以刊印中晚唐诗文为主,不少诗集尚留存到今日。①

陈起从事出版业,摘选时人诗文,结集成书出版,并与他们互相唱和,将以往散漫的群体凝聚为有聚合力的团体;其书铺更成为江湖诗人集结、活动的中心,扩大了陈起的社会影响力。后《江湖集》因被控诋毁朝政,掀起江湖诗案,更名震一时。②在江湖诗派形成与发展过程中,刘克庄则扮演着领袖角色。在晚宋诗坛间,无论诗作或理论,刘克庄均甚具分量。他早年诗作受到叶适推重,与四灵诗人虽是好友,却能指出其弊,超越四灵。刘克庄受教于真德秀,诗作亦曾受道学诗影响,③却能超脱其说,主张诗作应发乎性情,引领江湖诗派走向清新方向。他更倡导以盛唐杜甫为榜样,赋予江湖诗派新的生命力,使之成为晚宋诗学主流,也开启元、明二代诗坛贬宋尊唐的先河。④

南宋文士因社会环境与时代变迁,出现三种分别代表不同价值取向的诗派,而有雅俗之别。这种情况和当时的社会价值差异一样,反映当时人既有积极进取追求功名以光宗耀祖的一面,也有更多士人因为家庭或个人因素而放弃举业,转而追求纯属个人性的生活价值,使士人群体中出现不同的文化样貌。这些殊项并陈的兼容现象,正是南宋文化丰富而多样的表现。

六、缤纷多样,艺文光影

南宋社会商业活络,物资品类繁多,为人们提供了丰富多样的生活资源,而经济能力高低与生活品味差异,更展现了各异其趣的生活形态,体现各个士人家族,乃至江南各地区间不同的发展样貌。这种现象从富盛家族间,对功名、仕途与生活品味的追求与经营之差异,便可印证。

---

① 宿白,《南宋的雕版印刷》,《文物》1962年1期(北京),页18;张宏生,《江湖诗派研究》,页21—29、271—317。
② 张宏生,《江湖诗派研究》,页8—24、页358—370。
③ 王宇,《刘克庄与南宋学术》,页195—210。
④ 向以鲜,《超越江湖的诗人:后村研究》(成都:巴蜀书社,1995);孙克宽,《诗与诗人》(台北:学生书局,1971),页103。

富裕家族及官员子弟既有丰厚的生活资源,自然更有余裕讲究生活品味。晚宋阳枋以实例针对俗谚所说"三世仕宦,方会着衣吃饭"作了贴切的注释:

> 三世仕宦,子孙必是奢侈享用之极。衣不肯着布缕䌷绢、衲絮缊敝、澣濯补绽之服,必要绮罗绫縠、绞绡靡丽、新鲜华粲、缔缯绘画、时样奇巧、珍贵殊异,务夸俗而胜人;食……必欲精凿稻粱,三蒸九折,鲜白软媚,肉必要珍羞嘉旨、脍炙蒸炮、爽口快意水陆之品,人为之巧,镂簋雕盘,方丈罗列,此所谓会着衣吃饭也。①

其言如同《梦粱录》所指,"自淳祐年来,衣冠更易,有一等晚年后生,不体旧规,裹奇巾异服,三五为群,斗美夸丽,殊令人厌见,非复旧时淳朴矣"②,反映社会上充斥着奢靡的生活方式。与此同时,都城临安及其他繁荣城市也有众多边缘人窘迫寄生其中,与前述奢华生活并存于南宋晚期社会,形成强烈对比。③

四明史氏家族在南宋曾三代任相,是士人家族成功求取功名的少数代表。宁、理二朝,史弥远、史嵩之先后掌权,家族成员任高官者众,威势鼎盛,生活优渥,有能力营造极佳的生活环境。然而,就在家势鼎盛之时,族内成员如史弥坚、史弥忠、史弥应及其侄史守之等人也因不赞同二人对金、蒙和战及主导皇位继承的种种作为,而退出政坛,转而追求精神生活。他们或延请理学家在家乡讲学,组织诗社。或追求行吟空山的恬淡生活,如史弥应"有诗数卷,宣患难之所志,传逸度于将来……以为耿介拔俗之语"④。更有专注经营个人物质环境者,如史文卿"聚四方奇石,筑堂曰'山泽居',而自号曰'石窗山樵'。……手执乌丝栏画展玩……屏后一几,设茶器数十……如意麈尾、巾壶砚纸,皆纤悉整具,羽衣乌巾,玉色绚起,望之真飞仙人"⑤。从四明史氏家族部分成员弃绝仕宦,致力文

---

① 阳枋,《字溪集》(台北:商务印书馆,1983,收入《景印文渊阁四库全书》第1183册,据台北故宫博物院藏乾隆四十七年[1782]文渊阁本影印),卷9,《辨惑》,页1上下。另参斯波义信著,庄景辉译,《宋代商业史研究》(台北:稻禾出版社,1997),页473—483。
② 吴自牧,《梦粱录》(上海:古典文学出版社,1956,收入《东京梦华录(外四种)》),卷18,《民俗》,页281。
③ 谢和耐原著,马德程译,《南宋社会生活史》(台北:中国文化大学出版部,1982),页35—83。
④ 全祖望,《鲒埼亭集·外编》,卷28,《跋〈宋史·史浩传〉后》,页1055。
⑤ 袁桷,《清容居士集》,卷7,《煮茶图并序》,页1上—1下。

艺性的精神、物质生活的例子，可以看出南宋中期士人社会生活形态与价值观的转变。

四明楼氏家族到南宋中晚期生活形态的改变，又是一例。楼氏家族崛起于北宋仁宗朝，北宋晚期楼异在仕途、乡里经营与拓殖家产各方面均有所成，到楼钥更成为四明重要家族。楼钥虽任高官，但最感兴趣的是追随祖父楼异足迹，在祖宅原址重建庭宅"奎画堂""锦照堂"，其中东楼用以读书会友，"丛古今群书其上，而累奇石于其前，崭然有二十四峰之状"①。楼钥喜欢搜集古董，积极搜藏先祖旧物，②包括从宋金边境榷场买回被金掠走楼异所刻《嵩岳图碑》，③或向至四明贸易的高丽商人商借临摹唐人韩干题为"行看子"的画马图等，④都显示他致仕以后的家居生活重点，是读书、怡情、玩赏及交游。

楼钥之后的楼氏族人多由荫补入仕，并不热衷仕途，而是在家乡从事文艺活动，维持地方声望，来延续家风。如楼洪曾刊行南宋初楼璹的《耕织图》，楼深喜欢搜藏书画。楼治则喜欢收藏典籍文物，曾集结其父楼钥的诗文为《攻媿先生文集》；该集卷帙大且刊刻精美，在嘉定时期私家刻书中相当具有代表性。⑤族人致力艺文活动，不在意营生，也不追求仕途高位，从而导致入元之后，整个家族逐渐没落。⑥

其他二个四明名族——高氏与袁氏——情况相仿。高氏自南宋初年因高闶而崛兴以来，相继致力于春秋学、文学、史学等，并记录所搜各类文物。到高衡孙时，尤爱抄录见闻及方技诸书。⑦高衍孙更讲究生活情趣，"宅旁植水竹奇石，号曰'竹墅'。其食必按《本草》，其居处必顺叙寒燠。铢分脉法，如指诸掌"⑧，著有《五音总韵》《脉图》等，显示了此一家族族人的兴趣有由经史，向诗文、博物、医学转变的倾向。又如嘉定时期

---

① 袁燮，《絜斋集》（台北：商务印书馆，1983，收入《景印文渊阁四库全书》第1157册，据台北故宫博物院藏乾隆四十七年[1782]文渊阁本影印），卷11，《资政殿大学士赠少师楼公行状》，页33上。
② 楼钥原著，顾大朋点校，《楼钥集》，卷73，《跋黄刺史公移》，页1300—1301。
③ 楼钥原著，顾大朋点校，《楼钥集》，卷74，《跋先大父〈嵩岳图〉》，页1335—1336。
④ 楼钥原著，顾大朋点校，《楼钥集》，卷3，《题高丽行看子》，页85；《楼钥集》，卷4，《再题行看子》，页92。
⑤ 宋版原书现藏于北京大学图书馆。参见张玉范，《〈攻媿集〉宋本、文渊阁四库全书本、武英殿聚珍本之比较》，《国学研究》，第11卷（北京：2003.6），页351—364。
⑥ 黄宽重，《宋代的家族与社会》，页110—112。
⑦ 袁桷，《清容居士集》，卷21，《高一清医书十事序》，页23下。
⑧ 袁桷，《清容居士集》，卷48，《书高使君脉图后》，页13上。

宰相袁韶,任官经历二十五年,大力购书,乃至"从中秘书及故家传录以归"①,丰富藏书的情况,都说明家族富盛之后,更注意追求精神层面多元化的艺文生活。

这些例子说明,一些高门大族经历科举为家族带来繁兴之后,部分族人所追求的不单是科举功名或高官爵禄等有形事功,或致力经营产业以厚植家底而已,更崇尚能彰显身份的文艺性活动。在宁宗嘉定以后,这种现象尤其成为江南官宦士族的主要风向。若从当时政经环境去理解,此社会风尚转变的轮廓则又更为清晰。南宋嘉定以后,内外政局虽有由平静趋向纷扰之势,但整体而言,除了朝堂因执政方向歧异而时有争议、局部地区间歇爆发战事外,江南大部分地区仍呈现升平景况。袁桷说:"于时国家承平,四方无兵革之虞,多用文儒为牧守。公务闲暇,击鲜享醴会僚属,以校雠刻书为美绩。至于细民,亦皆转相模锓,以取衣食。"②经济繁荣,理学活动及教育文化蓬勃发展,士人除追求仕途外,有更多元生活选择,购书、搜集古董文物,乃至刊刻书籍、讲究医疗养生等等,不一而足。

从南宋中晚期许多重要文士如楼钥、周必大、真德秀、魏了翁、袁燮、袁甫父子等人,乃至元初江南文人的文集,及周密、方回的笔记,可以看到追求闲逸的生活方式成为南宋中晚期的时尚。各项文艺、文化活动在士人群体间开展流传,形成风潮,凸显此时期的文化繁盛,以及士人生活的多元差异。举业仕进虽然仍是大多数士人跃进之途,但并非生涯唯一选项。士人群体价值观的转变连带也使医疗、占卜,乃至专职艺人作家,都能获得尊重而于社会立足,各种与文化生活密切相关的职业都获得专业化发展。③此现象若与南宋儒医观念深化、医士关系发展,以及术数受到官员士大夫的崇尚等社会风尚相结合,更能显示南北宋差异之处。富裕的环境蕴育出繁盛多元的社会形态是南宋社会的一大特色,又以中晚期最为突出。④

---

① 袁桷,《清容居士集》,卷22,《袁氏旧书目序》,页11下。
② 袁桷,《清容居士集》,卷22,《袁氏旧书目序》,页11上—11下。
③ 陈元朋,《两宋的"尚医士人"与"儒医":兼论其在金元的流变》,(台北:台湾大学出版委员会,1997);廖咸惠著,上内健司译,《墓葬と风水:宋代における地理师の社会的位置》,《都市文化研究》,10号(大阪:2008.3),页96—115;廖咸惠,《宋代士人与民间信仰:议题与检讨》,收入复旦大学文史研究院编,《"民间"何在?谁之"信仰"》(北京:中华书局,2009),页55—77;廖咸惠,《体验"小道"——宋代士人生活中的术士与术数》,《新史学》,第20卷第4期(台北:2009.12),页1—58。
④ 谢和耐原著,马德程译,《南宋社会生活史》,页144—203。

七、小结

　　中国历史绵延发展的过程中,各时代为响应不同的内外环境冲击与挑战,而各自衍生出多元的文化样貌。观察如唐宋之际的跨越朝代变革时,不宜单单着眼朝代间"变"的差异,也要留心"常"的承袭;反之,观察朝代之内的政治社会发展,也不宜只关注因袭传承,更要体察时代环境变化所带来的"新"及"变"。此观点若能获认可,那么以往习于以变革或变迁看待唐宋,或一贯相承看待两宋的态度,都需要有所调整。

　　就历史发展而言,南北宋均为赵宋王朝所建,因其立国环境的塑造,政权特质有别于汉唐,重文轻武、强干弱枝、祖宗家法等立国国策,在在构成宋代国运与施政的基本发展蓝图。然而,两宋虽有前因后袭的相续性,但靖康之难所带来的冲击大大改变了既有的立国基业,日渐使在江南重建的赵宋政权自原有的北宋立国精神中蜕变。迫于愈发艰难的立国形势,南宋和战政策的实施与变化、臣僚对政策的争议,都显示宋廷对生存与发展策略的调整与因应。这一连串的因应之策,与其时序变化、社会环境相呼应,致使南宋对北宋既有继承也有创新,最终形成此时期独特的时代特色。然而,以往人们对此时代理解较为不足,往往陷入盲境,将两宋同等齐观。

　　宋以前,华北是中国历代王朝立国的基地,但开封沦陷后,华北基业尽失,赵宋君臣仓促建政,只得选择南渡避敌。江南经济及海洋资源既是南宋国祚命脉所在,也开启了以江南为基地,以两淮为边界的守势战略,宣告背海立国成为南宋维系基业的续命之策。在这种情势下,宋廷虽仍重兵驻守江淮、四川,但运用江海水军优势,强化守城寨堡部署,更成为抗御女真、蒙古进犯的重要边防战略,此策虽然难以发挥积极主动的攻势,却有助南宋稳固立国基业。

　　以半壁疆土之势应付强敌,势须充实财源,才能立足与永续。因此,宋廷积极强化各项开辟财源的措施,包括推动海外贸易、茶盐专卖,以及开发土地等,却也因而激化岭南地区的社会冲突。为稳定社会秩序,各地相继成立地方军,维护区域安全,并在边境接纳、组织民间武力,作为辅助边防的战力,这些都是修正北宋强干弱枝策略的作为。为顾及政权稳定并因应战时体制,此时期赵宋政权不得不与现实妥协而采许包容政策,后又因皇帝继承问题形成相权独大,这些现象同样是南宋政权性格有别于北宋的特质。

文治是两宋相续的基本国策，宋廷透过科举考试，拔擢人才，结束了门第社会，开启士大夫入仕参政的局面。由于经济发达、教育普及等因素，追求仕进的士人群体不断扩张，在朝廷宽容政策下，士大夫对国家外患及社会转型等问题，关切甚深，从而激发个人与国家命运连结的经世思想。在这种士大夫与君主共天下的思维下，掀起北宋中期以来一连串以中央朝政为改革目标的变法运动。无奈士人意见不同，政策时变，最终反激起党祸，间接造成北宋覆亡。

南宋以来，士人虽依旧关心朝政变革，但救亡立基之心更为急切，他们将更多心思转向改造乡里社会，透过个人或族际合作，推动一连串如兴建学校、书院、社仓、义役、祠庙等强化乡里意识。同时，理学发展，或组织乡饮酒礼、乡曲义庄、学校义廪及祠祀乡先生，乃至贫困士人的经济互助组织，这些现象都显示南宋士人群体的关怀重心，明显有别于北宋。此一发展与南宋社会力在基层社会的滋长相结合，士人群体也因此成为此后中国基层社会中的主导性角色。

士人群体不断膨胀，但能中举入仕乃至晋身上位者毕竟有限，众多士人不是宦海浮沉，就是功名无望，而须借知识改行谋生。因此，社会上出现贫富荣枯有别的士人群体，各以不同面向的专业，在不同社会环境及文化条件下谋生发展，呈现多样文化风貌在现实社会兼容并陈的现象。南宋中晚期在诗文的表现上，兼有理学诗派、江湖诗派及永嘉四灵，各领风骚，就是明例。

在经济繁荣的南宋社会，有志仕进者经历几代努力，得以如愿累积家族"起家"之资。这些资产与名望不但是世家大族经营功名利禄的资本，也有利于各家族营造生活的品味与环境。身处于其中子弟在追求功名之外，从中培养关注生活质量的条件。营建庭园、搜集古董文物、组织诗文雅社、发展学术，乃至重视医疗、养生，都是世家子弟丰富生活的可能选项。《梦粱录》所示的南宋中晚期文化景况，见证了科举社会"耕读传家"，乃至"富不过三代"等的俗谚，追求科举功名不再是社会的唯一价值。就文化与价值观的多样发展而言，南宋无疑是深具代表性的一个朝代。文化力与社会力的连结与展现，正是南宋在中国历史上具有标志性的贡献，也是史学界尚须大力发掘之处。

从中国历史发展脉络观察，南宋的立国环境与社会经济，于北宋既有承袭亦有创新,更开启了此后社会文化发展的基础。其一百五十三年国祚深刻影响了此后一千年的中国传统,关注传统中国历史发展不可忽视。本书以个人近十年来研究汇集成册,议题聚焦南宋政治与文化之连结性,尝试对南宋历史多样貌发展提出概观性观察,以期就教于先进与同道。

全书除绪论之外,分为议题编、研究编与评述编三部分。议题编着眼于南宋政局发展与社会文化的联结,收录两篇文章属概论式探讨,尝试从较为全面的角度认识丰富多元的南宋。长期以来,宋史学界对南宋历史的掌握较北宋,明显不足,且多从单一政治事件或人物去认识南宋,较少整合不同研究领域,以多面向视角理解南宋历史,以致将历史现象割裂成零碎的片段;甚至囿于传统观点,对南宋中晚期历史发展,抱持负面观感,忽视其学术价值与研究意义。有鉴于此,本编两篇论文跳脱单一事件或领域的专题研究,整合南宋研究各领域的既有成果,从政治文化视角切入,既讨论政治的多面向发展,也关注政治与文化之间的交互作用,尤其强调南宋晚期的重要性,冀借以对南宋历史发展提出较宏观的论点。

研究编共收录论文六篇,聚焦讨论士人的文化活动与人际网络,可视为个人在议题编中所倡议的以跨领域视角研究南宋历史的实践尝试。其中五篇,以士人艺文交流为主轴,包括以南宋名臣楼钥为案例,呈现世家大族以艺文建构传承,发展人际关系的样貌;以及以《兰亭序》书帖为案例,探讨珍稀文物如何作为士人群体交流互动的媒介,又如何从文物鉴赏与艺文活动中,发展出南宋时期专业知识建构的文化现象。最后一篇论文,则爬梳刘宰个案,体现宋代士人在政治与社会环境变化下,在庙堂之外所追求的生命意义。六篇论文研究议题各有侧重,但要旨均在体现士人群体如何促成社会力与文化力的滋长与提升。

评述编收录论文二篇。其一评述邓小南教授所著《祖宗之法——北宋前期政治述略》一书。在今人宋史研究成果中,该书与余英时教授《朱熹的历史世界》一书并居里程碑性地位,于政治文化史领域更是不可不读的重要著作。有感于一般书评对该书主要论点陈述过于简略,本文以较长篇幅介绍该书的主要内容,再加评述,期能有助读者更深入认识该书的价值。其二,是评述陶希圣先生的中国社会史研究历程与贡献,从礼、律研究面向阐述,借以纪念追随陶先生编辑《食货月刊》十三年期间对其研究社会史的体认。

　　本书收录各篇文章,多曾发表于各类史学学术期刊。此次的汇整,于内容及篇名有所修订与调整,为避免造成师友及读者们的困扰,谨此说明。

议题编

INDEX

壹　南宋政治史研究的三重视角

一、前言

历史研究随着议题的深化与延伸，史料应用的范围也不断扩展。早期研究中国史，较关注于朝代兴亡、政局变革的重大议题，讨论的问题也聚焦于大人物、大事件；利用的史料以正史或相关编年与官方典籍为主。随着新研究议题的开发，转而探讨典章制度、政治运作等整体政治环境的发展与变迁，进而及于社会经济、学术、思想文化等不同层面，甚至跨越单一学术领域，触及整合性议题；史料应用相继扩及笔记小说、文集、金石碑帖乃至出土文物，研究方法也由考订、整理、叙述，而及于分析解释，提出通则性的理论。

不过，在研究议题扩大、史料扩展的同时，也产生新的问题。早期的研究不论问题的讨论或史料的使用，都以重建史实为重，强调坚实考订的重要性，为避免史料应用不当，造成研究成果的失误，前辈学者以实例提示学者在研究时需要关注、遵守的基本功夫；像陈垣关注版本、避讳，钱穆、邓广铭教授先后提出版本、职官、年代、地理及目录等历史研究的关键性课题；这些都是研究中国历史最基本、也是学界易于忽略的重要问题。其后，随着研究领域扩大，史料不断发掘，特别是汉籍电子数据库广泛开发之后，类多量大的史料取得便捷，研究的议题更为宽广；特别在社会科学理论的影响下，史学界重视解释与创见，反而疏于对史料基本性质的掌控，特别是笔记小说、文集、方志等资料，广泛被应用于研究议题后，历史研究与史料应用的关系更为复杂，问题的严重性也愈加凸显。

研究宋代历史，史料应用的问题更值得重视。宋史虽然较晚引起中国史学界的重视，但宋代社会经济文化蓬勃发展，是中国历史的重要转型期，影响中国后世极为深远；重要性受到国际汉学界的重视，掀起研究热潮。虽然如此,早期中国宋史学界的研究,多聚焦于创业时期的作为及政局变革巨大且史料较为集中、内容相对丰富的时段;因此,北宋中期以前的研究业绩较为丰硕。相对的,偏安江南的南宋历史,既受政治意识的框限,又因史料杂多,梳理不易,除理学与重大政治人物、政治议题外,研究相对不足。近年来,南宋士人的社会网络及文化交流动态制度史甚至讯息传递等社会文化的议题,及其在历史转折上的重要性,逐渐受到学界的关注。

在此一趋向下,学界于发掘考古文物与出土文书、金石拓碑外,对笔记小说、地方志与宋人文集,也广泛利用。其中,笔记小说、地方志、金石文物等资料,多涉及民间生活、习俗、宗教、信仰等庶民事务,贴近社会文化层面;而文集的内容,除为人撰作的传记外,尚记录作者参与的政治文化活动、人际关系,见证时政与环境的变化,内容丰富多样,有众多文类是研究政治与社会文化的重要资料。不过,由于这些数据的内容较为片断、凌乱,难以汇整,加以缺乏像《续通鉴长编》《建炎以来系年要录》《三朝北盟会编》及《宋会要》等编年明确且较完整、便于印证人事史地的史料,若对数据性质了解不足,会导致时空不明、关系不清的现象,或疏于掌握版本的差异,增加研究的困难。笔者基于研究南宋历史,及利用文献史料的经验,曾以个别案例指出版本对宋代政治史研究的重要性。①

除史料性质与版本之外,对复杂的政治生态与多变的政局交织而成的南宋政治特性,更值得重视。学界对南宋政治史的研究成果最为丰硕,像邓广铭、刘子健、王曾瑜、寺地遵、余英时等前辈,从不同时段或重大政治议题入手,透过个案研究分析政治转变的脉络、政局的转折,都能较贴切的呈现南宋政治风貌。不过,若欲进一步掌握南宋政治格局与政权特质,则在现有研究成果的基础上,更须深入了解南宋政治生态复杂、

---

① 黄宽重,《四库全书本洺水集补遗——程珌及〈洺水集〉研究之一》,《书目季刊》,第8卷第3期(台北:1974.9),页13—20;黄宽重,《〈四库全书〉本得失的检讨——以程珌〈洺水集〉为例》,《汉学研究》,第2卷第1期(台北:1984.6),页223—244;黄宽重,《版本对历史研究的重要性:以若干宋代典籍的比勘为例》,《"国立中央图书馆"馆刊》,第22卷第2期(台北:1989.12),页11—22;黄宽重,《〈胡澹庵集〉的传本与补遗》,《"国立中央图书馆"馆刊》,第24卷第1期(台北:1991.6),页149—172;黄宽重,《文津阁本宋代别集的价值及其相关问题——〈文渊阁四库全书补遗〉为例的讨论》,《故宫学术季刊》,第15卷第2期(台北:1997),页27—61;黄宽重,《文渊阁四库全书本错简、脱漏示例——以〈相山集〉与〈慈湖遗书〉为例》,《古今论衡》(台北:1998.10),页63—69;黄宽重,《宋史研究与版本问题——以孙应时〈烛湖集〉为例》,《文献》2015年第5期(北京:2015.9),页3—13。

政局多变交织而成的脉络性困难,也会面临史料中对不同人、不同时间,对同一事件、人物评价看法不一的问题。其背后的关键除因为立场因人而异外,更是南宋政治局势变化快速,而且不停反复所致。因此在利用史料时,如何扣紧材料,掌握时间脉络,是一项重要因素。本文即由此出发,以"政治忌讳""人物评价""人际关系"三个角度,重新讨论南宋政治史与史料利用问题。

二、南宋政局发展与变动

南宋虽然只有一百五十三年的历史,但政治环境变动激烈。这种变动主要源于金、蒙长期的压力,朝廷与朝臣面临此一形势,因应的看法与政策差异;和战对南宋的求生存与发展影响巨大,朝臣对选择现实妥协的和议或恢复理想的主战,有不同的看法与因应方略;此一差异,成为南宋立国以来长期论辩的焦点与挥之不去的"国是"争议。同时由于政策骤变,出现朝野对立、执政更迭频繁、人事激烈变动的现象。此外,皇帝个人意识、皇帝与太上皇帝的意见差异的纠结,及因皇位继承出现的权臣与异议朝臣政见冲突,相互交织,导致权势交替与对抗的问题。这些问题从高宗建立政权开始,一直延续到宋亡为止;是构成南宋政治的主要现象。

南宋初建即面临政治斗争。高宗是在仓促之间被朝臣拥立而当上皇帝的。当此政权交替、战火炽烈之际,高宗在颠沛的避敌过程中,需要积极营建天命,强化个人继统的合法性;在艰难的挑战中,维护个人权位与号召恢复、迎回二圣的现实与理想、生存与发展之间,存在多重矛盾。况且,在二帝被俘后,各种传言弥漫,甚至出现私撰野史,挑战高宗权威。①在内外交逼下,形成高宗初期和战路线、权力结构与人事更迭相互纠结、频繁变化的情况。

高宗在推动和议的同时,压制舆论。高宗与秦桧推动与金和议时,面对文臣与武将激烈的反对,延续元祐以来的政策,以激烈手段压制异议;如以讪谤朝政及禁私史为名,贬抑李光、赵鼎、胡铨等反和文臣;制造兵变,对付岳飞、韩世忠,进而接收拥兵大将的兵权。这些举措固有利于

---

① 黄宽重,《秦桧与文字狱》,《大陆杂志》,第86卷第8期(台北:1993.6),页13—22;王曾瑜,《荒淫无道宋高宗》(石家庄:河北人民出版社,1999),页339—362。

稳固南宋江山,确保高宗皇位、巩固秦桧相位;但在高宗强烈主导下,众多文臣武将受到牵连,使得臣僚对时政采取畏避的心态,以持盈保泰、避凶趋吉。①秦桧死后,高宗对舆论虽有调整,但用人行政及对金政策,仍以维持现状为前提,即使金海陵帝挥兵南侵,亦心存退避。幸因宰相陈康伯坚持亲征及海陵帝被杀,才扭转时局。

孝宗一朝,臣僚避忌时政的心态,仍然延续。孝宗继位之初,虽热切恢复,但囿于宋金实力相当,战况胶着,情势难以突破,加上太上皇帝高宗对和议的坚持,使孝宗开创新局的企图心难以发挥,只得以不断更替宰相,谋遂行己志。而夹在高宗、孝宗父子和战异议下的主政大臣,许多人在孝宗一朝,甚至连死后的碑铭,都刻意避免触及与二帝之间和战的矛盾议题。一直到光宗继位后,才能摆脱对当年政治避忌的束缚,重写碑铭,建立新的论述。孝宗朝是南宋政局较稳定、皇帝意志尚能主导朝政之时,其所以出现诸多进退大臣、政治忌避的现象,当是朝臣受高宗与秦桧主政压制异议的阴影,及刻意回避高、孝父子异见的遗绪所致。

光宗以后,虽未显见皇帝父子因政见歧异而影响执政进退,但内外政局的变动、道学与政治的纠葛,却愈演愈烈,愈趋复杂;政策转变与人事斗争更为频繁。像绍熙年间,光宗与孝宗之间的宫廷纷争不仅牵动政局、人事,甚至及于宁宗继位后十三年间所衍生的韩赵之争、庆元党禁与开禧北伐等重大政策的变动。史弥远执政之后,前期招揽被韩侂胄罢黜的异议臣僚,倡言更化,着力于整肃韩侂胄的余党;及蒙古崛起,敲起金亡丧钟后,宋廷臣针对宋金蒙三国之间的和战及处置山东忠义军的问题,意见益见分歧。

理宗继位后,朝野纷扰加剧。理宗初期,由于济王案的纷争,史弥远压制、整肃异议分子,开启对立之势。理宗亲政后,朝臣对宋蒙和战、济王案与史嵩之执政等,均有强烈批判,甚至爆发激烈的对立,执政频繁更替。到贾似道专权后的整肃与对立,较之前代更为加剧,政策转换益加鲜明。可以说,自南宋建政以来,面对强敌是和是战,道学与政治的纠葛

---

① 关于元祐以后的政治路线、政治斗争与政治文化,参见方诚峰,《北宋晚期的政治体制与政治文化》(北京:北京大学出版社,2015)。南宋初期延续此一发展。至于秦桧执政时期一连串压制臣僚的文化禁抑活动及其影响,参见蔡涵墨(Charles Hartman)的深入讨论:《一个邪恶形象的塑造:秦桧与道学》,收入氏著,《历史的严妆:解读道学阴影下的南宋史学》(北京:中华书局,2016),页2—97。

及皇位继承所衍生的争议,与国运相始终;君臣在追求生存与发展的现实与理想之间,立场与意见差异极大,而且随局势的转变,迅速改变政策,使得用人行政与路线之争,紧密相系;朝臣立场鲜明,政局变化迅速,是南宋政治发展中突出的现象。

三、政治忌讳

激烈的政局变动,促成朝臣采忌讳的心态因应变化。高宗与秦桧为稳定政局,压制异议,以确立其政权格局;孝宗之后,为避免尖锐对立,朝臣逐渐发展出一套相对包容的政治忌讳策略,臣僚会选择不同的文字评述时政,如在奏章等公共性文本,于批判朝政时,言论有所节制,转而借由书劄、笔记等隐私性文本揭露事实,传布、抒发己见。同样的,执政的君臣对待异党臣僚,多以谪贬或劾罢等方式,让他们离开京城,目的在避免势力集结,而非置对方于死地。即便是看似强烈整肃异己的庆元党禁,也是采取适度的包容而非极端性的制裁。这种公私有别的记述方式及避免极端的现象,是了解南宋政局变动不可忽视的环节。

面对诡谲多变的政局与频繁的人事更迭,为避免触及时讳,时人在撰述传记事迹上,采取忌避策略因应。特别是宰执大臣去世时,在其行状、墓志、传记等文字中,对牵涉到敏感的政治运作的内容,尽量简略,以免犯讳。这种因应政治变迁,调整个人传记的书写内容,在中国史上所在多有,不足为怪。①不过,在南宋特别是孝宗一朝,凡参与对金和战,处在太上皇帝与皇帝之间左右为难的宰执大臣,不仅生前角色艰难,死后传记的书写,对敏感的政治问题特别是和战一事的叙述更加费心。像林光朝在叶颙(1100—1167)死后三年,虽应其子之请写行状,但内容简略;刘珙死后,好友朱熹撰写一份墓志、一份行状,除内容简略外,且以刘珙的从弟刘坪具名,一直到六年后才写墓志铭。在金海陵帝南侵中,坚持要高宗亲征且撰写诏文,对稳定政局有贡献的陈康伯,虽于乾道元年(1165)死后获"文恭"谥号,但其神道碑对海陵帝南侵后,高宗避战的犹

---

① 参见刘静贞,《北宋前期墓志书写活动初探》,《东吴历史学报》,第 11 期(台北:2005.6),页 59—82;赵冬梅,《试论北宋中后期的碑志书写——以司马光晚年改辙拒作碑志为中心》,收入王晴佳、李隆国主编,《断裂与转型:帝国之后的欧亚历史与史学》(上海:上海古籍出版社,2017),页 373—397。

疑,与他的关键角色,仅简略带过。而到嘉泰元年(1201)改谥"文正",完整的诏书要到宝庆元年(1225)真德秀才加以引述,距其去世已近六十年。① 因上书反对秦桧议和,遭贬海南岛的胡铨,虽在孝宗时受重用,但其于淳熙六年(1179)逝世后,由杨万里撰写行状,到绍熙元年(1190)死后十年,周必大才写神道碑。比对这些人物的前后传记,可见孝宗朝记录执政大臣的行状、墓志铭等内容,为避免触及两宫对和战的矛盾,对相关过程的描述都尽量简化,意在维护皇帝形象。到光宗即位以后,重新撰写的神道碑,对和战过程的叙述较为繁富,也少有忌避的文字;但重新书写的内容是否合于实情,则另当别论。

即使一般朝臣的传记也因避忌,不提批判皇帝宠幸近侍。此事在孝宗朝必多;像是朱熹的同学兼好友魏掞之(1116—1173)传记的叙述就是明显的例子。乾道五年(1169)六月,魏掞之抗疏批判孝宗召回近侍曾觌,孝宗甚为介意,不仅他本人遭罢,也让宰臣陈俊卿、虞允文卷入这一政治风波。乾道九年(1173)魏掞之死,张栻撰写墓表,朱熹亦写墓铭;二人对此事过程,均以"于是时事有系安危治乱之机"②的简单文字带过。二十二年后即庆元元年(1195),朱熹在《跋魏元履墓表》文中,揭露此事原委,说当时未能详述,是"时觌势方盛,熹窃过忧,恐贻异时丘陇之祸,故不欲察察言之。而敬夫复表其墓,亦放此意;故常私念,使吾亡友,尽言之忠,不白于后世,其咎乃繇于我,每窃愧焉",于是再写跋文"因得追补志铭之阙,庶有以慰元履于地下,而自赎其顾望回隐之咎"。③ 连一向言辞犀利的朱熹,在撰写并非显宦的朋友的生平时,都要以隐讳的文字审慎书写这段批判近习的事迹,可见当时的政治避讳之风甚炽。

① 陆游原著,李昌宪整理,《老学庵笔记》(郑州:大象出版社,2012,收入《全宋笔记·第五编》第8册),卷4,页52—53;陈康伯,《陈文正公集》(北京:线装书局,2004,收入《宋集珍本丛刊》第41册,据康熙二十九年[1690]刻本影印),卷5,《敕改谥文正诰》,页5上—6上;杨俊峰,《绍兴辛巳亲征诏草的隐漫与再现——兼论和议国是确立后历史书写的避忌现象》,《台湾师大历史学报》,53期(台北:2015.6),页1—41。
② 对于魏掞之上书针砭孝宗宠幸近侍之情状,张栻所作墓表云"于是时,事有系安危治乱之机",朱熹所作墓铭则称"至它政事有系安危治乱之机",二者略有不同,然皆是避讳其事。张栻原著,邓洪波校点,《张栻集》(长沙:岳麓书社,2010)第2册,卷40,《教授魏元履墓表》,页880;朱熹原著,陈俊民校订,《朱子文集·正集》(台北:德富文教基金会,2000),卷91,《国录魏公墓志铭》,页4423。
③ 朱熹原著,陈俊民校订,《朱子文集·正集》,卷83,《跋魏元履墓表》,页4126。以上关于魏元履墓表、墓志,另含津坂贡政,《朱熹の伝记题跋をめぐって》,发表于"第41回(平成27年度)宋代史研究会夏合宿"(2015.8.27—29)。

以上的事例说明,政治环境的变迁,直接影响到参与者的仕宦遭遇、仕途的荣枯,乃至死后传记的内容论述。这种现象,在中国历代均曾出现;不过,在南宋,由于路线斗争既长期又反复,而且转变的频率特别快。士人官僚亲历内外朝政的变动不辍,各自从现实的生存与恢复的理想着眼,阐发意见,各有所执。不同见解牵涉到的不仅是理念的诠释、意见的表达,更涉及影响权位的路线之争,手法直接而激烈。但经历高宗初期激烈的互斗之后,对待政敌,逐渐采取较为缓和的包容方式,甚至在其死后,记录生平事迹时,对涉及敏感的问题,隐晦陈述、力避时讳,而借序、记、题跋的形式,揭露事实。要到下一个世代,才借由重写碑状,力图平反、拨乱反正。重写的时间及记述隐晦、繁简的差别,可以见证政局变动、避忌间的关系。

因此,利用史料讨论南宋各期敏感的政治问题时,更需要慎重小心。南宋缺乏编年翔实的典籍,个人文集,特别是其中与人事紧密连结的碑、状、传记,成为研究者所资取的重要材料。文集的内容,多是作者从自己的角度,记录一时所观察的印象,不免有主观与片段的成分,特别是人物传记的撰写,既要表扬传主的伟绩,兼要斟酌时局与家属的立场,内容自难以周全,甚或不免偏颇。因此利用文集来描绘个人事迹或时政发展时,必须多方资采,详细考述、比较不同数据,探寻其时间差异与源流变化,才不致陷入研究的盲区。特别值得注意的是,不少后出的人物传记,其叙述的事迹虽更详细,但出于求平反的政治动机,所述的内容,不免加油添醋、夸大、扭曲与掩饰;研究时,对这些资料亦宜有所保留与甄别。

四、人物评价

政局骤变的时空因素,对人物评价有重要影响。宋代人物传记在记述传主的生平事迹时,多借仕历、事功与言行、才德,表彰其价值;有时也记载受前辈赏识或举荐后辈的事迹,强调人际关系的重要。这种记述在政局平稳时较为真实;若政治变动迅速,卷入政治漩涡的士人官僚,为了避免卷入政争,影响仕途发展,不免运用不同的人际关系,或调整自己的态度,甚至有转身或移步投身新执政,向现实妥协以顺应时势的变化。不过,这种境遇与变化,在个人传记中,多被简化或抹去。这种选择了特定的立场与作为,且缺乏对时空变化观照的传记内容,对了解事实真相与评价人物,是有偏颇与不足的。因此,要掌握政局的变动,乃至士人官僚的生命历程与变化,需要参酌多种史料,并有充分的认识,才有助于客观评价人物的地位与功过。本文以项安世为例,说明在研究南宋政治史时,时空环境的变化对个人生命抉择的影响。

项安世(1153—1208),字平甫,号平庵,生于绍兴二十三年(1153),是越州括苍人,迁居江陵;淳熙二年(1175)中詹骙榜进士,继中教官试。在他居乡待阙时,吕祖谦的舅舅曾逢,欣赏其才学,将他介绍给张栻、吕祖谦与朱熹等人。七年,安世任绍兴府教授,与东南儒者吕祖谦、叶适、陆九渊、朱熹广泛交往,学术人脉日益宽广,是一位转益多师的道学门徒。淳熙十五年七月,因叶适等人向执政推荐,项安世被召入朝,得与周必大相交;次年,随周必大罢相而去国。① 绍熙二年(1191),荆湖南路提点刑狱孙逢吉,荐其出任馆阁;四年三月任秘书省正字。在京期间,与奉召入京的朱熹及朝中名士往来密切;五年闰十月,朱熹卷入赵汝愚与韩侂胄的政争遭罢,安世与史院同僚于灵芝寺钱别,并赋诗相赠。②

其后,项安世卷入党禁风暴。朱熹罢职后,安世亦被劾外任池州通判,随后被列入五十九人党籍碑中,罢归江陵。宋廷的政治整肃,影响安世的仕途发展,让他深感压力,因而着意回避与师友的联系;朱熹曾有微词。不久,他与好友吴猎转而赞成韩侂胄的北伐,被起复知鄂州,后改任湖广总领,曾率兵解德安之围,又改权宣抚使,升太府卿。开禧三年(1207)吴曦被诛,激发安世政局转趋有利的信心,曾谱写《凯歌》词,对恢复抱持乐观。然而,随着情势逆转,韩侂胄被杀,宋金谋和,加上他又与吴猎反目,被劾降为奉议郎。嘉定元年(1208)逝世,享年五十六岁。③ 从项安世的例子可以看出,在政局骤变中,士人借调整立场或态度,以维持自身利益,但仕途荣辱与祸福是难料的,对其评价也变化不一。然而,不论《宋史·项安世传》④或其书文诗稿的内容,对关键性转变的记载相当简单,无法完整呈现项安世在因应不同时局,采取多样的肆应之道及其遭

---

① 参见束景南,《朱熹年谱长编(增订本)》(上海:华东师范大学出版社,2014),页962。
② 项安世,《平庵悔稿·后编》(北京:线装书局,2004,收入《宋集珍本丛刊》第66册,据清秦恩复钞本影印),页117a;束景南,《朱熹年谱长编(增订本)》,页1189。
③ 以上参见黄宽重,《世变与应变——孙应时及其学友在庆元党禁前后的遭遇与应对》,《国学研究》,第37卷第1期(北京:2016.6),页1—55。
④ 脱脱总纂,《宋史》(北京:中华书局,1977),卷397,《项安世传》,页12088—12091。

遇变化。和项安世一样,因为时空变化而影响仕途起伏,甚至历史评价的南宋士人官僚相当多,研究时不宜只靠个人传记评断成败功过。

卷入政治漩涡的士人官僚,在世时固然荣辱有别,死后的地位同样深受政局影响而有变化。在南宋,最明显的莫过于和战造成褒贬骤变的激荡。岳飞与秦桧历史地位的变化起伏,是学史者皆知的事情。① 此外,韩侂胄发动北伐前,一连串表彰高宗朝主战人物的事迹,如将封尘甚久,在孝宗朝一直隐讳,由陈康伯撰写的"亲征诏",以题跋的形式公诸于世;② 出版由岳珂汇整的《金陀粹编》,进而封岳飞为鄂王及追赠其家人、部属,③ 庆元六年(1200)又出版另一位主战者胡铨的《胡忠简先生文集》等。④ 这一连串尊崇主战者的动作,都与营造有利于抗金甚至北伐的氛围密不可分。同时,两宋之际主战反和的太学生陈东与欧阳澈被杀以后,从高宗以降各朝,均见借题跋予以平反,也与南宋和战、君相关系的评价相终始。⑤ 以上的事例,可以看出政治人物死后的荣枯,是与政治现实紧密相系;如果忽视时空因素,恐难对政治人物的际遇与荣枯的变化,有清楚的认识。

南宋官僚获得谥号的过程,更能彰显时空环境与人物评价的密切关系。宋代赐谥程序与级别,均有制度性的规定。这些规定与事例,可见于《宋会要辑稿》"礼"之58、《宋史》卷124《礼》27。大约言之,赐谥可分经朝臣议谥、集议正常程序的定谥,与不经上述程序,由皇帝发布草诏命词的特赐谥。⑥ 宋代获得谥号的官员极多;现存的记载,如《宋会要辑稿》"礼"之58即有相当长的篇幅讨论宋君臣的谥号,也列出很多重要文武高

---

① 刘子健,《岳飞》,收入氏著,《两宋史研究汇编》(台北:联经出版公司,1987),页143—172;《秦桧的亲友》,收入《两宋史研究汇编》,页185—210。按岳飞在淳熙六年谥为"武穆",理宗宝庆元年(1225)赐谥"忠武"。秦桧死后赠谥"忠献",开禧年被夺王爵并改谥"缪狠",韩侂胄死后还复。

② 杨俊峰,《绍兴辛巳亲征诏草的隐漫与再现》,《台湾师大历史学报》,53期(台北:2015.6),页1—41。

③ 方震华,《复仇大义与南宋后期对外政策的改变》,《史语所集刊》,88本2分(2017.6),页309—345。

④ 胡铨的著作由其子胡澥和族孙胡秘等汇集,于池阳县刊刻。参见黄宽重,《〈胡澹庵集〉的传本与补遗》,《"国立中央图书馆"馆刊》,第24卷第1期(台北:1991.6),页149—172。

⑤ Charles Hartman and Cho—Ying Li, "Rehabilitation of Chen Dong," *Harvard Journal of Asiatic Studies* 75:1 (2015), 77—159. 中译稿:蔡涵墨、李卓颖,《平反陈东》,《文史》,2017年第2期(北京),页157—222。

⑥ 郑丞良,《试由科举与赐谥探讨嘉定时期官方对道学的态度及其转变》,收入杭州市社会科学院、浙江大学历史系主编,《第三届海峡两岸宋代社会文化学术研讨会议文集》(杭州:浙江大学出版社,2013),页272—287。

官的谥号,但绝大多数未标列时间。同样的,大部分两宋官僚的墓志、神道碑,甚或宋史列传人物,虽列出谥号,也仅有少数明列获谥时间;此一现象容易让人误以为宋代高官显宦死后,即获谥号。其实,细考相关数据,可以发现许多名宦,是在死后数年甚或数十年之后,才获得谥号;观察这些人物评价变易的原因,彰显与政治时空的变动有关。

在南宋,人物在一段时间之后才获赐谥号的情形,可分成三种。其一是道学家从遭韩侂胄禁锢到史弥远执政以后得到推扬,地位上有极大的翻转;原本身份无法达到赐谥标准,甚至遭罢的道学家,如朱熹、吕祖谦、张栻、沈焕、舒璘、陆九渊等人,先后获得谥号,甚至连北宋的周敦颐与二程,也在赐谥之列。①这是南宋中期的政治变动中,道学与政治复杂纠葛所造成的。受此影响的包括黄干;他死于嘉定十四年(1221),到端平三年(1236)谥文肃(吴昌裔议谥号、王瓒覆谥议)。尤袤死于绍熙四年(1193),到嘉定五年(1212)谥号文简。陈亮死于绍熙五年(1194)三月,理宗嘉熙二年(1238)获赐"文达"谥号。②

第二种获谥号的现象,是生前官职未达赐谥标准,因曾任皇太子的老师,到新帝继位后,由家属状请赐谥,而颁给谥号。如胡沂(1107—1174),死于淳熙元年(1174),官仅止于龙图阁学士,到光宗继位后,赐谥号宪简。陈良翰死于乾道八年(1172),曾由朱熹撰写行状,未获谥号;到光宗绍熙元年(1190)请赐谥号,获"忠肃"。二人均是光宗任皇子时的老师,在光宗继位后才获得谥号,已是死后十六年与十八年。③

第三种则是众多的政治人物,明显是受到政治变化而延迟获谥。这类情况极多,本文谨先举若干卒年与谥号有确切时间差的例子:

1. 李纲死于绍兴十年(1140),至淳熙十六年(1189)正月,即高宗死后一年三个月,获"忠定"谥号,叶适有"谥议"文,前后相距近五十年。

2. 王伦死于绍兴十四年(1144),到绍熙元年(1190),获谥"节愍",由

---

① 见郑丞良,《试由科举与赐谥探讨嘉定时期官方对道学的态度及其转变》,页273—274。
② 佚名,李之亮点校,《宋史全文》(哈尔滨:黑龙江人民出版社,2005),卷33,页2238。
③ 以上二件均由孙应时撰文请谥。见孙应时,《烛湖集》(台北:商务印书馆,1983,收入《景印文渊阁四库全书》第1166册,据台北故宫博物院藏乾隆四十七年[1782]文渊阁本影印),卷1,《代请龙图阁学士左通议大夫致仕胡沂谥状》,页10上;徐松辑,《宋会要辑稿》(台北:新文丰出版公司,1976,据民国三十四年(1945)上海大东书局影印国立北平图书馆徐氏原稿影印),《礼》58之113—114。《宋会要辑稿》虽注引"孙应时《烛湖集》,《代请陈詹事良翰谥状》",然而四库本《烛湖集》未收此文。

太常博士倪思议谥,楼钥复议①,已是死后四十六年。到嘉定四年(1211),由楼钥撰神道碑,宋廷并赐"忠肃"之家庙号②,为死后六十八年。

3. 王十朋死于乾道七年(1171),年六十;绍熙三年(1192)谥忠文。③

4. 虞允文死于淳熙元年(1174),至淳熙五年(1178),获"忠肃"之谥。

5. 吴儆死于淳熙十年(1183),至宝祐四年(1256),赐谥"文肃"。④

6. 赵雄死于绍熙三年(1193),到嘉定二年(1209),获赐"文定"的谥号。⑤

7. 赵汝愚死于庆元二年(1196),到嘉定元年(1208),获谥"忠定"。

8. 留正是列名庆元党禁的党人,死于开禧二年(1206),到宝庆三年(1227),获"忠宣"的谥号。

9. 杨万里死于开禧二年(1206),到嘉定六年(1213),获谥"文节"。

10. 彭龟年死于开禧二年(1206),至嘉定元年(1208),宋廷议谥号,至三年三月获谥"忠肃"。⑥

11. 辛弃疾死于开禧三年(1207)到德祐元年(1275),由谢枋得请于朝,谥"忠敏"。⑦

12. 倪思死于嘉定十三年(1220)到端平二年(1235),获谥"文节"。⑧

13. 安丙死于嘉定十四年(1221)十一月,至端平二年(1235)七月,定谥"忠定"。⑨

14. 赵方死于嘉定十四年(1221)八月,亦至端平二年(1235)七月定

---

① 见楼钥原著,顾大朋点校,《楼钥集》(杭州:浙江古籍出版社,2010)第3册,卷46,《王节愍公覆谥议》,页886—887。

② 楼钥原著,顾大朋点校,《楼钥集》第6册,卷100,《签书枢密院事赠政殿大学士节愍公神道碑》,页1745—1755;《楼钥集》第3册,卷57,《王节愍公忠肃庙碑》,页1028—1029。

③ 脱脱总纂,《宋史》,卷387,《王十朋传》,页11887。《宋会要辑稿》"礼"58之104亦称王十朋谥忠文,然未载年代。

④ 杨讷、李晓明编,《文渊阁四库全书补遗·集部》(北京:北京图书馆出版社,1997)第3册,页352—365。

⑤ 佚名,李之亮点校,《宋史全文》,卷30,页2078。

⑥ 佚名,李之亮点校,《宋史全文》,卷30,页2078。《宋会要辑稿》"礼"58之103亦称彭龟年谥忠肃,然未载年代。

⑦ 脱脱总纂,《宋史》,卷401,《辛弃疾传》,页12161—12166。

⑧ 魏了翁,《鹤山先生大全文集》(台北:商务印书馆,1979,收入《原式精印大本四部丛刊正编》第60册,据上海涵芬楼借乌程刘氏嘉业堂藏宋刊本影印),卷85,《显谟阁学士特赠光禄大夫倪公墓志铭》,页10下。

⑨ 吴泳,《鹤林集》(台北:商务印书馆,1983,收入《景印文渊阁四库全书》第1176册,据台北故宫博物院藏乾隆四十七年[1782]文渊阁本影印),卷10,《同知枢密院安丙赐忠定制》,页7上—7下。

谥"忠肃"。①

15. 史弥坚死于绍定五年（1232），享年六十七岁，但到淳祐二年（1242），即死后十年才由时任右相兼枢密使的郑清之撰墓志铭，并获"忠宣"谥号。②

上述十五人谥号的延迟，各有原因，但与和战情势变易关系最为明显。仅以李纲与吴儆为例说明。李纲（1083—1140），字伯纪，祖籍福建邵武，生于无锡梁溪，自号梁溪病叟。政和二年（1112）进士，一生力主抗金，是两宋之际重大政治事件的亲历者与决策者；却几遭排挤，死于和议弥漫的绍兴十年（1140），虽曾官至尚书右仆射、中书侍郎等宰执之职，但死后却无谥号；直到淳熙十四年（1187）十月高宗死后，宋廷才议谥号。谥议由太常博士叶适撰文，③覆谥议由宋之瑞撰文，称"公虽为朋奸党恶毁短中伤，而圣言炳若，固可折衷而无疑矣。大概士大夫之患，在于责人太详，持论太峻，故公之公议久而未申。今太常以忠定二字为公谥，庶不没其实"④。十六年（1189）正月，孝宗内禅前确定谥号为"忠定"，得谥已是死后五十年。

吴儆（1125—1183），字益恭，歙州休宁人，生于宣和七年（1125），绍兴二十七年（1157）进士，先后任鄞县尉、知饶州安仁县、通判邕州。淳熙五年（1178）除知邕州兼广南西路安抚都监提举，钦廉等州盗贼公事、沿边溪洞都巡检使兼提点买马事；淳熙十年（1183）卒，年五十九。儆英迈慷慨，忠义激烈，以社稷安危为己任，与朱熹、张栻、吕祖谦、陈亮、范成大、陈傅良等相友善。死后由葛邲撰传。嘉定十五年（1222）十一月，知枢密院程卓撰行状，宝祐四年（1256）由其曾孙吴资深呈徽州，转送礼部太常寺等为儆请谥；经太常博士洪拟撰谥议，以儆主战并与道学诸儒相善，"圣天子表励周、程、朱、张之说，乾淳之老师宿儒斑斑皆已赐谥，奚庸缺典于公"⑤，次年，赐"文肃"之谥号。吴儆得谥已是死后七十四年。

此外，陈康伯死于乾道元年（1165），先获文恭的谥号，到嘉泰元年

---

① 吴泳，《鹤林集》，卷10，《赵方赐谥忠肃制》，页8下—9上。
② 吴泳，《鹤林集》，卷10，《史弥坚赐谥忠宣制》，页7下—8下。
③ 叶适原著，刘公纯、王孝鱼、李哲夫点校，《叶适集·水心文集》（北京：中华书局，1961），卷26，《李丞相纲谥忠定议》，页527—528。
④ 叶适的"谥议"与宋之瑞的"覆谥议"，见杨讷、李晓明编《文渊阁四库全书补遗·集部》第2册，页829—837；另参周学武，《叶水心先生年谱》（台北：大安出版社，1988），页63—64。
⑤ 杨讷、李晓明编《文渊阁四库全书补遗·集部》第2册，页352—365、365—384。

(1201)改谥"文正",显与韩侂胄谋北伐有关。史浩死于绍熙五年(1194)闰十月,赠"文惠",①到嘉定十四年(1221),改谥"忠定"。②其谥号的尊改,是在其子史弥远独相之时。而吕祖谦的弟弟吕祖俭,在朱熹、赵汝愚被罢时,极力救解,并严词批判权臣韩侂胄,终以朋比罔上为辞,遭贬吉州安置,于庆元四年(1198)七月,死于高安。死后虽获诏归葬武义明招山祖茔,但"圹志"相当简略。③及韩侂胄被诛,追赠朝奉郎,官其一子。理宗嘉熙二年(1238)五月,赐谥号"忠亮",距死时已四十二年。④

与颁赐谥号相关联的是传主传记的重写。关于这一议题,赵冬梅对北宋墓志的书写有所阐述,至于南宋则杨俊峰提供若干范例,可以参考。如曾任左仆射的叶颙死于乾道三年(1167),至庆元三年(1197)家属请杨万里重写行状,以请谥号,才获"正简"的谥号,已距死后二十八年;周葵死于淳熙元年(1174),谥号"简惠",但到庆元四年(1198)才由周必大撰写神道碑,距死时有十四年;张阐死于乾道元年(1165),淳熙十年(1183)获谥号"忠简",到绍熙二年(1191)周必大撰神道碑,已是死后二十六年;张焘死于乾道二年(1166),旋获"忠文"谥号,但周必大撰写神道碑则在庆元三年(1197)之后,为死后三十一年;汪澈死于乾道七年(1171),周必大撰神道碑于绍熙二年(1191),是死后二十年;以恢复自任的虞允文因采石之役深获孝宗赞赏,曾独相二年;后请抚西师为入关之计。但抵汉中后无所作为,孝宗甚为不满;淳熙元年(1174)死时,"凡宣抚使饰终之典一切不用",后四年。门人赵雄入相,争取"赠太师谥忠肃",孝宗抹去若干文字,改太师为太傅;⑤谥号推迟达四五年;其神道碑则到嘉泰二年(1202)由杨万里撰成,已是死后二十八年的事。此外如吴儆的行状是嘉定十五年(1222)由程卓撰写行状,较之葛邲所撰传记,内容有明显差异。⑥倪思死于嘉定十三年(1220),到端平二年(1235)由魏

---

① 佚名,李之亮点校,《宋史全文》,卷28,页1990。
② 佚名,李之亮点校,《宋史全文》,卷30,页2119。《宋会要辑稿》《礼》11之10与《礼》58之79各收改谥的诏书与御笔,然御笔作淳熙十四年(1187),误。
③ 吕祖俭圹志,参见郑嘉励,《明招山出土的南宋吕祖谦家族墓志》,《唐宋历史评论·第一辑》(北京:社会科学文献出版社,2015),页206—209。
④ 佚名,李之亮点校,《宋史全文》,卷33,页2228。
⑤ 李心传原撰,徐规点校,《建炎以来朝野杂记·乙集》(北京:中华书局,2000),卷8,《张虞二丞相赐谥本末》,页627—628。
⑥ 杨讷、李晓明编,《文渊阁四库全书补遗·集部》,页365—384、384—387。

了翁撰写神道碑,则是死后十五年。①

五、人际关系

　　人际关系对了解士人在变动甚速的南宋政局中仕途顺遂与否,具关键性。宋代士人透过科举争取仕进;入仕之后,尚须获得长官的荐举,才能晋升高位。②荐举制度,使士人从学习到任官的过程,除家族、婚姻之外,尚须以才学、嗜好、理念,与长官、前辈乃至同学、同乡、同年、同僚交流,以期尔后发挥积极作用。由于受教育与任官的过程长、变动大,因此经营人际关系是长期的。不过因为政局变动频繁、执政更迭迅速,高官进退容易牵动相关师友的仕途荣枯;像赵鼎被贬,受牵连被整肃的幕僚、亲友,多达三十多人。③孝宗以后的政治运作虽稍减肃杀之气,突显包容之道,但在与金和战路线之外,又夹杂道学与政治的纠葛,使政局的变动、执政的轮替、路线之争更为频繁,让参与其事的官僚群体命运瞬变。

　　政治环境的变动趋于常态后,士人为避免在政局与人事变动中影响仕进,着力经营多元的人际关系。除部分显宦名儒无视荣辱、坚持己意之外;一般随从者则会在既有的人际关系外,寻求庇荫的途径,或转换心态依附新贵,以趋吉避凶。不过,此一作法,在传统社会容易招致批判;因此在记录个人的传记中,对此种心态乃至行动上的改变,多略而不谈,或是委婉辩解。

　　这种现象可以在孙应时的生涯中,明显呈现。孙应时出身于以儒为业、争取功名的清贫家族;自幼努力举业,在太学期间师从陆九渊等道学名儒,转益多师。中进士后为求仕途顺遂,不论在亲近道学的史浩家任教席或任亲民官,均广泛结交同道。此时,道学名儒之间,虽有学术争锋,但其谋得君行道、参政的气势正盛,而与执政官僚爆发争执;孙应时

---

① 魏了翁,《鹤山先生大全文集》,卷85,《显谟阁学士特赠光禄大夫倪公墓志铭》,页3下。
② 王瑞来,《金榜题名后:"破白"与"合尖"——宋元变革论实证研究举隅》,《国际社会科学杂志》,第26卷第3期(北京:2009.9),页80—90;胡坤,《临民与治军:宋代帅臣荐举权述论》,《西南大学学报(社会科学版)》,第38卷第1期(重庆:2012.1),页106—112;胡坤,《宋代荐举之弊》,《云南社会科学》2012年第5期(昆明),页132—136;胡坤,《宋代荐举改官文书中的照牒和奏检》,《中国史研究》2014年第2期(北京),页117—131。
③ 柳立言,《从赵鼎〈家训笔录〉看南宋浙东的一个士大夫家族》,收入第二届国际华学研究会议秘书处编,《第二届国际华学研究会议论文集》(台北:中国文化大学文学院,1992),页495—550。

适逢其会,每为道学发声。孝宗逝世后,政局遽变,孙应时的师长陆九渊、史浩已死,朱熹、丘崈被罢,他虽晋升京官并任常熟知县,致力地方教育文化的发展,但受韩侂胄、赵汝愚争权,庆元党禁之累,被视为道学余党,处境艰难。为化解危机,他转而向与韩侂胄关系密切的张孝伯及继丘崈任蜀帅而作风与丘迥异的赵彦逾,寻求救解。最后在张孝伯救护下,获得平反。孙应时曲折的生命故事,诉说着一个基层士人在政治与道学纠葛中的处境与肆应之道。不过,不论是杨简所撰的"圹志",或《宝庆会稽志》传记的内容,都相当简略;只有透过仔细爬网《烛湖集》,才能看到他完整的经历,以及在变动迅速地政局中,如何经营多元的人际关系,乞求仕途顺利、避凶趋吉的心路历程。①关于这方面的记载,并不见于他的传记中。

在党争对抗中,个人对应环境的因应之道,更值得关注。以往学界探讨南宋一波波政局变动时,多将对抗与遭遇的焦点集中于群体,且认为是前后相续,一以贯之的行动。最明显的莫过于将光宗以来士人卷入学术与政治的纠葛,视为两个争夺政局主导权,互相攻讦,彼此对立的群体;以致认为宁宗初期的庆元党禁,系由推动党禁与被禁锢两批立场明确的官员所造成的,甚或指为"集团",强化其集体性。②姑不论庆元党禁的真相如何,仅细究每位参与者的生命历程,会发现这些人群体意识并不强烈,后来的遭遇也因人而异,差异很大,很难视为"集团";如被列入党禁名单中的项安世、周南、黄度、叶适等人,除了短时间被罢之外,因分别与钱象祖、韩侂胄的关系,参与韩侂胄所推动的北伐军事行动,反而在嘉定之后遭贬。孙应时、王柟,虽未列入党禁名单中,却也受到牵连,后因得钱象祖、张孝伯等与韩侂胄关系密切者的救助,才免于祸。③反之,许多在党禁过程中打压道学的重要角色,却在嘉定更化后,或得以全身而退,且境遇荣枯有别。这些官僚的不同遭遇与结局,固与心态转变有关,但也不可忽视他们在不同时期的人际关系所发挥的作用。可见在复

---

① 黄宽重,《孙应时的学宦生涯—道学追随者对南宋中期政局变动的因应》(台北,台大出版中心),2018年1月初版。

② 此一取径的代表性著作,参见黄俊彦,《韩侂胄与南宋中期政局的转变》(台北:台湾师范大学历史研究所硕士论文,1975);程志华,《学术与政治:南宋"庆元党禁"之研究》(新竹:清华大学历史研究所硕士论文,1996)。

③ 黄宽重,《世变与应变——孙应时及其学友在庆元党禁前后的遭遇与应对》,《国学研究》,第37卷第1期(北京:2016.6),页1—55。

杂多变的政治环境中,影响士人的命运与仕途顺逆的因素很多,人际关系的作用不能低估。同时,持集体性或前后一贯的观点看待历史事件与人物,是过于简单且有盲点的。

在南宋中期道学与反道学之争中,列名伪学的有五十九人,攻伪学党人有三十六人;研究者多将之视为是两个立场迥异的斗争群体,这是自李心传《道命录》及晚宋《庆元党禁》这两本书以来,长期被接受的说法。① 不过,对是否存在逆党之说、相关党禁名单及彼此之间群体意识的对立等问题,近来相继被修正,如余英时在《朱熹的历史世界》中就以道学为例,说明个别立场的转变。② 本人在研究孙应时及其学友在庆元党禁期间的遭遇与对应的论文,也有相关的讨论。邓小南在研究何澹及其家族的论文中,则指出被视为主导伪学之禁,为韩侂胄斥逐异己的何澹,能在史弥远执政后免去被整肃、保全名声的诸多原因中,与他的家族与朝野人士有广泛交流,及他与杨万里、尤袤、罗点、楼钥、叶适乃至卫泾等人的关系不错,都有一定的关联。③ 这些都是透过人际关系对个案进行细致研究所得的新观点。

本文则拟举另一位被列为攻伪学党人的倪思为例,说明在世局骤变中,参与其事者个性、人际关系与仕途荣枯是相关的。倪思(1147—1200),字正父,号齐斋,是湖州归安人。关于他的事迹,除《宋史》本传外,就以魏了翁写于端平三年(1236)的墓志铭内容最为丰富,也最能显现他的性格与遭遇。④

从魏了翁所写的墓志铭来看,倪思早年的表现相当杰出。乾道二年(1166),二十岁那年中进士,三十二岁中博学宏词科,又通过馆职试;历任国子正、太学博士、太常博士、校书郎、秘书郎、中书舍人等,属于宋廷培养政治菁英的清要职务。四十五岁就位居礼部侍郎、吏部侍郎等要职;显示他的才学能力均获肯定,才能平步青云,仕途顺遂。

不过,倪思耿直批判朝政与秉政者的个性,让他在尔后复杂多变的政治环境中,屡次受挫。倪思在孝宗、光宗二朝,批评朝政的弊端,特别

---

① 黄俊彦,《韩侂胄与南宋中期政局的转变》;程志华,《学术与政治:南宋"庆元党禁"之研究》。
② 余英时,《朱熹的历史世界:宋代士大夫政治文化的研究》(台北:允晨文化,2003)。
③ 邓小南,《何澹与南宋龙泉何氏家族》,《北京大学学报(哲学社会科学版)》,第50卷第2期(北京:2013.3),页113—130。
④ 魏了翁,《鹤山先生大全文集》,卷85,《显谟阁学士特赠光禄大夫倪公墓志铭》,页1上—12下。

对近幸、后党侍恩预政的批判,曾获赵汝愚"谠直如此,吾党不逮"的赞誉。①庆元元年(1195)被召为吏部侍郎兼直学士院时,韩侂胄表达对他的期望说:"国事如此,一世人望,岂宜专以洁己为贤哉。"②对他言行多所肯定,希望他能共秉朝政。次年,甚至与叶翥、刘德秀,共同主持省试。但因性格耿直,意见多与秉政的宰执不同调,从庆元二年(1196)起,连遭劾罢;③先后五次奉祠,④仍直道而行。开禧二年(1206)秋,倪思再度入京,任礼部侍郎兼直学士院,向宁宗直谏政坛上存在无耻的风气,说:"士大夫寡廉鲜耻,列拜于势要之门,甚者匍匐门窦,称门生不足,称恩坐、恩主甚至于恩父者,谀文丰赂,又在所不论也",并指韩侂胄被苏师旦蒙蔽是"聪不足",与李林甫、杨国忠的晚年相似。这些言论,让韩侂胄十分愤懑,向参知政事李壁抱怨说:"子尝言倪正父之为人,今始至即立异",并嗾监察御史毛宪论劾罢倪思。

韩侂胄被诛后,倪思与楼钥等人再被召入京,是更化朝政的要员。他任兵部尚书兼侍讲,在参与与金议和决策中函韩侂胄首级一事,扮演重要角色,甚至处置韩的余党。⑤据《四朝见闻录》乙集所记,倪思在宋廷集议函韩首时,劝持异议的王介说:"一侂胄臭头颅,何必诸公争。"⑥不过此一说法,在魏了翁的墓志铭完全不提,《宋史》本传则说"思谓(函首一事)有伤国体"⑦。明显回避参与函韩首级的角色一事。次年三月,出任同知贡举,与楼钥共同主持进士考试,及兼修国史兼实录院修撰。⑧显见他涉入处置韩侂胄及其党余颇深,被新执政者视为推动更化的重臣。

然而,倪思又因耿直的个性,再遭废罢。他既对宋廷追赐赠宁宗第八子坰为太师尚书令一事,表达异议,⑨又一再针对史弥远除新任而宰相

---

① 脱脱总纂,《宋史》,卷398,《倪思传》,页12113—12115。
② 脱脱总纂,《宋史》,卷398,《倪思传》,页12113—12115。
③ 徐松辑,《宋会要辑稿》,《职官》73之21;脱脱总纂,《宋史》,卷474,《韩侂胄传》,页13769—13776。
④ 魏了翁,《鹤山先生大全文集》,卷85,《显谟阁学士特赠光禄大夫倪公墓志铭》,页8下。
⑤ 魏了翁,《鹤山先生大全文集》,卷85,《显谟阁学士特赠光禄大夫倪公墓志铭》,页8下;徐松辑,《宋会要辑稿》,《职官》73之40。
⑥ 叶绍翁原撰,沈锡麟、冯惠民点校,《四朝见闻录·乙集》(北京:中华书局,1989),《函韩首》,页74—76。
⑦ 参见方震华,《复仇大义与南宋后期对外政策的改变》,《史语所集刊》,88本2分(2017.6),页309—345。
⑧ 楼钥原著,顾大朋点校,《楼钥集》,卷44,《赐兵部尚书倪思辞免兼修国史兼实录院修撰不允诏》,页839。
⑨ 李心传撰,徐规点校,《建炎以来朝野杂记·乙集》,卷2,《肃冲昭王》,页530。

钱象祖不得与闻,恐再蹈韩侂胄专权的覆辙,向宁宗建言,引起史弥远的不快,因而自求外任。他接着批评陈晦以"昆命元龟"之语称颂史弥远,被殿中侍御史劾以"藩臣僭论麻制",遂遭镌职罢任,从此乡居十年,于嘉定十三年(1220)十月卒,享年七十四岁。死后并无谥号,行状、墓志资料均无存。

端平元年(1234)理宗亲政,因济王案被史弥远压制的理学家,如魏了翁、真德秀当道,倪思获得平反。先是由蒋重珍撰行状,呈请谥号,端平二年获"文节"谥号;次年由魏了翁撰写内容丰富、对倪思评价极高的墓志铭,显然视他为道学之人;墓志中对不利于他的事迹,则略而不记。然而在理宗后期撰成的《庆元党禁》一书,却将倪思改列为攻道学党人的三十六人之一。所持的重要理由大概与叶翥、刘德秀主持进士省试时,黜落义理士人,奏请禁语录、大经、论孟诸书相关,被视为打击道学者之一,但叶绍翁认为倪思并未党附韩侂胄,及配合叶、刘的行动;若结合《宋史·韩侂胄传》①、魏了翁墓志,及嘉定初与楼钥共同主持进士考试的事实,显然将他视为攻击道学党人之一的合理性不足。

因此,要想解开倪思的仕历与死后地位的变化之谜,在他的个性之外,可能尚须从人际关系去了解影响其地位、声誉荣枯的因素。由于倪思甚早参与政治,且发迹甚速,在不同职位与同僚相交,甚而相互扶持;他先后与王淮、周必大等宰执,及楼钥、杨万里、叶适、卫泾,乃至魏了翁、袁燮、真德秀、刘宰等人,广泛交往。但他个性耿直,发言多与当道相忤,并非甘愿雌伏于一人之下,致屡起屡仆。在政局变动、政争激烈的宁宗一朝,先后得罪周必大、赵汝愚、韩侂胄。特别是韩侂胄秉政时,他虽两次召用,都以直言被罢。魏了翁曾为此事向叶适探问其得罪周必大、赵汝愚与韩侂胄三个人品差异极大的权臣的原因,叶适说:"公之心盖不苟于随者。"表示倪思并不是一个党附谋利、见风转舵的投机者。这样的个性处在复杂多变的政治环境中,不仅仕途升黜变化大,而且容易影响政治地位或历史评价。像倪思这样仕历变化甚巨的士人官僚,在南宋中晚期并非个案。关于此一议题拟另文说明。

总之,快速变化的南宋政局,对大小官员都带来冲击,既影响仕进,也出现各种复杂的遭遇与因应之道。不同的生命转折,都影响其生平事

---

① 徐松辑,《宋会要辑稿》,《选举》22之12、《职官》73之21。

迹的记述；这些变动，既凸显旧时代的政治压力，也彰显新的政治转型；而从忌避到解放的过程，同样揭示时空的转变及人际关系的影响力。对这类人物，若仅凭记录个人生平事迹的各种传记数据去探讨，实难有圆满的解答，因此，充分利用文集相关数据所提供的多方面信息，并考虑政治场景、时空因素与人际关系，才能在政局转变中掌握个人的生命历程及南宋政治的全貌。

六、小结

政治是改变个人命运，乃至国家社会发展最重要的力量；由于变化多端，影响巨大，一直是学界研究的焦点。因此，历史学研究虽然不断开拓新领域，但政治史的重要性并未消退，一方面发掘新史料并掌握史料性质，扩大史料运用范围，另一方面，与社会、经济，甚至文化思想相结合，使得研究议题像涟漪一样，不断扩展，呈现动态的发展。若只单纯关注政治事件与政局变动，或停留在表象层次的描述与梳理，则其生命力有限。

跳脱表象，梳理复杂的内在连结，可以开创政治史研究新面貌。以南宋的政治史而言，既有的研究成果对吾人认识南宋历史的发展固有帮助，但从单一专题或时段进行描述与观察，或停在对政局变动、人事更迭，及时空因素个别探讨；或虽然广泛利用文集等典籍资料，但对版本与资料性质掌握不足，仅撷取片段资料，特别是内容相对偏颇的墓志传记，不仅所得结论较为简单，且难以完整地了解南宋政治发展动态与政治生态；若能进一步结合人事、时间与环境三个因素，扣紧材料书写时的时空脉络，作整合观察，相信能够更深切地看到政治的复杂性及变动性，有助于理解南宋的政治特性。是以不揣弊鄙，就个人研究经验，提供不成熟的看法，请学友指教。

这三项因素对研究南宋政治史，固有个别不同的重要性，但彼此的关连性更值得注意。整合这些视角，可以看到在南宋政治变化中，政策具有强烈的现实性与变动性，政治人物在现实政治的冲击下，采取了多样的因应方式，同时在政治斗争中，除了群体性的对立与对抗之外，个人出于避凶趋吉的衡量，也出现了妥协乃至转步的肆应之道；是以在群体之外，个人的角色与人际关系，有着不可轻忽的分量。这些因素是南宋政治变动成为常态后,所发展出来的。从这个角度看,我们在理解刘子健教授强调包容政治是南宋的特色时①,似乎更要体认到,这是士人官僚经历北宋晚期以来多次抗争与压抑的矛盾冲突之后,选择以不走极端的方式来肆应常态性的政治变动。这个"包容"是经过时间淬炼,彼此磨合逐渐摸索出一个不越红线的运作机制,并不是一开始就自然存在的。

---

① 刘子健,《包容政治的特点》,《两宋史研究汇编》(台北:联经出版公司,1986年10月),页41—77。

贰 "嘉定现象"与南宋政治、社会研究刍议

一、前言

追寻近百年来宋史学界的研究业绩,可以发现宋史研究受到重视及起步虽晚,但它的重要性却日益显现。尤其是唐宋变革的说法,突显出宋朝在中国历史发展上转折的重要性,除了政治变化外,人们更注意到宋代在文化学术艺术和社会经济各方面的高度发展与成就,掀起研究热潮,宋史遂成为国际汉学界研究的重要断代。不过,不论两岸或国际宋史界,长期以来关注的时段仍以北宋为主,相对的南宋历史在偏安小朝廷的阴影下,难以获得学者关注,这从20世纪80年代以前,宋史学界的研究成果,可以得到印证。[1]

自20世纪80年代以后,两岸宋史学界对南宋史的关注,有明显的进展。这一方面与研究者掌握新史料、开辟新领域有关,在高宗、岳飞、秦桧、韩侂胄、文天祥、余玠等对朝政著有影响的君臣,朱陆等理学大儒,陆游、辛弃疾等文学大家,及庆元党禁、开禧北伐、和战争议、农民革命、宋元战争等影响时政走向的重大问题外,家族、学校、书院教育、城乡关系与发展、财政、政策、盐茶专卖、榷场与海外贸易、社仓、义庄及乡里社会结构等方面也都有进一步的发掘,研究成果相对丰硕。尤其自2005年杭州市社会科学院将南宋史列为重大研究课程,积极策划南宋史研究丛书的编纂工作以来,在人物及临安的研究上,以集中性的议题,从不同的侧面进行多元的探讨,对南宋史研究的推进,更为显著。

不过,检视现有南宋史研究成果,仍明显存在"重前期轻后期"的现

---

[1] 参见宋晞,《宋史研究论文与书籍目录(1905—1981)》(台北:中国文化大学出版部,1983)。

象。欧美汉学界对南宋史具开启性的研究,除了华裔美籍教授刘子健对南宋史有通贯的论著外,欧洲著名汉学家如德国的傅海波、法国的谢和耐,都先后对亡国宰相贾似道及蒙古亡宋前都城临安的社会生活有深刻的探讨。[1]两岸宋史学界对宁宗以后的研究显然不及前期,且侧重政治性的重大议题,像庆元党禁、开禧北伐、史弥远专权、宋金蒙和战、济王案、理宗北伐与政争、贾似道擅权等,以及理学由禁至独尊、纸币与经济、刘克庄与江湖诗派等若干重要的学术、经济、文学问题,研究成果呈现为点状,对南宋中晚期历史面貌的了解仍嫌片面,难于对整个宋代历史有全貌的掌握;更缺乏对宋末至蒙元的政权递嬗与社会文化的变化,作出深刻的观察。同时,诸多探讨点都与强臣、孺君、政争、腐败等的形象相联结,对这些政治人物的作为多从负面评价,给人以导致南宋覆亡的印象。至于政治以外的议题,不仅缺乏研究,且多将之作孤立性探讨,未将之与政治环境有所联系。如此一来让学史者对宁宗以后的认识,只是南宋由平稳步向中衰的转折期,除一连串的政治纷扰与战争之外,是一段十足平淡无奇的岁月,因此,除负面的政治议题之外,并未受到研究者的青睐。

笔者个人早期也对晚宋历史存有偏见。我自20世纪70年代初期即研究晚宋历史,硕士论文是以理宗初期为核心,探讨和战、边防与流民等政治性很强的议题。[2]当时君臣面对金蒙兴衰交替及和战政策的转折变化的讨论,都免不了溯及嘉定时期的政策与权臣史弥远的角色;朝臣议论评论的焦点,也直接触及对史弥远的评价。可以说史弥远不仅是宁宗晚期政局的核心人物,更主导理宗继位及理宗初期朝政的运作,尔后引发朝廷间激烈的政争,这样的观点,让我对南宋中晚期朝政运作的认识焦点,集中于史弥远,而且对其负面评价贯穿政局,认为他是朝政败坏的关键。只是到后来出现了一个被视为更为邪恶的亡国宰相贾似道,使史弥远未与贾似道及秦桧、韩侂胄并列纳入《宋史》的《奸臣传》。但在《宋史》定评的引导下,人们仍不免对史弥远与晚宋政局,带有主观而负面的评价,以印证这是亡国前的时代现象。

---

[1] 傅海波(Herbert Franke),《贾似道(1213—1275):一个邪恶的亡国丞相?》,收入《中国历史人物论集》(台北:正中书局,1973),页298—324;谢和耐(Jacques Gernet)原著,马德程译,《南宋社会生活史》(台北:中国文化大学出版部,1982)。原书为法文,1959年出版。
[2] 黄宽重,《晚宋朝臣对国是的争议:理宗时代的和战、边防与流民》(台北:台湾大学文学院,1978)。

出于这样的负面观点,我试图摆脱这个不甚光彩的时期,另找新的研究课题。我接着对地方武力、基层社会、士人家族等一系列的问题,进行研究。这期间,南宋史研究从荒芜、乏人耕耘,到逐渐吸引研究者目光、掀起不同的讨论。先是日本学者寺地遵的《南宋初期政治史研究》[①],引发学界对南宋政治史、政治结构讨论的兴趣。2003年余英时教授的《朱熹的历史世界》,讨论以朱熹为中心的道学家群体,在孝、光两朝致力朝政兴革的议题,激发对南宋政治文化史关注的热潮。[②]此后,杭州社科院出版的一系列丛书,对丰富与深入南宋政治史的研究更有很大的推进作用。然而对晚宋的认识,除了宁宗、理宗及史弥远有较多的研究、评价更为多元外,其他议题的进展仍有限。

我在进行前述系列研究的过程中,对南宋中晚期的历史,有新的认识。我探讨家族与基层社会时,由于触及更多议题、阅读更多元的史料,观察到南宋中晚期特别是嘉定时期,虽然政治的作为较为消极,军事战力较为弱势,但社会、文化、思想的活动则相当蓬勃。除了理学从禁锢到勃兴有着多样发展外,印刷业繁盛、文化活动频繁。科举蓬勃发展的同时,也出现富盛家族的子弟,在追求科举功名之外,更对博物、医疗、养生、艺文与学术十分热衷,乃至改变对仕途及政治参与的态度。这些都是士人成为社会主流后的作为,其所显现的时代氛围与特质,与消沉而紧张的政治时局相比,有极大的落差。2010年台北故宫博物院推出"文艺绍兴——南宋艺术与文化特展",2015年浙江省博物馆举办"中兴纪胜——南宋风物观止"展览,这两次大型展览中的书画文献,特别是南宋福建、浙江地区出土的各类精致窖藏及墓葬器物,使我对南宋中晚期社会经济的繁荣及文化艺术的昌盛,留下深刻的印象。[③]这些具体的现象,与个人以及绝大多数宋史研究者既有的认知,存在相当大的差距。结合文献与实物的具体观察,改变了我对南宋中晚期的既有刻板印象,促使我重新思考与正视这一段历史研究的重要性与必要性。乃拟借由"嘉定现象"这个议题,呼吁学界同道重新省视南宋中晚期研究的意义。

---

① 寺地遵,《南宋初期政治史研究》(广岛:溪水社,1988)。另参刘静贞、李今芸之中译本。
② 余英时,《朱熹的历史世界:宋代士大夫政治文化的研究》(台北:允晨文化,2003)。
③ 参见蔡玫芬主编,《文艺绍兴:南宋艺术与文化·器物卷》(台北:故宫博物院,2010)。王宣艳主编《南宋风物观止》,(北京:中国书店,2015)。

二、"嘉定现象"的概念及研究议题

我所称的"嘉定现象",不是一个时间与问题明确、定义清楚的词汇,而是一个概念性的义涵。目的在透过对这一时期重大政经文化议题,作统整性的探讨,填补既有研究与认识之不足,并从新的视角重新评价这一时期的学术意义,进而掌握由宋入元的政治变动,对江南士人及社会文化的发展与影响。

所谓现象(phenomenon)一词,较常为自然科学或社会科学所用。意指在特定时空环境中,所能被人们感知、观察到的独特、不寻常或值得注意的事件、情况或变化。这种感知观察,包含显性或隐性的事件发展过程及其影响。例如:某一显著的重大政治事件与军事冲突,不仅当时的人印象深刻,对后世影响也大,因而被当代人明确地记载下来,并予以评论。如宁宗继统、庆元党禁、开禧北伐、宋金和战、理宗继位、济王案、宋联蒙灭金、端平更化、端平入洛等事件,不仅当时的人印象深刻,对尔后政局也有明显的影响。有一些事情则是经过一段时间的发展,渐引起重视和讨论,甚或发生影响。如史弥远任相二十六年,他执政的时间相当长,其施政在不同时期有不同措施,人们对他的评价也随时间而不同,引发的政治效应及对尔后朝政的影响,则在更后的阶段形成,并成为评断其历史地位的依据。又如理学家在南宋经历不同时期,参与不同政治运作,顺逆相伴,庆元党禁是最惨痛的境遇,经过嘉定与理宗初期的逐步变化后,到理宗亲政的端平元年(1234),不仅理学成为政治的标志,朱学独尊的地位确定,人们把对理学的尊崇,归之于理宗。这些事件都是经历一段时间的变化,才告明确,人们常据结果做出评价。但更多的事情或事件,是要经过一段更长时间的发展后,才逐步看到结果或影响,像众多社会文化风尚,要经历过一段较长的时间,经过比较、观察与省思,才有较明确的感知并得到整体性的印象与评价。这些变化,表面上与政治乃至经济环境转变的关系较不明显,以致研究者对其过程相对忽视。这些事务,若从单一角度或单一领域去观察,缺乏与大环境的变化作有效结合,或联系性不强,其成果不易吸引学史者的关注,很难具有整体性的脉络。因此,要完整观察或评价这个时期,需要兼顾隐性与显性,从多元整合的角度,将寻常的或独特的现象,纳入整体变化的观察、探讨之中,才能形成综合性的看法,并对整个时代有全盘的认识。

基于这一认识，我拟以嘉定时期为基点，去重新理解或评价南宋中晚期的政治与文化变化的现象。嘉定这十七年虽是观察的核心，却不以此为时间断限，而是在不同的事务追溯其源流，可上溯到宁宗即位，下迄理宗亲政，前后大约四十年的时间，其影响则及于南宋晚期，讨论的空间虽然主要在经济文化重心的江南，但不以此为限。

　　由于关注的层面多元，涉及的问题兼顾上述显性与隐性的不同面相；同时对各个问题的观察，更重视其过程，而非仅由结果作为评价是非功过的基础。为了对南宋中晚期有更完整的认识与厘清，我试着由个人关注所及之处，提出几个探讨的议题，抛砖引玉，供学界先进参考。

　　一、史弥远的再评价。史弥远是这一时期内政外交与政局走向的重要主导者，其作为是学界了解及评价这个时期的重要基础，因此讨论此一时期无法避开史弥远。但诚如前节所言，从晚宋以来，对史弥远的评价一直都是负面居多。《宋史》代表官方对其定性与定位，不论是《宁宗本纪》《理宗本纪》或《史弥远传》，给人的印象是，他独相达二十六年，一生主要事迹就是诛杀韩侂胄、向金乞和、废杀济王、拥立理宗、垄断朝政、任用小人、贬逐君子等，为恶擅权，是导致宋朝覆亡的潜在主因之一。《宋史》的观点显然是以其在理宗继位后的作为为基础，这一看法影响超过七百五十年。近年来虽然出现肯定史弥远的著作，其中特别以发掘"历史真相研究"①为名的专书，实是为先人辩诬之作，有矫枉过正，过度回护

---

① 代表性专书，史美珩，《是奸相还是能臣：史弥远历史真相研究》（太原：山西人民出版社，2010）。美国学者戴仁柱则有较为平实的讨论，并触及多方面之议题：*Court and Family in Sung China, 960-1279: Bureaucratic Success and Kinship Fortunes for the Shih of Ming-chou* (Durham: Duke University Press, 1986); "Evolution of an Historical Stereotype for the Southern Sung—the case against Shih Mi-yuan," in Kinugawa, Tsuyoshi, ed., *Collected studies on Sung history dedicated to Professor James T.C. Liu in celebration of his seventieth birthday* (Kyoto: Dohosha, 1989), pp. 357-386; "The reigns of Kuang-tsung (1189-94) and Ning-tsung (1194-1224)," and "The reign of Li-tsung (1225-64)," in Denis Twitchett and Paul Smith ed., *The Cambridge History of China, Volume 5: The Sung Dynasty and its Precursors, 907-1279 (Part 1)* (Cambridge: Cambridge University Press, 2009), pp. 812-823, 839-852. 日本学界亦有各种面向的专题探讨，例如寺地遵，《南宋中期政治史の试み（日本历史学协会二〇〇二年度总会公开讲演要旨）》，《日本历史学协会年报》，第18号（东京：2003）。其后，小林晃有一系列的研究：《南宋中期における韩侂胄专权の确立过程：宁宗即位（一一九四年）直后の政治抗争を中心として》，《史学杂志》，第115卷第8号（东京：2006），页31—54；《南宋宁宗朝における史弥远政权のとそ成立の意义》，《东洋学报》，第91卷第1号（东京：2009.6），页35—64；《郑真辑『四明文献』の史料价值とその编纂目的——『全宋文』『全元文』补遗の试み》，《北大史学》，第49期（札幌：2009.12），页22—48；《南宋理宗朝前期における二つの政治抗争：『四明文献』から见た理宗亲政の成立过程》，《史学》，第79卷第4号（东京：2010.12），页31—60；《史弥坚墓志铭と史弥远神道碑：南宋四明史氏の传记史料二种》，《史朋》，第43号（札幌：2010.12），页1—17。

之嫌。其实评价史弥远最妥适的办法,是将他长期掌政所面对的内外情势变化、处置方式及当代人对其施政的意见,依不同时期的作为与评价结合观察,不宜将初期施政与晚年专政等同视之,并据之评断他一生的功过。个人建议将史弥远任相的二十六年,以嘉定十一年与理宗继位为界,从三个时段,结合史籍包括当时文人如黄干、真德秀、魏了翁、刘克庄等的文集资料,检视他的作为;再以持平的态度就他死后政局的发展与时人对他的评价,作综合观察,相信对他的一生会有比较整体而客观的了解。

二、理学发展的再认识。宋代理学是研究中国思想史与哲学史的重要议题,学界有丰硕的研究成果,这部分非本人专长,兹不具论。值得注意的是,这些理学家除了论学之外也论政,甚至参政,与政局的走向关系密切。对南宋理学家从群体的角度,结合政治、社会与学术思想作综合探讨,田浩教授的《朱熹的思维世界》[1]是具有代表性的专著。余英时教授在《朱熹的历史世界》一书中对以朱熹为主的理学群体参与朝政,有更深刻的讨论。其后理学卷入政争,引发庆元党禁而遭到严重的打击,这方面学界的论述也不少,但研究内涵仍注重理学家与官僚的集体性对立。同时,对史弥远执政的二十六年间,理学家与朝政关系的探讨相对不足,让人觉得似乎由于理学家的努力,到理宗亲政之后理学获得肯定,突然成为朝廷尊荣的对象,朱学获独尊的地位。其实庆元党禁之后,张、吕、朱、陆等大儒的门徒在学术与政治间的推动,固然对后来理学与朱学地位的奠定有所影响,但史弥远的角色与第二代大儒参与朝政,乃至透过学校、科举、立祠、出版等方式,宣扬其观点,往基层扎根,扩大其影响及彼此的竞合,都有密切的关系,值得再深入探究。

三、济王案与晚宋政局。济王案不仅是理宗一朝的重大政治事件,对晚宋政局的发展及政争的影响尤为深远。而这一事件的背景,显然在嘉定时期,史弥远、杨皇后与宁宗三人的角色及其同朝臣、理学家之间有甚深的纠葛,也牵涉到理宗的个性、复杂多变的内政外交及大臣态度。如果进一步比较南宋朝臣对孝宗的尊崇与对理宗的批评的差异,可以看到朝臣对两位在太上皇与权臣阴影下继任的君王的不同态度,对了解南宋君臣关系是很有意义的。最近方震华教授对这个议题有相当深入的

---

[1] 田浩,《朱熹的思维世界》(台北:允晨文化,1996)。

研究,是认识理宗以后政局发展,很重要的起点。①

四、端平元年(1234)宋金蒙政局的掌握。公元1234年对中国乃至亚洲历史是一个具有特殊意义的年代。对理宗一朝的朝政而言,史弥远在前一年去世,理宗亲政,任命他的老师郑清之继任宰相,倡言"更化",象征摆脱权臣的羁绊,亲自执掌政权,施展自己的作为,标志一个新时代的来临。树立这面旗帜的同时,抬出承继元祐的祖宗家法②,重振家业,接纳先前被史弥远贬斥在外的大批清议士大夫入朝,崇扬理学、独尊朱熹,影响了此后理学发展。对外则联合蒙古灭了困守蔡州的世仇金朝,加上消灭据守两淮的山东忠义军李全的势力,颇有一洗国耻,肇造中兴的气势。因此朝廷中弥漫着如何结束史弥远所持守的主和论调,开创中兴之局的议论,但意见不一,在理宗与郑清之的支持下,倡言恢复的主战派,发动收复三京的军事行动,不幸入洛之役溃败。此役中不仅在不同边区出现边将各自与蒙古和战及对北来归正人剿抚并存的混乱现象,更引起朝臣对和战无止尽的争辩,乃至与济王案结合,引发无穷的政争。这种朝政乱象显示,史弥远虽死,影响仍在。对外政策则因入洛之役,使宋蒙关系由和转战,从此宋廷一直处于强敌的压力之下,濒临战端。幸好这一年蒙古将其注意力转向中亚,发动西征,使蒙古的疆域扩及中亚,一时纾解了南宋直接面对的压力。可以说1234年这一年,与宋朝国运、宋金蒙三国政权嬗递乃至中国历史的发展,都有密切关系,值得将它放在更大的历史脉络中去观察与诠释。

五、印刷与学术活动。宋代是中国文化活动最盛的黄金时期之一,这是学界共识,但似乎未能关注于南宋中晚期的发展。其实这一时期的学术与文化活动,较乎前后期更为活跃。南宋渡过风雨飘摇之后,逐渐在江南稳定政局,在干戈少而承平多的时代氛围下,江南经济有长足发展,科举考试更吸引着众多以儒为业有志功名的士人,各类教育机构普遍设立,加上理学家宣扬其理念,促使原已发达的雕版印刷大为兴盛。闽浙蜀三地是印刷的重心,编纂地方志、类书,刊印前代与今人的各类文

---

① 方震华教授自2014年起有三篇相关论文:《转机的错失——南宋理宗即位与政局的纷扰》,《台大历史学报》,53期(台北:2015.3),页67—91;《破冤气与回天意——济王争议与南宋后期政治(1225—12750)》,《新史学》27卷2期(台北:2016.6),页1—41;《复仇大义与南宋后期对外政策的转变》,《历史语言研究所集刊》,88本2分(台北:2017.6),页309—345。
② 参见曹家齐,《"爱元祐"与"遵嘉祐"——对南宋政治指归的一点考察》,《学术研究》,2005年第11期(广州),页103—107。

体作品,科举与学校用书,以及宗教、博物、数术、医疗书籍流行。更有士人家族为彰显先人的学术见解与文学造诣,及一般士人作为行谒名臣大儒,以求获取赏识或荐举所备的各种文集,在社会各阶层流行,这使得刊刻出版各类典籍图书,成为最能彰显宋代士人文化活动的表征。现存宁宗以后地方官府、学校乃至个人刊刻书籍之精美多样,足以说明此时文化活动的蓬勃发展,而刊刻精良的文集刻本,尤在士大夫之间蔚为风尚,如在临安睦亲坊开书肆的陈起与基层士人多有深交,将出版与文化活动结合,让书籍出版成为一种产业,其所编的《江湖集·后集》可为代表。而陆游、周必大、杨万里、楼钥、刘克庄等的家人,为其刊印的家集之精良,足与官刊书籍比美。①此一印刷业的发达分而观之,固能显示闽、浙、蜀地区的发展各具特色,结合而看,更能突显此一时期学术文化兴盛所反映的整体时代风貌。

　　六、江南社会经济力的再评价。南宋是中国历史上经济重心完成南移的时代,繁荣的江南不仅支撑了长达153年的赵宋政权,而且创造出具有特色的江南社会文化。不过,学者讨论南宋史时,特别强调从北宋到南宋财政集于中央是一个很明显的趋势,在这个集财中央的政策下,朝廷不仅借茶盐酒等专卖,垄断经济资源,且不断透过各种施政扩大税基,加强征集地方资源,强化财政的中央化,到南宋时,国土缩减,国防军备的开销却大增,财政中央化的现象更为明显,如此一来,地方财政恶化,人民税赋重于前代,地方建设难以开展。宋人留下的各项史料以及今人的研究成果,都反映了这一事实。②若前述有关南宋江南经济发达,贸易昌盛的所有成果都归于中央,关于民间与地方政府长期处于窘迫的境地,地方凋蔽、人民贫困的记载层出不穷,自然让人觉得南宋是地方财政十分窘迫,无力推动建设的时代。不过,从实际的建设层面去看,南宋中晚期的地方学校(州县学)、书院、乡贤祠、造桥铺路、救灾施赈、义庄、义田、各级官衙的兴建、各级政府与人民刊刻精美书籍、州县城郭、边防与水利设施等硬件建设,次数之多,规模之大,远高于北宋及南宋前期。各

---

① 朱迎平,《宋代刻书产业与文学》(上海:上海古籍出版社,2008);许媛婷,《书籍行四方——南宋图书的生产、营销与传播》,收入《文艺绍兴:南宋艺术与文化·器物卷》,页64—77。
② 梁庚尧,《宋代财政的中央集权倾向》,《中华民国史专题·第五届讨论会:国史上中央与地方的关系》(台北:"国史馆",2000),页563—581;包伟民,《宋代地方财政史研究》(上海:上海古籍出版社,2001);汪圣铎,《两宋财政史》(北京:中华书局,1995)。

类文化与宗教活动,如乡饮酒礼、祭祀活动也频繁举办。这些建设与活动,都需要庞大的经费与人力支持,且是官民合作推动的结果。那么要想解释这种财政中央化与建设蓬勃的基层社会力之间的矛盾现象,实在需要重新评价南宋财政集中化对地方社会的影响,以及社会经济力如何支撑这样一个帝国的庞大开销与地方建设。学界对这些现象,应再深入史料,仔细探讨,作出更合理的解释。

七、对江南与边区的再认识。人们熟知的中国历史,其实是由部分重大事件、政治人物、中央政府及若干优势地区所拼凑出来的图像,就像瞎子摸象所得到的印象一样,并不是一个前后相贯而且完整的面貌。之所以如此,一方面与存留的资料有关。数据丰富且完整的议题,较易讨论。一方面与事务所显现的重要性有关,被关注或变化显著的事务,留下的记录比较丰富完整,观察、讨论较易。南宋的江南特别是江浙闽等地,是政治与文化蓬勃发展的中心区,经济繁荣,社会文化活动频繁,更是支撑军政的核心地区,除了地理环境重要之外,也留下丰富多元的资料,是学界讨论的重点所在,研究成果相当丰硕。如此一来,让人觉得南宋历史似乎是一部以江南为中心的发展史。其实从南宋立国形势来看,要生存发展固然靠江南财富支持,但武备与国防的基地则在江北的边区。刘子健教授所称"前卫""联卫""边卫",即两淮、荆湖、四川等地,宋廷在此区域都驻有重兵防守,并组织民兵、强化城防与山水寨等守备,是南宋立国的重要命脉。[1]这些地区,不论人口组成、社会经济情况及文化活动,与江南都有极大差异,但以往对这些边区的研究多侧重区域地理与经济的面相,[2]对中央与地方的实际讨论不多。同时,从南宋初至开禧北伐前,宋朝虽在本区长期驻兵,但仅偶有战争,规模也不大,更多的是和平时期防御性的警备。到开禧北伐以后,宋与金蒙相继在边区爆发战事,规模较大,烽火蔓延的时间也较长,和战政策更迭,边区受到的改变与影响甚于往昔。同时,受战火及政权转移的影响,人民移动所引起的社会经济问题越趋复杂。目前学界除对四川的情况有较多的讨论外,对两淮荆湖地区的关注则相对不足。更值得关注的是在战火曼延的大环境中,中央对江北及江南的关系有何差异,其影响为何?这都需要作深

---

[1] 刘子健,《背海立国与半壁山河的长期稳定》,收入氏著,《两宋史研究汇编》(台北:联经出版公司,1986),页21—40。
[2] 代表性专书,参见杨果,《宋代两湖平原地理研究》(武汉:湖北人民出版社,2001)。

人的探讨。总之,在开展南宋中晚期历史发展的研究中,将江北边区纳入研究范畴,当更有助于掌握南宋历史的全貌。

八、士人类型与文化活动的探讨。宋代印刷发达,朝廷标榜文治,推动教育,透过科举大量拔擢士人任官,吸引大批为改善个人命运与家族发展的士人投入举业,士人增加迅速,由科举而任官的士人形成庞大的队伍,士人成为政治社会的主流,其组成社群,主导、参与的学术文化艺术活动多样而丰富,造成宋代文化艺术的蓬勃发展,吸引众多研究者的目光,成果相当丰硕。文学、艺术领域学者的研究成果,特别值得注意。

史学界研究士人的成果仍属偏颇。就士人的研究而言,史学界讨论的重点仍是高官名士、名门望族的文化修为与成就,家学与师学的传承,及人际网络与仕宦之间的关系。也就是透过名门望族对文化的倡导与执行,构成宋代文化的全貌。当然这些名人或望族,是南宋政治文化活动的主体,其成果也是南宋重要的文化表征,我对四明及江西若干著名家族关于文化活动的研究,就是明显的例证。[①]但将这些个人与家族的成长过程与南宋政局的发展,放在更长的时空脉络中观察,可以看到这些家族地位是渐进累积,逐步提升的。这些家族经由教育培育子弟中举入仕,取得官位,再透过教育、经济、婚姻等手段,厚植家族发展实力,其过程与宋廷渡过风雨飘摇,到与金议和后在江南稳定是一致的。政局稳定后,朝廷承继北宋文化发展脉络,兴复典制,积极推动文治,倡领道统,标帜文化正统,开启学术文化艺术的发展。此时已富名望的个人或家族,除开拓人脉、厚植政治资源外,在乡里则借由参与诗社、公益活动及诗文艺术,作为建立人际网络与家族传承的媒介。家族子弟受其熏陶,培养兴趣,除了致力举业之外,也具备文艺素养,任官之后,以此能力与政治地位相当、有经济优势及有相同嗜好与能力的士人官员,强化身份认同,致力朝政,并推动诗社、乡饮酒礼、社仓、义学、义田等社会文化活动,同时关注博物文物的搜集与赏析,属于较为雅致的文艺活动。这正是长年经历和平稳定,在社会经济发达的环境下,士人家族经由几代的努力才缔造的成果,到南宋中晚期终能具体展现出来。同时,结合个人与群体,借由旅行、移动的经历,记录、整理、比较所见文物,传递及建立知识体系,形成谱录、丛书,更是南宋以来士人建构知识最显著的历程。

---

① 黄宽重,《宋代的家族与社会》(台北:东大图书公司,2006);《政治、地域与家族——宋元时期四明士族的衰替》,《新史学》,第20卷第2期(台北:2009.6),页1—40。

这些由名门望族所缔造的文化业绩,是学界目前关注的焦点。

南宋中晚期还可以看到更多在场屋与仕途中浮沉、翻滚的士人。这些基层官僚及不仕的士人,是宋代社会上的多数,且是基层社会活动的主要承担者,但由于记载不足、资料分散,难以建构完整的图像,使得这些士人的活动样貌及影响,长期为学界所忽视。近年来学界扩大研究士人活动的层面,关注数术、民间宗教与基层社会人物,如书铺、讼棍、牙人、僧侣、胥吏、乡先生及巫医等人的活动,对这些不第士人的谋生样态与处境,有更多了解,显示读书队伍扩大,科举越趋激烈后,不第士人为谋生计,需寻求各种可以安身立命的职业为寄生之处,使职业日趋多元。对于多数活动在社会底层的士人的了解,有助于认识宋代士人整体与社会样貌。①

不过,学界对众多在宦海浮沉的士人官僚的探讨则仍待加强。宋代低阶官员出身于小康家族,其父母为提升家族地位,安排子弟接受教育,期望通过科举考试进入仕宦。经一两代的努力,其中子弟资质佳者,中举入仕,对父母乃至家族都是极大的鼓舞。入仕之后,在职场上需要兢兢业业地扮演好自己的角色,以期获得上级长官的赏识,荐举晋升。在宋代荐举制度下,一个初任官职的士人,需要经历一段时期的职能表现,通过考课,并有长官的举荐,才能摆脱基层官员、选人的身份,成为京官,这是士人仕宦生涯中最关键的关卡之一。②自北宋中期以来,宋廷大力通过科举拔擢人才,使中举入仕者骤增,造成官员多职阙少的现象,到南宋中期以后,这种情况更为明显,因此荐举成为继科举之后,士人仕途荣枯的关键因素,其竞争之激烈不逊于科举考试。

宋朝荐举制度的设计,固然着眼于拔擢才干之士,实际上却是对名门望族子弟晋升的有利阶梯。即使如此,居高官者仍得费力经营人际关

---

① 目前台湾学者的讨论,以廖咸惠与刘祥光为主。廖咸惠,《祈求神启:宋代科举考生的崇拜行为与民间信仰》,《新史学》,第15卷第4期(台北:2004.12),页41—92;《体验"小道":宋代士人生活中的术士与术数》,《新史学》,第20卷第4期(台北:2009.12),页1—58;《探休咎:宋代士大夫的命运观与卜算行为》,收入《走向近代:国史发展与区域动向》(台北:东华书局,2004),页1—43;《墓葬与风水:宋代における地理师の社会的位置》,《都市文化研究》,第10期(大阪:2008.3),页96—115。刘祥光,《两宋士人与卜算文化的成长》,收入蒲慕洲主编,《鬼魅神魔:中国通俗文化侧写》(台北:麦田出版社,2005),页221—277;《宋代风水文化的扩展》,《台大历史学报》,第45期(台北:2010.6),页1—78。
② 胡坤,《制度运行与文书流转:宋代荐举改官研究》(北京大学博士后研究工作报告,2011,稿本)。

系,百般祈求荐书,以利子弟、亲友晋升。①荐举与科举的最大差异在于,科举较多的是显现个人的才智,荐举则除了个人才能之外,更需要靠长官赏识与提拔,因此经营人际关系较之靠一己之力更为实际且重要。从现存宋人文集中大量出现的"书"与"启"文体可以得知,对初入仕而无先人庇荫的寒门士人而言,为谋仕进,尤需广布人脉,因此多跻身权贵之门,或谋任幕职,期能获得长官的青睐,求得荐书摆脱海选,晋身京官。南宋中晚期出现大量奔走于高官门庭,以诗文行谒公卿,求得荐书或获得提拔的士人,这是员多阙少,官员流动性强,荐举文化盛行所衍生出来的群体。从永嘉四灵至江湖诗派的内容与人群结构,都反映这类士人的处境与生存样貌。②这些士人以诗文作为参与文化活动与经营人际网络的媒介,和累世富盛的士人家族以"道""艺"相交的方式与品味,有很大的差异。这些人是南宋中晚期社会文化活动的主力之一,目前以文学史学者对相关议题的探讨较深,史学界对这方面的研究,则亟待开展。

宋代士人的类型及其活动,反映出不同的生活与生命追求的样态。庞大的士人队伍经由科举道路,投入不同的政治社会场域,促发多元的文化活动与发展。通过科举入仕的士人,为求晋升,除努力政务外,更需为经营人际关系而奔走劳碌,在宦海中浮沉;而众多不第的儒士,为求安身立命,浪迹天涯,以谋生计。这两种士人是社会上的多数,他们追求个人生命的价值与谋求发展的方式与名门世族有别。我新近出版的专著,即是描述一个中层士人官僚与道学追随者孙应时,追求学官的艰辛过程。③他与累富世盛名门大族的子弟,像楼钥与汪逵、王厚之等人,形成明显的对比,却同时存在,构成南宋中晚期江南社会文化活动丰富多样而雅俗并呈的图像。因此,需要将不同类型的士人及其活动,同时纳入研究范畴,才能了解南宋社会发展的多样面貌。而且通过科举与荐举对仕途影响的比较,才更能清楚地厘清宋代社会流动的实况及南北宋差异

---

① 参见王瑞来,《内举不避亲——以杨万里为个案的宋元变革论实证研究》,《北京大学学报(哲学社会科学版)》,第49卷第2期(北京:2012.3),页117—129;王瑞来,《金榜题名后:"破白"与"合尖"——宋元变革论实证研究举隅之一》,《国际社会科学杂志》,第26卷第3期(北京:2009.9),页80—90。王教授这些与南宋荐举有关的论文均收入其著《近世中国——从唐宋变革到宋元变革》(太原:山西出版传媒集团,山西教育出版社,2015)一书中。

② 张宏生,《江湖诗派研究》(北京:中华书局,1995)。

③ 黄宽重,《孙应时的学宦生涯:道学追随者对南宋中期政局变动的因应》(台北:台大出版中心,2018)。

之所在;也有助于重新检讨韩明士(Robert Hymes)教授论著的观点。①

以上八个议题,是笔者综合南宋中晚期历史发展,所提出的观察重点。这样的观察,不免有主观与视野的局限,一定有很多不足或偏颇之处。我是希望借此抛砖引玉,并呼吁宋史学界加强对南宋中晚期历史的研究,使学史者对宋史的了解能前后相贯,而非重前轻后,同时,也能在既有议题的基础上有所扩大,而非固守陈规;希望从更宽广而且客观的角度探讨这一时期的不同面向,不是只从趋向衰亡的负面眼光,主观评述与论断这段近四十年的历史。

三、研究资料与方法

二十年前我曾撰文呼吁宋史学界重视南宋史研究。当时提出和战、经济重心南移与人物研究三个已有研究但尚待扩展充实的议题,以及皇位继承与君臣关系、中央与地方关系、士人角色转变三个仍待深入探讨的议题,来扩展南宋史研究的内涵。②二十年来,学界对经济重心、人物研究、中央与地方关系以及士人角色的转变等议题,通过不同侧面进行研究,成果丰硕。不过对南宋中晚期的研究,尚属浅尝阶段,仍有很大开展空间。

何以南宋中晚期的历史,较难吸引学者目光？依个人粗浅的了解,可能与三个方面有关,一是如同前言所述,学史者仍囿于传统习史的观点,认为研究一个朝代,对朝代初创时的关键政治因素与制度建置进行探讨,即能掌握这个朝代发展的重要脉络,是首要工作,其他无足论,因此对晚期乃至政权鼎革较少关注。二是半壁江山的南宋是中国史上最卑弱的朝代,其政治作为虽承继北宋,但除学术思想、文学艺术有所发展外,整个朝代长期处在外患不断,内争相继,朝政消沉,不事振作的情境中。是肇造亡国祸端的前兆,只能以腐败无能观之,无足深论。这两种观点,或囿于传统以成败论史,或与民族意识有关,均是从政治的角度所做的观察。

---

① Robert Hymes, *Statesmen and Gentlemen: The Elite of Fu-Chou, Chiang-Hsi, in Northern and Southern Sung*, Cambridge: Cambridge University Press, 1986.
② 黄宽重,《南宋史研究与教学的几个议题》,收入氏著,《宋史丛论》(台北:新文丰出版公司,1993),页293—309。

第三方面则与资料的零散且未充分利用有关。丰富的资料有利于研究领域的开展。在学界的努力下,历史研究由于新资料的发掘,新理论、观点的运用,不断开发新议题,发展新领域。昔日社会经济、文化等领域的研究已由小邦蔚成大国,而这些领域的开拓实与资料的运用有关。宋朝是中国印刷术发达的时代,留下相当丰富多样的文献典籍,特别是名儒利用官方史料编纂整理的史籍的留传,尤为研究带来极大的便利。其中几部内容详实、资料丰富的典籍,更是了解宋代变化的重要凭据,像李焘编著的《续资治通鉴长编》,凡520卷,是掌握北宋哲宗以前史事的重要资料;李心传的《建炎以来系年要录》凡200卷,是了解宋高宗一朝的重要史籍;徐梦莘的《三朝北盟会编》250卷,是观察两宋之际宋与辽金关系及宋国祚变化的重要数据,这三部典籍都是孝宗以前的编年体史料。清人徐松辑录的《宋会要》则保留了大量且多样的嘉定十七年以前的官方资料,以时系事,分类著录,虽不完整,却是掌握宋代史事的重要文书。这四部书都成于《宋史》之前,内容更为完备丰富,长期以来是宋史学界研究的重要典籍。此外,宋朝亦留下大量的文集、编年类史书、地方志、笔记小说、金石、墓志及出土文物乃至佛道等资料,都是探索不同议题的重要资源。由于有这么多丰富的资料,宋史研究的议题不断扩展,也使宋史的研究兴起虽晚,却因能引发认识中国社会与文化重大变化与转折的关键,掀起国际汉学界研究与讨论的热潮。

南宋中、晚期历史研究的薄弱,则与资料的性质及其运用的关系更为密切。就文献的总量观之,南宋的资料多于北宋,内容更为多样,但这些史料中,编年史籍如《要录》与《会编》记事止于高宗一朝,《宋史全文》则失之简略,《宋会要》对理宗以后的记载,更佚失无存。要对南宋中、晚期历史进行研究,多须依赖地方志、文集与笔记小说等史料;其中以文集最为丰富多样。

南宋中晚期文人留下文集的超过240位,[①]篇幅长短不一,但如周必大、叶适、楼钥、刘宰、陈宓、程珌、真德秀、魏了翁、刘克庄、袁甫、杜范、吴潜、方大琮、文天祥、黄震、李曾伯、陈著等人,所参与的事务,涉及中晚期政治、社会、文化等诸多层面,其文集不仅卷数多,内容涉及的广度与深度,远非正史、编年史籍乃至地方志、笔记小说所能及。不过由于晚宋文

---

① 参见四川大学古籍整理研究所编,《现存宋人别集版本目录》(成都:巴蜀书社,1990),页253—365。

集数量浩繁,涉及的内容较为片段、零碎,整理与利用均不易,以致目前研究这一段历史的学者,仍多利用《宋史》《宋史全文》等史料,或仅从议题去翻阅文集,通过数据库进行检索;由于未能深度研读与利用,议题孤立化或扁平化,研究的深度与广度也明显不足。为扩大研究层面,扩展议题,研究南宋史,特别是晚宋历史时,深读并善用文集,是丰富研究内涵最重要的功夫。

个人文集是研究宋代历史时亟待开发的史料。文集是士人官僚亲自记录其一生言行的资料。这类资料的个人属性极强,优缺点很明显。从缺点看,文集是从个人的角度看问题,则其评述人物或事务,不免带有强弱不一的主观性,铺张、隐讳、掩饰、夸大、偏颇,都难以避免。因此,不能毫无保留的利用。同时,从一个侧面、一时观察所留下的记录,往往未能综观全局,视野不够全面;加以资料零碎片段,颇有见树不见林之嫌。不过,任何事件真相或人物作为,都要经多方验证,即使正史或实录等史料,也因政治变动而一再修纂,内容亦多有偏颇与不足,同样需要透过分析考订,才能有更为整体与完备的认识。因此,利用文集资料,只要多一分警觉性,多方印证,就能避免为其所误导。

文集的优点有三。一是内容的多样性。文集内容依作者的经历、才学、识见、交游的不同,留下奏议、碑铭、记序、启、诗词、题跋、书剳、内外制等不同属性的内容,不仅见证作者生平事迹,更可掌握作者记录所及的国政发展、社会风尚、学术思想的变化,涉及政治、社会、经济、文化、学术思想诸多领域。除了具体事务的发展与变迁外,更可以看到个人与群体、家族与社会、中央与地方,乃至学术与文化等彼此关连的诸多现象。

二是以亲历的记录修正史籍记载的缺失。研究政治史的主要史源,不论正史或编年史籍,多受体例与篇幅之限,又经多次修纂,不免出现内容简化而失真或偏颇的现象。以记录个人生平事迹为主的墓志、行状,也常因时势的转变,特别在激烈的政治斗争、政局变动下,会出现隐讳、掩饰其行谊或夸大遭遇的撰述内容。最明显的是秦桧、韩侂胄、史弥远、贾似道,被视为南宋邪恶的权臣。当他们的形象定型化后,有关他们执政时期的资料遭到删减或掩灭,以致现存的资料相当简略。不仅在正史多有负面记载,在参与其政者的传记中,也多讳言与他们的关系,甚至强化疾恶如仇的言行以彰显清流的角色。不过,检视现存当时人的文集,仍可以看到部分与秦、韩、史、贾来往的书信资料,其关系并非如传记或正史所述。此外,像朱熹写张浚行状,对张浚评价甚高,但在《朱子文集》与《语类》中,则作了若干修正。因此,透过文集的内容,可以还原历史原本面目,厘清当时人物的互动关系,修正若干定型化的看法。丰富多样的文集内容,可以修正史籍记载的偏失与简化,还原事实的真相。

三则是可以掌握人际互动及与时局的发展。探讨人与事的关系,可凭借的资料很多,但文集却是掌握人际关系与政治社会发展的关键史料。以人际关系为例,不论正史或文集中所载的个人传记,受到篇幅和书写观点之限,所能见到传主与当时人物往来的资料,都集中在某些特定时段、特殊的人物与事件,涉及层面较为狭窄。个人文集则可看到传主不同阶段结交的朋友,彼此的互动、参与的事务、关怀的议题、政治态度与遭遇等,较其他性质的史料更为完备,可以据以讨论更广泛与深刻的问题。同时,从个人文集可以看到多样的人际关系,除族人、姻亲、同乡、同学、同年、同僚与师生的关系之外,尚可看到其所参与不同性质的政治、社会与文化社群,既是探讨社会史、文化史很好的题材,也能从中观察到这群人彼此的认同及政治网络的线索。

宋人文集,更是研究以荐举为主的人际关系的绝佳史料。目前的荐举研究侧重制度稳定后的法条及其运转,较为静态,能利用的数据较少;反之,对形成制度的过程、人的角色,及突显制度在政治环境中的功能与意义的动态变化,则受数据之限,不易探究,以致研究成果偏于形式或流于僵化。其实,动态且能洞察人性的数据,主要保留在个人文集中;文集中各类文体均是掌握人际关系的重要资料,尤其是启、序、跋等的文体,更能彰显人物互动的特性。王瑞来教授利用杨万里《诚斋集》中的"启",结合个人经历,生动地揭示荐举在宋人仕宦生涯的关键作用;[1]足以说明将荐举的制度性史料与个人文集相结合,呈现的样貌是鲜活的、动态的,不仅是谱写当时社会人际互动的最佳图像,更能揭示政治与多种领域之间的联系。

对文集不够重视及疏于细探,是南宋史特别是中晚期历史难以开展

---

[1] 王瑞来,《内举不避亲——以杨万里为个案的宋元变革论实证研究》,《北京大学学报(哲学社会科学版)》,第49卷第2期(北京:2012.3),页117—129;王瑞来,《金榜题名后:"破白"与"合尖"——宋元变革论实证研究举隅之一》,《国际社会科学杂志》,第26卷第3期(北京:2009.9),页80—90。王教授有关论文收入其著《近世中国——从唐宋变革到宋元变革》一书中。胡坤,《制度运行与文书流转:宋代荐举改官研究》(北京大学博士后研究工作报告,2011,稿本)。

的重要因素。文集是观察南宋史特别是晚期历史的关键资料,虽然零散,研究者仍须直接面对,并有效运用。余英时教授的《朱熹的历史世界》一书无疑是利用文集探讨南宋中期政治文化史最好的例子。余教授经过多年熟读文集,扒搜整理,对朱熹及其同道在孝宗、光宗二朝参政议政及朝政变动,作出深刻的析论,其中许多精辟的见解,都是细究当时几位名儒的文集所提出的。可以说这本书中最具创见的观点几乎全赖文集。这一例子传达一个重要讯息,就是深透个人文集可以挖掘更多历史真相。朱熹所处的时代,是在其他史料较多的南宋中期,若欲探究中晚期历史,文集的重要性更为明显。

利用宋人文集,应注意版本问题。中国古籍,特别是个人文集,由汇集著作到出版,时间长,且有许多变数。少数名儒重臣,生前就能汇整其著作,或已出版,有的是死后由子孙、门徒出版;也有生前汇集,却在死后一段时间或历经几代才能出版;甚至资料佚散,难以成集;由于出版条件与时间差异甚大,使宋人文集有许多不同样貌,出现不同版本。明清两代重理中国古籍,像《永乐大典》与《四库全书》,让大量传统典籍与宋人文集,得以保留或出版。不过,因一再传抄或政治避讳,同一作者的文集而有不同版本,内容篇幅也有所出入。因此,在利用宋人文集时,首先要注意考察不同版本,慎选珍善典籍,以丰富内容或可避免错误。目前中国大陆出版的各种点校的文集,多数是经点校者比较不同版本,仔细校对的成果,可信度高。但也有囿于条件,存在选择不精的情况,尚需研究者费心搜集整理,才能安心利用。可资利用的善本,除熟知的宋元善本之外,《四库》底本及《永乐大典》中《四库》本欠缺部分,甚至虽出版晚于《四库》全书,却经细致校对的清版书,都值得利用。如孙应时的《烛湖集》,依栾贵明先生的研究,《四库》本馆臣自《永乐大典》中辑抄时,仍漏不少条目;而清嘉庆静远轩藏本,条目及内容,与《四库》本颇有所出入;[①]也有不少《四库》底本,可以增补修订《四库》本的缺失。这类善本存世的仍不少,尚有赖于学史者进一步发掘、利用。经过搜集、比较,寻求内容更丰富、完整的珍善本宋人文集,是了解与掌握南宋中晚期史事的基础工作。

深读史料是深化研究的重要基础。前辈学者研究宋史,习惯于从深

[①] 参栾贵明,《四库辑本别集拾遗》(北京:中华书局,1983),页716—719;黄宽重,《宋史研究与版本问题——以孙应时的〈烛湖集〉为例》,《文献》2015年第5期(北京:2015.9),页3—13。

读重要史料入手,既赖以全盘掌握重大政局变化,也可以从中找到重要议题,将之与历史变化结合,提出具创见的论点。研究北宋历史者通读《续资治通鉴长编》,南宋初期则深读《建炎以来系年要录》,都是奠定研究的重要基础,长期以来也是学界训练学生的重要法门。陶晋生教授与王民信教授早年细读《续资治通鉴长编》,从中搜集整理宋辽关系史料,编辑出版《李焘续资治通鉴长编宋辽关系史料辑录》三册,①陶教授更利用这些资料写出了富新见的《宋辽关系史研究》一书,就是很好的例子。②不过,这种通过深读史料来深化研究的风气已在学界逐渐消退,尤其是在社会科学理论深刻影响历史研究之后,研究者先有问题或想法,接着谋求尽速寻找史料来印证观点,急于求成,因此翻阅、泛读的风气大兴。既有的深读、细读史料的训练被忽视之后,大量具新义的论文如潮涌般出现,但与历史环境的距离却越来越远。特别是大量汉文数据库的内容成为研究的利器之后,研究者习于以关键词通过检索的方式来搜集数据,加以串联,以之与理论相结合,得以快速地制造出颇为新奇或具新见的论文,但这些以工程的模式建置的数据库,由于急于求成,校对不精,版本非善,已使质量参差不齐,若仅将个别词汇串联成论文,不仅跳脱与当时文义的关系,易造成误读误解的现象,甚或超脱时空背景,将事件孤立化与扁平化,论点固然创新,但是否深刻,实待检验。这种研究若有丰富内容的史书相印证,尚可避免疏误。像南宋中晚期可以考稽的编年文献很零散,若不通过论证与细读,更可能形成空疏之论,影响论文的质量。因此,研究这段历史时,借助于数据库之外,回归传统训练,善用并深读史料,无疑是强化论文质量的重要法门。

文集需要深读。宋人文集常视当事人的不同专长与仕历而有不同的内容,门类多元复杂,内容差异极大,都在突显个人的个性与角色。如前所述,文集的门类相当广泛,包括诗、词、赋、论、记、启、序、铭、赞、偈颂、书简、奏札、表笺、奏议、进故事、内外制、题跋、杂著、策问、墓志铭(圹记)、神道碑、行状、塔铭、疏文、祭文、青词、致语、乐语、祝文、挽词、日记(日录)、上梁文、婚启等,包罗众多的体裁与内容,都是显露作者的专长、个性与仕历;从其内容可以看到作者参与的事务、人际关系及其影响,是

---

① 陶晋生、王民信合编,《李焘续资治通鉴长编宋辽关系史料辑录》(台北:"中央研究院"历史语言研究所,1974)。
② 陶晋生,《宋辽关系史研究》(台北:联经出版公司,1984)。

了解个人与时局关系的重要资料。当然,个人文集亦有其局限性,加以留下的记录并不完整,想通过个人资料的汇整,去了解事情的全貌,并不容易。但当丰富而完整的史料不存,经由仔细研读文集的全部内容,既可以掌握作者多方的学术、才情以及个人的人际关系与职涯变化,更可以去认识他所处的社会与政经环境及他所扮演的角色,远比先有题目再翻书泛读找史料,及通过数据库检索若干关键词汇,所得的结果更能贴近这个人与时代的关系。因此,需由细读重要士人文集的全部内容入手,以掌握这个人的一生,以及他所处的环境,再从中寻找其他作者共同反映或关切的议题,作为探讨的主题,进行研究。这样的作法,虽然因数据烦琐,考订研读费时,成效较缓,但实际透析人与时事,且不背离时代环境,议论与见解较为深刻。此外,要讨论南宋中、晚期的议题,除了通过当代名儒高官的文集来掌握议题之外,入元以后若干江南名士如陈著、袁桷、戴表元、苏天爵等人的文集,也是认识宋元转变的重要文献。这些人亲身经历宋蒙政权递嬗,在易代之后,面对新旧局势的种种转变,感触最深,透过他们的回顾与比较观察,对晚宋政治,特别是学术、文学、艺术及士人际遇与风气的变化,感受最为深刻,很能反映晚宋的特色。他们的观察与记载,值得与晚宋士人的文集相互对比,同样予以重视。

组成文集研读班,是累积学术成果的重要方式。为避免各自研读不同文集耗时又不易集中议题,影响研究效率,以议题为主,组成不同研读小组,可以加速学术的累积。由每位参与者选择一种重要文集,熟读其全部内容,掌握多样的史料价值。其他人共同参与研读,通过讨论,除了解重要内容,认识时代环境外,每人均贡献意见且可在研读中搜集拟研究议题的资料,以之撰写论文,相信能结合史料与观点,提出兼具深度与创见的意见。小组成员长期研读文集,不仅对不同文集的性质与人物关系,有更广泛的了解,经由议题的讨论与史料分析,可以更全面地理解时代变动的脉络与特色,逐渐将研究主题由点而线,甚至累积成面。也就是透过共同研读的方式进行研究,既有个人创见,也易形成研究团队,可以改变往昔突显个人见解,孤军奋战,难以形成局部优势的困境。

借阅读形成团队的同时,更可以结合不同领域的学者,进行跨领域研究。历史学是综合性很强的学科,具备更宽广的视角与多学科的能力,对历史现象的评析会更为周全,解释性更强。因此学史者除了多学习不同学科的观点与理论,若能借由不同领域的人,共同阅读重要的史料,相互讨论学习,从不同侧面解析史料的不同样态及其价值,可以导正以往为突显各专业特性,将历史分割成政治、经济、社会不同角度的偏颇观察,让历史呈现更完整的面貌。传统人文学研究强调文史不分家,就是要消除学科隔阂的樊篱。若在进行团队研读史料时,邀请不同领域的学者一齐参与讨论,行之既久,当能开阔每个参与者的学术视野,开展跨领域的整合研究,让历史学更能彰显综合性的学科特色。

四、结语

宋史是中国历史上的重要转型期,已是史学界的共识。这也是在追寻盛世荣光的朝代之后,中国史学界乃至国际汉学界兴起研究宋代风潮的原因。不过,学界对历史转型期的看法多有分歧。中国与日本的前辈学者,较重唐宋间的变革说,日本京都学派揭示的唐宋变革说,尤掀起国际汉学界研究的热潮。在这一波研究风潮中,学界重点在揭示从唐代到北宋的变化,南宋只居附属的地位。特别是在现实环境的影响下,两岸华人都卑视这个半壁江山的弱势政权,以致常用主观、偏颇的心态去看待南宋史,加上史料零散,梳理不易,早期的研究成果相当有限。

近二十年来学界对南宋历史有较深入的探讨,成果相对丰硕。华人中首先揭示南宋史重要性的是前辈学人刘子健教授,他从20世纪60年代起,曾撰写多篇概观性揭示南宋史在中国史上的重要性及时代特色的论文,对学界颇具启发性,其后相继有日本学者寺地遵及余英时教授以专题陈述其重要性,但论述时段仍在南宋中期以前。最近美国学界提出宋元明转型说,不仅突显南宋史的重要性,更注重南宋中晚期在历史转折上的意义,认为要了解中国历史上这一转型,尤需对南宋特别是与元朝衔接的中晚期历史有深入的研究,这一观点已渐渐吸引研究者关注。不过到目前为止,学界对这个跨越朝代的研究,尚停留在议论或综论的阶段,深入的探讨仍嫌不足。这种情况实与两岸学者对这段历史的重要性认识不足,以及未能利用过于分散的典籍,有效掌握时代与环境有关。

基于应该对朝代变迁始末有完整的认识,以及在中国传统社会文化发展上进行跨越朝代的观察,笔者特别以"嘉定现象"为题,呼吁学界重视南宋中晚期政治文化史的研究。从某些既有的观点看来,宁宗嘉定时期是中国史上一个卑微的存在,不足以吸引学者的研究。为改变这一偏颇的观点,我们一方面要积极挖掘不同样式的史料,以更开放的态度,扩展原有政治军事研究的视野至其他不同侧面;另一方面则要将孤立性的文学艺术、学术思想、社会经济史研究,与政治发展、政局变动做有效结合,并进行较长时期的探讨。这样一来,不仅有助于认识这段历史,对元明社会文化的发展有所联结,更能了解它在南宋乃至中国历史转变上的地位与特性。

要对这段历史有更全面的认识,我提出八个议题作为探讨基础,更重要的是抛开负面、主观的偏见,尊重史料,就事论事,进行客观的评述。在数据运用上,除了史籍、方志、笔记小说外,更重要的是要详读个人文集,借由文集多样性的内容,可以对这个时期从个人与社会环境到时代的关系及其变化,有更全面的了解。而通过组成研读小组的方式,可以超越个人的局限,对时局有通盘的认识,有利于形成研究团队,突破"点"的了解,形成线或面的观察。要形成研究优势,更要集结不同领域专长的学者,一齐研读文集或重要史料,共同学习,相信可以创造一个新的研究局面,带动新的发展趋势。这是我提出"嘉定现象"这个议题的用意所在。

研究编

壹　中兴继统下的南宋艺文风尚

一、艺文绍兴：高宗政权正统性的塑造

1126年，金人挥兵南侵，俘掳徽、钦二帝与宗室、嫔妃、官僚数千人北去，宣告赵宋政权覆亡，史称"靖康之难"。兵荒马乱中，幸存的宋室官僚拥立逃亡在外的皇子赵构——日后之高宗——继位为帝，以谋延续赵宋王朝。

新帝赵构面临的首要挑战，便是在毁灭性变局中救亡图存，进而确立、巩固自身继统的正当性。求存既是重建赵宋政权的当务之急，高宗因此采取退避求和政策，对金表明愿奉其正朔。然而，金人无视赵构存在，立张邦昌为傀儡皇帝，并持续挥兵南侵。各地民间武力虽有效阻止金兵南犯，但此时中枢无主，无数勤王之兵溃散沦为盗贼，致使乱事由中原蔓延至华中，部分企图心强烈的宗室与怀有异志者更图谋拥军自立。复以赵构虽为徽宗嫡子，却是在兵马倥偬之际受臣僚拥戴为王，继位合法性于理有亏。北方的金兵进逼与境内的挑战势力，对挣扎重建的赵宋政权造成巨大压力与挑战，迫使高宗与朝臣不得不在南逃过程中，积极塑造、巩固此一新生政权的正统性。

为确立南渡赵宋政权之正统，宋廷君臣必须证成高宗继统乃符应天命。因此，高宗与朝臣一方面致力强化高宗即位的合法性，一方面试图形塑其继统的神圣性。前者如宣传徽宗以衬领诏授意康王继位一事，描述徽宗亲信曹勋在与徽、钦二帝同时被俘北狩后，南遁向高宗传递徽宗亲写"可便即真，来救父母"的衬领诏；及传递太祖誓约等五条口信；其间虽历经若干转折，但都是强化高宗正当继统的策略。[①] 又，金人所立张邦昌鉴于形势转奉哲宗废后孟氏为皇太后主政；后孟氏间道离京，以手诏

---

① 参见蔡涵墨，《曹勋与太祖誓约的传说》，《中国史研究》，2016年4期，页89—116。

授高宗即位,宋廷试图以此巩固高宗的继统合法性。①此外,当时市井流传"泥马渡康王"等神异故事,描述崔府君以神力助高宗南渡,后亦由曹勋主导,以高宗称帝前各种瑞应征兆为主题,制作《北狩见闻录》及《中兴瑞应图》,以及萧照绘制的十二幅图卷,凡此则在传达高宗为帝乃符应天命,有意识塑造高宗继统的神圣性。②

在南渡政权为赵宋正统的形象日渐巩固后,高宗君臣接续打造王朝中兴基业。高宗逐步摆脱漂泊的逃亡生涯后,定都临安,积极营造宫室,重建礼制,恢复官制与行政中枢运作。为塑造政权延续性以号召人心,高宗君臣提出"中兴同于创业"的主张,积极从古代中兴明君中寻找合适典范,为终极目标"恢复"作准备。群臣议论虽有分歧,但多半存有"修明内政""皇权独断"之共识。高宗与当时宰相秦桧乃以"孝养天下""与民休息"为由,推动与金和议,并一方面以文字狱压制反对议和之文官,另一方面则以刑狱与利禄收武将兵权,将私兵转化为国家军队。至此,赵宋政权"缔造中兴机运"的目标可谓大势抵定。③

"偃武修文""礼乐稽古"是高宗君臣重建赵宋王朝的施政重心,旨在体现其政权乃北宋正统之延续,且冀开启中兴之功业。在临安所修建的郊庙宫社虽难免因陋就简,或有一殿数用的现象,但在精神上无不强调承续北宋既有体制。④重建太学、右文兴学的朝廷政策,更彰显高宗继承赵宋王朝的文治传统。宋廷将武将岳飞旧宅改建为太学,绍兴十三年(1143)落成,次年高宗亲临并随后下诏各地州县兴学。此举意在宣示,在文教政策上,南渡重建后的赵宋王朝其文治政策与太祖赵匡胤定天下

---

① 刘静贞,《唯家之索:隆祐孟后在南宋初期政局中的位置》。方诚峰,《补释宋高宗"最爱元祐"》,《清华大学学报》(哲学社会科学版),2014年2期,页69—76。

② 关于这些方面的研究相当多,王曾瑜,《荒淫无道宋高宗》(石家庄:河北人民出版社,2007)。邓小南,《关于泥马渡康王》,《北京大学学报》,1995年6期;《图画作品与宋代政治研究》,收入北京大学中国古代史研究中心编,《舆地、考古与史学新说——李孝聪教授荣休论文集》(北京:中华书局,2012),页624—627。李天鸣,《瑞应图故事》,收入李天鸣等编,《文艺绍兴——南宋艺术与文化》,图书卷(台北:故宫博物院,2010),页18—29。以及蔡涵墨,《曹勋与"太祖誓约"的传说》,页59—116。

③ 王曾瑜,《荒淫无道宋高宗》。黄宽重,《秦桧与文字狱》,《害韩杀岳》。李倚天,《南宋高宗朝政治思想研究——以中兴、构思为核心》,清华大学人文学院历史系硕士论文(北京:2018.5)。寺地遵,《南宋初期政治史研究》(上海:复旦大学出版社,2016)。

④ 张劲,《两宋开封临安皇城宫苑研究》,暨南大学博士论文(广州:2004)。朱溢,《临安与南宋国家祭祀礼仪——着重于空间因素的探讨》,《历史语言研究所集刊》88本1分(台北:2017.3),页159—171。

时的偃武修文精神并无二致。

宣示南渡政权正统性更重要的文化政策,是秘书省的复建与文物收藏的恢复。在北宋初期,赵宋王朝原以三馆秘阁为典藏与整理研究图籍文献、书画文物的国家文化机构;至神宗朝推行元丰改制,遂以秘书省取代三馆秘阁职掌。靖康之役后,秘书省于开封旧藏图书文物散失殆尽,此机构本身也一度因战乱而罢废。从法统观念来看,文物遗散象征赵宋王朝的崩溃与皇室尊严的丧辱,因此对高宗与南宋朝臣而言,恢复皇室固有庋藏的重要意义在证成高宗乃系天命所归、南渡政权具有延续赵宋法统的治权合理性。① 故而,即便在政权初建、国势不稳时,高宗都积极搜藏旧有图书与文物;重建秘书省后,更戮力征集文献、档案、图籍、器物,以图恢复北宋旧观。经过南宋前期数十年努力,秘书省各类典藏皆已斐然可观,书画文物尤为明显。周密曾说:"思陵妙悟八法,留神古雅。当干戈俶扰之际,访求法书、名画,不遗余力……故四方争以上奉无虚日。后又于榷场购北方遗失之物,故绍兴内府所藏,不减宣政。"② 另一方面,南宋朝廷也延续北宋馆阁储才政策,以秘书省为高级文官的储备养成之地。③ 北宋时期,朝廷通过馆阁试,拔取优秀进士入省供职,让他们参与由宰辅巨儒领导编纂的国朝重典与贡举等重要活动,以培养具"决疑定策,论道经邦"的儒学之臣。南渡后的赵宋王朝沿袭馆阁储才政策,以秘书省为国家政治精英孵育地,不仅是继承与持守北宋文治基本国策,更标志了南宋朝廷对政治精英艺文涵养的重视。④

高宗崇尚艺文,貌似为其个人雅好,实则亦在延续北宋皇室传统,彰显与历代君王的文化连结;然其积极于书画文物,则更引领、形塑了南宋朝野崇尚艺文的风尚。宋代雅好书画艺术且表现杰出之帝王,虽然以徽宗为代表,但太宗、仁宗、高宗、孝宗等同样雅好书法。太宗编制《淳化阁帖》对书法复兴贡献巨大,其偏好王羲之、王献之书法,并视之为正统,二王作品占《淳化阁帖》之半;其中,《兰亭序》是二王书法极则,尤受北宋皇室与书法家推崇。自太宗以降,崇尚书法形成赵宋王室传统,帝王乃至

---

① 莫家良,《宋高宗与〈兰亭序〉——古典书风的回归》,载华人德、白谦慎编,《兰亭论集》(苏州:苏州大学出版社,2000),页395。
② 周密,《思陵书画记》,载于《中国书画全书》第二册(上海:上海书画出版社,1993),页132。
③ 李更,《宋代馆阁校勘研究》(南京:凤凰出版社,2006)。
④ 黄宽重:《以艺会友:南宋中期士人以〈兰亭序〉为中心的品题与人际关系》,《汉学研究》第35卷第3期(台北:2017.9),页173—211。

皇家成员不仅勤于收藏、刊刻、出版名帖,历代皇帝将御笔临帖赏赐给大臣、贵幸乃至学校、寺宫,成为赵宋君臣互动政治文化的一环,获赐者备显荣宠,往往视之为传家宝。有宋一朝,时有宰执于私宅建御书阁以珍藏皇帝墨宝,并为君臣庆会。[1]

高宗延续北宋帝王雅好书法的传统,亦以二王为宗。高宗不但个人勤于研习书道,也敦促皇子勤加练习;摹临名家书法也成为皇室传统,如高宗吴皇后即曾临《兰亭序》;[2]高宗甚至以自临《兰亭序》赐予皇储孝宗,要求孝宗临摹五百本,[3]并将临摹书法作品赐予文臣武将。[4]诸此崇尚书画、艺文的表现,除了出于高宗个人对艺术的偏好,更有彰显继承祖制的政治考虑与宣传。可以说,在宋高宗个人嗜好与宣扬文化正统的政治意图下,书法复兴成为南宋中兴继统的表征。在朝廷文化政策推波助澜之下,官员、士人多感于此政治与艺术紧密交织的艺文风尚,遂积极于著名书帖摹临或搜藏,从而带动了士人群体书画文物庋藏、评赏风气,形成南宋环绕艺文活动所衍生出的特殊政治文化。

二、艺文活动与士人宦途的关联

赵宋皇室雅好艺文,复以宋廷文治政策推波助澜,固然带动了宋代崇尚艺文的政治与文化风尚,但南宋文化活动蓬勃活络的重要基础仍在于此时期士人群体长成过程中所积累的艺文修为。

赵宋王朝标榜文治,以科举为拔擢人才的主要途径之一,促成了教育普及,复以此时期印刷术勃兴等多重因素,致使业举求宦人数激增,形成以知识为身份认同的士人群体,并逐渐居于宋代政治、社会之主导地位。艺文素养是宋代士人业举求仕进的关键能力。为求鲤跃龙门、释褐为官,士子必须在科举考试中,以诗赋展现文学与艺术修养;这些艺文素养也是宋代士人与人交游、促进情谊、展现才学不可或缺的能力。

知识与艺文素养是士人群体之间的共通语言,士人们在求学、仕进

---

[1] 宋晓希,《君臣庆会:宋代私宅御书阁的兴起与发展》,《第十八届宋史国际研讨会论文集》(兰州:2018.8)。
[2] 桑世昌,《兰亭考》,卷2,页12。
[3] 柳立言,《高宗阴影下的孝宗》,《历史语言研究所集刊》,第57期3卷(台北:1986),页553—584。
[4] 莫家良,《〈兰亭序〉与宋高宗——南宋古典书风的复兴》,页393—403。

等不同场合、时空相遇,彼此资历、背景虽有差异,但以诗词唱酬、书画文物鉴赏为主的文化活动,往往是士人建立人际关系的最佳媒介。包括如茶会、棋社、酒会、诗社等文人雅集,乃至以序齿相聚的五老会、率真会等,[①]或是鹿鸣宴、乡饮酒礼、曝书会等官式活动,往往以书画、金石为鉴赏题材,融合诗歌酬唱、茶酒相伴。其中,仿效东晋时期书法名家王羲之组成"兰亭雅集"最是宋代文人生活中展现文化格调的聚会。这些文化活动虽以敦睦情谊为主,但对有志仕进的宋代士人而言,这些与同学、同乡、同年、同僚互动的文化活动也具有政治效用,创造了累积与建立人脉的机会,故而宋代士人对经营、参与类似艺文雅集,颇为留心。[②]

正因艺文修为左右着宋代士人人际发展,从而影响其举业与宦途,遂成为士子学习过程中重要的能力养成环节。多数出身小康之家的优秀学子,在业举过程中,除了科举考试科目外,同样重视文学、艺术修为的陶冶。累世富盛的仕宦家族更积极典藏书画文物,并在艺文修为之外,培养子弟对文物的评赏、鉴识能力。这些名宦家族子弟长成后,又往往有更大的意愿投注丰厚财力、购置珍贵文物,这些稀珍文物是名门子弟与友朋交游唱和、追求雅致精神生活的素材。有甚者如楼钥,为书画典藏兴筑亭台楼阁,以文物为家族荣光的印记,并借以建构家族的历史记忆。

值得注意的是,赵宋王朝因靖康之难所遭遇的文物遗散浩劫,意外地在南宋士人官僚间创造出一种以文化为核心的身份区别与认同。北宋时期,首都开封不仅是政治中枢,也是国家图籍文物与众多民间私人收藏的汇聚之处。开封受战火严重摧残破坏,官方与民间搜藏文物书画不是北迁,就是在战乱中流散佚失。战事暂歇后,一方面以物稀为贵,一方面坊间也开始有赝品流通,愈加凸显名宦世家所收藏珍品文物的特殊文化与实质价值,士人莫不以能亲睹乃至鉴赏把玩文物真迹为荣。然而,除皇室之外,只有少数在北宋时期即已崛起的江南名门如王安石、欧阳修、史浩、楼钥等家族尚拥有珍稀文物。

出身名门的士人既有幸亲近珍稀文物,也不时借题跋评说其典故流传,开启了鉴赏探究文物及其相关知识的风气,类似的文化活动也成为世家大族塑造家族文艺传统的要件。仕宦名门子弟在成长过程中受家

---

① 欧阳光,《宋元诗社研究丛稿》(广州:广东教育出版社,1996)。
② 梁建国,《朝堂之外:北宋东京士人交流》(北京:中国社会科学出版社,2016),页312—321。

族传统熏陶训练,具备鉴识文物真赝优劣的专业能力与实务经验,往往成为引领书画文物品评的意见领袖;若再能任职于掌管南宋国家典藏、培养政治菁英的秘书省,则其阅历、评赏眼界更是众所钦服。这些具备艺术品味与鉴赏研究能力的名士既为鸿儒硕彦或名宦重臣之后,身份特殊且具有崇高的社会地位;相关文物鉴赏能力与艺文交流活动,也在文化背景与地位相近的士人间,建立起有别于一般新兴士人的身份认同,以此为基础所搭建的人际关系甚为有利于个人的仕途发展或家族社会地位的形塑。

三、政局动荡下的多元人际网络

高宗的中兴基业乃据南宋王朝所处的现实环境所打造。赵宋政权南渡后,虽然在在强调承续北宋王朝传统,但实则往往迫于现实环境而必须权宜调整,遂使南宋政治发展呈现旧沉疴与新挑战交叠的面貌。所谓沉疴,乃是北宋变法以来政策走向与人事之争的遗绪。新挑战则来自三方面,首先是宋金关系变易所引发的恢复或守和、自治的外交、军事论争;其次,道学形成势力后,道学士人的内部竞逐,以及道学群体对近习执政的批判,则是面对君臣与国家处境的现实问题;再者,皇位继承问题导致太上皇或权臣主导政局的情况频现,衍生君臣与臣僚之间复杂的政治纠葛。这些现象交迭纠葛,导致南宋政治政局骤变、人事与路线频繁更替。

自北宋神宗朝推行变法以来,因士人对朝政变革意见分歧,新旧党纷争频仍。哲宗朝以后,新旧党歧见加深,为打击异己而以激烈手段整肃政敌,然而不同立场的政治群体却又相继执政,导致异议者之间裂痕扩大。党同伐异的政治对立是北宋晚期最明显的政局现象,直至金兵逼近开封仍未消止。[①] 赵宋王朝南渡后,人事纠葛与路线之争仍与国运相终始。南宋建立之初,高宗为了救亡图存,一度在政策上包容各方异议,以期共渡难关。然而,北向恢复或南向避敌的和战路线争议,以及权臣执政与道学派的争衡,让北宋政争遗绪在南宋时期再度快速蔓延。及至高宗秦桧筹谋与金和议,激烈冲突再次爆发;高宗与秦桧为压制反对意

---

① 关于北宋晚期政争,罗家祥有多篇论文进行探讨,参见氏著《宋代政治与学术论稿》(香港:华夏文化艺术出版社,2008),页282—468。

见,兴起一连串文字狱,以致人事急遽变动,进而演变为秦桧独相的局面。①

孝宗朝是南宋内外关系相对稳定的时代,却仍人事纷争不断。一方面,此时期臣僚频频批判与金和战、近习弄权等问题,引发道学者与执政者政见的歧异与对抗。另一方面,高宗禅让皇位后,仍以太上皇之姿干涉和战及任用臣僚等决策,给予孝宗巨大压力,以致宰执更易达十七人,造成人事动荡。②光宗至宁宗期间,先有重华宫事件带来朝政不安,后有光宗不能为孝宗执丧,导致赵汝愚与韩侂胄拥宁宗继位,随之又有赵韩争权而引发之庆元党禁,以及开禧北伐等一连串激烈的政策路线之争与人事轮替。主和的史弥远掌权之后,宋廷虽曾短暂重行包容政策,但蒙古的兴起与南侵造成华北局势混乱,社会秩序解体,更冲击了宋金关系;应否接纳北人等对外政策议题,在南宋朝臣间再起争端。③

宁宗崩逝后,史弥远与杨皇后合谋拥理宗继统,贬杀济王,引致清议分子激烈抨击。史弥远独相以强烈手腕压制异议,造成人心疏离,异议官员、士人对执政怨怼加深。迨史弥远逝世,理宗亲政,新任执政者崇扬理学,追赠理学名儒,极力铲除史弥远党羽,并意图改变与蒙古联合灭金后的和议现状,以求恢复故疆。赵宋挥兵收复三京,却不幸溃败,此举使宋蒙关系由和转战。理宗亟谋任命才干之臣,以因应危难之局,却招来理学家与太学生高举道德旗帜,严词批判,再次掀起人事对立之势,宰执频繁更替,冲击政局的稳定。及至贾似道任相,挟拥立度宗之功,专断朝政,并制造舆论、拢络太学生,却窘于应付强敌,南宋终因左支右绌而亡国。

南宋长期的政治纠葛与频繁的人事更迭,严重冲击绝大多数以仕进为职志的士人官僚。在孝宗、理宗二朝,君主频频更替宰执;在秦桧、韩侂胄、史弥远、贾似道等权臣长期独掌朝政时期,则以严厉手段压制异议大臣,造成像李纲、赵鼎、张浚、赵汝愚、周必大、留正、楼钥、倪思、叶适、

---

① 寺地遵著,刘静贞、李今芸译,《南宋初期政治史研究》(上海:复旦大学出版社,2016)。王曾瑜,《荒淫无道宋高宗》(石家庄:河北人民出版社,2007),页339—362。黄宽重:《秦桧与文字狱》,《宋史论丛》(台北:新文丰出版公司,1993),页41—72。
② 王德毅:《宋孝宗及其时代》,《"国立编译馆"馆刊》(台北:1973),页1—28。杨俊峰:《绍兴辛巳亲征诏草的隐没与再现——兼论和议国是确立后历史书写的避忌现象》,《台湾师大历史学报》,53期(台北:2015.6),页1—42。
③ 黄宽重,《晚宋朝臣对国是的争议:理宗时代的和战、边防与流民》(台北:台湾大学文学院,1978),页192。

魏了翁、真德秀等人先后被逐出京城,或罢官居乡。一旦情势转移,被罢者又锦衣还朝、主掌朝政,兴起新一波的人事调整。高层宰执大臣频密递嬗,随之牵动相关部门人事异动,以致南宋时期出现各级官僚频繁进出朝廷的人事变更风潮。

因政局动荡,士人在朝野间出入迁转,人生与职涯均深受影响。南宋士人官员体认到现实环境的变动不羁,逐渐发展出两种模式以应对政局变异。其一是回归乡里,深耕在地以筹谋再出发的机会。宋代强调文治立国,历代君王持守不杀士大夫的原则。虽然南宋朝争频仍,但君主或权臣多以谪贬劾罢处置异议者,旨在迫其回归乡里,因远离政治中心而不再干扰执政,而非置之死地。被罢者栖身乡里,与乡居士人、待阙或致仕官员,共同经营在地社会,并等待起复机会。乡居者以地方贤达耆老身份,凝聚乡里人力,参与地方建设、推动慈善与文教事业,弥补财政中央化后地方经济的窘境;一旦再获任官职,也利用乡居期间累积的经验与人脉,与同道相互连结,共同推动朝政,影响政局走向。可以说,乡居是士人东山再起的基础,而他们深耕乡里也有力形塑了宋代的地方社会。

南宋士人缓解政局动荡冲击其生涯、职涯的另一种模式,是发展多元的人际关系。赵宋王朝实行科举与荐举制度,选拔官员并管控其宦途升降。从业举到出仕任官,宋代士人无不积极透过血缘、地缘、业缘各层关系,拓展人脉。然而,宋代政局既动荡剧烈,朝政风向与人事递嬗无常,众多入仕官员不仅政治立场具妥协性,也致力建立多元的人际关系,以因应政局变动造成的宦途冲击。宋代士人借参与各式雅集等软性文艺活动,借着诗词唱酬、文物鉴赏,在日常生活中构筑人际关系敦睦情谊,寻求群体间的社会与文化身份认同。这类以艺文活动而非政治利益为中心所建构的人际关系,在南宋不同时期的政治斗争中,反成为人际互动的缓冲;也就是说,透过观察士人官员的文化活动,以及随之衍生的人际互动,可以体现出南宋士人的群体意识并非一贯不变,而是存在多元的隐性变化因素。

本书在研究编中所收录的五篇论文,即意在体现南宋时期政治与艺文紧密交织的社会现象,从而说明南宋士人群体意识的多元性。前两篇论文以楼钥为研究主题,着重讨论南宋中期重要朝臣楼钥的艺文涵养养成,并进一步分析楼钥如何借丰富家藏及自身艺术素养,与当代搜藏名家建立以艺文、知识为核心的身份认同,并彰显家族文化传承。后两篇论文以南宋最受皇室与士人尊崇的《兰亭序》书帖为例,阐析出身富盛家族的士人子弟如何以珍稀文物为媒介,开展人际交流互动。此研究指出,在文物鉴赏之外,这些士人更企图仿效东晋兰亭雅集兼具知性与感性的艺文交流,进而透过群体欣赏、把玩文物的艺文活动,逐渐发展出对书画、金石等文物的专业知识建构。研究编另收录刘宰个案研究,希望能由不同面向展现文化活动所蕴含的政治文化意义。刘宰乡居三十年,在地方上凝聚乡人,推动赈饥,并搜罗在地风土,建构地方知识,形塑地方文化价值,将社会力转化为文化力。乡居期间,他仍持续关心朝政发展,体现宋代士人居乡怀国的特质。上述各篇文章讨论主题虽各有侧重,但要旨均在勾勒南宋士人以文化活动为出发,创造系统性知识的努力,以及此时期政治与艺文相互交织的社会文化现象。

贰　楼钥家族的文物搜藏与传承

一、前言

书画文物不仅具财富价值,也是文化素养乃至身份地位的象征,向来被视为富盛的个人或家族陶冶涵养、增进人际交流,乃至形塑特殊身份的要件。自古以来,书画文物吸引人们搜藏与研究,拥有知识并借以讨论书画文物,更是文人士大夫生活的重要组成部分,及推动人际关系的媒介。文人雅士多借游赏观览、诗文唱和及品评文物,增进彼此情谊,也从而提升了艺术文化的内涵与深度。

这些对书画文物有兴趣的士人群体,自认为文化修养是他们与一般只追求仕进的官僚有别之处。这种身份上的象征与区隔,也促使众多个人乃至家族,以积累文化修养为取得科举功名后的努力目标;久之,书画文物形成一项串建家族历史记忆与文化传统的利器,是个人及家族追求政治地位、社会影响力之外,更着意经营的目标。

本文以南宋中期重要名臣楼钥为例,借由他及族人在家族环境熏陶和能力养成的训练下,对书画文物的搜集整理,以及刊刻族人著作,配合家园、祖坟的重建过程,呈现楼钥个人艺术文化素养的养成。本文首先探讨楼钥着重历史源流的鉴赏能力与特质,以及他如何透过串联片断的历史记忆,形塑家族文化传统,并以实际行动向朝廷争取荣宠,提升家族地位,进而说明文化力的展现,对楼氏成为南宋四明地区名门望族的建构过程及其意义。

二、嵩岳图碑的故事

先世前踪不可追,君从何处得全碑。上横嵩岳三千丈,下列齐公廿四诗。室号揖仙怀旧事,庵名面壁认遗基。青毡真是吾家物,欲以琼瑶厚报之。

这首七言律诗诉说一个南宋名人对先人文物失而复得的惊喜故事。①故事的主人是南宋中晚期著名文臣四明楼钥(1137—1213)。宁宗嘉定三年(1210),楼钥以七十四岁高龄,担任参知政事一职。当时在京西南路任幕职官的同乡士人张致远,从宋金边境贸易的榷场上,看到楼钥祖父楼异在元符年间(1098—1101)知登封县时,游嵩山后刻于石碑的嵩山图及诗序,买下后寄赠楼钥。楼钥从图绘的内容,确认该碑为先祖遗物,感到"如获拱璧","得之惊喜"。由于该碑字迹不够清晰,乃责由三子楼治重新书写绘制。楼钥除了写诗向张致远致谢外,也写下《跋先大父嵩岳图》,记述对家族传承具有特殊意义的嵩岳图失而复得的曲折故事。②

《嵩岳图》与诗是楼异于徽宗建中靖国元年(1101)九月以后所作。楼异字试可,为元丰二年(1079)进士,是徽宗朝四明地区最富名望的官员。他喜欢游山玩水,"嗜山水成癖",自述不论到哪里都"聚拳石,环斗池,终日玩观,殆忘食寝"。元符二年(1099),楼异出任登封县令,因钟情嵩山的山川形胜,在三年任内数度与名宦陈师道及僧人参寥同登嵩山,留下许多唱和诗文。为了纪念这段经历,楼异将馆舍取名为"仰嵩堂",也为生于登封县的三子楼璩起小名为"嵩"。

楼异任登封县令不久,即利用听讼之暇,清理馆舍旧圃,开凿两个池塘,并筑起五丈高的土台,名为"揖仙"。由于住处"北面嵩岳,西顾少室,南望许田",尽览嵩山巉岩耸拔的形势,楼异曾于建中靖国元年九月作《三十六峰赋》,由少林寺僧清江刻石;③后又听说嵩山有二十四峰,不但为旧有图经传记所未载,当地人也莫知其详。一日,观明大师李胜之从

---

① 楼钥原著,顾大朋点校,《楼钥集》(杭州:浙江古籍出版社,2010)第2册,卷10,《嵩岳图》,页239。
② 楼钥原著,顾大朋点校,《楼钥集》第4册,卷74,《跋先大父嵩岳图》,页1335—1336;《楼钥集》第2册,卷10,《嵩岳图》,页239。
③ 楼异,《三十六峰赋并序》,收入曾枣庄、刘琳主编,《全宋文》(上海:上海辞书出版社;合肥:安徽教育出版社,2006)第128册,卷2273,页193—197。

开封来访,得知"二十四峰"之名出于道藏《吴天师灵踪记》所记,与实景相合,于是楼异雇人绘下二十四峰图,存放于仰嵩堂,同时写下《嵩山二十四咏》,将图与诗均刻于石碑。① 纸本图与诗文则存放在他精心营建的宅堂中。其后,楼异二子楼璹还把这幅图画挂在云岫堂的屏风上,并补书父亲楼异廿四峰诗于图右,作为具有传承意义的家族文物。不幸,建炎三年(1130),女真兵进犯明州,楼氏家园遭兵火严重破坏,家中文物全毁,嵩岳图亦未能幸免于难。

楼钥的童年虽然未曾亲睹嵩岳图,却因熟稔祖父楼异的廿四峰诗,而对这幅图留有深刻印象。楼钥任官后,积极搜集、整理家族文物,期望借此提振家族在四明地区的声望。嵩岳图石碑的获得,更是他在成就家族重建大业上,最富纪念意义的盛事之一。楼氏家园重建工作,显示了建炎三年以来,楼氏族人致力摆脱家道中落阴影而重新崛起的努力,而嵩岳图在此时的失而复得,对楼氏的振起实有画龙点睛之意义。

四明楼氏家族在楼郁发迹后,从奉化迁居鄞县城南。政和七年(1117),楼异向宋廷献策,建议辟广德湖为田,以其田租支应接待高丽使臣之需。宋廷接受建议,并命之为知明州。楼异在家乡任职共五年,对地方颇有建树,后又因组织豪勇抗御方腊之变,守城有功,受封为徽猷阁直学士。② 楼异既是当时四明士族中官位最高者,更累积了可观的财富,诚为当时地方上最具有影响力的乡贤。为了彰显家族的富盛,楼异在城南邻近楼家宅院的月湖十洲最南端的岛上,营筑锦照堂、怀暖轩等新宅院及昼锦桥等,作为休憩与住所,并获徽宗御书题匾为堂名,其中锦照堂陈列徽宗亲写玺书。③

建炎兵祸,楼氏家园与湖上别墅均毁。绍兴以后,明州官吏先后在月湖附近重建众乐亭及逸老堂等庭园苑囿,楼家原有碑石都乱置暴露于外;一直到孝宗隆兴二年(1164),官府重建州衙,知州赵瀟重建锦照堂,更地名为竹洲,楼氏才得以兴复故地。淳熙十年(1183),史浩辞相位,孝宗赐地月湖竹洲,建造真隐馆,作为其养老之地,与楼氏锦照堂所在相

---

① 楼异,《嵩山二十四咏并序》,收入傅璇琮等主编,《全宋诗》(北京:北京大学出版社,1995)第22册,卷1275,页14399—14403。
② 脱脱总纂,《宋史》(北京:中华书局,1977),卷354,《楼异传》,页11164。
③ 袁燮,《絜斋集》(台北:商务印书馆,1983,收入《景印文渊阁四库全书》第1157册,据台北故宫博物院藏乾隆四十七年[1782]文渊阁本影印),卷11,《资政殿大学士赠少师楼公行状》,页33上。

近，①但楼氏房舍庭园仍旧颓损残蔽。宁宗开禧年间，楼钥向朝廷请求由楼家自备材料，在原址重建锦照堂，作为未来闲退休养之地，获得同意。②

嘉定初，楼钥先后任签书枢密院事兼太子宾客、同知枢密院事、参知政事等要职，是楼氏族人中官历最高者。③此时，楼钥在其祖父楼异旧有宅园故地基础上，重建奎画、锦照等堂，请宁宗及太子赐书为堂名，期借以恢复先祖荣光，同时也营建藏楼阁藏书。嘉定三年，供藏书会友的东楼落成，该楼聚集丰富藏书，超越楼异所筑规模。东楼前则另砌垒奇石，仿效楼异所绘嵩山，"崭然有廿四峰之状"④。楼钥更将张致远所赠、从榷场买回的嵩岳图碑，列于屏下，名为"仰嵩"，以示怀念先祖起家创业的重要意义。从嵩岳图绘制，到石碑复现，先后近一百一十年，离建炎三年楼氏家园被毁，到楼钥重建家园、再塑嵩岳图，也有八十年的历史了。

重建宅园、购置先祖遗物，乃至垒石为廿四峰状等情事，都表现出楼钥在人生最高峰、也是最后的阶段，有意识地凸显楼氏家族在四明地区显赫的地位。嘉定二年，四明人史弥远继韩侂胄为相后，为塑造振衰起弊的政治新局，不少被摒除在野的名宦受诏返朝，其中四明人尤众，顿时形成主宰政局的优势群体，甚而出现"满朝朱紫贵，唯有四明人"的时谚。⑤此时楼氏家族所争取到的种种荣宠，正是楼钥为使家族堂皇居于名门望族之列，所作的努力。

楼异在任知明州期间，也由于将当地淤塞的广德湖辟成耕田，增建水利设施，辟土七万余亩，年增产三十万余斛，造福乡里社会，当地父老为感念他的德泽，曾绘楼异像，立生祠作纪念。绍兴年间，莫将知明州

---

① 史浩原著，俞信芳点校，《史浩集》（杭州：浙江古籍出版社，2016）第3册，卷39，《四明新第上梁文》，页714—716。另参见陆敏珍，《唐宋时期明州地区社会经济研究》（上海：上海古籍出版社，2007），页252。
② 楼钥原著，顾大朋点校，《楼钥集》第2册，卷17，《乞增葺锦照堂劄子》，页362。楼钥说自隆兴初年"及今又五十年"，则为嘉泰四年。然衡诸实况，楼钥当于开禧二年（1206）再任官后，请修葺宅院，较为合理，"五十年"殆为概数。
③ 袁燮，《絜斋集》，卷11，《资政殿大学士赠少师楼公行状》，页33上。
④ 袁燮，《絜斋集》，卷11，《资政殿大学士赠少师楼公行状》，页33上。
⑤ 黄宽重，《政治、地域与家族——宋元时期四明士族的衰替》，《新史学》，第20卷第2期（台北：2009.6），页1—40。

时,重新增建。①到宁宗嘉定二年(1209),楼钥在背后推动,由乡人汤建中等三十二人出面,向宋廷请赐庙额,获赐为"丰惠庙"。②对士人家族而言,能获得朝廷赐庙额是无上的荣耀,此亦为楼氏家族声势最盛的象征。

三、楼钥对书画文物的搜集与鉴赏

楼钥晚年重建的锦照堂和东楼,存放家族长期搜集的书籍、字画等文物,作为读书会友的场所。

楼钥历事南宋孝宗、光宗、宁宗三朝,曾随二舅汪大猷使金,留下的《北行日录》是了解南宋中期宋金关系的重要资料。在光宗朝,楼钥曾谏光宗过重华宫,对孝宗尽孝道;宁宗初期,掌内外制,得代言体;惟后因党附赵汝愚,论救彭龟年、吕祖俭、朱熹,抨击韩侂胄专权乱政,被列入庆元逆党名单中,罢归乡居直到四明同乡史弥远任相,倡言更化,楼钥以超过七十之高龄,被诏入朝,先后出任同知枢密院事、参知政事等高官。

楼钥历任地方与中央官职,行政经历丰富,政绩卓著,然而他更以文才著称,两位晚宋著名学者袁燮与真德秀对楼钥的评议,可以说明这一点。真德秀说楼钥所写的诏令"词气雄浑、笔力雅健"③,其词足以与南渡以来名家李邴、汪藻并称一代文宗。袁燮称楼钥"属辞叙事以宽为主,不事雕镂,自然工致。旧有诗声,晚造平淡而中有山高水深之趣"④。可以说因文学长才和丰富的仕宦经历,楼钥不仅参与了南宋中期重要政务,也与当时重要文士、朝臣结交,这从他一百二十卷的《攻媿集》中留下的大量诗文、序跋、书启等数据,可以为证。

从楼钥留存的文字资料中,固然可见证真、袁二人所述文才,但透过文字所述,更可了解到他广泛的嗜好与能力。真德秀就说:"公生于故家,接中朝文雅,博极群书,识古文奇字,文备众体,非如他人窘狭僻涩,

---

① 楼钥原著,顾大朋点校,《楼钥集》第3册,卷54,《望春山蓬莱观记》,页989—991。但辟湖成田一事,在经历一段时间之后,也带来水患等负面影响,利弊相伴,不过此时弊端未被揭露。
② 王元恭修,王厚孙、徐亮纂,《至正四明续志》(北京:中华书局,1990,《宋元方志丛刊》第7册,据咸丰四年[1854]《宋元四明六志》本影印),卷9,页7下。楼异辟广德湖为田一事的功过,在他死后即产生不同的评价。后人曾抨击他"专事应奉",但最后毕竟凭其后人在四明的社会影响力,而得以享有祠庙。参见陆敏珍,《唐宋时期明州地域社会经济研究》,页158、165—167。
③ 真德秀,《攻媿先生楼公文集序》,收入《楼钥集》第1册,卷首,页1—2。
④ 袁燮,《絜斋集》,卷11,《资政殿大学士赠少师楼公行状》,页30上。

以一长名家。"①袁燮也说楼钥"雅好琴奕,达其妙趣","潜心经学,旁贯史传以及诸子百家之书,前言往行,博采兼取,山经地志、星纬律历之学,皆欲得其门户"②。这种兴趣广泛、辨实认真的态度,从文集中楼钥与友人对史事或经学论证翔实、有凭有据,兼及广度与深度的讨论内容可以看到。③

楼钥对书法、绘画的鉴赏能力与搜藏嗜好,展现了他的文艺才华。《攻媿集》中留下超过一千首的今古体诗,以及超过三百篇题跋序记等文字。其中绝大多数虽是诗人雅集唱和诗与感性抒情、怀旧、记事性的文字,但关于书画及著作讨论的数量也不在少数。以绘画而论,他看过的前人与当代的画作超过八十一篇,而前贤有关诗文、奏议及书法家名帖的数量,犹较绘画为多。讨论学术及书籍版本的问题,更不在少数。除了韩干、吴道子的画作之外,楼钥看过的宋代名画家包括米元章、文同、范宽、惠崇、王诜、李公麟(龙眠)、宋徽宗、廉布、赵伯骕、杨补之、僧智融,乃至魏元理、徐竞等人。④

《攻媿集》内容显示,楼钥没有绘画的经验,不是画家,但由于鉴赏画作多,颇具品评能力,对韩干、李公麟和僧智融的画作,特别有兴趣。他拥有一幅韩干以马为题、附有苏东坡题诗的画作,并对此颇感得意:"今日得之,始觉诗画相互映发。"⑤一回,高丽海商携带一幅韩干题为"行看子"的画,到四明打算抵押,楼钥确定是真迹,在商人赎回前,马上请人临摹一幅,并两次题诗抒发对未能获得真画,深以为憾。⑥在当代画家中,他过目的李公麟画作相当多,包括莲社图、孟东野听琴图、二马图、西域圣僧皓图、二疏图、马性图、骑射抱球、高僧诵图、阳关图、九歌图、五十三善知识等十一种。⑦其中,他及其伯父楼璩收藏的李公麟画作,包括莲社图、二马图、西域圣僧皓图、二疏图等四幅。楼钥曾以家藏白居易的《长庆集》,与乡人周模交换李公麟所绘二马图,并自认为是一桩美事,他说:

---

① 真德秀,《攻媿先生楼公文集序》,收入《楼钥集》第1册,卷首,页1。
② 袁燮,《絜斋集》,卷11,《资政殿大学士赠少师楼公行状》,页23下、29下—30上。
③ 楼钥原著,顾大朋点校,《楼钥集》第3册,卷64,《答杨敬仲论诗解》,页1134—1144。
④ 参见陈高华编,《宋辽金画家史料》(北京:文物出版社,1984),页497—502。
⑤ 楼钥原著,顾大朋点校,《楼钥集》第4册,卷68,《跋韩干马》,页1198—1199。
⑥ 楼钥原著,顾大朋点校,《楼钥集》,卷3,《题高丽行看子》,页85;《楼钥集》,卷4,《再题行看子》,页92。
⑦ 陈高华编,《宋辽金画家史料》,页497—502。

"自古有以妾换马,以书换马,自攻媿始"①,可见他对李公麟画作之珍视。

楼钥拥有的当代画作中,最多的当属僧智融。雪窦山僧智融以善画牛闻名,但智融画作少且避居深山,与人世隔绝,能得其画作者绝少。楼钥就说:"古人惜墨如惜金,老融惜墨如惜命,濡毫洗尽始轻拂,意匠经营极深复,人非求似韵自足,物已忘形影犹映。"②楼钥与智融交往甚深,曾获赠岁寒三友图。绍熙四年(1194),智融圆寂,其徒道元求楼钥写墓志铭,以智融画的弥勒像、牛溪烟雨二幅及归牛图相赠。③他分别为这三幅图题诗,④好友李文绶赠和智融诗,他亦有诗为谢。⑤

评断画作真伪是楼钥鉴赏能力的一大特色。由于楼钥看过绘画多,并深入比较研究,因此能明确判定画作的真伪。如他在考订傅钦甫所藏梁元帝萧绎镇荆州时所作的《职贡图》,经仔细检视核对比较之后,指出该画是李公麟摹本。楼钥认为,"况龙眠好临古名画,如张僧繇善神李将军海图,吴道子、韩干尤多",并举公麟外甥张明达说其"旧时于前人遗迹,无所不扣"为证,认为傅钦甫所藏《职贡图》正是李公麟的摹本。⑥楼钥也对赵尊道拥有的《渥洼图》加以考证,认为此图是李公麟临摹韩干的马,因有苏东坡的题诗而被误导为韩干的作品。⑦即使如此,楼钥仍然认为傅钦甫所藏《职贡图》相当珍贵,因为"龙眠之笔在今日诚不易遇"。⑧楼钥在比较两种《高僧诵经图》后指出,不论是僧子恂或是苏伯昌所拥有的摹本,都不是李公麟或姚仲常所绘,画者是乔仲常。他更指出,唐宋社会流行崇拜明星式的画家,忽视其他名家的现象,"大率事不深考,又不谨于阙疑,见唐人画则指为道子、摩诘,不知有卢棱伽辈,见国朝画,则指为龙眠,亦不知有乔君也"⑨,以致许多托名假画产生。

相较于绘画,楼钥称得上是一位优秀的书法家。他曾看过也临摹过许多二王书帖,擅长书写大字,但现仍留存的则属小型书帖。从笔者所

---

① 楼钥原著,顾大朋点校,《楼钥集》第4册,卷71,《跋龙眠二马》,页1260。
② 楼钥原著,顾大朋点校,《楼钥集》第1册,卷2,《催老融墨戏》,页37。
③ 楼钥原著,顾大朋点校,《楼钥集》第4册,卷66,《书老牛智融事》,页1173—1174。
④ 楼钥原著,顾大朋点校,《楼钥集》第1册,卷2,《老融画牛溪烟雨》,页53;《楼钥集》第1册,卷7,《题老融归牛图》,页181;《楼钥集》第4册,卷65,《题老融画弥勒》,页1161。
⑤ 楼钥原著,顾大朋点校,《楼钥集》第1册,卷2,《李文绶和所赠老融诗复次韵为谢》,页54。
⑥ 楼钥原著,顾大朋点校,《楼钥集》第4册,卷73,《跋傅钦甫所藏职贡图》,页1302—1305。
⑦ 楼钥原著,顾大朋点校,《楼钥集》第1册,卷3,《题赵尊道渥洼图》,页84—85。
⑧ 楼钥原著,顾大朋点校,《楼钥集》第4册,卷73,《跋二疏图》,页1305—1306。
⑨ 楼钥原著,顾大朋点校,《楼钥集》第4册,卷69,《跋乔仲常高僧诵经图》,页1220—1221。

见五件书帖看来,楼钥笔力颇劲,有二王遗风。①从文集内容观之,楼钥看过的前贤与当代书帖颇多,少部分涉及真正书法名家的名帖,具文物宝藏价值,包括关注、讨论最多的要算王羲之、王献之父子的《兰亭序》。楼钥所见的修禊序,至少有九家十种的典藏品,包括罗愿、汪逵、袁说友、李少陵、王伯长、薛绍彭、黄誾、宇文绍节、王厚之等,其中他在替黄誾《定武修禊序》写跋时,提到自己就搜藏一份淳化间的本子。他看到临安三茅宁寿观庋藏草书《黄帝阴符经》,是唐河南褚遂良的真迹,觉得具有收藏价值,遂命长子楼治临摹一份,藏于家中。②

楼钥过目的书帖,多为著名朝臣或文人留下的文字。他视之为具学术讨论价值的文献资料,多用心加以考订、比较,说明其史料意义。如楼钥家中原本藏有画本《周公礼殿图》,后来得到临江县学向子諲于绍兴十七年(1147)石刻的拓本。他发现两种本子颇有异同,乃借赵彦逾在成都所摹礼殿本八轴,将三种进行仔细考订。③楼钥也将家藏五代蜀主孟昶与周世宗的书信,先后与《五代史》及《蜀梼杌》所记相互核对。④濮议是宋英宗朝的重大事件,也是欧阳修的重要政论,虽收入欧阳修的文集中,但原稿不得见。嘉泰元年(1201)三月,楼钥拜访余姚县令赵清臣,欣赏其所藏书画时,看到由苏颂后人转让给赵清臣的濮议真迹,楼钥特将此稿与收入庐陵刊刻《欧阳文忠公集》文稿相校,指出两个本子互有优劣之处。⑤

从楼钥对绘画的评论及评价内容来看,他虽然也注意画风,但美学鉴赏显然不是楼钥关注重心所在,其所关注的是经由比对画作内容,说明画作真伪及价值。楼钥对书法的品评,也以讨论书法的价值为中心,甚至将这些书帖当成重要史料,追溯其源流,而对著作性质的文献,则透过不同版本的比较,考辨真伪或印证其史料价值,显见关注历史源流及探讨学术意义,是楼钥鉴赏与评论书画文物的突出风格。

---

① 其一即是故宫"文艺绍兴:南宋的艺术与文化"特展之展品,见何传馨主编,《文艺绍兴:南宋的艺术与文化·书画卷》(台北:故宫博物院,2010),页168—169;其二见上海书店出版社编,《宋元尺牍》(上海:上海书店出版社,2000),页417—419;其三为北京故宫所藏。另两件则藏于日本。
② 楼钥原著,顾大朋点校,《楼钥集》第4册,卷70,《跋褚河南阴符经》,页1250—1251。
③ 楼钥原著,顾大朋点校,《楼钥集》第4册,卷70,《跋周公礼殿图》,页1243。
④ 楼钥原著,顾大朋点校,《楼钥集》第4册,卷70,《跋孟蜀王与周世宗书》,页1244。
⑤ 楼钥原著,顾大朋点校,《楼钥集》第4册,卷70,《跋赵清臣所藏濮议》,页1252—1253。

四、熏陶与传承：楼钥书画鉴赏力的养成

楼钥对书法、绘画与文物的鉴赏与品评能力之养成，和他成长时期的环境熏陶和学术训练有密切关系。对追求仕进的宋代士人而言，举业是他们致力的目标，诗赋、经义及策论既是科举考试的项目，士人倾力于相关领域典籍的研读，学作时文为首要任务。楼钥幼时即先与其兄长楼锡、楼钖受教于乡先生李若讷，后又与同龄乡人如袁燮、袁方、边汝实等人，在杨萃的私塾师从严于教学的福州名师郑锷，所学的当与举业有关，当时一齐受教于郑锷的同学，后来多半登第。①

然而，对楼钥而言，他在接受举业训练的同时，也受到家族艺术环境的熏陶。祖父楼异任官时结交参寥、陈师道等人，②留下相当多的书画文物。伯父楼璹曾先后知潭州与扬州并兼湖南转运使等职，是楼家在绍兴时期的代表性人物。楼璹本身能画，留有二幅画作，③在其仕宦过程中，由于对书画的兴趣，结交当朝官员甚众，其中兼有书法绘画名家如魏元理、徐竞，或与当道不合而遭贬的名宦如张浚、刘岑等人。楼钥形容伯父楼璹"所至多与雅士游，若魏君元理之画、徐公明叔之书，皆擅名一时"，并收藏了魏元理所绘的莲荷和桂花二幅画。④徐明叔就是撰著《宣和奉使高丽图经》的徐竞，他"善翰墨篆画，其画入神品，山水、人物俱冠绝，濡毫漱墨成于须臾"，四明人多搜藏其作品，楼璹也藏有其所作《剡溪雪霁图》一幅。⑤楼钥和他的二哥楼钖曾见徐竞，楼钖书法风格更深受徐竞影响。⑥楼璹另一位擅长书法的至友，是刘岑。刘岑字杼山，自称书法"草圣飞功，观者必谓敏手"，楼钥盛赞他"落笔沉着，详缓甚不苟也"。⑦刘岑被贬全州时，曾得楼璹善待，因之与楼璹、楼璩兄弟均有交往。

---

① 黄宽重，《宋代的家族与社会》(台北：东大图书公司，2006)，页115。
② 建中靖国元年(1101)，陈师道曾撰文记载楼异助寺僧在嵩山少林寺附近中峰下筑庵堂之事。见陈师道，《后山先生集》(北京：线装书局，2004，收入《宋集珍本丛刊》第28册，据弘治十二年[1499]刻、傅增湘校本影印)，卷15，《面壁庵记》，页19上—20下。
③ 楼钥原著，顾大朋点校，《楼钥集》第4册，卷69，《跋扬州伯父赋归六逸图》《又四贤图》，页1229—1230。
④ 楼钥原著，顾大朋点校，《楼钥集》第4册，卷71，《跋扬州伯父所藏魏元理画卷》，页1259。
⑤ 楼钥原著，顾大朋点校，《楼钥集》第4册，卷72，《跋从子深所藏书画·徐明叔剡溪雪霁图》，卷72，页1287。
⑥ 楼钥原著，顾大朋点校，《楼钥集》第5册，卷88，《先兄严州行状》，页1575。
⑦ 楼钥原著，顾大朋点校，《楼钥集》第4册，卷72，《跋从子深所藏书画·刘杼山》，页1283。

楼璹与楼璩兄弟都喜欢搜藏书画,从《攻媿集》所见,包括张浚的感谢帖,①钱易的三经堂歌②、魏元理画卷、③吴紫溪游丝书、④徐兢《剡溪雪霁图》,⑤以及苏轼、钱明逸、张耒、林逋、蔡襄、范祖禹、刘岑、李建中、钱昆、吕大临、苏庠、游酢、赵抃、徐俯、韩维、宋绶、文彦博、曹辅、石延年、张肃、吕祖俭、周绾、朱翌、王伯庠等人的书法。楼璩的官职虽不如其兄楼璹,但亦与名流交往甚密。⑥楼璩也喜欢搜藏名家书画,楼钥说"先子嗜书如嗜艾,平生富藏名流翰墨",独视刘杼山"光前绝后,尤秘宝之"⑦,此外楼璩也搜购唐宋著名书家的作品,作为传家宝。

楼钥长兄楼鐊除致力于举业之外,更喜欢"哦诗结字","好风佳月,必倡率侪辈觞咏酬适,未始虚度,间作墨戏于小山丛筱,雅有思致。及见杼山刘公,慕用其人,摹草书千字文,几于乱真"⑧。楼鐊最终未能中举,或与他的诗书画兴趣,及投注甚多精力经营艺文生活有关。楼钥次兄楼锡长于律法,有许多具体的司法作为,但对诗文书法更有兴趣。楼锡真行俱精,后受徐兢篆书影响,致力探究钟鼎文,对《说文解字》、小学、字书都下过功夫。楼钥形容楼锡"尤好说《诗》,得《风》《雅》之深旨……对客作书,真行俱精。尝见徐公兢作篆,心顾好之,下笔辄工……晚年敛制,稍寻斯冰之体,近方考证《说文》,仍集张氏《复古》与钟鼎遗文,从韵胪分,欲为一书"⑨。楼钥堂兄弟楼鈜,系楼琚次子,则少好二王书,笔力素高,楷法精妙,字学可敬。⑩

从楼钥族兄的嗜好与专长,可以看出楼氏到他这一代,由于家族环境优渥,在他们成长过程中,除受家族营造的艺术氛围熏陶外,也有很多学习书画的机会。楼钥"精研字书,偏旁点画纤悉无差,世所承用而于义

---

① 楼钥原著,顾大朋点校,《楼钥集》第4册,卷72,《跋扬州伯父所藏张魏公帖》,页1281。
② 楼钥原著,顾大朋点校,《楼钥集》第4册,卷72,《又钱希白三经堂歌》,页1281—1282。
③ 楼钥原著,顾大朋点校,《楼钥集》第4册,卷71,《跋扬州伯父所藏魏元理画卷》,页1259。
④ 楼钥原著,顾大朋点校,《楼钥集》第4册,卷70,《跋从子深所藏吴紫溪游丝书》,页1246。
⑤ 楼钥原著,顾大朋点校,《楼钥集》第4册,卷72,《跋从子深所藏书画·徐明叔剡溪雪霁图》,卷72,页1287。
⑥ 楼钥原著,顾大朋点校,《楼钥集》第4册,卷73,《跋先太师与张检详帖》,页1313。
⑦ 楼钥原著,顾大朋点校,《楼钥集》第4册,卷68,《跋刘杼山帖》,页1204。
⑧ 楼钥原著,顾大朋点校,《楼钥集》第6册,卷112,《绩溪县尉楼君墓志铭》,页1944—1945。
⑨ 楼钥原著,顾大朋点校,《楼钥集》第5册,卷88,《先兄严州行状》,页1575。
⑩ 楼钥原著,顾大朋点校,《楼钥集》第4册,卷71,《书从兄少虚教授金书金刚经后》,页1271—1274。

未安者,亦必辨正之"①的风格,不仅与家风有关,且展现了长才。这一点尤其可以从楼钥和楼锡对文字书画的兴趣看出来。淳熙四年(1177),楼钥曾受友人林大备的嘱托,辨明由薛士隆以古篆体为林父所写成的墓志铭。由于古篆难辨,一开始楼钥才看懂两三成;经过与楼锡一齐查阅字书,花费了将近一个月时间,才完全辨明。十二年后,林大备找到薛士隆另书的楷体墓志,与之相校,证实"几无所差"②,可见楼氏兄弟对字学有特殊的兴趣与造诣。

楼氏兄弟字学能力的养成,与楼氏自幼接受家族成员另一房支的家学传统训练,关系更为密切。楼钥的高祖楼郁有五个儿子,其中季子楼肖"家传擅名而邃于小学"③,以特奏名补和州助教。楼肖次子楼弄字符应,勤于百氏之言,尤精于小学,以古字写《春秋》《左传》《礼记》《庄子》等,以教其子。④楼弄对许慎的《说文解字》皆能记诵,对六经句读点法均有定规,认为陆德明的《经典释文》最为详密,对文字声韵用力最深,并以此教其家族子弟。⑤楼钥三兄弟自幼都受过楼弄训练,也就奠定他对小学字书的深厚基础。楼钥自言:"五世祖正议……季子梦弼讳肖尤攻小学,又传其五子,其仲元应讳弄,独殿诸老,《说文解字》《经典释文》始末通贯,几于成诵。某侍教累年,故颇知字学。"⑥楼肖一支祖孙三代在科考上并不得意,但经营有道,家境颇饶,不仅接济贫困族人,能在艰难环境中窨藏楼郁著作手稿,成为家宝,兼能致力学问,"道古今,涉经史,旁出入释老稗官之说"⑦。 此亦是楼氏家族在致力于功名之外,传承学术、培养多样能力的重要途径。

楼钥自言:"余平时见士大夫家故物,未尝不起敬,亦因考其所自。"⑧由于楼家庋藏丰富书画,有培养子弟由小学字书入手的学术传统,因此楼钥历官所至,不仅喜欢看他人搜藏的书画,结交对书画有特殊嗜好的朋友,也喜欢发表自己的心得,探求书画的原委与历史。这种追源溯流

---

① 袁燮,《絜斋集》,卷14,《资政殿大学士赠少师楼公行状》,页29下—30上。
② 楼钥原著,顾大朋点校,《楼钥集》第4册,卷68,《跋薛士隆所撰林南仲墓志铭》,页1206。
③ 楼钥原著,顾大朋点校,《楼钥集》第3册,卷49,《三家诗押韵序》,页930。
④ 楼钥原著,顾大朋点校,《楼钥集》第6册,卷108,《叔祖居士并张夫人墓志铭》,页1847。
⑤ 楼钥原著,顾大朋点校,《楼钥集》第3册,卷49,《三家诗押韵序》,页930。
⑥ 楼钥原著,顾大朋点校,《楼钥集》第6册,卷115,《承议郎谢君墓志铭》,页1997。
⑦ 楼钥原著,顾大朋点校,《楼钥集》第6册,卷108,《叔祖居士并张夫人墓志铭》,页1848。
⑧ 楼钥原著,顾大朋点校,《楼钥集》第4册,卷69,《跋卞居让摄泰州长史牒并宣徽院公文》,页1232—1233。

的态度,更表现在楼钥藉整理家族有关的书画文物,来串建家族的历史记忆,形塑家族的光辉传统上。

五、串建历史记忆、形塑家族传统

追寻先人创业的足迹,并借由众人之力,以诗文与文物将家族一代代发展的片断记忆,串结成积累性的发展经验,并赋予此一家族成长轨迹的历史意义,是士人家族富盛之后,成员努力的目标与愿景。楼家正是在楼钥这一代,透过系统且完整的文物搜集与整理,乃至刊刻族人作品,配合有形的家园改造,总结并凸显家族发展的历史意义。

楼钥笔下的四明楼家发展变化,相当蜿蜒曲折,而非平步青云,虽不免有夸示祖德与发扬家族传统的用意,却也可以见证其家族的历程。从楼氏先人由婺州迁到四明的奉化,经历艰困的创业过程,到楼皓、楼杲二代才奠下迈向仕途的发展基础。楼郁中举后,楼家迁居鄞县城南,更肇造楼氏起家的资本;而楼异的功业与财富,不但使楼家成为四明的名门望族,也为家族累积了发展记录的文物数据。可惜,建炎三年(1129)的兵火使累代辛劳几乎付之一炬;幸靠仕宦有成的楼璹逐步累积,重建家园。借着楼异、楼璹父子二代结交名宦、名士,建立广泛的人脉,留下丰富的书画文物,塑造家族的文化与学术传承。到楼钥这一代,在兴建庭园宅地等硬件建设,重建家族荣光之余,更凭借着他对书画文物的兴趣,经由多方面的搜集、整理与诠释,逐步而有系统的形塑家族发展历史,一直到嘉定三年(1210),楼钥个人仕宦经历攀上顶峰、楼家已然成为四明地区最具影响力的家族之一时,此一愿望终告实现。

楼钥重建并发扬家族的荣光,可以分成硬件建设和文物搜集、书籍刊刻等多方面来说明。

从楼氏家园建设的发展历程观察,楼郁迁居鄞县城内的城南之地,是家族从举业至仕途发展的重要起家阶段。到楼异将家园由城南扩及邻近湖岛,营建豪华庭院,并获徽宗赐额,到达另一个代表性的发展高峰。然而,其后历经建炎兵火,家园遭毁,一直到楼钥晚年才又在改名为竹洲的旧址重建,恢复先祖荣光的庭院宅第,将所有建物都回复旧观,包括辛苦购得的楼异石刻嵩岳图碑,同样荣获宁宗及太子御书赐题堂名。为纪念努力创业的祖父楼异及父亲楼璹,楼钥将这个重建的宅堂取名为

"仰嵩"。这种将实体建筑与文物结合,处处以回复历史记忆的呈现方式,正是楼钥实现兴复祖业、光耀门楣的愿望。

同样的,对光耀楼氏门楣具有实质意义的,是楼氏墓园的营建。据楼钥记载,楼氏自不知名讳的九世祖,从婺州迁奉化。初期族人葬在奉化住家附近的明化院西南山地,名为楼太婆墓的地方。到楼皓,改葬于白水雷家隩;楼昊兄弟则葬于太婆墓山中,女性的墓地也一样,大约均距奉化祖宅不远。①楼郁一代虽迁居鄞县城内,但族人葬地仍在奉化,如楼郁与其子均葬于龙潭。楼异的两位夫人不葬同地,楼异晚年听从风水师上官仲恩的建议,买下金钟山,作为他的墓地,但墓地狭窄且与二位已逝的夫人葬地有相当的距离。家人虽打算并购邻近四个山头为墓地,但怕引起评议,只买下龙虎二山及其所邻名为"金钟"的沙洲,并在号"长汀子"的地段,建了守坟的长汀庵,其后族人均葬于该庵附近的坟地。②

该坟地地势不佳,"神道门起于溪次,不能相望",须由曲径才能到达,相当不便,淳熙十年(1183)楼璩逝世,葬于长汀祖庵之后,族人即有迁坟之议,③但无力改建。一直到楼钥的母亲汪氏于嘉泰四年(1204)过世,家人将汪夫人与楼璩合葬,决意重整祖坟,迁移冢舍,将老庵舍改建,"以八十年左支右吾之屋,撤而新之,旧木之可用者,十无二三。又迁基于左半,在田间筑迨",共建屋三十多间,造石桥三所,使"神道坦平,墓与门直列。植槲桧、移置石兽等,平揖前山,气象愈伟",借以显现望族墓坟的气势,"少伸兄弟夙昔志愿"④。同时整补祖坟周围的松木,厘正疆界,另辟供僧徒住宿的房舍,作为守墓之用。楼氏祖坟重整时,宋廷已经恢复楼钥显谟阁直学士知婺州的官职。⑤此时,虽然尚非楼钥仕途的最高峰,但他认为所以如此,是祖宗荫佑和宗族相成,即先世与在世愿望的结合,才能实现并衬托家族的名望。这种情况与楼钥的舅舅汪大猷在淳熙十二年(1185)花五十万钱营建其祖茔及祀堂,期望达成"克振家声,光绍前人,以燕后叶"⑥的心情是一样的,当是宋代富盛之家借改建祖坟,以展现其地位财势,及祈求振兴家业的重要方式。

---

① 楼钥原著,顾大朋点校,《楼钥集》第3册,卷57,《长汀庵记》,页1022。
② 楼钥原著,顾大朋点校,《楼钥集》第3册,卷57,《长汀庵记》,页1023。
③ 楼钥原著,顾大朋点校,《楼钥集》第5册,卷83,《移长汀庵祭告祝文》,页1436。
④ 楼钥原著,顾大朋点校,《楼钥集》第3册,卷57,《长汀庵记》,页1023—1024。
⑤ 楼钥原著,顾大朋点校,《楼钥集》第2册,卷16,《辞免复职状》《辞免与郡状》,页340—341。
⑥ 楼钥原著,顾大朋点校,《楼钥集》第3册,卷57,《汪氏报本庵记》,页1022。

其实在楼钥之前,其族人就有借佛像祀祭的福报观念,作为开启家族兴旺发达的象征。楼郁虽是四明楼氏的起家之人,但楼氏族人将所以兴起的背景,与福报观念相结合,成为引导家族迈向科举功名,成为名门望族的论述传统。咸平景德年间,楼皓在奉化是富甲一方的人物。他笃信佛教,为人慷慨豪迈,曾营建告成、明化等寺塔院观,并买十部新印的《华严经》及《法华经》木板,印行百部,分送境内佛寺。楼皓"平时奉佛心谨,建立塔庙崇诸天"①,一天,其从江沙中掘得长仅尺余而"端严相好巧且坚"的古铜佛像一尊。楼皓将佛像供养于家,"自兹累叶永为宝",也从此为家族带来迈向仕途的好运,"是生四子,六世祖(楼杲)其次也,由笃厚种德。五世祖正议先生(楼郁)以文行教授乡里三十年,皇祐间登第起家"②。此后,"决科衣冠遂蝉联……大父……起身月卿出为郡,殿上寤主以一言,易守乡邦凡五年,宠光赫奕为政宣"③。

楼异将铜佛移到新营建的园第精庐中,并将此事迹刻于石。不幸,在金兵战火中,屋毁像失。楼璹归乡后,募十万钱,兴建精庐,重塑佛像,以复旧观,"后人事之加笃敬,日袅香篆长蜿蜒"④。楼钥关于铜雕佛像较详细的记载凡两见,一是在开禧元年(1205),他守母丧期间,一方面抄写《法华经》,以资冥福,一方面为表妹婿赵师侒刊六祖金刚经口诀题跋文,来追荐祖先二亲无量功德。⑤另一是和雷知院观音诗时,兼叙铜像始末,时间不详,但大约在守丧期间或之前不久。楼钥指出,楼家发展受到铜佛的庇荫,"衰宗幸有此奇特,幸知福利非唐捐"⑥,也是将家族发展作历史记忆与链接的一种表现。

在有形的营建园宅修葺祖坟,及借铜佛故事串建家族发展轨迹之外,楼氏族人更经由家族聚会,从精神层面激励年轻族人勤勉向学,重振家声。《攻媿集》保留一份乾道五年(1169)四十多位族人聚集在昼锦坊举行"咏归会"的情形,有助于了解楼氏族人建立家族传承的用心。该资料并未描述这个家族聚会的详细内容,也许是出仕返家者与族人互勉性质的讲话活动。聚会的地点昼锦坊有孔子像,可以容纳四五十人。该会由

---

① 楼钥原著,顾大朋点校,《楼钥集》第1册,卷5,《次韵雷知院观音诗因叙家中铜像之详》,页117。
② 楼钥原著,顾大朋点校,《楼钥集》第4册,卷72,《为赵晦之书金刚经口诀题其后》,页1288—1289。
③ 楼钥原著,顾大朋点校,《楼钥集》第1册,卷5,《次韵雷知院观音诗因叙家中铜像之详》,页117。
④ 楼钥原著,顾大朋点校,《楼钥集》第1册,卷5,《次韵雷知院观音诗因叙家中铜像之详》,页118。
⑤ 楼钥原著,顾大朋点校,《楼钥集》第4册,卷72,《为赵晦之书金刚经口诀题其后》,页1289。
⑥ 楼钥原著,顾大朋点校,《楼钥集》第1册,卷5,《次韵雷知院观音诗因叙家中铜像之详》,页118。

任黟县尉的族人主持,先祭拜先圣先师,后由任临安教官的族人讲夫子入孝出弟之意,最后由即将远行任官的楼钥讲话。

楼钥在咏归会讲说的内容,主要是以具体的事例,阐释自楼郁起家以来,历代仕宦的先人均以清白相传,学者则以诗礼相勉,严守家法,才能成为四明望族的过程。楼钥希望族人在家族富盛之后,尤其是年少族人,要有长远规划,应"宜暂息乎其已学者,而勤乎其未学者",以速成为戒,洗尽膏粱习气,勤勉于学,否则"日复一日,忽焉老之将至,使没世而无闻,是岂吾祖宗父兄之所望于后人者",勉励年轻族人"期懋进乎学,骎骎日新,道学既充,所谓取时名而振家声者,不在兹乎"①。这份资料借着记载三十三岁楼钥的讲话内容,不仅记录家族发展历史,更借由先人成功的科举经验,鼓励族人发挥此一传统,以期在激烈的科举竞争中,维持优势。

这份资料也预示楼钥对家族传承与发扬的重视。在他往后的人生中,无论是仕宦或乡居,均多方努力,借由搜集、保存和整理先人的遗物或其相关资料,来彰显家族的发展轨迹。

楼异在楼氏家族发展上尤具关键角色,其所获朝廷颁予荣誉性的文件,如进士题名录和官告,更是楼钥致力搜集的文物。建炎三年,金兵进犯明州,"先世遗文片纸不存"②,对楼家造成极大的破坏,其中包括被视为最能体现个人与家族荣耀的传家宝——进士题名录——也同样难逃兵火之灾,"钥高曾先祖仍三世登科,中遭兵毁,故书无存者"③。为弥补此一憾事,楼钥积极寻找这些象征荣誉的家族文物。绍熙元年(1190),楼钥向其同年章溉传录一份元丰八年(1085)楼异考中焦蹈榜第三等第十人的进士小题,作为传家宝。④在转录这份进士题名录之后,进而引发楼钥对相关进士小录的浓厚兴趣,先后比较过嘉祐二年(1057)章衡榜苏轼兄弟的小录,及绍圣二年(1095)的小录,⑤借以讨论端拱二年(989)和咸平元年(998)二种绫书金花帖子的小录与上述各题名录的异同,并比较宋廷历代对待进士态度之不同。⑥此外,楼钥祖父楼异在宣和年间,因

---

① 楼钥原著,顾大朋点校,《楼钥集》第4册,卷66,《咏归会讲说》,页1169—1170。
② 楼钥原著,顾大朋点校,《楼钥集》第4册,卷72,《跋叶氏夫人墓志》,页1291。
③ 楼钥原著,顾大朋点校,《楼钥集》第4册,卷71,《跋金花帖绫本小录》,页1264。
④ 楼钥原著,顾大朋点校,《楼钥集》第4册,卷68,《跋元丰八年进士小录》,页1210。
⑤ 楼钥原著,顾大朋点校,《楼钥集》第4册,卷69,《跋嘉祐二年进士小录》,页1229。
⑥ 楼钥原著,顾大朋点校,《楼钥集》第4册,卷71,《跋金花帖绫本小录》,页1263—1264。

领导四明抗御方腊的攻掠有功,而被升为徽猷阁直学士的告命,更被视为楼家的重要传家宝。然而,楼钥感于诰词内容及扬州通判卞养直所写的跋语过于简略。他"念先祖之功,无有发其幽潜者"①,无法凸显先祖伟绩,乃以亲身任职所见,结合外祖父汪思温为楼异所写的神道碑,重新梳理考订,详为解说,目的就是发扬祖业荣光。

除朝廷文件外,楼钥与其族人同样积极地整理先人著作,以追寻先人轨迹、发扬祖业幽光。楼郁是楼家第一位中进士的起家者,在地方任教三十多年,是四明教育的启蒙者。②楼郁好著书,"手泽盈箧",赖楼肖三子楼弄的夫人张氏"捐金募人窨藏",才得以躲过建炎三年的兵火保存下来,成为日后的传家宝。③然于事功极有表现、开创楼氏新局的楼异,虽然曾与僧参寥、陈师道等人交往,并有诗相唱和,但诗文多在兵火中焚毁,只存二十四峰诗及与参寥的喜雨诗等少数诗文而已。④

楼钥先人中留有著作的,包括楼肖之孙、楼弁之子楼锷,及楼光次子。楼肖是楼郁的幼子,邃于小学;其次子楼弄是元符三年(1100)进士,学问该洽,通晓许慎《说文解字》及陆德明《经典释文》,长于字学,以教楼氏子弟。楼弄四子君秉者,尊其学,取欧阳修、苏东坡、黄山谷三家诗,集类以声韵,以楷书写成四十万字的《三家诗押韵》一书,楼钥为其作序。⑤楼弁子楼锷字景山,是绍兴三十年(1160)进士,曾任宗正寺主簿、枢密院编修官、守江阴县等职,虽任官有声,以疾奉祠而死。楼锷长于长短句,深得唐人风韵,后由楼锷婿黄安道汇集残稿,成《求定斋诗录》刊刻出版,亦由楼钥作序。⑥楼光虽中熙宁九年(1076)进士,任畿县宰时,因与主司不和,罢归,其次子不事举业,安贫乐道,将楼光与众人和诗,集成《纸合诗》一册,楼钥为其作序。⑦这三本与字学有关的著作,其出版及流传情形不详。

不过,楼璹和楼钥的著作,不仅整理刊刻,而且流传后世,至今尚是楼氏家族具有代表性的著作。楼璹的《耕织图》及诗,是中国重要的农业技术著作。绍兴年间,楼璹任临安于潜令,笃意民事,有感于农夫蚕妇劳

---

① 楼钥原著,顾大朋点校,《楼钥集》第4册,卷71,《跋先大父徽猷阁直学士告》,页1275—1276。
② 楼钥原著,顾大朋点校,《楼钥集》第4册,卷66,《高祖先生事略》,页1168—1169。
③ 楼钥原著,顾大朋点校,《楼钥集》第6册,卷108,《叔祖居士并张夫人墓志铭》,页1848。
④ 楼钥原著,顾大朋点校,《楼钥集》第4册,卷70,《跋参寥诗》,页1245。
⑤ 楼钥原著,顾大朋点校,《楼钥集》第3册,卷49,《三家诗押韵序》,页930。
⑥ 楼钥原著,顾大朋点校,《楼钥集》第3册,卷49,《求定斋诗余序》,页931。
⑦ 楼钥原著,顾大朋点校,《楼钥集》第3册,卷49,《纸合诗序》,页929。

作之辛苦,以实地采访的方式,将织作始末,绘成耕、织二种图。耕图自浸种至入仓,凡二十一事;织图则从浴蚕至剪帛,共二十四事。每事绘一图,系以五言诗一章,每章八句。这部《耕织图诗》因近臣之荐,得以进呈给高宗,正本存于后宫,楼家则留有副本。①至嘉定三年,楼钥任参知政事兼太子宾客时,由楼璹的孙子楼洪、楼深重绘两份,刻于石,由楼钥书丹并写跋文,将之呈给皇太子,希望太子在讲读之余,加以观览,以"备知稼穑之艰难及蚕桑之始末"②。不过,石刻的《耕织图》要到嘉熙元年(1237)才由楼钥的孙子楼杓完成。③这是楼氏族人经历不同世代完成的事业。

除《耕织图》外,楼璹在荆湖南路转运判官的任上,也接续完成刘昉编撰的儿科医学名著《幼幼新书》(四十卷),显示他在中国农业科技之外,对儿科医学的发展也卓有贡献。④

这种搜集、整理,乃至出版家族前辈著作的事,是宋代,特别是南宋社会相当普遍的风尚。楼钥在撰写他同乡好友周模墓志铭中,就揭示此一现象,指出周模叔父周锷"遗文甚多,如《承宣集》等行于世,文集仅二十卷",周模恐其久而坠失,于是手加编校,并以千缗为锓版印造之费,才让《承宣集》得以广为流传。⑤宋代部分士大夫入仕且任高官后,经济力既强,其子孙往往将刊印先人的文集,作为光宗耀祖的盛事和恪守孝道的大事。这种由家人刊刻文集的现象,被视为家族传承的要事,朱迎平教授即指出,这类被称作家集的文集,材料最完整、校对最精审,是别集中的精品,并举陆游、周必大和刘克庄文集,由其子弟精校刊刻的事为证。⑥同样,楼钥《攻媿集》汇整出版,除了承继楼氏恢弘祖业荣光的行动之外,正反映此一南宋社会文化风尚。该文集是由楼钥三子楼治在楼钥死后,将其诗文汇整为一百二十卷的文集,请真德秀作序,而由家族刊刻出版。这套文集刻印精美,除能彰显楼氏的富盛之外,更能呈现南宋家

---

① 楼钥原著,顾大朋点校,《楼钥集》第4册,卷74,《跋扬州伯父耕织图》,页1334。楼洪也有跋文,收入《全宋文》第294册,卷6707,页352—353。
② 楼钥原著,顾大朋点校,《楼钥集》第2册,卷17,《进东宫耕织图劄子》,页362—363。
③ 见楼杓所作《耕织图后序》,收入王潮生主编,《中国古代耕织图》(北京:中国农业出版社,1995),页192。
④ 参见《文艺绍兴:南宋艺术与文化·图书卷》,页186。
⑤ 楼钥原著,顾大朋点校,《楼钥集》第6册,卷115,《周伯范墓志铭》,页1994。
⑥ 朱迎平,《宋代刻书产业与文学》(上海:上海古籍出版社,2008),页149—150。

刻文集的特色。

　　楼钥和族人所进行的一连串追寻家族发展轨迹、振兴祖业的硬件营建和文物资料的汇整与梳理,乃至标榜家族传承的工作,其目的都在彰显家族的荣光,展现地方名门望族的地位。这些努力看似零散无绪,但嘉定三年任参知政事的楼钥,不仅创造个人仕途的最高峰,也是家族有史以来任职最高的官员。在楼钥的请求下,宁宗同意楼氏在竹洲重建宅第,并赐予其堂宅御书题名,这当然是对楼钥个人乃至家族整体表示荣宠。更由于楼钥在背后的努力推动,宋廷将纪念楼异的祠堂赐庙额为丰惠庙。①这一连串的举措,都将楼家在四明的声望推到仅次于三代为相、后受赐家庙的史家而已。②

　　更重要的是,在楼钥串联历史记忆、形塑家族传承的过程中,他的同辈及子侄晚辈,都在不同时期参与这项工作。咏归会是形塑家族成员集体意识的场所,自不待言。其他像楼钥与其次兄楼锡共同解开薛士隆篆字的谜,当是二人中年之事。汇集先人著作,更是楼钥各房子嗣共同努力所完成的。尤其楼钥晚年由于体力不继,许多文献抄录、临摹的工作,都由子侄代劳。如楼钥比对不同版本的华佗《中藏经》之后,感于年老不能缮写,乃由侄儿楼溉抄录。③楼钥向乡人丰有俊借到端拱二年及咸平元年两榜的金花帖子绫本的进士小录之后,也是"老眼不能细书,令从子溉临写,藏于家"。④楼钥亦向丰有俊借到临安三茅宁寿观所藏唐人褚遂良草书《皇帝阴符经》,认为是善本,乃命长子楼淳细书临摹,以存旧本之万一。⑤当然,楼钥在嘉定三年所做的两件对他和家族都颇有意义的大事——嵩山图碑诗文的重写刊刻——也是由其三子楼治代劳的。楼钥伯父楼璹《耕织图》的重绘乃至刊刻,则是由其侄楼洪和楼深一起着手,后来由楼钥的孙子楼杓正式刊刻成石。这些资料的整理工作,多是在楼钥乡居或晚年进行的,参与这些工作的楼氏子弟当时都未见中举记录,虽有官职,但多属以荫入仕的中级官员,且其时多亦乡居故里。结合楼钥晚年

---

① 事见后至元三年况逵为丰惠庙所作记文,收入王元恭修、王厚孙、徐亮纂,《至正四明续志》,卷9,页7下—8上。
② 南宋朝廷赐史家家庙,见徐松辑,《宋会要辑稿》(台北:新文丰出版公司,1976,据民国三十四年[1945]上海大东书局影印国立北平图书馆徐氏原稿影印),《礼》12之6—14。
③ 楼钥原著,顾大朋点校,《楼钥集》第4册,卷69,《跋华氏中藏经》,页1238。
④ 楼钥原著,顾大朋点校,《楼钥集》第4册,卷71,《跋金花帖子绫本小录》,页1265。
⑤ 楼钥原著,顾大朋点校,《楼钥集》第4册,卷70,《跋褚河南阴符经》,页1251。

的资料与活动状况看来，楼家除了楼钥本人居高官，家业富饶，有能力搜集真善书画、文物，营缮豪宅，作为读书社交场所，其他人刊刻族人著作，显示文艺文化活动已成为楼氏族人的生活重心之一，而不全然汲汲营营于谋求政治高位而已。

六、结论

当我们回顾四明楼氏家族的发展过程，可以看到一些变化的脉络。第一个阶段，是透过教育，争取科第，积极营造地方人脉与作功德，作为起家的资本。第三、四代起，追求功名之余，更致力于开拓地方乃至中央的人脉，透过婚姻与教育，扩张并扎稳人际资源，开始出现与当朝名臣交往的记录，以及由于教育资源的扩展，培养子弟对科举以外知识的追求。第五、六代楼异、楼璹时，是家族全面发展的阶段。时当两宋之际，四明的重要性增强，他们在家乡一方面建立丰厚的人脉，另一方面也借营建豪宅或成立义庄，来厚植家业，使楼氏成为四明地区实至名归的名门望族。

更值得注意的是营造艺文环境。他们跟当代名臣如陈师道、张浚及书画名家如魏元理、徐竞、刘岑等人交往，留下交游的文字记录，借由庭园、豪宅，与文人雅士交往，并营造家族的艺文生活。楼异留下嵩岳图及诗文、楼璹绘制的耕织图诗，都成为家族宝贵的资源。楼璹、楼璩兄弟更广泛搜藏前代或当代著名书画家的作品，作为与人唱和及传家的典藏品。可以说，楼氏第五、六代在厚植家产，透过婚姻扩展人脉，以树立家族声望外，更搜藏书画名作，作为拓展人际网络及累积家族艺文传统的资本。

除极力营造艺文环境外，楼氏族人更致力于基础学术的探索。楼肖、楼弄父子未能在功名上有所成就，却致力于《说文解字》《经典释文》等字书、小学的探研，并以此专业教授楼氏家人，培养了其子弟多样的兴趣。这种以小学韵书为主的专门知识，既有助于科举考试与功名的获取，对中举任官的族人而言，更有利于培育品评书画的能力，是一项与人交往、建立人脉的重要资本。可以说经济实力与艺文能力的培养，是楼氏家族第五、六代扩展人际资源、形塑家族传承的关键因素。

在前代奠定的雄厚基础下，第七、八代的楼氏族人更着力于光耀门楣的举措,楼钥的作为尤居关键。楼钥历任高官,最后且居参知政事的要职,他借由诗文与字学之优长特质,透过文艺活动与当代著名朝臣学者往来,发展人际网络,更与四明的史家、汪家、袁家等士族紧密连结合作,形成以士人为主体的社群,共同推动地方上的公共建设、公益活动,创建四明特色的社会文化。在扩展人脉、深耕乡里的同时,楼钥一方面积极整建祖坟,营建园宅,以恢复先祖荣光,更在其幕后推动下,获宋廷赐其祖父楼异的祠堂为丰惠庙,将楼家在四明地区的声望推到最高峰。

在建立家族文艺传承上,楼钥的角色更为关键。为了振兴家族,楼钥透过家族文物的搜集整理,将家族发展的片断记录,串建成形塑家族传承的历史记忆,并经由整理出版包括他与先人的著作,以体现家族的盛业。为了唤起并扩大家族的历史记忆,参与者除楼钥之外,还有他的亲兄弟、堂兄弟及不同房支的子侄辈。可以说在他的发动下,第七、八代不少族人都共同参与这个经由艺文数据的汇整,建立家族在仕宦之外文化传统的过程,标志楼氏家族在四明地区超乎一般仕宦家族的特殊地位。

在宋代,要建立像四明楼氏这样具文化传统的家族,除了雄厚的经济能力、显赫的任官经历与广泛的人脉之外,更须具备营造有利于发展文艺与学术能力的环境与条件,透过实物接触与文化熏陶,培育族人多样的文化艺术与学术才华。这是需要经历数代的努力与酝酿,才能建立的文化传承。这累世所建立的学术文化传承,一旦成为社会上的新指标,则成为宋代一般士人家族在追求仕进之后,积极寻求的下阶段目标。

叁　楼钥的艺文涵养养成及书画同好

一、前言

书画是中国传统文化的重要元素,也是文人日常生活怡情养性、陶铸人格与文化素养的重要环节,更是促进人际关系不可或缺的媒介之一。文人雅好书画的风气渊源甚早,到宋代更因经济繁荣、科举教育、印刷术发达,以及士人群体的形成,使文化艺术发展更为蓬勃。加以复古、好古之风盛行,搜集、保存与讨论古物书画成为社会的普遍风尚,以书画文物为素材的诗文唱和、题跋序记,较之前代更加丰富,大量保存于士人诗文著作中,是观察宋代文人雅士文学才智及人际关系的重要凭借。不过长期以来,这类议题较受到文学与艺术研究者关注,[1]从史学角度进行讨论则仍待开发。本文尝试由史学角度,以南宋中期著名朝臣楼钥(1137—1213)为个案,以其著作《攻媿集》中关于书画文物的讨论为基础,观察楼钥书画艺术评赏能力的养成,透过其与个别友人讨论、鉴赏书画的方式,来了解他"以艺会友"所建立的人际关系及其特性。

在宋代,书画并非科举考试的主要项目,不是从事举业的士人所需具备的必要能力,但这种素养却是鉴别个人涵养、形塑文化生活的重要凭借。具备书画鉴赏能力与兴趣的士人,自认为与一般只求仕进的官僚,有文化修为厚薄之别。在其仕宦生涯中,较之同年、同乡、同学情谊及同僚、婚姻关系,书画文物鉴赏提供了另一条建立人际网络的管道。士大夫通过诗文唱和、游赏观览及品评讨论,展现个人禀赋并增进彼此情谊,形成以艺文交流为重心的互动形态。

书画才艺虽与个人天分和学习养成有关,但其品评鉴赏能力的提升,则有赖亲近实物、累积经验,更需要借财富累积,世代陶冶才能达成,

---

[1] 参见衣若芬,《苏轼题画文学研究》(台北:文津出版社,1999)。

从而成为富盛个人乃至品官之家彰显特殊身份的象征。本文既以书画艺术作为交友的媒介,拟先通过楼氏家族的文物搜藏,培养子弟欣赏鉴别能力,进一步讨论共同关注的议题,以及这种关系与官场、乡里、师友等情谊之别,作为观察宋代文人官僚生活及交游的另一个面向。

二、从一幅书帖说起

旧见岸老笔谈,载骑省蝎匾之说。近有敷原王季中彦良,实襄敏诸孙。余及见其暮年,尝问古人篆字真迹何以无燥笔,季中笑曰:"罕有问及此者。盖古人力在腕,不尽用笔力;今人以笔为力,或烧笔使秃而用之,移笔则墨已燥矣。"今观此轴,信然。子孙非不甚工,惜其自坏家法,反以端直姿媚售一时,后进竞仿之,古意顿尽,但可为知者道尔。绍熙改元清明鲒埼楼钥。①

绍熙之元,岁在庚戌。余与季路同为南庙考官,尝题此卷,今二十年矣。二十年间,何所不有,年号亦四改,时事可知。季路居太末,余挂冠甬东,岂复有再见之理。更化之后,乃复会于此。抚卷为之增慨,余方求归,再识岁月。嘉定三年仲夏朔日书于攻媿斋。②

前引题跋,是楼钥借观赏他的友人汪逵搜藏宋初名书法家徐铉(字鼎臣)以篆书所写、题为《项王亭赋》的作品,讨论书法书写方式,以及述说与汪逵二十年交往中,历经世事变迁的感慨,为楼钥存世的五件书帖之一,现藏北京故宫博物院。《攻媿集》中亦收录部分文字内容,不过《攻媿集》留存的内容仅前半段,是关于楼钥请教王彦良对篆字真迹书写方式,及后世以笔力为主所带来的改变的叹惋。原件保留完整,不仅加注时间,即光宗绍熙元年清明节,更附加嘉定三年六月一日所记有关二人情谊及二十年来时事变迁的感慨,则不见于文集中。

从这件书帖中,我们可以约略看到与楼钥仕历、书法评鉴能力及人际情谊有关的信息,其中有几件事值得讨论。首先,两篇题跋事隔整整

---

① 楼钥原著,顾大朋点校,《楼钥集》(杭州:浙江古籍出版社,2010)第2册,卷38,《跋汪季路所藏书画·徐骑省篆项王亭赋》,页1208—1209。
② 该书帖收入王连起主编,《故宫博物院藏文物珍品全集》(香港:商务印书馆,1996—2008)第19册,页208—209。

二十年。文中涉及的第一个年代,绍熙元年(1190)是光宗继统的时候,当时楼钥五十四岁。到附加的嘉定三年(1210)楼钥已是七十四岁高龄的老人了。这二十年,经历了光宗、宁宗二帝,是南宋中期政局变化很大的时期。先有光宗一朝有名的重华宫事件,继之则有孝宗崩逝、光宗不能执丧而引发政局动荡,促使赵汝愚结合韩侂胄推动宁宗继统,接着又有赵、韩争逐所引发的政争,及随之掀起打击道学的庆元党禁。此后韩侂胄为转移内部矛盾所发动的开禧北伐,激化了宋金战争和吴曦之叛,导致宋廷杀韩侂胄向金乞和,再肇宋金和议及史弥远主宰朝政,开启所谓"嘉定更化"的新局。

对楼钥而言,除了因遭贬抑而未实质参与的开禧之役外,从绍熙到嘉定的重要朝政,他都亲身经历,见证了一波波的历史狂澜。这段时期也是楼钥仕宦历程中,起伏最大的时期。他曾谏光宗朝重华宫、参与宁宗继统过程,因反对韩侂胄被列名庆元党籍而遭贬;在史弥远主政后,则以乡谊兼前贤身份,获尊礼延揽入朝,到嘉定三年(1210),以七十四岁之龄位居仅次丞相的参知政事,攀上仕途最高峰,也为四明楼氏家族发展缔造了极高的声望。① 可以说,这二十年无论宋廷的内政与对外关系,或对楼钥个人而言,都经历了急遽的变化。

其次,书帖讨论的书法涉及篆书,是楼钥个人及其家族书画搜藏能力培养与专长训练上最关键的部分。这种书画搜藏传统与鉴赏能力,正是他艺术才华的展现,以及与人交往、建立人际关系的重要资源。楼钥讨论的对象汪逵是孝宗朝名臣汪应辰的次子,不仅家道显赫,搜藏大量珍贵书画文物,仕途经历与表现较之楼钥,不遑多让。二人家境背景、文物搜藏条件相当,仕宦经历相仿,且相交超过二十年,情谊深厚。这样的同历共好是楼钥一生中以艺会友的一个显著例证,也是了解楼钥在官场、乡里、师友之外,以艺文作为建立人际关系的有利观察点。

观察楼钥一生所经营的人际关系,除了婚姻之外,主要有两个途径。一是以四明为主,透过同乡共学的机缘,奠定深厚的乡里情谊,在仕途上互相支持援引,扎下绵密坚实的人际网络。由于四明名族在南宋中期的仕途经营有成,凝聚力强,在嘉定时期史弥远主宰朝政时,大量招纳乡贤,参与朝政,形成政治上的优势群体,招来"满朝朱紫贵,唯有四明

---

① 黄宽重,《串建历史记忆、形塑家族传承——以楼钥及其族人的书画文物搜藏与书籍刊刻为例》,《故宫学术季刊》,第28卷第3期(台北:2011.4),页1—22。参本编第二篇。

人"之评。这种凝聚力延伸到他们辞官退隐返乡之后,组成诗社与棋会等文人社群,并借由乡绅耆老的身份,共同参与乡里事务,推动乡饮酒礼、修建学校、创设赈济地方士人的乡曲义庄等公益活动与公共建设,使四明成为南宋时期颇具独特社会文化的地区。①

另一方面,楼钥也在学习或仕宦的不同阶段经营人脉,借政见与行政长才缔结盟友,以自身所擅长的诗文、书画与人相交,互相观摩、讨论各自拥有的书画文物,以诗赋酬唱和题跋记叙等方式,阐述自己的观点与意见。此类人际互动不仅有力展现自己的文艺素养与修为,更能借此凸显彼此有别于一般官僚交际的层次,楼钥题跋于汪逵搜藏之徐铉篆书即是一例。这种以诗文、书画为媒介,以表现其才学的交友方式,在楼钥仕宦生涯中显然也有其重要性。

士大夫以诗文、书画为媒介,结交朋友,形成同好,是中国文人长远的传统,并非始于宋代。然而在宋代,朝廷标举科举取士,以文为治,宽容士人,使文风大盛。士人习于借诠释古物,创发新见,博物搜藏遂成为一时潮流;加以雕版印刷发达,士人对文化、文物的见解大量行诸文字,使今人得以从现存宋人文集及相关著作中,捕捉到大量宋代文人官僚对书画文物的精彩评论,是探讨宋代文人艺术见解与人际关系的绝佳见证。这其中,大文豪苏东坡留下的资料尤其丰富多样,不仅让我们认识其多方面的艺术才学与评议观点,②更是掌握他故旧友朋关系的有力线索。

除诗文之外,宋代文人对书画的评议,诚然展现他们特殊的艺术才学,更与他们对前代著名书画的搜藏与鉴赏掌握关系密切。宋人在社会上形成对古代文化学术的追求,弥漫好古、复古的风尚,使众多好古之士致力搜集整理古物,诠释其历史意义,并成为家族传统。这种庋藏书画的家族传统,乃至培育子弟品评书画能力的风气,自北宋以来即成为士人社会的一项特色;到南宋,随着经济发达,对艺文生活的追求、人际网络的铺展,进一步塑造士人对古今著名书画藏品讨论的风气。特别在士大夫仕途失意,或致仕闲居时,书画品评更是同好之间排遣时间、维系情谊,乃至展现才学、寄托生命的最佳方式,也进而促发搜藏、整理家族前代文物、建立文化传承的重要动力。

---

① 黄宽重,《宋代的家族与社会》(台北:东大图书出版公司,2006);梁庚尧,《家族合作、社会声望与地方公益:宋元四明乡曲义田的起源与演变》,收入柳立言等编,《中国近世家族与社会学术研讨会论文集》(台北:历史语言研究所,1998),页213—237。
② 参见衣若芬,《苏轼题画文学研究》一书。

三、楼钥的生平仕历与家族的书画搜藏传统

楼氏是南宋四明地区的名门望族,自楼郁起家以来,累代居官,仕历绵延,到第八代楼钥更臻于高峰,是四明地区具有代表性的士族之一。

楼钥字大防,生于绍兴七年(1137),是楼异的孙子、楼璩的三子。楼钥自幼聪颖,师事王默、郑锷等人。隆兴元年(1163)中进士,胡诠称他具辞翰长才,曾任温州州学教授、详定司敕令所删官、通判台州、宗正寺主簿、太常博士、知温州等职。其间曾于乾道五年(1169)十月追随舅父汪大猷使金,他将沿途见闻著录成《北行日录》二卷,是了解南宋中期宋金关系的珍贵史料。楼钥亦从陈傅良游,闻《八阵图说》于薛季宣,识见涉猎广泛。光宗朝任京官,先后任国子司业、太常少卿、太府少卿、起居郎、权中书舍人兼直学士院等职,曾谏请光宗过重华宫,向太上皇孝宗克尽孝道,调和两宫的紧张关系。而后,光宗倦勤内禅的诏书及宁宗即位之初内外制书,均出自钥手,得代言体,其后历任给事中兼实录院同修撰、直学士院、权吏部尚书兼侍读等职。

宁宗继位之后,楼钥即卷入赵汝愚与韩侂胄竞逐的政潮中。在赵、韩争逐之际,楼钥态度附同赵汝愚,论救彭龟年、吕祖俭,抨击韩侂胄,因此在韩侂胄掌政,发动庆元党禁时,楼钥乞归。庆元三年(1197),楼钥被列入"伪学逆党籍",居家十三年。迨韩侂胄发动开禧北伐失败被诛,四明乡人史弥远任相,延揽耆德宿望,更新朝政,召钥入朝,除吏部尚书兼侍读,与友人吏部尚书汪逵共雪赵汝愚之冤,除端明直学士签枢密院事兼太子宾客。嘉定三年(1210),任参知政事;嘉定六年(1213)卒,享年七十七岁。①

楼钥历任地方与中央官职,除行政经验丰富,政绩获肯定外,更以文才著称。理宗朝臣、著名道学家真德秀说楼钥起草诏令制书"词气雄浑,笔力雄健",足以与南宋初年的名家李邴、汪藻并称。②楼钥的同乡、陆学的重要代表袁燮为他撰写行状,高度赞扬他文学长才与丰富的仕历,楼钥不仅参与了南宋中期重要政务,也让他得以与众多当代重要文士、朝臣结交。从他留下长达一百二十卷《攻媿集》中大量的诗文、序跋、书启

---

① 袁燮,《絜斋集》(台北:商务印书馆,1983,收入《景印文渊阁四库全书》第1157册,据台北故宫博物院藏乾隆四十七年[1782]文渊阁本影印),卷11,《资政殿大学士赠少师楼公行状》,页2下—27下。
② 真德秀,《攻媿先生楼公文集序》,收入楼钥原著,顾大朋点校,《楼钥集》第1册,卷首,页2。

及墓志、行状等资料,可以掌握他交友的对象,并广泛了解他的嗜好与能力,诚如真德秀所说"博极群书,识古文奇字,文备众体",说明楼钥不是仅以单一专长见重于世。也如袁燮所说"潜心经学,旁贯史传以及诸子百家之书,前言往行,博采兼取,山经地志、星纬律历之学,皆欲得其门户",显示广泛的兴趣与认真辨实的态度,都是楼钥的学识与文才获得当代士人肯定的因素,而他对书法与绘画的搜藏嗜好与鉴赏能力,在《攻媿集》中更充分展现。

《攻媿集》收录楼钥所作古今体诗逾一千首,题跋序记等文字超过三百篇,其中固然绝大多数是诗人雅集的唱和诗,与感性抒情、怀旧、记事性的文字,但与友人讨论书画文物的篇章也不在少数。以绘画而言,文集中有关楼钥赏阅的前代或当代画作,超过八十篇,而与前贤有关的书法名帖,又较绘画多,另也有不少讨论学术及典籍版本的文字,都足以彰显他的文艺与学识才华。

从楼钥的著作中,无法显示他及其先人有卓越的绘画经验或画作。楼钥虽不能算是画家,但他看过也搜藏了不少画作,对唐代韩干、宋代李公麟和当代僧人智融的画作,深感兴趣。[①]他更曾以家藏白居易大字本《长庆集》,与乡人周模交换李公麟所绘《二马图》。楼钥具鉴赏画作能力,擅长评断画作的真伪,曾指出宋代出现许多假名画的原因。总之,他对绘画的评论,较之美学鉴赏,更关注画作内容,看重画作的真伪与价值。

相较于绘画,楼钥称得上是优秀的书法家。从现存五件楼钥书帖,可以看出他的笔力颇劲,有二王遗风。《攻媿集》中讨论书帖的内容,显示他对书法搜藏与品评的兴趣与能力,尤胜于绘画;其所见前贤与当代书帖,更多于画作。其中,部分具宝藏价值的书法名家名帖,楼钥甚至亲自或嘱子侄临摹,作为传家宝。对其他具学术讨论价值的文献资料,如欧阳修的《濮议》,及孟蜀王给周世宗的书帖等,则用心加以考订,比较优劣,以说明其史料意义,彰显其学术价值。从讨论内容看,楼钥显然较为关注历史源流及文化层面的问题。[②]

楼钥在书法、绘画鉴赏品评方面所接受的能力养成,和其成长环境

[①] 黄宽重,《串建历史记忆、形塑家族传承——以楼钥及其族人的书画文物搜藏与书籍刊刻为例》,《故宫学术季刊》,第28卷第3期(台北:2011),页1—22。参本编第二篇。

[②] 黄宽重,《串建历史记忆、形塑家族传承——以楼钥及其族人的书画文物搜藏与书籍刊刻为例》,《故宫学术季刊》,第28卷第3期(台北:2011),页9。参本编第二篇。

的熏陶与家学训练关系密切。这可从两方面来探讨。其一,是家族长期的艺术熏陶。楼氏自楼郁起家以来,经历数代努力,在科举上屡创佳绩,迭有族人任官,已是四明地区颇著声望的士族。到楼异以乡人知明州五年,垦湖为田,兴修水利,造福乡邦,调集豪勇逼退方腊党羽的进犯,守城有功。[①]楼异一连串的作为,使楼家成为四明最具影响力的家族之一。日后,楼异设置义庄赡养族人,更营造豪华的堂第园宅。该第获徽宗赐额,楼异将他搜藏的名家书画布置堂中,包括他特地雇匠师绘下的《嵩山二十四峰图》及亲自题上的诗文,以彰示家族的显赫及文化氛围。[②]

楼异的儿子、楼钥的伯父楼璹,在高宗一朝先后任知潭州与扬州,并兼湖南转运使等职。楼璹能画,留有两件作品,喜欢结交当代名宦与书画名家,如张浚、刘岑、魏元理、徐兢等人,搜藏不少他们的书画作品,以及大量前代名作。单就《攻媿集》所见,楼璹就藏有钱易的《三经堂歌》与苏轼、钱明逸、张耒、林逋、蔡襄、钱昆、吕大临、石曼卿、文彦博等近三十人的书画作品,作为传家宝。楼钥的父亲楼璩虽然官职不如其兄楼璹,但同样喜欢结交名流,也喜欢搜集名家书画。楼钥就说,"先子嗜书如嗜艾,生平富藏名流翰墨",对庋藏唐宋名书法家的作品,兴致更浓。可以说在楼异与楼璹、楼璩父子两代的积极经营下,楼氏家族在塑造家族声望之余,更极力营造一个足以衬托名望的文化艺术环境,作为交友之资。对生长其间的子弟而言,在耳濡目染之下,浸淫于艺术氛围的熏陶,培植了艺文气息与素养。

其二是家族的字学训练传统。袁燮说楼钥"精研字书,偏旁点画,纤悉无差,世所承用而于义未安者,必辩正之"。[③]《攻媿集》所见他对书画的讨论,正彰显他和其家人的共同特点,而此一能力的养成,显然与其自幼接受家学传统的训练更有关系。楼郁诸子中,三子楼肖精研小学字书。楼肖次子楼弄尤精于小学,对许慎的《说文解字》多能记诵,对文字声韵用力甚深,曾以古字写《春秋》《左传》《礼记》《庄子》,以教其家族子弟。楼钥三兄弟从小都曾受过楼弄的训练,奠定了对小学字书的深厚基

---

① 楼钥原著,顾大朋点校,《楼钥集》第4册,卷66,《高祖先生事略》,页1168—1169;卷71,《跋先大父徽猷阁直学士告》,页1275—1276。
② 楼钥原著,顾大朋点校,《楼钥集》第4册,卷74,《跋先大父嵩岳图》,页1335—1336;脱脱总纂,《宋史》(北京:中华书局,1977),卷354,《楼异传》,页11164。
③ 袁燮,《絜斋集》,卷11,《资政殿大学士赠少师楼公行状》,页29下—30上。

础。楼钥说:"五世祖正议季子梦弼讳肖,尤攻小学,又传其五子。其仲元应讳奔,独殿诸老,《说文解字》《经典释文》,始末通贯,几于成诵。钥侍教累年,故颇知字学。"楼肖一支虽然三代多未能在功名上得意,但能致力学问,教其族子弟,成为楼氏家族致力于功名之外,传承学术、培养多样能力的重要推手。

四、当代书画名家对楼钥兄弟的提点与启迪

楼氏家族固然缔造了艺术环境与培养子弟字学素养的基本功夫,蕴育了楼钥兄弟对书画文物的嗜好与评赏能力,但他们成长期间相继接触几位与先人有密切友谊的当代著名书画家,得其提点与启迪,这同样关键。这方面显然与其伯父楼璩所结交精于艺道的士人朋友有密切关系。

在绍兴时期先后出任地方高官的楼璩,除了结交不少与当道不合的名宦高官,也因兴趣而与当代著名的书画名家多所交游。楼钥指出,楼璩"所至多与雅士游",他的艺界友人包括善画的魏元理、篆书家徐兢,以及在仕途中遭贬的书法家刘岑等三位当代艺坛名家。其中,刘岑与徐兢对楼钥兄弟的艺术修为影响甚深。

刘岑(1087—1167)字季高,号杼山居士,溧阳人,原为吴兴人,曾祖刘述于熙宁中因得罪王安石,出知江州,司马光称之有"道胜名立"之语。刘岑中宣和六年(1124)沈晦榜进士。靖康元年(1126),曾任割地使聂昌副手,至绛州,州人杀聂昌,岑走陕西。①高宗建炎元年(1127),任秘书省著作郎,知郑州。②荐任唐重知京兆府,其后历任尚书省金部员外郎、吏部员外郎、右司员外郎、守秘书省少监、权刑部侍郎、权吏部侍郎、户部侍郎、徽猷阁直学士,知池州、镇江府、潭州等职。

绍兴九年(1139),刘岑受进士吴伸私印《吐金集》之累被劾,降为徽

---

① 徐梦莘,《三朝北盟会编》(扬州:江苏广陵古籍刻印社,1987,据光绪四年越冬集印本影印),卷67,页8上—8下,靖康元年闰11月15日条。
② 李心传编撰,胡坤点校,《建炎以来系年要录》(北京:中华书局,2013)第1册,卷4,建炎元年4月壬申条,页120。

献待制、提举亳州明道宫。①绍兴十一年,责授单州团练使、全州安置。②绍兴二十三年(1153),差主管台州崇道观、建昌居住。③至绍兴二十五年,秦桧死,刘岑才复左朝散大夫,④其后复秘阁修撰,历任知泰州、扬州,改户部侍郎兼御营随军都转运使等官。隆兴元年(1163),以徽猷阁直学士左朝散大夫吴兴郡开国侯食邑一千户赐紫金鱼袋致仕。⑤乾道三年(1167)卒,享年八十一岁。⑥

绍兴三年(1133),刘岑任秘书少监时,以书称誉吴伸上书灭刘豫。九年,吴伸将历来上疏文字集结成《吐金集》出版,秦桧指该书涉有毁谤宋高宗文字,请求临安府禁书。因吴伸书中收录刘岑的称誉文字,刘岑因此被劾降职,责授全州安置。⑦时楼璹任湖南转运使,因与刘岑有太学同窗之谊,交情笃厚,特持节相过探望,"劳苦如平生",与当时官员以"倾覆迁客为进身之计"的风气,有极大的差别。此举虽不免影响楼璹仕进,但患难见真情,从刘岑为楼璹写墓志铭,可见两人深厚的情谊;其弟楼璩亦连带与刘岑缔交,相知甚深。⑧

刘岑为人尽情尽忠,⑨员兴宗即赞其"名节文章,德齿具高"⑩;善为词,赵鼎臣称其"读尽百函,书累八九番,如对辩士接说,客听其语数千百言,夸者如倨,戏者如侮,媚者如取,激者如怒。甚矣哉,吾子之善为词

---

① 李心传编撰,胡坤点校,《建炎以来系年要录》第6册,卷132,绍兴9年9月辛未条,页2475;徐松辑,《宋会要辑稿》(台北:新文丰出版公司,1976,据民国三十四年[1945]上海大东书局影印国立北平图书馆徐氏原稿影印),《职官》70之22。
② 李心传编撰,胡坤点校,《建炎以来系年要录》第6册,卷141,绍兴11年7月乙巳条,页2651—2652;徐松辑,《宋会要辑稿》,《职官》70之24。
③ 李心传编撰,胡坤点校,《建炎以来系年要录》第7册,卷165,绍兴23年10月己未条,页3140。
④ 李心传编撰,胡坤点校,《建炎以来系年要录》第7册,卷170,绍兴25年12月丁酉条,页3249。
⑤ 马光祖修,周应合纂,《景定建康志》(北京:中华书局,1990,收入《宋元方志丛刊》第2册,据嘉庆六年[1801]金陵孙忠愍祠刻本影印),卷44,页35上—35下。
⑥ 马光祖修,周应合纂,《景定建康志》,卷49,页39上。
⑦ 李心传编撰,胡坤点校,《建炎以来系年要录》第6册,卷141,绍兴11年7月乙巳条,页2651—2652。
⑧ 楼钥原著,顾大朋点校,《楼钥集》第4册,卷72,《跋从子深所藏书画·刘杼山》,页1283。
⑨ 张端义原著,许沛藻、刘宇整理,《贵耳集》,(郑州:大象出版社,2013,收入《全宋笔记·第六编》第10册),卷中,页312。
⑩ 员兴宗,《九华集》(台北:商务印书馆,1983,收入《景印文渊阁四库全书》第1158册,据台北故宫博物院藏乾隆四十七年[1782]文渊阁本影印),卷16,《上虞丞相(六)》,页5上。

也"①,"词体尚高雅,力抵柳永流俗之风"②。刘岑好收藏秦汉古刻,③尤善书法,周必大称他"笔精墨妙,独步斯世"④。他的草书最受赞誉,自称"予无他长,颇能对客发书,草圣飞动,观者必谓敏手"⑤。董更说:"宝学刘公能草书,余尝得其文一千卷,纵逸而不拘旧法,盖有自得之趣。"⑥张孝祥担任建康安抚使时,曾拜刘岑为师,学习书法。⑦朱熹幼时随侍其父朱松,曾见父亲把玩刘岑书帖,对刘岑的书法与词意深表赞许,宝藏不少书帖,称岑"词意笔迹之妙,亦意其超然,非当世之士"⑧。

楼璹、楼璩兄弟敬仰刘岑的为人,与之情谊深厚,子侄亦对刘岑的书法情有独钟,且受其影响。楼钥回忆其父楼璩:"先子嗜书如嗜艾,生平富藏名流翰墨,而独谓杼山先生之书光前绝后,尤秘宝之。"⑨楼钥幼时曾随父亲拜见刘岑,"亲见其落笔沉着缓详,甚不苟也"⑩。他的长兄楼锡受刘岑影响尤深,楼钥说楼锡喜欢"哦风结字……好风佳月,必倡率侪辈觞咏酬适,未始虚度;间作墨戏于小山丛筱,雅有思致。及见杼山刘公,慕其人,摹草书千文,几于乱真"⑪。楼锡最后未能中举,而致力于他所钟情的诗文书画,以艺文为毕生所托。

徐兢不仅与楼璹、楼璩兄弟关系甚笃,更扮演着启迪楼钥兄弟书法风格的角色。徐兢字明叔,原为瓯宁县人,自其曾祖父徐爽迁居和州历阳,是为历阳人。徐兢自幼喜书画,十八岁入太学,"工山水人物,尤工篆

---

① 赵鼎臣,《竹隐畸士集》(台北:商务印书馆,1983,收入《景印文渊阁四库全书》第1124册,据台北故宫博物院藏乾隆四十七年[1782]文渊阁本影印),卷9,《与刘季高书二首》,页19上—19下。
② 徐度,《却扫编》(台北:商务印书馆,1983,收入《景印文渊阁四库全书》第863册,据台北故宫博物院藏乾隆四十七年[1782]文渊阁本影印),卷下,页13下—14上。
③ 周辉原著,刘永翔校注,《清波杂志校注》(北京:中华书局,1994),卷7,《秦汉碑刻》,页296—297。
④ 周必大,《周益公文集》(北京:线装书局,2004,收入《宋集珍本丛刊》第48册,据明澹生堂抄本影印),卷16,《跋刘季高与溧阳笔工顾纲帖》,页11下。
⑤ 叶寘,《爱日斋丛抄》(台北:商务印书馆,1983,收入《景印文渊阁四库全书》第854册,据台北故宫博物院藏乾隆四十七年[1782]文渊阁本影印),卷4,页1上。
⑥ 董更,《书录》(台北:商务印书馆,1983,收入《景印文渊阁四库全书》第814册,据台北故宫博物院藏乾隆四十七年[1782]文渊阁本影印),卷下,页3下。
⑦ 杨万里,《诚斋诗话》(台北:商务印书馆,1983,收入《景印文渊阁四库全书》第1480册,据台北故宫博物院藏乾隆四十七年[1782]文渊阁本影印),页15上—15下。
⑧ 朱熹原著,陈俊民校编,《朱子全集·续集》(台北:德富文教基金会出版,2000),卷4,《回刘知县(讳君房)》,页5017。
⑨ 楼钥原著,顾大朋点校,《楼钥集》第4册,卷68,《跋刘杼山帖》,页1204。
⑩ 楼钥原著,顾大朋点校,《楼钥集》第4册,卷72,《跋从子深所藏书画·刘杼山》,页1283。
⑪ 楼钥原著,顾大朋点校,《楼钥集》第6册,卷112,《绩溪县尉楼君墓志铭》,页1944—1945。

籍，以荫入官，摄事雍丘、原武二县。抑佞幸，摩拊过人，民服其化"。宣和六年（1124），随给事中路允迪赴高丽报聘，撰《高丽图经》四十卷，且绘有山川形势地图，以图文兼备的方式，记录其建国立政之体、风俗事物之宜，是中国历史上最早完整记述宋与高丽关系、高丽历史地理，乃至当代政经社会文化的珍贵文献。徽宗赐同进士出身，擢知大宗正丞兼掌书学，迁刑部员外郎。后以时相册免，谪监池州永丰监。起除沿江置制参谋官，奉祠归。靖康之役，金兵进犯淮甸，徙家信州弋阳。号自信居士，"奉祠二十年，安于闲退，营治圃园，名洗砚池，幽胜名闻江南。营真意堂为居所，设有花木山，仅作一身供"①。徐兢与其兄穉山兄弟情浓，善以济人。绍兴二十三年（1153）卒，年六十三。

徐兢虽少入太学，但个性潇洒，兴趣甚广，行状称他"鄙章句学而喜渔猎古今，探迹提要，下至释老孙吴卢扁之书、山经地志、方言小说，靡不贯通。文辞隽敏，长于诗歌，洞晓音律，且善啸，间命倚笛和之，声嘹然犹出其上，尘飞幕动，殆若鸾凤群集"。善饮酒，谈笑风生，游戏翰墨，吹箫拊瑟，超然疑其为神仙中人。他尤擅绘画，韩驹称其"诗为画邪，画为诗邪，随濡毫漱墨成于须臾，而张绢素或经岁"②。与徐兢同时代的王洋说他"善书画，人物潇洒"③；楼钥亦赞徐兢"其画入神品，山水人物二俱冠绝"，时人竞相搜藏，④现见于宋人记录的画作，有《海舟横笛图》⑤《磨崖图》⑥《访戴图》⑦《海月

---

① 王洋，《东牟集》（台北：商务印书馆，1983，收入《景印文渊阁四库全书》第1132册，据台北故宫博物院藏乾隆四十七年[1782]文渊阁本影印），卷1，《真意堂》，页10下—11上。
② 张孝伯，《宋故尚书刑部员外郎徐公行状》，收入徐兢，《宣和奉使高丽图经·附录》（台北：商务印书馆，1983，收入《景印文渊阁四库全书》第593册，据台北故宫博物院藏乾隆四十七年[1782]文渊阁本影印），页5上。
③ 王洋，《东牟集》，卷1，《真意堂》，页10下。
④ 楼钥原著，顾大朋点校，《楼钥集》第4册，卷72，《跋从子深所藏书画·徐明叔剡溪雪霁图》，卷72，页1287。
⑤ 王洋，《东牟集》，卷2，《题徐明叔海舟横笛图》，页13上—13下。
⑥ 王庭珪，《庐溪文集》（台北：商务印书馆，1983，收入《景印文渊阁四库全书》第1134册，据台北故宫博物院藏乾隆四十七年[1782]文渊阁本影印），卷4，《观徐明叔画湘西磨崖图》，页5上—5下。该作可能描绘绍兴年间宋官兵于湘西白鹤峰所敉平的洞庭湖杨么之乱。
⑦ 曾几，《茶山集》（台北：商务印书馆，1983，收入《景印文渊阁四库全书》第1136册，据台北故宫博物院藏乾隆四十七年[1782]文渊阁本影印），卷8，《书徐明叔访戴图》，页18下。

吟笛图》①,及由楼璹搜藏的《剡溪雪霁图》。②

除善画外,徐兢的书法,特别是篆书,在两宋之际尤富盛名,这方面实得自深厚的家学渊源。徐兢的先人是南唐至宋初著名文人书法家徐铉,字鼎臣,号骑省,长于为文,尤精小学,有《骑省集》三十卷存世。徐氏兄弟均善篆,铉尤祖述李斯小篆,小学又克配许慎,遂成一代篆书名家。徐铉身后留下许多珍贵遗物,其中有一亲用砚台,题名"鼎臣"。他曾表明,此砚将遗赠善篆且能继承宿业的后人。徐兢自幼即知愤激,专意致力篆籀,得曾祖赐砚,因此获称"骑省后身"③。徐兢书法以李斯为本,祖述徐铉,取《般若心经》体悟,风幡风动之势深得骑省家法,以此擅名。④晚年好作草书,直逼怀素,他能获赐同进士出身,任书学博士,足以证明其书艺在徽宗一朝的分量。

为徐兢撰写行状的张孝伯称他"大篆笔力奇古,其沉着处不异钻刻,若非毫楮所能成;且复陶镕酝酿,变入小篆,虽折偏旁,胎合制字本意"⑤。南宋初,徐兢游历各方,其篆迹先后以刻石的方式留存于四明、江西等地。⑥虽然高宗与陈槱对徐兢篆书略有批评,⑦但仍旧被认为是当时最具代表性的书法家,"且各有一种神气"⑧。魏了翁亦称道徐兢书法,是"《说文解字》之外,自为一家"⑨;岳珂则称赞徐兢"书名之行使于东夷,归

---

① 张元幹,《芦川词》(台北:商务印书馆,1983,收入《景印文渊阁四库全书》第1487册,据台北故宫博物院藏乾隆四十七年[1782]文渊阁本影印),《念奴娇》,页4下;李弥逊,《筠溪集》(台北:商务印书馆,1983,收入《景印文渊阁四库全书》第1130册,据台北故宫博物院藏乾隆四十七年[1782]文渊阁本影印),卷17,《题明叔郎中海月吹笛图》,页13下—14上。
② 楼钥原著,顾大朋点校,《楼钥集》第4册,卷72,《跋从子深所藏书画·徐明叔剡溪雪霁图》,卷72,页1287。
③ 张孝伯,《宋故尚书刑部员外郎徐公行状》,收入徐兢,《宣和奉使高丽图经·附录》,页7上。
④ 周必大,《周益公文集》(《宋集珍本丛刊》第50册),卷187,《太和赵宰》,页22下—23上。
⑤ 张孝伯,《宋故尚书刑部员外郎徐公行状》,收入徐兢,《宣和奉使高丽图经·附录》,页8上。
⑥ 周必大,《周益公文集》,卷187,《太和赵宰》,页22下—23上;楼钥原著,顾大朋点校,《楼钥集》第4册,卷72,《跋从子深所藏书画·徐明叔剡溪雪霁图》,卷72,页1287。
⑦ 宋高宗,《思陵翰墨志》(台北:商务印书馆,1983,收入《景印文渊阁四库全书》第812册,据台北故宫博物院藏乾隆四十七年[1782]文渊阁本影印),页6下;陈槱,《负暄野录》(台北:商务印书馆,1983,收入《景印文渊阁四库全书》第871册,据台北故宫博物院藏乾隆四十七年[1782]文渊阁本影印),卷上,《近世诸体书》,页10下—11上。
⑧ 陈槱,《负暄野录》,卷上,《近世诸体书》,页11上;史浩原著,俞信芳点校,《史浩集》(杭州:浙江古籍出版社,2016)第3册,卷36,《跋徐明叔为张达权篆正心诚意乐天知命八字》,页655。
⑨ 魏了翁,《鹤山先生大全集》(台北:商务印书馆,1979,收入《原式精印大本四部丛刊正编》第60册,据上海涵芬楼借乌程刘氏嘉业堂藏宋刊本影印),卷62,《跋聂侍郎所藏徐明叔篆赤壁赋》,页16下—17上。了翁似不知徐铉为兢之先祖。

而模范则有余师,中兴几人存此绝技,太平之风尚想渐被"①,可见徐兢是两宋之际具代表性的书法家之一。

徐兢对楼钥兄弟的书法风格,影响甚深。徐兢与楼璩关系密切,是楼璩众多座上佳客之一,楼钥和他的二哥楼锡幼时曾亲炙徐兢风采,赞他"风流韵度如晋唐间人"。楼锡受徐兢影响更深,他一生长于律法,有许多具体的司法作为,但对诗文书法兴趣更浓。在徐兢的篆书风格影响下,楼锡致力研究钟鼎文,对《说文解字》、小学、字书,都下过功夫。楼钥形容楼锡:"尤好说《诗》,得《风》《雅》之深旨……笔力日进,动翰如风,对客作书,真行俱精,瞬息数函,不见其劳。尝见徐公兢作篆,心顾好之,下笔辄工,好事者争求扁牓……晚年更敛制,稍寻斯、冰之体,近方考证《说文》,仍集张氏《复古》与钟鼎遗文,从韵胪分,欲为一书。"②

楼钥解篆书能力甚强。他虽谦称"不善篆而素好之"③,但袁燮赞其"精研字书,偏旁点画,纤悉无差,世所承用而于义未安者,亦必辨正之"④。这种能力与风格,除了家传小学、说文传统外,多少也与徐兢篆书启迪有关,这一点可以从楼钥和楼锡兄弟辨正字书的例子看出来。淳熙四年(1177),楼钥受友人林大备的嘱托,辨明薛士隆以古篆体为林父所写墓志铭。薛士隆邃于篆书,耽玩钟鼎古文,喜撰奇古难识字体。由于其古篆难辨,楼钥最初只能看懂二三成,经过与对探研篆书有心得的楼锡一起查阅字书,花了近一个月才完成。十二年后,林大备找到薛士隆留下的楷体墓志铭,与楼氏兄弟辨明所得相校,竟"几无所差"。⑤

五、以绘画为媒介的艺界师友

楼钥家藏书画丰富,自幼接受艺术熏陶及家族字学训练,乃至亲炙书画名家徐兢、刘岑,传习其书法风格,造就了他鉴赏评述书画的能力,

---

① 岳珂,《宝真斋法书赞》(台北:商务印书馆,1983,收入《景印文渊阁四库全书》第813册,据台北故宫博物院藏乾隆四十七年[1782]文渊阁本影印),卷21,《徐明叔向热传达二帖》,页16上。后人曾将他与其兄穉山、米元晖、吴传朋四人的书帖集成一编出版。刘克庄原著,辛更儒笺校,《刘克庄集笺校》(北京:中华书局,2011)第10册,卷105,《小米二徐吴传朋书》,页4396—4397。
② 楼钥原著,顾大朋点校,《楼钥集》第5册,卷88,《先兄严州行状》,页1575。
③ 楼钥原著,顾大朋点校,《楼钥集》第4册,卷68,《跋薛士隆所撰林南仲墓志铭》,页1206。
④ 袁燮,《絜斋集》,卷11,《资政殿大学士赠少师楼公行状》,页29下—30上。
⑤ 楼钥原著,顾大朋点校,《楼钥集》第4册,卷68,《跋薛士隆所撰林南仲墓志铭》,页1206。

以"世所承用而于义未安者,亦必辨正之"①的态度对所有书画文物均详加探究,也养成他自己所说的"余平日见士大夫家故物,未尝不起敬,亦因考其所自"的独特嗜好。②因此,楼钥历官所至,不仅喜欢看他人搜藏的书画,更喜欢结交对书画搜藏或创作有特殊嗜好的朋友。楼钥虽看过不少名家画作,但自己不擅丹青,结交的画家较少。然而,与他相交的少数画家,彼此的交往却颇为特殊。其中最有名的当代画家友人,当属善画牛的僧人智融和善画枯木的王卿月。

释智融(1114—1193)生于政和四年,俗姓邢,名汦,一名澄,世居开封,以医入仕;南渡后居临安万松岭,号草庵邢郎,官至和成郎,出入禁廷,受高宗赏识。隆兴元年(1163),智融五十岁,突然弃官谢妻子,祝发遁入灵隐寺。后闻径山有千丈岩、妙峰亭、灵隐潭都是幽僻绝胜之地,乃投迹为终生之寄以避人。他的画作近于灵怪,曾作二奇鬼于壁以除蛇患,画龙首以祛旱。智融作画随意,"遇其适意,嚼蔗折草,蘸墨以作,坡岸岩石尤为古劲。间作物像,不过数笔,寂寥萧散,生意飞动","山林云气、四时万变,到眼入心,一寓笔端,游戏点化,自然高胜,前无古人",这种神气是得自悟门,绝非积学所能至,超出翰墨畦畛,不可以画家三尺绳之,他人虽极力摹写也只能形似而已;其作品精深,简妙动人,尤善作牛,自号老牛智融,其源流虽出于范牛,而妙处过之。③

智融画作少,且避居深山,与世相隔绝,能得其字画者绝少。楼钥在淳熙七、八年间(1180—1181)始闻雪窦山智融善画,见其画作,认为是有道之士,而非一般画者,甚为敬重;及至山中探访,"一见心许",寄纸请画,智融不予,乃致诗相激:"古人惜墨如惜金,老融惜墨如惜命。人非求似韵自足,物已忘形影尤映。地蒸宿雾日未高,雨带寒烟山欲暝。"④智融得之甚喜,不仅作《岁寒三友图》送楼钥,从此二人也建立了深厚的友谊,楼钥"数年间,时得其得意之笔"⑤。绍熙四年(1193),智融以八十岁高龄圆寂,其徒道元求楼钥写墓志铭,以智融所画《弥勒像》《牛溪烟雨》及《归

---

① 袁燮,《絜斋集》,卷11,《资政殿大学士赠少师楼公行状》,页29下—30上。
② 楼钥原著,顾大朋点校,《楼钥集》第4册,卷69,《跋卞居让摄泰州长史牒并宣徽院公文》,页1232—1233。
③ 楼钥原著,顾大朋点校,《楼钥集》第4册,卷66,《书老牛智融事》,页1173—1174。
④ 楼钥原著,顾大朋点校,《楼钥集》第1册,卷2,《催老融墨戏》,页37。
⑤ 楼钥原著,顾大朋点校,《楼钥集》第4册,卷66,《书老牛智融事》,页1173。

牛图》相赠,楼钥则为这三幅画题诗。^①他的好友李文绶赠和智融诗,他亦有诗为谢;^②楼钥也为友人施武子所藏智融《二牛图》题诗。^③

智融的画作不多,除楼钥搜藏外,释居简也见过《牛轴》及《散圣画轴》二幅,对老融画作的意境都有很高的评鉴,如说"画牛至戴嵩能事毕也,雪窦老融则又出于规矩准绳之外"^④;又说"老融自成一家者,未亦模写"。^⑤舒岳祥也见过智融作画,^⑥赵孟坚与孙介也分别见过老融所画烟雨景色。^⑦

另一位以画与楼钥相交的,则是善画枯木的多能奇士王卿月。王卿月(1138—1192)字清叔,号醒斋居士,生于绍兴八年,先世世居开封祥符县。父亲王思正以医入仕,为翰林医痊。靖康之乱,徙寓台州,是为台州人。王卿月于乾道二年(1166)中武举,曾任汉阳军都巡检,非其志,改攻文举,登乾道五年(1169)进士第。他任温州乐清尉时,以计擒海寇,程大昌荐其才,改承奉郎,守宗正寺主簿;至淳熙元年(1174)除起居舍人,二年兼直学士院,制词温厚,人多称之,论事不避亲贵。后改知庐州,相继任荆湖南路计度转运副使、知静江府。淳熙十年(1183),卿月帅襄阳,以襄阳为防守重地,条画边防利害。周必大曾勉以与郭杲协力,缓急相应。^⑧次年,周必大与孝宗讨论边情时,指出王卿月武举出身,又通文艺,较常人更能任事,但性好下棋与宴会,恐误边防,乃由必大致书戒谕。^⑨然而王卿月仍于该年十二月罢归,至十五年(1188)复出,任利州路提举刑事,进直显谟阁,帅泸州,以福祸戒蛮人,息边事。绍熙元年(1190),改

---

① 楼钥原著,顾大朋点校,《楼钥集》第1册,卷2,《老融画牛溪烟雨》,页53;《楼钥集》第1册,卷7,《题老融归牛图》,页181;《楼钥集》第4册,卷65,《题老融画弥勒》,页1161。
② 楼钥原著,顾大朋点校,《楼钥集》第1册,卷2,《李文绶和所赠老融诗复次韵为谢》,页54。
③ 楼钥原著,顾大朋点校,《楼钥集》第1册,卷8,《题施武子所藏老融二牛图》,页201。
④ 释居简,《北磵集》(台北:商务印书馆,1983,收入《景印文渊阁四库全书》第1183册,据台北故宫博物院藏乾隆四十七年[1782]文渊阁本影印),卷7,《跋雪窦老融牛轴》,页4下—5上。
⑤ 释居简,《北磵文集》,卷7,《跋老融散圣画轴》,页16上—16下。
⑥ 舒岳祥,《阆风集》(台北:商务印书馆,1983,收入《景印文渊阁四库全书》第1187册,据台北故宫博物院藏乾隆四十七年[1782]文渊阁本影印),卷2,《老融墨戏词》,页3下—4上。
⑦ 赵孟坚,《彝斋文编》(台北:商务印书馆,1983,收入《景印文渊阁四库全书》第1181册,据台北故宫博物院藏乾隆四十七年[1782]文渊阁本影印),卷4,《二十赞》,页32上;孙介,《答僧道隆惠老融水墨一纸》,收入《烛湖集·附编》(台北:商务印书馆,1983,收入《景印文渊阁四库全书》第1166册,据台北故宫博物院藏乾隆四十七年[1782]文渊阁本影印),卷上,页3上。
⑧ 周必大,《周益公文集》(《宋集珍本丛刊》第50册),卷197,《王叔清舍人》,页8下—9上。
⑨ 周必大,《周益公文集》(《宋集珍本丛刊》第50册),卷147,《移书王卿月等奏》,页7下—8上。

龙图阁。绍熙三年(1192),奉召还任宗正少卿,假吏部尚书,为金国正辰使,疡发于背,卒于扬州途中,享年五十五岁。①

王卿月多才多艺。楼钥说他"性警敏,记诵绝人,精习兵事,善矢射,又登儒科,词章赡蔚,随事立就",又"旁通释老之书、百家之学,游艺多能。医卜星历,动皆精谐"②,洪迈也称其"敏悟多艺,能琴棋卜筮,音律射医,无所不妙解"③。其中,王卿月的医学可谓干父之蛊,目前可以从所作《产宝诸方》序文了解他精于妇产。④

王卿月于书画收藏、鉴赏的造诣,亦得时人赞誉。楼钥称他为人慷慨,喜助人,疏财好义,除了书画图籍,无所储蓄;而且性喜"考辩鼎彝古物,游戏翰墨丹清,一一造妙"⑤,尤善画枯木。元人汤垕说南宋初画家廉布,号射泽老人,"画枯木藂竹奇石,清致不俗,本学东坡,青出于蓝,画松柏亦奇。清叔亦画枯木竹石,临仿逼真,但笔墨麄恶少生意"⑥。清人王毓贤也说,"王清叔,学廉宣仲画枯木竹石,模仿逼真",传世者有《竹石枯槎图》一幅、《灵璧石图》一幅及《雪浪石图》四幅。⑦王卿月与楼钥相识于同在温州任职时,二人年龄相同而相从甚密;后在丹丘又共事两年,相与论兵,有经世之志。楼钥对清叔所画枯木,尤有佳评,见于所藏三幅枯木。其一为《断崖小枯木》,楼钥描述该画说"醒庵古木大似梁鹄书,有剑拔弩张之气";次为《全幅枯木》"笔势尤瓌壮,杂之文湖州射泽中,未易辨也";《横披山水》则"观此图当作烟雨半开,登高临远时想,苟求形似,便失妙意,要不可以画家三尺绳之"⑧。可见他的画在南宋有一定的地位。

楼钥与智融及王卿月的交游,都是在楼钥壮年时期。智融和清叔除善画外,兼长医学与诗文,具多方面的才艺。智融死于绍熙四年(1193),王卿月死于绍熙三年(1192),这时楼钥五十八九岁。两人相识时,智融

---

① 楼钥原著,顾大朋点校,《楼钥集》第6册,卷109,《太府少卿王公墓志铭》,页1878。
② 楼钥原著,顾大朋点校,《楼钥集》第6册,卷109,《太府少卿王公墓志铭》,页1879。
③ 洪迈原著,何卓点校,《夷坚志·支志乙》(北京:中华书局,1981),卷4,《小红琴》,页821—822。
④ 该文可参见曾枣庄、刘琳主编,《全宋文》(上海:上海辞书出版社;合肥:安徽教育出版社,2006)第271册,卷6118,页58—59。
⑤ 楼钥原著,顾大朋点校,《楼钥集》第6册,卷109,《太府少卿王公墓志铭》,页1879。
⑥ 汤垕,《画鉴》(台北:商务印书馆,1983,收入《景印文渊阁四库全书》第814册,据台北故宫博物院藏乾隆四十七年[1782]文渊阁本影印),页28下。
⑦ 王毓贤,《绘事备考》(台北:商务印书馆,1983,收入《景印文渊阁四库全书》第826册,据台北故宫博物院藏乾隆四十七年[1782]文渊阁本影印),卷6,页8上。
⑧ 楼钥原著,顾大朋点校,《楼钥集》第4册,卷68,《跋王清叔画卷·断崖小枯木》,页1200。

已年近古稀,楼钥才四十五岁,可说是忘年友,但交往时间仅十二三年,这一段时期楼钥不仅正值壮年,且积极参与朝政,二人之间以知性相惜、文字相交的成分,多于对艺术的探讨。楼钥与王卿月在乾道年间(1165—1173)即认识交往,相知甚深,卿月正值年轻、留意事功、企图心旺炽之时,而在绍熙三年于出使途中骤逝,因此二人交往期间所关心者殆以朝政为重。从《攻愧集》涉及智融及王卿月二人的画作,较少切磋画境,或与楼钥所见其他画比较讨论,显示他是这些画作的接受者。楼钥为两人撰写墓志,部分画作是润笔报酬。①这也说明,楼钥虽然与两位当代绘画大师有过密切交往,但绘画并不是他关注或讨论的重点。

六、以艺会友:楼钥与书画搜藏家的交游

楼钥对书画文物的鉴赏与讨论的兴趣与能力,固然与家族长期累积文物所营造的环境,及自幼养成的能力训练有关,但能丰富其讨论内容并能产生切磋提升之效,则与有相同背景及能力,即同样家藏丰富,并具备评品鉴赏能力的同好有关。有这种条件与能力的士人朋友固不乏其人,其中有两个人最值得介绍,即笃好文物的汪逵、王厚之。

汪逵是信州玉山人,为名臣汪应辰的次子。汪应辰原名洋,字孝伯,幼凝重异常童。五岁知读书,多识奇字。受知于喻樗,樗以女妻之。从学于张九成,赵鼎延为馆塾师。绍兴五年(1135)登科第,为进士第一人,年仅十八,高宗特赐名为应辰,赵鼎因改字为圣锡,授镇东军签判,召为秘书省正字。后因反对和议,得罪秦桧,请辞归乡,流落岭峤十七年。桧死还朝,任吏部郎官、秘书少监、吏部尚书等职。孝宗继位,应辰因议太上皇尊号,触怒高宗,补外,任知福州及四川置制使等职,于宣抚使吴璘死时稳定蜀政局,孝宗赞他"宽朕西顾忧"。召还,任吏部尚书兼翰林学士,因革朝政弊事,得罪侍宦,被潜请祠。淳熙三年(1176)死于家,享年五十九岁。②汪应辰是高、孝二朝谏臣,为人耿直,直言无隐,楼钥称其"以论和议不合,权臣恶其不附己,屡摈于外,几二十年,而其学沛然莫御。更化之明年,始入为吏部郎,望临一时,自尔入从出藩,四方以其出

---

① 楼钥文集中不见智融墓志,但他在《书老牛智融事》提及为其作墓志铭事。见楼钥原著,顾大朋点校,《楼钥集》第4册,卷66,《书老牛智融事》,页1173。
② 脱脱总纂,《宋史》,卷357,《汪应辰传》,页11876—11882。

汪应辰历仕两代，参与朝政，结识名宦名士，勤于搜藏文物。其少从吕本中、胡安国游，受知于喻樗、张九成、赵鼎、张浚，与王十朋、陈良翰、虞允文、吴璘等当朝文臣有广泛交往，先后获高宗、孝宗及张栻与吕祖谦赏识。善荐贤良如朱熹、尤袤、郑樵、李焘等人。② 兼负文才，著作甚丰，《宋史·艺文志》载其文集凡五十卷，名为《文定集》，可惜后世只存二十四卷。③ 应辰致力搜集历史文献、器物，加上其岳父名望，因此所藏名家书画甚多。就当时文集记录所及名家书帖，包括苏子美、黄山谷、朱希真、钱穆父、张耒、苏轼、喻樗、李西台、尹彦明、欧阳修、蔡襄、高宗、孝宗、徐铉、王岐公、蔡京、唐僖宗、邵雍、司马光、韩琦、富弼、赵明诚等人的作品。前代名帖包括吴彩鸾《玉篇钞》、颜鲁公《书裴将年诗》《淳化本修禊序》《乐毅论》。名画包括吴道子《魏野草堂图》与《天龙八部》，李公麟《飞骑斫鬃射杨枝》《绣球图》《九歌图》与《阳关图》，米元晖《蒋山出云》与《湖山瑞雪图》、王诜《江山秋晚图》、范宽《雪景》、燕文贵画卷、《汉晋印章图谱》之"立义行事"铜印鼻钮、韩国魏率喜胡阡长铜印驰钮④、《泰山秦篆谱》，以及欧阳修的《六一居士集》等大量丰富的名家书画与重要历史文物。

汪逵字季路，为汪应辰次子。乾道八年（1172）黄庭榜进士出身，⑤先后任吏部侍郎、权工部尚书、权吏部尚书兼太子詹事，⑥官至吏部尚书端

---

① 楼钥原著，顾大朋点校，《楼钥集》第4册，卷67，《恭题汪逵所藏高宗宸翰·绍兴五年御书廷试策问》，页1192—1193。

② 汪应辰，《文定集》（台北：台湾商务印书馆，1983，收入《景印文渊阁四库全书》第1137册，据台北故宫博物院藏本影印），卷6，《荐尤袤札子》，页1下—2上；卷13，《荐李焘与宰执书》，页13上—13下。四库馆臣指出，汪应辰为朱熹从表叔，相交甚密，契分尤深。见纪昀总纂，《四库全书总目提要》（石家庄：河北人民出版社，2000），卷158，页4075。

③ 纪昀总纂，《四库全书总目提要》，卷158，页4075。

④ 王厚之，《汉晋印章图谱》（上海：上海古籍出版社，1988，收入《说郛三种》第7册，据宛委山堂本《说郛》所收影印），页4441。

⑤ 佚名，《南宋馆阁续录》（北京：中华书局，1998，收入张富祥点校，《南宋馆阁录·续录》），卷7，页251。

⑥ 真德秀，《西山先生真文忠公文集》（台北：商务印书馆，1979，收入《原式精印大本四部丛刊正编》第61册，据上海涵芬楼借江南图书馆藏明正德刊本影印），卷19，《辞免除吏部侍郎恩命不允诏》，页23上—23下；卷20，《辞免除权工部尚书兼职依旧恩命不允诏》，页19上—19下；卷20，《辞免除权吏部尚书兼太子詹事日下供职不允诏》，页20上—20下。

明殿学士。汪逵博学多识,善书法,尝为其父代笔,颇有乃父风范,①对书画文物的搜藏与探讨兴致尤高;②交友广阔,孝宗至宁宗时重要文臣如周必大、朱熹、杨万里、袁说友与楼钥,均与之有深交。

汪逵所藏书画名品甚多。朱熹称"季路所藏法书名画甚富,计无出其右者"③,楼钥也称"其家法书甚富"④。周必大以欧阳修说苏子美喜行狎草书,汪逵所藏即颇备此体。⑤其他如淳熙五年(1178)高宗为太上皇时亲书的《祭土地文稿》真迹⑥、原收藏于绍兴御府的《东坡书李杜诸公诗》⑦,以及张栻所藏吴道子名画《昊天观壁》名画,都是世所稀有的珍品。⑧其藏《兰亭序》也被时人视为少数的"至宝物"⑨之一。汪逵曾将所搜集的《阁帖》的体式、行数汇整成体例,成为此后鉴定真伪的准则。⑩曾观览过汪逵所藏书画文物的当代著名文士,包括周必大、朱熹、杨万里、袁说友与楼钥。其中以楼钥留下的记录最多、涉及的内容也最丰富。

楼钥与汪逵结识,当始于光宗绍熙元年(1190)。当时楼钥为考功郎中,汪逵为太常博士,同任礼部进士考试的点检试卷官。⑪两人相交,一方面因彼此成长背景相近,对搜藏与评赏书画又有共同兴趣,另一方面则是结交了朱熹、周必大、舒璘等理念相近的朋友,此后也因支持赵汝愚、反对韩侂胄,以致在庆元元年(1195)袁燮、陈武和孙元卿被罢时,任国子司业的汪逵因挺身为他们辩护而同遭罢黜,⑫历经十年仍无复官机

---

① 后人对汪逵的书法虽未见评论,但从周必大说汪应辰中年以后有眼疾,"颇惮亲染",与之通问"皆季路代作",可见汪逵的书法亦当不弱。周必大,《周益公文集》(《宋集珍本丛刊》第49册),卷46,《跋汪圣锡与武义宰赵醇手书》,页9上。
② 周必大,《文忠集》,卷188,《汪季路司业》,页18下—20下。
③ 朱熹原著,陈俊民校编,《朱子全集·正集》,卷84,《跋吴道子画》,页4152—4153。
④ 楼钥原著,顾大朋点校,《楼钥集》第4册,卷67,《恭题汪逵所藏高宗宸翰·绍兴五年御书廷试策问》,页1192—1193。
⑤ 周必大,《周益公文集》(《宋集珍本丛刊》第48册),卷15,《题苏子美帖临本》,页16下—17上。
⑥ 周必大,《周益公文集》(《宋集珍本丛刊》第50册),卷174,页12上—12下。
⑦ 朱熹原著,陈俊民校编,《朱子全集·正集》,卷84,《跋东坡书李杜诸公诗》,页4150—4151。
⑧ 朱熹原著,陈俊民校编,《朱子全集·正集》,卷84,《跋吴道子画》,页4152—4153。
⑨ 袁说友,《东塘集》(台北:商务印书馆,1983,收入《景印文渊阁四库全书》第1154册,据台北故宫博物院藏本影印),卷19,《跋汪季路太傅定武本〈兰亭修禊序〉》,页12下。
⑩ 刘克庄原著,辛更儒笺校,《刘克庄集笺校》第10册,卷105,《阁帖》,页4375—4379。
⑪ 徐松辑,《宋会要辑稿》,《选举》22之10。
⑫ 汪逵过去曾力荐舒璘。脱脱,《宋史》卷410,《舒璘传》,页12339。汪逵因挺身辩护而遭罢黜事,见徐松辑,《宋会要辑稿》,《职官》73之20。

会,①一直到韩侂胄被杀,史弥远继相,号召更化,招纳被罢的在野士人,楼钥、汪逵才入京任官。汪逵被任命为工部兼太子右庶子,②与转任吏部尚书兼翰林学士的楼钥,共同检讨赵崇宪为其父赵汝愚雪冤之案,奏请"昭雪故相之辜"③。嘉定以后,二人既同朝任官,有共同的情谊与嗜好,且已过花甲之年,除关心政局国事之外,更多的时间是讨论他们所同有的文艺嗜好。这与周必大、朱熹对汪逵家藏书画讨论的时间,多在淳熙十年(1183)至庆元元年(1195)年间,是有所不同的。④

楼钥评题汪逵搜藏的书画作品,多达三十六件,其中图画有九幅,包括吴道子、李公麟(二幅)、王诜、魏野、范宽、燕文贵、米文晖(二幅)。著名的书帖达二十七种之多,其中宋代名宦的笔迹有十九种,包括徐铉、王岐公、苏子美、苏轼(四幅)、黄庭坚、蔡京、蔡襄、欧阳修、司马光(二幅)、赵明诚、富弼、韩琦,以及高宗亲笔所书、赐赠汪应辰而为汪氏传家宝的《廷试策问》与《中庸》两篇。⑤另有唐代颜真卿与唐僖宗的书帖,而传世的书法名作则有《兰亭序》两种及吴彩鸾的《唐韵》以及《乐毅论》。

楼钥讨论汪逵搜藏品的内容,重点大致可分为两方面。一是赞叹作品的珍贵与价值,这主要是对传世的名画而言,如汪逵所藏的两种《兰亭序》。楼钥曾看过十数种不同版本,自己也藏有两种,确认为汪逵所藏的定武本品质佳胜,"近亦得旧物,庶几窥典型。此本更高胜,著语安敢轻"⑥。另一种淳化本也是最好的一种⑦,而他为汪逵所藏吴彩鸾《唐韵》题跋中,也认为相传久远的真迹,俨然在"笔精墨妙信入神,间以朱丹倍晶彩",虽然至今部分字迹不全,要再刻石也不易,但楼钥以逾七十之年才见此书,已是"平生愿见心便足"⑧。《乐毅论》也是楼钥常见之名帖,汪逵所藏则被他指为精品。⑨楼钥看到汪逵所藏邵康节《观物篇》原稿,与

---

① 徐松辑,《宋会要辑稿》,《职官》74之16。
② 徐松辑,《宋会要辑稿》,《职官》7之44—45。
③ 袁燮,《絜斋集》,卷11,《资政殿大学士赠少师楼公行状》,页25下。
④ 可参考周必大《周益公文集》卷15、17、193,与《朱子全集·正集》卷10、38、64。
⑤ 楼钥原著,顾大朋点校,《楼钥集》第4册,卷67,《恭题汪逵所藏高宗宸翰·绍兴五年御书廷试策问》,页1192—1193。
⑥ 楼钥原著,顾大朋点校,《楼钥集》第1册,卷2,《跋汪季路所藏修禊序》,页44—45。
⑦ 楼钥原著,顾大朋点校,《楼钥集》第4册,卷74,《跋汪季路所藏书帖·淳化本修禊序》,页1326。
⑧ 楼钥原著,顾大朋点校,《楼钥集》第1册,卷5,《题汪季路家藏吴彩鸾唐韵后》,页120—121。
⑨ 楼钥原著,顾大朋点校,《楼钥集》第4册,卷74,《跋汪季路所藏书帖·付官奴乐毅论》,页1326。

当时所存不同版本比较之后,"始知版本失真为多"①,揭示原稿价值。

其次,则借以叙史或考史,这方面最具代表性的殆为两幅高宗御笔书帖,借御书廷试策问,述说汪应辰的际遇与政绩,及亲笔策问的价值。御书《中庸篇》的纪念性更强,文中说高宗亲笔写三千五百字的《中庸》,由赵鼎摹刻赐给新第进士。赵鼎素重汪应辰,谪死海南岛前,遗言送御书真迹给汪应辰,颇具文物与史料价值。《蔡京自书窜谪元符党人诏草》的书帖,述说蔡京当国,透过御书与违御笔为祸徽宗朝政。②在《唐僖宗赐僖实敕书》中,借着与《桯杌》一书的比对,确定这份敕书作于僖宗中和三年间,受敕书者当为黔南节度使僖实,修订王世臣及邓名世之误。③对邵康节《观物篇》,则借原书稿与书籍对照,说明版本失真的情形。④唯一一件以古讽今的,则是《温公奏稿》,借司马光平章军国重事一职来讽刺宁宗权相韩侂胄,"近岁窃平章之名而不加重字,岂其力不足以得此哉?欲尽总众职以盗大权尔,彼亦不足以知此,盖有教之者"⑤。

另一位与楼钥以书画相交的朋友,是南宋中期重要的文物搜藏家王厚之(1131—1204)。王厚之字顺伯,号厚斋,是北宋名臣王安礼的四世孙,原为临川人,其祖王榕迁居诸暨,是为诸暨人。王厚之生于绍兴元年(1131),二十六年(1156)入太学,登乾道二年(1166)萧国梁榜进士。⑥淳熙十一年(1184)监都进奏院,⑦曾任礼部试之点检卷及被派措置诸路递脚。⑧十三年,改军器监主簿,任试贤良方正直言极谏科对读官,⑨对当时将军事与一般行政传递之摆铺、斥堠、省递参混所引发的弊端,提出改革

---

① 楼钥原著,顾大朋点校,《楼钥集》第4册,卷74,《跋汪季路所藏书帖·邵康节观物篇》,页1326—1328。
② 楼钥原著,顾大朋点校,《楼钥集》第4册,卷69,《跋汪季路书画·蔡京自书窜谪元符党人诏草》,页1220。
③ 楼钥原著,顾大朋点校,《楼钥集》第4册,卷74,《跋汪季路所藏书帖·唐僖宗次僖宝敕书》,页1324—1325。
④ 楼钥原著,顾大朋点校,《楼钥集》第4册,卷74,《跋汪季路所藏书帖·邵康节观物篇》,页1326—1328。
⑤ 楼钥原著,顾大朋点校,《楼钥集》第4册,卷74,《跋汪季路所藏书帖·温公奏稿》,页1328。
⑥ 佚名,《南宋馆阁续录》,卷8,页292。
⑦ 徐松辑,《宋会要辑稿》,《选举》22之6。
⑧ 徐松辑,《宋会要辑稿》,《选举》22之6、《方域》11之31。
⑨ 徐松辑,《宋会要辑稿》,《选举》11之38。

方案。①十四年,再任礼部进士考试点检试卷官。②十五年,改秘书郎兼权仓部郎官。③十六年,除直秘阁、淮南路转运判官。④绍熙年间召为度支员外郎,先后任两浙转运判官;绍熙五年(1194)间,知临安府,被劾"好任私意,肆为异说,短于治剧"⑤,后任提点坑冶铸钱及提点江东刑狱等官,乞致仕,进直宝文阁。庆元三年被列入"伪学逆党",至嘉泰二年弛党禁;嘉泰四年(1204)卒,享年七十四岁。王厚之虽出身临川名门之后,进士及第时已三十五岁,此后的仕途也未见顺遂,这可能受南宋初期对王安石变法的负面评价,抑或与他的治事能力有关,但也更可能是他对书画文物等艺文活动的浓厚兴趣,影响了追求仕途发展的意愿所致。

王厚之是南宋知名的金石碑帖文物搜藏家与研究者。王家为临川世家,家藏书画文物不在少数,王厚之对文物搜藏的兴趣,在他入太学之后即已显现。宋人章樵《古文苑》中所收王厚之对石鼓文刻石的文章提到,徽宗大观年间置于保和殿的石鼓刻石,在靖康之役金人押之北走时,沉于黄河中,拓本与法书遂成了最宝贵之物。王厚之在绍兴二十九年(1159)于太学上庠获得,"喜而不寐,手自装治成册"⑥,此后不断搜集与研究。淳熙十年(1183),他将徐寿卿赠送的《乐毅论》,及先前所得旧本与欧阳修本相校,完全相同。⑦王厚之究心于古物已成癖,藏数益大,正如袁说友所说:"临川先生天下士,古貌古心成古癖,搜奇日富老不厌,如渴欲饮饥欲食。有时瞥眼道旁见,倒屣迎之如不及,牙签轴已过三万,集古录多千卷帙。平生着意右军处,并蓄兼收一何力。"⑧他被认为是好古博雅之士,"富藏先代彝器及金石刻"⑨与尤袤俱以博古知名于世。

王厚之的搜藏文物种类繁多且均为极致精品,洪迈说他"藏昔贤墨

---

① 徐松辑,《宋会要辑稿》,《方域》11之31—32。
② 徐松辑,《宋会要辑稿》,《选举》22之8。
③ 徐松辑,《宋会要辑稿》,《瑞异》3之15、《职官》52之17。
④ 佚名,《南宋馆阁续录》,卷8,页292;徐松辑,《宋会要辑稿》,《职官》72之51、《食货》41之20、《食货》63之61。
⑤ 徐松辑,《宋会要辑稿》,《职官》73之18。
⑥ 章樵,《古文苑》(台北:商务印书馆,1983,收入《景印文渊阁四库全书》第1332册,据台北故宫博物院藏本影印),卷1,页9上—13上。
⑦ 陈思,《宝刻丛编》(台北:商务印书馆,1983,收入《景印文渊阁四库全书》第682册,据台北故宫博物院藏乾隆四十七年[1782]文渊阁本影印)卷14,页43上—44下。
⑧ 袁说友,《东塘集》,卷2,《题王顺伯秘书所藏兰亭修禊帖》,页21上。
⑨ 张渢纂修,《宝庆会稽续志》(北京:中华书局,1990,收入《宋元方志丛刊》第7册,据嘉庆十三年[1808]刻本影印),卷5,页10下—11上。

帖至多"①，包括钟繇《力命表》，其中《乐毅论》《黄庭经》《东方赞》都是朱熹未曾见过的，②此外尚有《王荆公诗卷》③、王羲之《绛帖平》④，以及欧阳修《集古录》序的真迹⑤、李清照《金石录》序的原稿⑥，以及范仲淹致尹洙的两份书帖。⑦由毕良史、朱希真所摹集成、荐送秦熺的《钟鼎款识》，后来也归于王厚之。⑧

  王厚之搜藏的石碑更多达千种。所藏名碑包括经其确认为汉代刻于禹庙窆石的题字⑨，王厚之友人邵伟经许氏丛家所得转赠的汉代《司农许戫刘夫人碑》》⑩、颜真卿的《康府君碑》等，⑪尚有为数不少五代时期的吴越碑刻，经其考订，证明钱镠尝称帝改元，修正欧阳修、司马光的看法。⑫王厚之搜集碑刻之富，与沈虞卿、尤袤相当，杨万里即称"临川无端汲古手，席卷欧家都奄有，峋山科斗不要论，峄山埜火不经焚，尤家沈家嗛如铁，未放临川第一勋，不知临川何许得尤物，集古序篇出真笔，遂初心妒口不言，君看跋语犹怅然"⑬，元人柳贯则认为他是"中兴第一"。⑭除嗜于搜集外，王厚之亦精于金石文物的探研考究。除洪迈外，陆九渊与朱熹

---

① 洪迈，《容斋随笔·三笔》(上海：上海古籍出版社，1978)，卷16，《高子允谒刺》，页605。
② 朱熹，《朱子全集·正集》，卷82，《题乐毅论》，页4040。
③ 洪适，《盘洲文集》(台北：商务印书馆，1979，收入《原式精印大本四部丛刊正编》第56册，据上海涵芬楼影印宋刊本重印)，卷63，《跋王顺伯所藏荆公诗卷》，页11上—11下。
④ 姜夔，《绛帖平》(台北：商务印书馆，1983，收入《景印文渊阁四库全书》第682册，据台北故宫博物院藏本影印)，卷2，页5上。
⑤ 杨万里原著，辛更儒笺校，《杨万里集笺校》(北京：中华书局，2007)第3册，卷24，《跋王顺伯所藏欧公〈集古录〉序真迹》，页1215—1216。
⑥ 洪迈，《容斋随笔·四笔》，卷5，《赵德甫金石录》，页673。
⑦ 柳贯，《跋文正公与尹师鲁手启墨迹》，收入李勇先、王蓉贵校点，《范仲淹全集·附录三》(成都：四川大学出版社，2007)，页1057。
⑧ 朱彝尊，《曝书亭集》(台北：商务印书馆，1979，收入《原式精印大本四部丛刊正编》第81册，据上海涵芬楼景印原刊本影印)，卷46，《宋拓钟鼎款识跋》，页2上—2下。
⑨ 朱彝尊，《曝书亭集》，卷47，《会稽山禹庙窆石题字跋》，页3下—4上。
⑩ 洪迈，《隶续》(台北：台湾商务印书馆，1983，收入《景印文渊阁四库全书》第681册，据台北故宫博物院藏本影印)，卷2，《司农刘夫人碑》，页6下—8上。
⑪ 沈作宾修，施宿等纂，《嘉泰会稽志》(北京：中华书局，1990，收入《宋元方志丛刊》第7册，据嘉庆十三年[1808]刻本影印)，卷16，页21上。
⑫ 洪迈，《容斋随笔·四笔》，卷5，《钱武肃三改元》，页673。
⑬ 杨万里原著，辛更儒笺校，《杨万里集笺校》第3册，卷24，《跋王顺伯所藏欧公〈集古录〉序真迹》，页1215—1216。
⑭ 柳贯，《跋文正公与尹师鲁手启墨迹》，收入《范仲淹全集·附录三》，页1057。

都曾对其考订,深表肯定。①王厚之将古今碑刻详加考订成《复斋金石录》《金石录考异》《考古印章》等书,②另有《汉晋印章图谱》。③

楼钥与王厚之结识相交的时间不明,从《攻媿集》所录楼钥撰王厚之任官制书,大约均在光宗绍熙三年至五年间(1192—1194),而从楼钥对其搜藏书画题跋来看,其中有年代可稽,最晚的时间是他七十四岁那年,④时为嘉定三年(1210),则王厚之已逝世六年矣。由此推知,二人订交或在光宗末与宁宗嘉泰四年以前,大约在二人罢官闲退时期。

楼钥看过的王厚之搜藏书帖,凡十一种,包括黄长睿的《东观余论》《范仲淹致尹洙帖》《王安石书佛语》、林和靖《与通判帖》、王羲之章草、米元章行书、篆书、隶书三帖、苏子美《锦鸡诗》、钟繇《力命表》,以及几件《兰亭序》,⑤对他的收藏之富与文艺修为十分赞赏,说"王顺伯博雅好古,蓄石刻千计,单骑赋归,行李亦数箧,家藏可知也。评论字法,旁求篆隶,上下数千载,衮衮不能字休,而一语不轻发"⑥。对其所藏多样的《兰亭序》深为折服,说到:"顺伯好石刻成癖,兰亭善本收至三四未已。余家无一名帖,心顾好之,把玩不忍去手,虽未若顺伯之膏肓,然疾在膝里矣,岂所谓不治将深者也。"⑦其中包括被尤袤誉为当代《兰亭序》第一本的定武本。⑧王厚之与尤袤均被南宋文人认为是精通《禊帖》等书帖的博雅之士。⑨

从楼钥与汪、王二位书画文物搜藏家的交往与文字内容,可以观察到这与上节所述他与智融、王卿月二位名画家的关系,有相当大的差

---

① 见陆九渊原著,钟哲点校,《陆九渊集》(北京:中华书局,1980),卷34,《语录上》页406;《陆九渊集》,卷35,《语录下》,页447;朱熹原著,陈俊民编,《朱子全集·正集》,卷82,《题钟繇帖》,页4041;《朱子全集·正集》,卷82,《跋兰亭序》,页4186。
② 张淏纂修,《宝庆会稽续志》,卷5,页10下。
③ 方以智,《通雅》(台北:商务印书馆,1983,收入《景印文渊阁四库全书》第857册,据台北故宫博物院藏本影印),卷16,《地舆》,页2上。
④ 楼钥原著,顾大朋点校,《楼钥集》第4册,卷74,《题黄长睿东观余论》,页1333。
⑤ 楼钥原著,顾大朋点校,《楼钥集》第4册,卷68,《跋王顺伯所藏二帖》,页1196—1197;卷69,《跋王顺伯家藏帖》,页1222—1223;卷74,《题黄长睿东观余论》,页1332—1333。
⑥ 楼钥原著,顾大朋点校,《楼钥集》第4册,卷68,《跋王顺伯所藏二帖·钟繇力命表》,页1196。
⑦ 楼钥原著,顾大朋点校,《楼钥集》第4册,卷68,《跋王顺伯所藏二帖·定武修禊序》,页1197。
⑧ 尤袤,《梁溪遗稿》(台北:商务印书馆,1983,收入《景印文渊阁四库全书》第1149册,据台北故宫博物院藏本影印),卷2,《跋兰亭》,页19上—22下;楼钥原著,顾大朋点校,《楼钥集》第4册,卷71,《王伯长定武修禊序》,页1262。
⑨ 刘克庄原著,辛更儒笺校,《刘克庄集笺校》第10册,卷104,《禊三帖》,页4373—4374;卷110,《跋郑子善通守诸帖·乐毅论》,页4565。

异。首先，楼钥与汪、王二人的结识时间较晚，绍熙元年与汪逵结识，而与王厚之订交则当在绍熙三年至五年间，都是这三个人政治生涯的中晚期，尤其是三人经历宁宗初期政局变动，都曾被列入庆元党禁名单，遭到罢黜，赋闲多时，如楼钥即有长达十三年的闲退乡居岁月。这段时间，他积极从事乡里公益活动及耆老诗友的结社，并串建家族历史记忆，形塑家族传统，与子侄共同搜集整理家族文物。①三人政治遭遇相同，家族背景相似，先人都曾是朝廷重臣（楼异、楼璹、汪应辰、王安礼），与当代名流望族有过密切的交往，且政治经历变动甚大，足以留下许多丰硕的文献与回忆。同时，这两个家族都在江南，未受政局冲击而漂泊迁移，家族及先人遗物保留较为齐全。同是江南望族，又有共同的仕宦经历，有充裕的时间得以彼此切磋、讨论艺术文物，更重要的是三人对搜集古文物、探究考订历史源流与文物价值的癖好与能力相近，乃引发彼此讨论切磋的兴趣，致关系益形密切。

观察楼、汪、王三人的搜藏、嗜好与评赏的兴趣，可以发现他们都对书法有关的文物较有偏好，尤其喜好如王羲之父子的作品等古代名帖，以及当代皇帝御笔及名臣遗墨。这方面可能由于四明楼氏宅园曾在建炎三年（1129）金兵进犯时遭焚毁，留下家族纪念性文物较少，引发楼钥积极向富盛家族搜求能彰显家族名望的文物的动力，并借由字学考订的长才，讨论书帖的文献价值。这也显示在古物的搜藏与认识上，楼钥是学习者，而对文物的价值认定，则为其特长。显然他对书法的兴趣与评鉴能力，优于绘画。

七、余论

本文从楼钥的家族搜藏与家学传统，及其受书法前辈启迪的过程，观察他书画文物评赏能力的养成，并以此为基础，以个案介绍楼钥仕宦历程中，缔结书画同好、以艺会友的实况。

现有资料显示，楼钥精于书法但不谙绘画，此固与个人禀赋及家族传统有关，然或亦反映宋代多数士人评赏搜藏书画的特质。意即，其书画搜藏多以与父祖先人交往的文人书画为主，前代及传世的名作为次；

---

① 参见黄宽重，《串建历史记忆、形塑家族传承——以楼钥及其族人的书画文物搜藏与书籍刊刻为例》，页1—22。参本编第二篇。

从讨论内容观察,则多视藏品为好友聚会共赏的对象,而非如后世意在争取真本、竞逐个人搜罗文物之本事,楼钥多次临摹名帖即为显例。也就是说,书画是宋代士人之间交游讨论、以艺会友的凭借,讨论范围以作品所涉知识内涵为主,而以美学、经济价值为次。

另一方面,楼钥精于书法、不谙绘画,也相当程度反映宋代文人画的发展过程。北宋以来,绘画创作及鉴赏活动深入文人生活,画作怡情悦性,体现文人文化修养。[①]然而,宋代画院有专致其业的官员,除少数专致绘画者外,多数以功名仕进为重的士人,对书法的训练与讲求重于绘画,绘画多作为友朋之间闲暇交际时把玩评赏之用。因此,对多数仕宦者而言,品评书画的主题是画境风格与技艺为重,较少措意于绘画鉴别的理论,这也更能说明书画文物对士人官僚交流的意义。尤有甚者,拥有书画文物及具有讨论能力的人,虽能形成社群,但人数不多,更凸显其与一般人际互动间的雅俗之别。

宋代士人强调寻古以创新。搜集、展现所藏书画文物,是士人入仕后,有志于精神文明生活所努力经营的方向,也是营建人际关系,及形塑家族文化传承的主要活动之一。因此,众多仕历有成的富盛官僚家族,积极搜求稀古文物或当代珍宝,经营布置幽雅的宅院,以为庋藏文物与塑造艺术氛围的场所。其借同好交流之便,使子弟得以浸淫于艺文气氛之中,陶铸其学艺能力,形成家族的艺文传统。书画文物更是经营人脉的利器,把玩鉴赏构成士人官僚日常生活与人际交往的一环,兴味相近者甚至组成雅集,彼此切磋讨论,并将之纳入诗文创作中,形成个人著作中的主要内容。他们的讨论内容除了当代名人文士的墨迹之外,尤热衷于搜集评点前代著名书法家流传的墨宝。楼钥与汪逵、王厚之,乃至尤袤等人曾对不同版本的《兰亭序》作题跋记,提出鉴赏心得,正可以与南宋士大夫对《兰亭序》收藏与评论的高度兴趣,形成相互辉映的时代风尚。[②]这种"以艺会友"、追求高雅艺术内涵的士人,自视与一般单纯追求仕进的官僚有别,成为士人群体中鉴别文化素养的另一准则,也是另一种身份的象征。

---

① 石守谦,《赋彩制形——传统中国美学思想与艺术批评》,收入郭继生主编,《美感与造型》(台北:联经出版事业公司,1982),页51—59。
② 关于南宋士大夫对《兰亭序》收藏与讨论的兴趣,参见陈一梅,《宋人关于〈兰亭序〉的收藏与研究》(杭州:中国美术学院出版社,2011)。详细的讨论内容则见本书。

如同多数宋代士大夫,楼钥通过科举,追求仕进,积极参与中央朝政,推动地方教化,乃至致力学术,改善乡里社会等,契合儒家传统的基本信念与关怀,也形成认同"士人"身份的共同准则。科举既为有志于仕宦者的必经之途,考试所依凭的儒家经典,是宋代士人教育养成最重要的资源,也是唯一的"正道",舍此则往往被视之为"小道"。然而,宋代社会分工日益繁复多元、社会经济变迁日趋迅速,众多士人追求科举仕进,却未必人人得意,需要靠宗教以求精神慰藉、抒解心理压力,或挟知识从事官宦之外如医、商等行业,以技术专业谋生。因此,过去被视为小道的佛道、医卜、堪舆之术,在社会中大量出现并渐趋专业化,部分以此为业的士人甚至著书立说,影响社会。久之,这些传统儒学以外的文化元素,也渗透进士人的日常生活中,士大夫与从事小道者互动密切,并且被纳入学习的范畴中,从真德秀与袁燮对楼钥学习经历的描述,即可发现楼钥具备广泛学习的经验,是一位博学者。这种现象,构成宋代,特别是南宋士庶社会多元发展的新样貌。关于这方面的研究,目前学界已获致相当的成果,但也仍有开展空间。①

同样的,在宋代士人视为正道的层面上,亦有努力的空间。目前关于宋代士人官僚的讨论,对科举、教育,及参与中央与地方政务教化、乡里关怀、推动社会福利等属于儒家经世性的政治社会活动的成果,十分丰硕,这也彰显宋代士人活动的主轴所在。不过,在士人官僚文化精神层面的探讨上,仍以诗文结社、游赏唱酬等文化活动及学术思想活动为主,对构成士人日常生活,乃至交游依托的书画文物等"艺"的讨论,则相对贫乏。然而,艺术文化虽非科举必考科目,却是儒者陶冶身心、厚植素养、鉴别雅俗的主要依据,也是儒家追求的六艺之一,经过数千年的积累,已成为中华文化在世界上的重要传统与特色。鉴于目前历史学界对"以艺会友"所形成的人际关系及艺文生活的讨论,仍待开拓,本文以楼

---

① 目前台湾学者的讨论,以廖咸惠与刘祥光为主。廖咸惠,《祈求神启:宋代科举考生的崇拜行为与民间信仰》,《新史学》,第15卷第4期(台北:2004.12),页41—92;《体验"小道":宋代士人生活中的术士与术数》,《新史学》,第20卷第4期(台北:2009.12),页1—58;《探休咎:宋代士大夫的命运观与卜算行为》,收入《走向近代:国史发展与区域动向》(台北:东华书局,2004),页1—43;《墓葬与风水:宋代における地理师の社会的位置》,《都市文化研究》,第10期(大阪:2008.3),页96—115。刘祥光,《两宋士人与卜算文化的成长》,收入蒲慕州主编,《鬼魅神魔:中国通俗文化侧写》(台北:麦田出版社,2005),页221—277;《宋代风水文化的扩展》,《台大历史学报》,第45期(台北:2010.6),页1—78。

钥为例进行初步探讨,旨在吁请先进同道,共同关注此类议题,拓展不论宋代士人视为"正道"或是"小道"的文化活动研究,以呈现宋代,特别是南宋更完整而多元的社会文化面貌。

肆　刘宰的人际关系与乡里公益

一、前言

刘宰是宋代从事灾荒救济的人物中，具有代表性的一位。他并非出身高门巨富，中进士后，也只任地方幕职与基层的亲民官，职级不高，任职不长，四十岁即以病辞官。居乡超过三十年，以乡绅的身份，集结民间的力量，发动多次大规模的赈济活动，被宋史前辈刘子健教授誉为当时中国或世界历史上，极为少见的私办救济活动的慈善家。①

关于刘宰的生平和三次赈饥事迹，刘子健教授有宏文论述。刘教授透过《漫塘集》等资料，对刘宰一生做了相当深入的探讨。他指出刘宰是《京口耆旧传》一书的作者，提出南宋式乡绅的新类型，以及传统社会士人虽有善举，却不发展民间的社团组织等重要论点，是一篇极有创见与启发性的学术论文。

不过，刘子健教授关于刘宰的研究，仍留下一些值得开展的议题。他修正《京口耆旧传·刘宰传》所记"绝交中朝及四方通显"的描述，指出刘宰虽颜面受损，少与士人、官员见面，但文字往来通声气者多；特别举真德秀、魏了翁以及史弥坚等史氏族人为例，说明刘宰与各地的士大夫和地方官都有交往。不过，显然受篇幅及主题的影响，对人际关系的讨论不多，且让人觉得刘宰的交游圈不广，同时对其人际关系与社会关怀之间的联结较弱。为进一步阐发刘子健教授的观点，本文拟以刘宰的《漫塘集》《京口耆旧传》为主，结合嘉定与至顺《镇江志》及当时人的著作，讨论刘宰的人际关系、几个助其开展人际关系的关键性人物，以掌握刘宰的社会网络与社会地位建立的过程；及他借由怎样的方式，利用哪些议题凝聚社会资源，实践赈饥的理念。由于篇幅的限制，本文仅针对

---

① 刘子健，《刘宰和赈饥》，收入氏著，《两宋史研究汇编》（台北：联经出版公司，1987），页307—359。

上述两个议题进行论述,提出个人的观察意见。

二、刘宰的人际关系

刘宰以乡绅的身份,结合众力推动三次大规模的赈饥举动,让他博得崇敬,在许多高官名宦的力荐下,宋廷两度延揽他任官,均被婉谢,仍居乡从事关怀乡里的事业,终得以一介乡居士人,名列《宋史》列传,成为后世善举的典范。

从《宋史》本传以及《京口耆旧传》的资料来看,刘宰一生给人两个深刻的印象,一是长期称病,退居乡里、屡召不仕,绝交中朝及四方通显者,一是以恤穷饥,抚存殁为心,虽生理素薄,却是以私人之身,推动社会救济的乡绅。这样论述的背后,值得进一步探究的是:除了个人特殊的魅力与理念之外,刘宰凭什么能动员如此庞大的人力、物力,发挥三次大规模救助饥民的善举?要探讨这一议题,需要对刘宰生平事迹及其著作,有更广泛与深入的探究。

刘宰好友王遂在淳祐二年(1242)为《漫塘集》写的序文中说,刘宰早年的文稿"散佚不存",中年所作"赵师𦈡者抄录最多,其余友朋亦以类至",由其子所汇次的文稿称为前集,即现存三十六卷本的《漫塘集》。而后集尚待汇整,十卷《语录》不存。王遂宣称,当时出版的《漫塘集》不及刘宰一生所撰文稿的十分之四五。[①]其他文献可见少数佚文,《琴川志》第十二卷的刘宰《义役记》,即不见于各本《漫塘集》。[②]另一方面,传世《漫塘集》所收亦不尽然完整。如第二十二卷的《甲申粥局记》仅有正文,失收七十位捐助者名单,所幸得见于《江苏金石志》第十五卷所收同篇记文(题《金坛县嘉定甲申粥局记》),这份名单对了解参与嘉定十六年(1223)刘宰第二次赈饥人员的身份,非常重要。[③]由于资料散失,我们难以完整掌握刘宰生平事迹,但《漫塘集》保存的大量记、序、墓志,乃至书信资料,对了解刘宰的生平事迹及时政发展,仍然极有帮助;特别是十五

---

① 序文参见《漫塘文集》(北京:线装书局,2004,收入《宋集珍本丛刊》第72册,据万历三十二年[1604]刻本影印),卷首,页1上—2下。民国初年之《嘉业堂丛书》本《漫塘文集》据明本重印,亦收录王遂序文。不过,本文不见于文渊阁四库全书本《漫塘集》。
② 参见郑利锋,《〈全宋文〉补遗》,《中州学刊》,2013年第9期(郑州:2013.9),页158—159。
③ 缪荃孙,《江苏通志稿》(江苏:江苏通志局,1927),《金石》十五,页15下—20上。

卷的书启与十二卷的墓志、行状、祭文等，内容非常丰富。若辅以《京口耆旧传》所记宋代镇江府耆旧望族的人物资料，并参照与他往来且有文集留存者的资料，对刘宰的生平及其人脉经营的实况，当更清楚。

通过《漫塘集》了解的刘宰的人生，远较个人传记所呈现的印象，来得丰富而清晰。刘宰一生虽然居官之日少，居乡之日多，且因病痛，较少参与公共事务，但他通过书信文字与人联络，表达对政局变动、人事变迁，乃至边防事务的关心，尤其关注基层吏治、地方福祉，甚至部分艺文与旅游活动，都可见于他的著作中。此外，他所交往的人员，较之活跃于政坛上的官员或名儒不遑多让，更不符合一个自称病叟的退隐之士给人的印象。可以说《漫塘集》所涉及事务的层面之广、往来人物之多、内容之丰富，远非个人传记所能及，更与传记描述他避世的样貌，截然有别。

刘宰活动的时间，约从宋宁宗到理宗亲政，前后四十年，这是南宋中晚期时局变动最激烈的时期。对宋廷的外在环境而言，经历开禧北伐、宋金缔结和约及再起战争、宋蒙联军灭金、宋蒙和战，以及山东忠义军李全叛金而又叛宋，正是南宋和战与外交政策变动频繁的时刻。刘宰所居住的镇江是南宋接近淮边的边防重镇，[①]他亲历了边防与战事所衍生的诸多问题。从内政而言，在宁宗一朝，先有韩侂胄专权、压抑道学的庆元党禁，及开禧北伐失败后，开启史弥远专政的时代。宁宗死后，因拥理宗废济王，引发宋廷权力斗争，造成史弥远擅权专政。理宗亲政后，由郑清之主导时政，引入清议份子，开启所谓端平更化的新纪元。这期间政局的变动与人事的更迭，十分激烈。刘宰虽远离政治核心，却也得知朝政变化，与亲友讨论或发表对时局的看法。

刘宰虽在嘉定二年（1209）以后居乡，但与涉及边防和内政各层级的人物都有互动。《漫塘集》中，可以看到刘宰针对当时外交与内政的重要问题，向不同层级的官员反映意见、表达立场的文字。文集中所见与他有直接来往、对朝政具影响的人物很多，包括邓友龙、钱象祖、卫泾、史弥远、郑清之、乔行简、杜范、宣缯、薛极、葛洪、李壁等宰执人士；其他如汪纲、汪统兄弟，赵方、赵范、赵葵父子，袁燮、袁肃、袁乔、袁甫父子，吴渊、吴潜兄弟，李心传、李道传兄弟，史弥坚、史弥巩兄弟，赵蕃、周南、李燔、余嵘、岳珂、黄度、辛弃疾、真德秀、魏了翁、王塈、杨简、李骏、陈韡、倪思

---

① 小林晃，《南宋晚期对两淮防卫军的驾御体制——从浙西两淮发运司到公田法》，收入邓小南主编，《过程·空间：宋代政治史再探研》（北京：北京大学出版社，2017），页272—291。

等执政者,以及武将周虎、刘倬等人。从文集的内容,我们可以看到他与人相交的不同样态、对时局的观察及意见,其中部分内容颇可补一般史籍记述之不足,具史料价值。此一部分,拟另文讨论。

除中央执政官员外,刘宰与历任知镇江府及金坛县官员的往来尤为频繁。刘宰交往的人士包括倪思、傅伯成、丘寿隽、辛弃疾、杨绍云、冯多福、桂如琥、何处久、赵善湘、吴渊、吴潜、韩大伦、赵范、乔行简、李大东、葛洪、史弥坚、通判高不倚、史时之,知金坛的叶岘、魏文中、林佑卿,及县尉、县丞、主簿乃至邻近地区如宜兴、丹阳、溧阳、丹徒、句容、江宁等县的众多官员。书信的内容除一般性的礼尚往来、馈赠之外,尤多涉及地方财政及民生事务。

《漫塘集》中也保留刘宰与亲戚、同乡、同年、同学、好友的往来资料。亲友包括他的家人、兄弟、岳父梁季珌、族人和姻亲;同年则有张嗣古(敏则)、史宅之、李埴、李燔、度正、丁黼、周南、朱景渊。乡里友人则有胡伯量(泳)、张端衡、张端袤兄弟、王遂、王逢兄弟、钟颖、赵崇忠、陈景周、艾谦、赵时侃、赵若珪父子、孙沂、翟起宗等人。这些人更是他关怀地方福祉、推动地方救济活动最重要的伙伴。

《漫塘集》所见刘宰往来的人物,超过二百人,关注的议题多样,涉及的层面广泛,显示他善于结交朋友。更具特色的是,他与不同时期的执政者均有密切往来。从文集所示通信对象看,自韩侂胄专权到理宗亲政期间,除了未见刘宰与韩侂胄直接通信外,他与钱象祖、卫泾、史弥远、乔行简、郑清之,均有直接联络;与众多名儒重臣乃至武将也有密切往来。这些官员、名儒之间,不仅对内政外交的态度、政策颇有不同,甚至立场对立、相互攻讦,但他均与之交往,且维持相当友好的关系,与当时一般在任的官员相比,有很大的差异。这种与各界人士保持等距离关系的态度,正是他广获资源,得以推动救助活动、落实关怀乡里的很重要的基础。

三、助刘宰扩展人际关系的关键人物

刘宰能广泛与各方保持联系,建立人脉网络,得力于几位亲友的鼎力支持。当然,在刘宰人生的不同阶段,有许多人协助他扩展或维系人际关系。但如果考虑从韩侂胄、史弥远到郑清之三个不同阶段的时局变化,那么他的岳父梁季珌、曾知金坛县的王暨和他同乡好友兼姻亲的王遂,显然是他得以与三个性质相异的秉政者维持良好关系的关键人物。

对刘宰早期人际关系的扩展具有关键性的人物,无疑是他的第二任岳父梁季珌。刘宰二十六岁出任江宁县尉时,与嘉兴富人陶士达的季女结婚,但陶氏旋即于绍熙四年(1193)逝世,享年二十四岁。[①]庆元二年(1196),刘宰因同年张敏则的介绍,娶时任知光州正返朝的梁季珌之长女为妻。梁季珌字饰父,丽水人,是高宗朝臣梁汝嘉的幼子,以遗泽恩入仕,先后任提举湖北常平茶盐司公事、江南西路常平茶盐公事、江南东路提点刑狱公事、淮南路转运判官兼淮东提刑等职。嘉泰初,任尚书户部郎中,总领淮东军马钱粮;嘉泰二年(1202)八月,除太府卿,权知镇江府;开禧元年(1205)九月,除中书门下省检正诸房公事,继权户部侍郎兼勅令所同详定官。宋金战事爆发,他负责军需调度。嘉定元年(1208),真除吏部侍郎兼勅令所详定官,同年九月死,享年六十六岁。[②]

梁季珌在宁宗初期参与边防与朝政,来往官吏多、人脉广,有助于刘宰开拓人际关系。梁任总领所期间,刘宰在真州及泰兴任官,地理相近,关系密切,有机会代岳父拟文稿。刘宰早期的资料虽多佚失,但《漫塘集》中仍保留四篇刘宰代梁季珌拟与人交往的书稿。另外,从两封刘宰给知宜兴县赵若愚与江东帅臣陈韡的信中,都可以看到梁季珌对开拓刘宰人际关系的重要角色。大约绍定三年(1230),刘宰回宜兴知县赵若愚的书中,提到刘宰在庆元四、五年间任仪真椽时,认识赵父的门下士徐不愚,想通过徐拜见赵少师不得,"然颇闻先少师逢人说项斯,所与外舅书,必赐垂问,知过庭之助为多"[③]。大约在端平二年(1235)刘宰给江东帅臣陈韡的信说:"某犹记昔岁,于外舅梁总侍书院中,得一望履舄之光。继此鹏抟鲲化,日摩穹苍,而某蜩鸴之飞,止于抢榆枋,无阶际会,惟极倾瞻。"[④]而他能在开禧北伐前谏邓友龙不宜贸然起战端,[⑤]及杀韩侂胄后,代撰丞相钱象祖的奏劄,直接讨论罢漕试、太学补试的信,以及给参知政事卫泾的信等,当与其岳父的人际关系,密不可分。刘宰也因岳父之故,

---

① 刘宰,《漫塘集》(台北:商务印书馆,1983,收入《景印文渊阁四库全书》第1170册,据台北故宫博物院藏乾隆四十七年[1782]文渊阁本影印),卷32,《故宣义郎致仕陶公圹志》,页24下—25上;同卷,《前室安人陶氏圹铭》,页36上。本文以下注引《漫塘集》,均为文渊阁四库全书本。
② 刘宰,《漫塘集》,卷33,《故吏部梁侍郎行状》,页1上—8上。
③ 刘宰,《漫塘集》,卷6,《回宜兴赵百里与恝一》,页8下。
④ 刘宰,《漫塘集》,卷11,《回江东帅陈侍郎韡》,页9上。
⑤ 刘宰,《漫塘集》,卷16,《上邓侍郎友龙》,页2上—4下。

与丽水富室善于助人的柳谧结为姻亲。①

刘宰之所以选择退隐,固与脸面病变有关,当也是他观察时局变化后的决定。刘宰是位理想性相当高的士人,对荐举求仕进并不热衷。《京口耆旧传·刘宰传》说:"初公与同志者叹世道之薄,相约终任不求举,独公与上元尉朱晞颜终始不渝。"②韩侂胄禁道学时,"会漕司以朝旨下州,责有出身任人状,称不系伪学,不读周程氏书,方许充考试",刘宰深为不满,言"平生所学谓何,首可断,此状不可得也,遂独不与差。是时学禁严切,上下迎承,公知时不可仕"③。即有意辞官,因考虑家庭经济而未辞。开禧二年(1206)免丧,"入京默观时势,不乐仕"④,及韩侂胄被杀,与他有关系的钱象祖、卫泾虽分任要职,却旋即被史弥远取代,其岳父又逝世,更让刘宰感伤世变之骤及世态炎凉,遂以得风疾、浸淫满面为由,乞岳祠以归。⑤关于刘宰乞归一事,从他在宝庆初年婉辞朝廷任官时给友人李燔的信中"嘉定更化之初,钱、卫秉政,既缀名堂审,后以钱、卫俱去,今相国(指史弥远)未尝识面,到堂既不可,赴都又不可,遂成蹭蹬"⑥的话可得到证明。这句话与《京口耆旧传》所说"时相(史弥远)亦屡讽执政从官,贻书挽公,公峻辞以绝"⑦,显有出入。但对照《宋史》本传所说"默观时变,顿不乐仕"⑧,则他的乞祠,显然与他亲历时局骤变与执政人事变化的关系更为密切。

史弥远掌政期间,乞祠在乡的刘宰,仍与中央及地方官员保持关系。嘉定时期正值史弥远独相当政,刘宰虽未主动联系,但他与史氏家人史宅之和史弥坚关系密切。嘉定七年(1214),史弥坚知镇江府后,请刘宰搜集镇江府志的资料,以及提供救灾经验。这让史弥坚对刘宰十分肯定,曾向朝廷推荐他。史弥远的儿子史宅之则是刘宰的同年。因为这些机缘,让刘宰在嘉定七年以后,与当政的史弥远维持平稳的关系。

---

① 刘宰,《漫塘集》,卷28,《柳宫巡墓志铭》,页6下—9上。
② 佚名,《京口耆旧传》(台北:商务印书馆,1983,收入《景印文渊阁四库全书》第451册,据台北故宫博物院藏乾隆四十七年[1782]文渊阁本影印),卷9,《刘宰》,页11下。另参刘宰,《漫塘集》,卷29,《故潮州通判朱朝奉墓志铭》,页6;卷2,《怀林维国》,页14上下。
③ 佚名,《京口耆旧传》,卷9,《刘宰》,页12上。
④ 佚名,《京口耆旧传》,卷9,《刘宰》,页12上。
⑤ 刘宰,《漫塘集》,卷5,《辞免除藉田令第一状》,页1上—2上。
⑥ 刘宰,《漫塘集》,卷10,《回李司直燔》,页24上—25下。
⑦ 佚名,《京口耆旧传》,卷9,《刘宰》,页12下。
⑧ 脱脱总纂,《宋史》(北京:中华书局,1977),卷401,《刘宰传》,页12167。

曾知金坛县事的王塈,则是理宗时期,在刘宰与史弥远之间扮演更重要的媒介角色。王塈字克家,是四明人,与史弥远同乡,庆元五年(1199)进士,嘉定八年(1215)任知金坛县。先是嘉定六年,史弥坚知镇江府,七年杜范任金坛县尉。①这三个人在三年间,积极编纂镇江府志、推动救济等地方公益活动。王塈在金坛,先后重修灵济庙,举行乡饮酒仪,将没入之官田助游仙乡二十一都设置义役庄等,获县民的肯定,刘宰有多篇记述的文字,②表示对王、杜二人的作为十分赞赏,说"王君不事苛扰,故役竟而人不知,杜君明述利害,故令行而民不病"③。此后,刘宰一直与杜范、王塈维持深厚的情谊。

王塈因获史弥远的赏识,从嘉定十五年(1222)任秘书丞起,很快转任著作郎、将作少监、军器监兼侍讲。宝庆元年(1225)九月为中书舍人,三年二月以吏部侍郎兼修国史,绍定二年(1229)权兵部侍郎知贡举。理宗继位之初,史弥远为化解济王案的紧张关系,积极招用外放及退祠官员回朝廷任职。刘宰也受到史弥远的青睐,他给好友李燔的信说"上初即位,丞相亦怜其沉滞,赐以招徕,以开其入仕之门"④,在被延揽之列。刘宰无意出仕,屡辞。此时史弥坚已退职,王塈成为刘宰与史弥远联系的唯一管道。《漫塘集》中共有九封刘宰给王塈的书信。结合这些书函与刘宰前后达十封的辞免奏状,及刘宰给史弥远的三封书剳,可以看出王塈在宋廷擢用刘宰的过程中,扮演了十分重要的角色,也显示王塈与史弥远、刘宰的交情和刘宰对朝廷处理事情的态度。

宝庆元年(1225)四月,宋廷除刘宰为九品选人的籍田令。推荐刘宰返京任职的人,除史弥坚外,也有王塈。刘宰在给已退闲居沧州的史弥坚的信中,感谢史的推荐,说"尚书念提封之旧,而忘其陆沉,欲曲成之,故当圣天子求士之初,首加论荐。朝廷观人以所主,复不加考察,俾缀缙绅之后,某实何人,有此殊遇"。但以老病坚辞,说"方嘉定初元,朝廷更化,首叨堂审之命,既以疾辞矣。安有辞荣于血气方刚之时,而可求荣于

---

① 见王荣编,曹清华校点,《杜清献公年谱》(成都:四川大学出版社,2002,收入《宋人年谱丛刊》第11册),页7524—7525。
② 刘宰,《漫塘集》,卷21,《重修灵济庙记》,页6上—7下;卷21,《游仙乡二十一都义役庄记》,页27下—29下;卷19,《乡饮酒仪序》,页6下—8上。
③ 刘宰,《漫塘集》,卷21,《重修灵济庙记》,页7上下。
④ 刘宰,《漫塘集》,卷10,《回李司直燔》,页24上—25下。

血气既衰之后乎"①,同时先后有三封辞免状,表明辞意,并推荐罗愚、周师成、杜范、潘汇征、洪秉哲、戴垈等六人,请朝廷择一任命。②八月,宋廷改任刘宰为京官的奉议郎建康通判。刘宰除辞免外,并请王塈转致信给丞相史弥远,感谢史的提拔,说明请辞原因,请求谅解;更重要的是,刘宰劝史弥远效法其父亲史浩翩然辞退。刘宰指出,光宗继位后,史浩虽然出面协调光宗与孝宗的关系,许多人都期待史浩再秉政,但他选择返家乡颐养天年;如今丞相执政已十九年,正是效法史浩乞退的良机。刘宰认为,目前有许多人劝史弥远继续秉政:"某窃谓为此说者,左右前后,自为身计者之谋,非所以为大丞相计也。……惟狃目前,咈然佥异议之来,而幸其同则止,戚然虑事变之作,而幸其平则止。縻之以爵禄,而恩意有时而穷,压之以刑威,而势力有时而屈,防之以知术,而事常出于意料之表。当是时左右前后之人,志得意满,皆将自择其身之利。而大丞相独谁与同其忧乎。"并举自己因病辞退以来的心境为例:"某病废以来,得自适其适,虽无爵位之安,而危不迫其身,虽无富贵之乐,而忧不入其心。每愿持此献于有位者而无其阶",因感于史的左右之人"希容悦者多,能不逆畏其忤,而直致其辞者寡",因此在致谢之余"具短启申献",若丞相能置之坐侧,时一览观,考虑他的建议。能"从赤松之游,寻绿野之胜,从容天台四明之间,以访先越王经行之旧",则刘宰愿"幅巾短褐,拜谒道左,以自附于宾客之下陈,不胜爱助之至"③。信的内容充分表露期待史弥远急流勇退的心情,言词甚为直接而恳切,与一般恭维感谢的信札截然不同。

  刘宰写这封信的时间甚为敏感。这是在济王案发生之后,当时许多朝臣严词批判史弥远,史弥远对待那些批判的清议份子,如胡梦昱、徐暄、刘克庄等人均加罪贬谪。对真德秀、魏了翁的批评也通过台谏劾论,引发他们愤然下野。当肃杀之气甚盛,时局紧张之际,这种劝退性的信,其敏感性与平时的情境差异极大,因此转信的人至关重要。刘宰将此一任务寄托于王塈。他给王塈的劄子中,强调他给史弥远信的特殊用意:"叙谢之书,若自同常人,一于道古今,誉盛德,则是亦常人尔,无乃孤非常之遇乎。凡斋心兀坐旬日,而后得一启一劄,致谢之外,并不敢及时

---

① 刘宰,《漫塘集》,卷8,《通史尚书》,页7下。
② 刘宰,《漫塘集》,卷5,《辞免除籍田令第二状》,页2下—4上。
③ 刘宰,《漫塘集》,卷7,《上史丞相(一)》,页2下—4上。

事,只论出处进退之义。启中犹援一二故事,剖中只以丞相先越王为说。……前承许为转达,自揣非台坐亦莫能达"①,显示他们二人的交情非比寻常。

刘宰辞状及感谢史弥远的信,获得史丞相的回应,"丞相不惟赦而不诛,又从而赐之荅"②。更于次年正月,改任刘宰为奉议郎,除直秘阁,主管建康军仙都观。刘宰有二信上史弥远,最后表明仅接受奉议郎主管仙都观,不敢接受直秘阁,并再以:"四明山水胜处,平泉之嘉花美木,列植交荫,皆欣欣然若有待,画锦焜耀,此其时欤"③,期待史弥远能选择恬退。同时,前后写了八封信,向王塈表达感谢之意,特别是代转信给丞相,"忠于为人,始终不渝。大丞相宽以逮下,贱微不弃,尤极感叹",但为避免辞状引起误会或不识大体,"以是又写得一状,并以申浼,欲望中书悉为过目,赐之区处。若见得丞相能洞达此心,不以牢辞为忤。则望竟为上丏免之牍。或觉意有未顺,则且以后状致访医之请,庶目前不太拒违,三两月后,却可从容布露。惟中书推成始成终之心,为深思而审处"④,并对王塈"颁示省剖及告命,其间劝勉之勤,奖予之过,皆出一力"⑤,由衷感谢。更值得重视的是在稍后的信中,刘宰对朝廷处理济王案,表达不满与关心,希望王塈协助化解,说"济狱已竟,正朝廷力行好事之时。向来施行太过,如胡评事等事,宜亟有以转之,在中书良易耳"⑥。此后还有几封信提到他应对辞职的几种方式,但不敢与赵蕃相比。⑦信中一再期许王塈不媚于流俗,设法影响史弥远调整政策,或说"中书今以心膂之臣,而居喉衿之地……必不忍唯阿所好,浮湛流俗,使百世之下有所追憾"⑧。或说"中书于丞相情分至厚,宜有以佐之,乘此一反前事,顺人心以回天意。不然,异时小有不至,或者不能无归咎也"⑨,并说明他所以如此恳切陈词,乃感于王塈的特识之知,"丞相之施于某者固厚,而中

---

① 刘宰,《漫塘集》,卷7,《通王中书(一)》,页10下—11上。
② 刘宰,《漫塘集》,卷7,《上史丞相(二)》,页4上。
③ 刘宰,《漫塘集》,卷7,《上史丞相(三)》,页6下。
④ 刘宰,《漫塘集》,卷7,《通王中书(二)》,页12上—13上。
⑤ 刘宰,《漫塘集》,卷7,《回王中书(一)》,页13下。
⑥ 刘宰,《漫塘集》,卷7,《回王中书(二)》,页14下—15上。
⑦ 刘宰,《漫塘集》,卷7,《回王中书前人》,页17上。
⑧ 刘宰,《漫塘集》,卷7,《通王中书前人》,页15下。
⑨ 刘宰,《漫塘集》,卷7,《回王中书前人》,页17上。

书所以推挽于前后,维持于左右者至矣"①。因此特口占走纸鹤帐及和王塈所撰草堂诗。②并在整个赠恤事情确定后,致诗赠已升吏部侍郎的王塈,以表感谢之情。③刘宰更在信中,对当时各地聚敛风气盛行,表达忧心:"惟侍郎深念及此,言之君相,有似此等处,早为之处,无使某他日冒知言之名,天下幸甚。"④

　　从刘宰致王塈九封信的内容,除看到刘宰对王塈居中协调、转达的感谢外,更深切期待王塈能影响史弥远,而敢于提出具体乃至沉重的建议。从事后政局的发展来看,刘宰对史弥远的直言或对王塈的期待,都不免落空,王塈甚至也是弹劾真德秀的人。不过,《漫塘集》保留了宝庆年间刘宰被荐及辞免的所有文献,从中可看到刘宰与王塈的深厚关系,及所渗透出的刘宰对政局变动的深度观察与忧心。更重要的是,刘宰以退闲之身,对时局的观察与建言,真实反映了政局变动中参与朝政人物之间的关系。这些是官方史料或直接涉入济王案官员的传记所无法呈现的。

　　王遂对刘宰推动赈饥与晚年扩展人脉,尤为重要。王遂是刘宰的同乡好友、儿女亲家,更是追求人生志业上坚实的伙伴。因着王遂的关系,刘宰不论在社会救助或政治形象上都达到最高峰,是彰显刘宰地位最关键的人物。

　　王遂约生于孝宗淳熙十一年(1184),死于理宗淳祐十年(1250),享年六十七岁。⑤王遂是活跃于王安石时代的王韶的玄孙,他的祖父王彦融,值南宋政权初建之时,参与御金与平乱的工作,曾任淮南转运判官,奠居京口金坛。彦融有二子,长子万全,多任地方基层官职,曾知辰州,创常德贡闱,嘉惠举子;次子万枢,曾通判建康府,知兴国军事,死于赴知吉州任上。彦融及二子相继任官,以廉而喜施,对宗族亲戚有恩,见称于

---

① 刘宰,《漫塘集》,卷7,《通王中书前人》,页18上。
② 刘宰,《漫塘集》,卷1,《口占走纸鹤帐与王克家中书塈》,页24上;卷1,《和王克家所寄草堂诗二首》,页24下。
③ 刘宰,《漫塘集》,卷14,《郊赠谢王侍郎塈》,页27上下。
④ 刘宰,《漫塘集》,卷7,《通王侍郎前人》,页21上。
⑤ 《京口耆旧传》与《宋史》的王遂传都没有提到生卒年,不过前者记载他死时年六十七。另外,《宋会要》关于庆元元年王遂应举疑似"代笔私取"之文件,有谓"遂方年十二"。根据这两条数据可以推知其生卒年。见佚名,《京口耆旧传》,卷7,页12上;徐松辑,《宋会要辑稿》(台北:新文丰出版公司,1976,据民国三十四年[1945]上海大东书局影印国立北平图书馆徐氏原稿影印),《选举》5之14—15。

乡里,是金坛望族。王遂为万枢之次子,与兄王逢均聪慧,曾因参加漕试被劾罢试,旋于嘉泰二年(1202)中进士。

王遂中举后,任富阳主簿,因参知政事卫泾之荐,改差楚州教授,后权楚州通判,嘉定元年(1208)后,相继协助制置使丘崈、杨辅、黄度措置两淮有功;①嘉定八年(1215)任干办淮西总所漕使时,值两浙、江东西路大旱,真德秀与李道传在江东救灾,亦得王遂之助。后改知当涂、溧水及山阴等县。绍定二年(1229),任知邵武军,佐提刑招补使陈韡擒捕贼首刘安国。及史弥远死,郑清之继相,以奉常召入京,与洪咨夔并除监察御史,积极进君子退小人,弹劾七八十朝臣,有端平第一台谏之称。后任户部侍郎兼同修国史,权左侍郎,历知遂宁、成都、平江、庆元府,改知太平、泉、温诸州,徙宁国、建宁府,为江西转运副使,更安抚使,改授工部尚书,以龙图阁直学士致仕,死后谥正肃。

王遂凝重坚正,纯笃仁厚,勇于任事,敢犯言直谏,更以尊崇道学、讲读经书、崇教化、兴学校为务,为黄度、真德秀、魏了翁所倚重。端平初,任监察御史时,劾论史嵩之欺君误国,积极荐用人才,曾乞褒赠旌表黄干、李燔、李道传、陈宓、娄昉、徐瑄、胡梦昱等被史弥远压抑的人。痛斥李知孝、梁成大、莫泽及赵善湘、郑损、陈昡是故相史弥远的心腹,被视为端平时期少数端人正士。王遂以卫泾为师,卫泾的儿子娶王遂的妹妹,彼此有姻亲关系,②因此对开禧、嘉定间史弥远取代卫泾骤然任相,显然颇为在意。嘉定十年(1217)间,宋金在两淮开战,此时以李全为主的山东忠义军,掀起抗金热潮。十一年初,江淮制置使李珏谋与镇江忠义军统制彭义斌合谋渡淮北伐,王遂与黄干均预其谋,而由都统刘倬执行北伐任务,战败,主战的王遂承担主责,此事王遂传未见记载,但主战态度与当朝政策显有不合,致有败责。及劾武平乱之后,遭罢,这一系列的事情,均当引发王遂对史弥远的不满。端平更化后,王遂力持平反济王,并严厉批判史弥远与史嵩之主和的政策。③

王家自彦融起,即为金坛望族。王彦融喜施贫而好事,"所居之巷广

---

① 佚名,《京口耆旧传》,卷7,页6上。按丘崈于嘉定元年(1208)任江淮制置大使,时宋金已和,奉命措置淮军。参见佚名,汝企和点校,《两朝纲目备要》(北京:中华书局,1995),页195。
② 刘宰,《漫塘集》,卷28,《故知吉州王公墓志铭》,页1上—5下。
③ 参见郑丞良,《道学、政治与人际网络:试探南宋嘉定时期黄干的仕宦经历与挫折》,《史学汇刊》,第35期(台北:2016.12),页169—170。

不盈车,屋宇隘漏,仅蔽风雨,门无一金之入,而食客常满,虽无以称其求,而为之宛转借助,不遗余力",王遂居乡时,与刘宰共同创办并经营社仓,更为之作记,①"悉所余买圩田二百亩,以为经久之利焉"②。绍定元年(1228),刘宰在金坛赈饥时,知溧水县的王遂,与乡绅赵崇岘、王虎文亦集合众力,共同完成任务。③显然,推动地方救助及福利事业,是王遂与刘宰的共同志业。

除推动乡里救济事务外,王遂更是刘宰对外联络的居间媒介,甚至是推扬其言行的重要人物。刘宰与王遂居同乡,年长十八岁。两人早年交往情况不详,但绍熙年间,刘宰任江宁尉时,王遂的父亲王万枢任建康府通判,宰为其属;乡居期间,也时有往来,当已与王遂熟识。④嘉泰三年(1203),王遂赴任富阳主簿时,刘宰为文相送,指遂"童子有盛名,弱冠再名荐书,擢上第"⑤。期勉他效法苏东坡的"高节劲气"⑥。等到刘宰因脸受病,辞职居乡以后,减少参加公众活动或旅游,见于记载的少数活动,多与王遂同行,如游青龙洞。⑦宝庆元年(1225),魏了翁被罢西归的途中,在吕城镇与王刘二人参访吕城李氏世藏的名帖。⑧宝庆三年,吴定夫到金坛访王刘二人。

由于刘宰鲜少亲历公共场所,王遂成为他对外联络的重要窗口。刘宰约于端平三年(1236)给魏了翁信中就说"比岁疾甚,朝路中惟王颖叔为亲家,间不免有书相往还,自余如蜀李丈端明(李埴),盖场屋同年之旧,又五十年知己,讯问往复宜数,亦绝不通书"⑨。如嘉定十二年(1219)刘宰与友人游延陵,目睹吴季子庙破败,"乃因友人王遂白府,下县镇撤像之不经者凡八十有四"⑩。约绍定元年(1228),刘宰回知宜兴县赵若愚

---

① 时间约在端平元年、二年之间。刘宰,《漫塘集》,卷10,《回知遂宁李侍郎剳子》,页5上。
② 佚名,《京口耆旧传》,卷7,页3上、11下。
③ 刘宰,《漫塘集》,卷27,《戊子粥局谢岳祠祝文》,页18上—19上。
④ 刘宰,《漫塘集》,卷28,《故知吉州王公墓志铭》,页1上—5下。
⑤ 刘宰,《漫塘集》,卷19,《送王颖叔主富阳簿序》,页2下—3下。
⑥ 刘宰,《漫塘集》,卷28,《故知吉州王公墓志铭》,页1上—5下。
⑦ 刘宰,《漫塘集》,卷8,《通张寺丞前人》,页14下—15上。
⑧ 魏了翁,《鹤山先生大全文集》(台北:商务印书馆,1979,收入《原式精印大本四部丛刊正编》第60册,据上海涵芬楼借乌程刘氏嘉业堂藏宋刊本影印),卷65,《题吕城李氏世藏名帖》,页7上下。
⑨ 刘宰,《漫塘集》,卷10《回都督魏枢密》,页18上。
⑩ 刘宰,《漫塘集》,卷21,《重修嘉贤庙十字碑亭记》,22上下。

的信也说:"林下残生,不敢直以姓名自通,略因友人王颖叔附致拳拳。"①端平初,刘宰给赵蕃的信中提到"某家金坛,去丹阳驿七十里,非时得柱道者不到,故欲寄音无从。今闻友人王去非将专人过番易,道玉山,谨以奉寄"②。同年刘宰知道李心传曾奏疏推荐他,特函解释辞官不仕的原因:"某少也不才,况今已老,求之在昔。固未有四十辞官,七十复出者。所幸与王去非为姻家,备知此心,尝为请言于当路,已见谅矣。"③给佚名的士友书则说:"某从里中王去非游,知执事好古,学行古道,自期以古之人。"④宝庆三年(1227),刘宰给新到任的知镇江府冯多福书说:"比友人王颖叔书中又辱寄声,自顾猥琐,何足以当,第深愧荷。颖叔往谒黄堂下,念不可无一语以谢,谨附拜此。"⑤绍定三年(1230),刘宰在回复浙东安抚使汪统的信中说:"自王邵武吏山阴时,知大卿逢人说项斯。"⑥大约绍定三年刘宰给知信州郑梦协书中,提到魏了翁与真德秀来往密切,期待将来朝局有变,但说"某久不通真丈门,方于王邵武处伺便"⑦,同年,刘宰为绍兴府建尹和靖与朱熹二先生祠堂记时也说:"(堂)既成,而教授王君遂书来,道诸生之意,俾余为记。"⑧嘉定十九年(1221),金坛县尉潘汇征则托王遂请刘宰为其父潘择师写墓志铭,铭文说:"致仕公(指择师)之子潘珌不鄙,属以铭文,某谢不能,而里中王君去非复助之请。王畏友,而君之事又所喜称乐道,夫复何辞。"⑨

王遂更是刘宰与道学家之间,及端平初与君相间沟通的媒介。王遂与真德秀、魏了翁关系密切,成为刘宰与真、魏联络者。嘉定八年(1215)王遂任淮西总所干官时,曾协助真德秀与李道传赈灾,与真德秀感情尤深。⑩次年(1216)真德秀将双槐堂更名为忠宣堂,即由刘宰作《忠宣堂

---

① 刘宰,《漫塘集》,卷6,《回宜兴赵百里与恁一》,页9上。
② 刘宰,《漫塘集》,卷6,《通赵章泉书》,页2上。
③ 刘宰,《漫塘集》,卷6,《回李秘书心传书》,页3上。
④ 刘宰,《漫塘集》,卷6,《回士友书》,页26上。
⑤ 刘宰,《漫塘集》,卷9,《通知镇江冯大卿多福》,页9下—10下。
⑥ 刘宰,《漫塘集》,卷11,《回浙东帅汪大卿统》,页6下—8下。
⑦ 刘宰,《漫塘集》,卷12,《回信州郑新恩梦协》,页23上—24上。
⑧ 刘宰,《漫塘集》,卷23,《绍兴尹朱二先生祠堂记》,页6下—8下。
⑨ 刘宰,《漫塘集》,卷29,《潘君墓志铭》,页11下—14上。
⑩ 王遂,《真文忠公祠堂记》,收入曾枣庄、刘琳主编,《全宋文》(上海:上海辞书出版社;合肥:安徽教育出版社,2006)第304册,卷9652,页321—323。另外,王遂原字"颖叔",真德秀将之改为"去非"。真德秀,《西山先生真文忠公文集》(台北:商务印书馆,1979,收入《原式精印大本四部丛刊正编》第61册,据上海涵芬楼借江南图书馆藏明正德刊本影印),卷33,《王去非字说》,页16下—18上。

记》。①宝庆元年(1225)秋,刘宰致书真德秀,表示理宗继位以来,真德秀职位的转变,都是王遂告知的,"友人之归,先辱手书,书所不具者,从友人得之。侍郎始之所以出,某不能尽知。今闻一意求去,无乃遽乎?"劝真德秀"事非大不可为,未须苦苦立异","友人必已为侍郎道之"②。此处所指的友人即是王遂。由于王遂与理宗一朝的清议朝臣及道学家密切往来,政见相同,亦乘机宣播刘宰为人处事,并加力荐。因此,理宗于端平亲政,由郑清之主导新政,招揽在野贤良时,在大批朝臣的推荐下,宋廷再度荐用刘宰。刘宰仍以病老坚辞,以至当时有"一时誉望,收召略尽,所不能致者,宰与崔与之耳"③。王遂衔理宗之命期待刘宰出任新职,宰以病坚持辞退。④可见王遂在刘宰晚年的角色和重要性。

四、刘宰的社会关怀与实践

上节的讨论,让我们对刘宰以带病之身乡居,仍与外界有积极联络,累积丰厚的人脉,关怀政局的发展、并提出诸多深切时弊的意见,有所了解。但刘宰经营人脉的目的并不是争取起复,谋求东山再起,更多的是向主管官员反映民生的疾苦、争取赋税减免、积极推动各项有形的建设、设置义役社仓,以及灾荒时发动大规模的临时性赈饥活动等,实质造福基层庶民,稳定社会秩序。也就是他一生关注及推动的主轴——正是他居止所在的乡里社会。但要推动大规模的社会救助活动,实现其关怀社会的理念,除亲自身体力行之外,更需要凝聚、集结官府与当地权势之家、基层社会的力量,共同推动,才能达成;绝非凭个人一时的财力或魅力所能实现的。本节探讨的重点,是他透过哪些方式,在家乡镇江府以至金坛县,汇集社会资源、集结众力,实践其社会关怀的理念。这方面可以讨论的层面很多,本文仅侧重于借由参与《镇江志》的编纂与撰写乡人墓志,来观察他厚植乡里的人脉,并突显其关怀社会的核心价值。

地方志的编纂,是中国社会很重要的传统。在宋代,随着文化与经济社会的发展,印刷术的普及,地方志的编纂受到重视;到南宋,编纂地

---

① 刘宰,《漫塘集》,卷21,《忠宣堂记》,页1上—3上。
② 刘宰,《漫塘集》,卷10,《回真侍郎前人》,页10下—12下。
③ 脱脱总纂,《宋史》,卷401,《刘宰传》,页12169。
④ 刘宰,《漫塘集》,卷5,《回王殿院遂宣谕玉音劄子》,页16上—17上。

方志的风气更为普遍,这方面学界有非常丰硕的成果,在此不加赘论。在这一风潮的诱发下,镇江府在嘉定六年(1213)史弥坚到任后,也展开编纂府志的工作。史弥坚于次年责由府学教授卢宪组织人力,编修府志,并透过卢宪邀请刘宰参与。刘宰在给史弥坚的信中,对此一工作有清楚的回复,并盛赞此举是"尽还承平文物之旧"的壮举,他说:"某一介无所肖似,昨荷郡博士不鄙惠书,道使君将修方志,以重此邦,令某搜访前辈行治,以裨荟萃。继邑大夫过访,出所得台翰,亦谓如此。顾惟晚末,岂足以知前言往行,第以奉命为宠,不敢引辞,绳勉期年,幸已就绪,名曰:《京口耆旧传》,以私居之纸札俱缪,缮写不虔,不敢径达,谨纳郡博士处。"[1]希望史弥坚能赐序,"庶藉品题,足传不朽"。这封书信透露刘宰是用自己的力量去搜集、整理乡里前贤足为典范的事迹,作为镇江志相关人物传记的基础。唯进一步探究《京口耆旧传》的内容,本书初稿当成于刘宰,而由其子刘汝进续成。刘子健教授的看法当为确论。

现存《京口耆旧传》共九卷,是修《四库全书》时从《永乐大典》中辑出的,专记从北宋初到南宋理宗淳祐末年,镇江境内各类型的乡贤的生平事迹。由于是辑录而成,如今已无法看到史弥坚的序文,全书也未必是完帙。[2]书中各卷所记人物,都是镇江地区或有事功,或以文学、艺术见长,或为地方领袖,意在表彰地方上杰出人士。本书虽以人物传记为主,实际上多在呈现地区家族的不同样貌及迁徙、繁衍与变迁的过程。有的人物或家族资料甚为完整,如卷三记邵氏家族六代15人的生平事迹。而卷二所记姜谦光、刘倬、艾谦、向公庆等地方人士的事迹,则甚为简略,[3]繁简的差异极大。又如卷三,称吴交如为吴大卿,显示本书仍属稿本的性质,目的在提供编纂《嘉定镇江志》的基础,编撰者的姓名因此隐而不显,以致后来单独刊行时,不见刘宰之名。

撰写《京口耆旧传》有助于刘宰掌握镇江的社会脉动,提升他在地方的影响力。《京口耆旧传》所收142人中,有101人见于《嘉定镇江府志》,显示编方志者,经过选择后,采录了很高比例《京口耆旧传》所辑的人物

---

[1] 刘宰,《漫塘集》,卷8,《回知镇江史侍郎弥坚二》,页5上。
[2] 四库馆臣称《京口耆旧传》所载人物"始于宋初,迄于端平嘉熙间",实误。如前所述,其中的王遂大约逝于淳祐十一年,已在嘉熙之后。余嘉锡也早已根据王遂传末尾附有"宝祐丁巳事"而指出四库馆臣之论不确。参见纪昀总纂,《四库全书总目提要》(石家庄:河北人民出版社,2000),卷57,页1584;余嘉锡,《四库提要辨证》(北京:中华书局,1985),卷6,页348。
[3] 佚名,《京口耆旧传》,卷2,页19下—20上。

事迹。人物传记的搜集与撰述,是地方志编纂的核心工程之一。地方志的重要项目与内容,除了地理沿革、官制、税役、风土民情等一般共通性事项外,尤其强调地方建设、文教盛事,意在标举地方特色,而足以呈现、形塑这些特色的,无非是主政者与地方乡贤所推动的伟迹,这是地方志的要务之一,也是乡里人士所瞩目的事项,因此,需要由富名望的地方缙绅负责编纂的重任。刘宰长期居乡,参与乡里社会文化活动,熟悉地方事务,由他来撰写意在表彰地方先贤的事迹,较之在外任官的乡人或是外地来的官员更为妥适;相信这是史弥坚与卢宪等人邀请刘宰的重要原因。对刘宰而言,汇集家乡重要人士及名门望族的事迹,既有助于他掌握地方社会的脉动,了解乡里领袖的伟迹,更彰显地方贤达的重要性与价值,突显他们在地方社会的地位。

刘宰为乡人撰写墓志等人物传记,也突显他在乡里的领袖地位。除了《京口耆旧传》外,《漫塘集》中保留了超过八十篇的行状、墓志铭、圹记等人物传记资料,其中有超过六十篇属于镇江府特别是他的家乡金坛的人物。而这些人多在嘉定以后逝世,其事迹未收入《京口耆旧传》中,与刘宰的关系,显然更为直接且密切。总之,《京口耆旧传》与《漫塘集》中所述有关镇江人物超过二百人,涵盖当地在宋代乃至与刘宰同时的名人望族与士庶之家,不仅可以掌握镇江地区的历史发展与社会脉动,更能拉近他与当地有力家族的关系,提升刘宰在金坛乃至镇江的实质影响力。其重要性,亦非当地其他知名的地方士绅所能相比。

人物传记所述内容,旨在彰显传主的特殊个性与贡献,有的强调事功,有的记其廉能敢谏,或文学、艺术成就,或隐逸事迹,乃至理财、义行、孝友、救恤宗族乡里等,不一而足,都是依循人物的个性、才能所呈现的风格,显现传记人物的多样风貌。刘宰所撰人物的生平事迹,当然也呈现这一样态。但他利用此一机会,传达他关怀乡里社会更切身的议题。包括孝友、义举(社仓、义役)、减租税及灾荒救济等方面的人物,在《京口耆旧传》与《漫塘集》约二百人物传记中有超过三十篇,比例相当高;加上《漫塘集》中书信、记、序等,对社会善举等相关议题的文字,显示乡里义举,形成他撰写人物传记的一个特点。至于有哪些因素,促发他突显这一特点,尚待厘清。但综合其言论与行事风格,显见关怀乡党,救济乡人,是刘宰终生奉行的准则。刘宰的父亲虽非富有,却一直关怀乡里,相信对他有一定的影响。在绍熙五年(1194),刘宰参与官方的救灾,对灾民的处境与官府救灾的方式,有相当的体认。而嘉定二年(1209)第一次施粥活动经历的过程,更有助于他反思作法与态度,写成《荒政编》一书,在嘉定七年(1214)镇江府旱灾肆虐时,提供给史弥坚参考。① 这些总结性的经验,不仅显现个人与家族推动社会救助,更是凝成他编纂《京口耆旧传》与为乡人撰写墓志时,关注与突显的重点。

中国历史上灾荒频繁,各朝代为缓减灾损、拯救生民,均致力于建构救助体系。在宋代,居社会主流的士人,不论在朝或在野,对社会救济事务,关注尤深。这一方面的论述成果相当丰富,限于篇幅,兹不赘述。在南宋,士人在基层社会扮演更为重要的角色。形成这一局面的因素很多,但与立国形势密不可分。宋廷面对强敌,为国家的生存与发展,强化抗御外侮的力量,需要耗费庞大的人力、物力,以维持军需、巩固国防,导致财政中央化倾向十分明显。相对的,地方政府则缺乏足够财力从事建设,在社会救济上,对民间的仰赖尤为殷切。况且,道学群体为实践以道化俗的理念,不论居官或在野,莫不以具体行动投身公益活动;关怀乡梓的士人也积极投身于各种义役、社仓及救灾等公益活动,形成多种官民合作的现象。这一大环境的发展态势,与刘宰关怀社会的理念相结,因此借编纂地方人物传记,突显义行的社会价值,提高行善者在乡里的名声与地位,遂得以结合乡里士庶的力量,共同致力于救助事业,借赈济落实关怀乡里社会的理念。以下谨以刘宰三次从事赈饥为例,说明他汇集众多在地力量,关怀弱势,以及官民在赈济角色中的转换。

刘宰主导的三次赈灾活动,都留下若干可供考稽的资料,有助于我们了解当地士庶关怀社会的具体行动。这三次救灾是嘉定二年、嘉定十七年(1224)与绍定元年(1228)。留下的直接文字有四篇,分别是《漫塘集》卷二十的《嘉定巳已金坛粥局记》、卷二十二的《甲申粥局记》、卷二十七《甲申粥局谢岳祠祝文》、同卷《戊子粥局谢岳祠祝文》。关于《甲申粥局》更完整的资料,则见于《江苏金石记》卷十五,名为《金坛县嘉定甲申粥局记》。②

刘宰第一次赈饥是在嘉定二年乞祠退闲之后。先是开禧之役被动员参战的淮南农民,因朝廷对归业整编的举措不当,引发动荡。嘉定二年夏间,金坛已出现灾兆,土民张汝永及侯琦恐饥荒引发不安,向刘宰及

---

① 刘宰,《漫塘集》,卷8,《回知镇江史侍郎弥坚劄子(三)》,页5下。
② 见缪荃孙,《江苏通志稿》,《金石十五》,页15下—20上。

汤使臣倡议救济,"乃相与谋纠合同志,用大观洮湖陈氏及绍兴张君之祖八行故事,为粥以食饿者"①。金坛民间自发性的活动,早在两宋之际的大观与绍兴年间,即曾由陈、张两个望族推动。两家救灾的具体方式虽不明,但其善举在《漫塘集》中,兼有记录。其中记录比较丰富的殆为设置义庄的洮湖陈氏。②洮湖陈氏,是金坛救灾规模最大的家族。该族自陈亢殖赀治产以来,不仅家境富裕,而勇于行善。陈亢曾率乡人筑堤阻壅水,并浚渎通洮湖,避免水患,且曾于熙宁八、九年,当金坛发生严重饥疾时"倾家之储,粥饿药病,晨夜必躬,所活不可胜计。不幸死者,具衣椁收葬,又数千百人"③。这是宋代金坛最早施粥的记录。陈亢的曾孙陈从古于淳熙年间曾知襄阳府,④其弟蕴古,更在家族不竞时,拨良田为义庄,以收入之半赡族,另一半赡祖坟。⑤另一次大规模的施粥是刘宰的好友兼姻亲的张汝永、张汝开兄弟的父亲张损在绍兴年间的施粥。⑥张汝永之外的倡议者侯琦,则是金坛大族王彦融的外孙,王遂的表兄。⑦

不过此次施粥活动,在推动之初,曾受到中产之家的掣肘,收效有限。由于灾情不断扩大,民力不足,朝廷于此时派出常平使专责救助,并拨义仓米四百石,助邑士收养遗弃孩童,才得渡过难关。刘宰恐事久难以持续,向外寻求支持,知镇江府俞烈拨给米三百石,府学教授亦予以赡助。接着在王遂协助下,获江淮制置使黄度给平江府米二百石,终能完成赈饥的义举。⑧也就是此次救灾的后半阶段,是在官府大力协助下,才逐步化解阻碍,达成任务。

可以说,嘉定二年的粥局,是官民共同合作达成的。此次施粥始于二年十月一日,迄次年三月三十日,为时达半年,最多时每日救济约四千人,较大观年间增加百分之二十。施粥场所在佛道寺庙;对于管理及防疫,都有明确规定。实际规划与执行者,包括布金寺主僧祖传、茅山道士

---

① 刘宰,《漫塘集》,卷20,《嘉定己巳金坛粥局记》,页18上20下。
② 刘宰,《漫塘集》,卷23,《洮湖陈氏义庄记》,页10下—12上。
③ 佚名,《京口耆旧传》,卷6,页5下。
④ 佚名,《京口耆旧传》,卷6,页10上。
⑤ 刘宰,《漫塘集》,卷23,《洮湖陈氏义庄记》,页10下—12上。
⑥ 刘宰,《漫塘集》,卷31,《故溧阳县承张承直墓志铭》,页14上—15下;卷32,《故监行在北酒库张宣教墓志铭》,页8上—12上。
⑦ 刘宰,《漫塘集》,卷34,《故吉州王使君夫人蔡氏行状》,页13下—21上。蔡氏为王遂之母,收养王万枢大姊之子侯琦。
⑧ 佚名,《京口耆旧传》,卷7,页6上。时王遂任黄度幕僚。

石元朴、张昂、徐椿与邓允文等人。布金寺是前吏部尚书曾唤重修龙泉寺改名的,作为曾家的功德坟寺,请僧人祖传主持,祖传姓宋,是溧阳人。石元朴是茅山道士,资料不详,仅见刘宰《祭茅山石道人文》[①],指他"志在济物,弗私其身,医非师授,诚感于神,扶曳而来,疾痛频呻,饮之食之,砭剂必亲"。显然是位济世的道士。徐椿则是刘宰堂兄德勤的女婿,以孝友闻于乡。[②]此次施粥虽取法于家族的救济经验,却是超越家族,由地方各阶层人士,包括地方望族、僧道及一般庶民,共同参与推动的。但这一次镇江府及常平使等官方的角色不可忽视,显然与开禧北伐后,宋廷为缓和淮南地区不安的情势,着力较深有关。当然,刘宰至友王遂,不论任楚州教授或在黄度幕中,居中联系,亦发挥一定的作用,相对地,刘宰主导的地位并不明显。

嘉定七年(1214),镇江再度发生灾荒。当时知府史弥坚因邀刘宰写府志人物传记的机缘,[③]亦欲委任他在金坛开赈济局,与令佐讲求利病。刘宰以"今不但形容变改,心志亦已雕落"为由,并未参与赈灾,谨呈上先前参与救灾所写《荒政编》一册,供知府作为救灾的参考。[④]刘宰可能鉴于前次救灾之初,受中产之家掣肘,促发他在撰写乡里人物传记时,突显社会关怀的价值,表扬救济善行的人,来激发关怀乡里的热情,作为凝聚地方力量的基础。

嘉定十七年(1223)的赈饥,刘宰所展现的民间主导性,明显增强。嘉定十六年(1222)夏天气候变冷,谷菜均减;次年春,饥民普增,经医生告知,刘宰先以其父所遗留的十年田租为本,在岳祠的空庑,舂米施粥。但饥者日增,至三月底,已超过万人,刘宰无力独撑。旋获好友赵若珪捐金谷,且主动投书,请求乡里好事者相助,"未几,钱谷沓至。乃四月朔更端,俾爨者增灶,奔走者增员"[⑤]。此次赈饥规模增至万五千人,直至四月大麦熟才结束。刘宰特记录这一过程,并列上捐赠者姓名,以示征信。此次发动者,除刘宰外,当以赵若珪最为重要。若珪字玉甫,是宗室朝请大夫权工部侍郎赵时侃的儿子,母亲汤氏是金坛大族汤鹏举的曾孙女。

---

① 刘宰,《漫塘集》,卷27,《祭茅山石道人文》,页16上下。
② 刘宰,《漫塘集》,卷30,《李氏墓志铭》,页20下—21下。
③ 刘宰,《漫塘集》,卷8,《回知镇江史侍郎弥坚(三)》,页5下—6下。
④ 刘宰,《漫塘集》,卷8,《回知镇江史侍郎弥坚(三)》,页5下—6下。
⑤ 刘宰,《漫塘集》,卷22,《甲申粥局记》,页9下。

若珪父子及若珪叔时佐,均为刘宰好友,①也是金坛巨族:"有别墅曰桂墅,轩楹夹垲,牖户绸缪",若珪可能在家丁父忧期间,适逢灾荒,乃以其财力与人脉,协助赈济,因此刘宰说:"嘉定甲申,岁大饥,有饭饥者,事半而力不赡,君实续之。士失其养,君捐良田十五亩以助。"②

此次赈饥规模庞大,刘子健教授认为是当时世界最大盛举。粥局假岳祠修廊广宇为场所,前后五十六天,役工数十,"聚食之人,日以万数",由于管理运作得当,因此无"汤火疾厄之虞"与"纷争蹂践伤残之患"③。出钱米协助赈饥的善心人士,除了刘宰以其父二顷田数年之积殆五十斛外;赵若珪献米四十三硕;新任知金坛县事赵善郢,④捐官会五十阡,米十五硕外;金坛当地富声誉的张氏家族、旅外任官的官员、乡贡进士、国学进士,乃至一般邑人、道士及寺院住持,共七十人,合计捐米五百七十九硕一斗,官会六百四十六千,柴八千束及厨具一批。⑤此次赈灾,除知金坛事赵善郢有官府色彩外,均由民间自主发动、组织运作而成。布金寺的续任住持僧慧鉴则始终任其责。

第三次赈灾是在理宗绍定元年(1228)。这是前一年邻近地区水患所衍生的。宝庆四年(1227)夏秋的水灾,金坛受灾虽不如邻近地区严重,但米价高涨,民不聊生。刘宰先以家里的存粮,在岳祠施粥。原本以为受灾规模不大,从二月丁卯起到月底即可完成。但麦仍未熟,这时待阙在家的好友王遂与国子监进士赵崇岘、乡贡进士王虎文等,"复合众力"接续完成。又得到知镇江府冯多福捐米百斛相助,到四月丙午才完成赈饥的工作。此次灾害,金坛县虽非主灾区,但刘宰及其友人仍保持施粥的善举。参与者中王虎文是北宋王涣之的曾孙,于其祖父王楹时迁居金坛,到父亲王光逢时,家境富裕,藏有先祖遗留古书画甚多。⑥虎文为光逢三子,此时是乡贡进士。⑦知府冯多福于宝庆三年(1226)五月到

---

① 参刘宰,《漫塘集》,卷31,《故知安吉县赵奉议墓志铭》,页3下—6上;卷32,《故宁国通判朝奉赵大夫墓志铭》,页1上—3下。
② 刘宰,《漫塘集》,卷31,《故知安吉县赵奉议墓志铭》,页4上。
③ 刘宰,《漫塘集》,卷27,《甲申粥局谢岳祠祝文》,页17下。
④ 赵善郢知金坛县,起于嘉定13年12月,至17年4月止。见脱因修,俞希鲁纂,《至顺镇江志》(北京:中华书局,1990,《宋元方志丛刊》第6册,据道光二十二年[1842]丹徒包氏刻本影印),卷16,页2827。
⑤ 见缪荃孙,《江苏通志稿》,《金石十五》,页15下—20上。
⑥ 刘宰,《漫塘集》,卷24,《跋听雨图》,页17下—18下。
⑦ 刘宰,《漫塘集》,卷32,《王居士圹志》,页26下—27上。

任,至绍定元年(1228)十二月乞祠,刘宰前后有三封书劄致冯,未直接述及灾害与捐米事,却间接揭示些许讯息;在信中刘宰强调"京口古重镇,为今北门。民之雕弊亦无如今日,保障茧丝,大卿必知所处"①,而于送冯奉祠的信中,感谢冯重视辖区的社会民生,"虽日讨军实而训之,然常念生民之劳止,欲浚防而增垒,聿新耳目之观;恐剥床而及肤,弥重腹心之扰。虽急符之屡下,终成矩之不移,东西旁郡之民,犹仰之如父母,南北沿江之地,信隐然若金汤"②。可见在军事紧张之际,冯多福仍以生民的疾苦为念。刘宰与冯多福之间,居中联络者殆为王遂。③

从刘宰在金坛三次赈饥的过程,我们看到官民的互动及民间在赈灾中的角色变化。金坛三次的赈灾活动都是民间主动发起组织运作,但第一次官方的角色较积极,第二、三次则几乎未见官方的角色。第一次的规模较大,受灾地区不止金坛一地,粥局为期达半年,人数最多时,每日不过四千,共动用米九百六十二石,钱二千二十二,薪柴大束三千九百,小束一万四千二百,苇席共三千四百六十,食器共一千三百九十余,④其中米大部分为官方供应。第二次金坛为主灾区,前后计五十六天,共得捐米五百七十九硕一斗,官会六百四十六千,柴八千束。除知金坛县赵善郢外,几乎都是当地士绅共捐;施粥最高纪录是一日万五千人。第三次金坛受灾较邻近地区稍轻,施粥四十余日,就食人数不详,但外来就食比例可能不少。除知府冯多福外,捐米粮数亦不详。

这三次赈饥,官民的主导性显然有别,除了灾区大小外,亦与镇江位置及外在环境变化有密切关系。嘉定二年镇江爆发灾荒时,正值宋金结束开禧战役,淮南边区大批的军队,因朝廷整编归农的措施不当,引发社会不安。民间发起救灾之初,也受阻于当地中产之家,成效欠彰。而这两年各地旱蝗灾相继,对刚起复的右丞相史弥远而言是一大挑战,他恐各股势力集结,影响社会乃至政局的稳定;加上,王遂在黄度幕下反映乡里灾情,强化救助行动,都使官方提供的米粮及扮演的角色加重。嘉定七年镇江的灾情资料不详,但史弥坚有朝廷支持,官府救灾的主动性与效果当胜于民间。而嘉定十七年(1223)与绍定元年(1228),两次金坛赈

---

① 刘宰,《漫塘集》,卷9,《回镇江冯大卿前人》,页11下。
② 刘宰,《漫塘集》,卷15,《送冯守多福奉祠归启》,页10上一11下。
③ 刘宰,《漫塘集》,卷9,《回镇江冯大卿前人》,页11上下。
④ 刘宰,《漫塘集》,卷20,《嘉定己巳金坛粥局记》,页20上下。

灾,民间不仅动员力强,捐助米粮也多,这固然与刘宰透过各种方式强化人脉有关,亦与赵若珪、王遂等乡居友人持续相助密不可分。而此一民间力量的增强,当与此时南宋淮南边防情势的发展有关系。自嘉定十年(1216)宋金战火再启,加上蒙古拟与宋相结攻金,使宋金蒙三方齿唇相连,关系复杂且日趋紧张,而以李全为主的山东忠义军,横亘在淮北,声势益壮,且在宋金蒙三国之间叛服无常。这一形势,使南宋淮南的边备吃紧,军需耗费大,宋廷势难顾及境内的灾情,刘宰为主的民间力量在赈济工作上,几乎扮演了完全主导的角色。而刘宰所以能动员不同层级的社会资源从事救灾,显然与他长期乡居,拥有丰沛人脉,成为地方的代言人,又以撰写《京口耆旧传》及为地方贤达撰写墓志铭的机会标举关怀乡梓的理念,彰显各家族与个人在乡里社会的重要,提高其社会地位,赢得这些富豪家族的支持有关,一旦灾荒发生,容易集结善类,落实群力赈饥之效。

五、结论

透过《漫塘集》,让我们对刘宰的一生有了更深刻的认识。他仅短期出任基层官员,退隐乡居时间长达三十年,却能在金坛推动社仓、义役乃至大规模赈饥活动,开创集众赈饥的创举,这显然与他长期与中央及各级地方官员密切互动有关。而他能和外界维持关系,则得力于不同亲友居中联络乃至推扬他的人品与理念。其中他的岳父梁季珌,让他与史弥远掌政前的邓友龙、钱象祖、卫泾等韩侂胄时代的朝臣,有所联系;在史弥远执政期间,先是任知镇江府的史弥坚,继之则是与在理宗初期任中书舍人与吏部侍郎、为史弥远宠信的王塈,从中联系有关。理宗亲政时,则靠他的同乡好友兼儿女亲家王遂,与郑清之执政时的清议份子有直接联系;特别是嘉定以后,他退隐乡居期间,靠着史弥坚、王塈、王遂等人推扬,获得当朝宰相的赏识,积极延揽刘宰入朝。刘宰一再坚辞,声望不断高涨,与崔与之并为理宗亲政后亟欲拔擢而不成的名流,甚至死后以非高官获赐谥号。

刘宰能与各种不同理念或立场对立的政治人物维持关系,又能有恳切的建言。如劝史弥远在理宗继位后,效法史浩退位;请王塈劝史弥远调整政策,缓和对批判济王案的清议份子的压制;向郑清之表明反对端平入洛等，都可以看出他耿介的个性，但他的遭遇却不像王遂、真德秀、魏了翁等居官之人，因直接卷入政争的风暴中，以致贬擢相继，调动频繁。所以如此，实系于他能维持均衡的人际关系，又以在野之身，不似居官之人立场鲜明、直接涉及敏感的派系利益有关。因此，他的恳切陈言，既能获当政者的宽容，也能获舆论的赞誉，博得生前身后名。

刘宰在乡里所推动的各项社会救助活动，缘于他的社会关怀。此一关怀得以实现，当然与他长期乡居，既能了解与掌握乡里民情，又能凭借外在丰厚的人脉，直接向官府反映、解决问题，获得社会声誉有关。更为有利的因素则是他借由编纂《京口耆旧传》及为地方人士撰写墓志铭的机会，表彰这些名门望族的社会地位，也让他与地方权势之家的联系更加紧密，提高他在地方的影响力。透过扎实的经营人脉，得以在乡里累积社会资源，在推动赈饥时充分发挥，成为实践善行的新典范。这点优势是其他乡里缙绅或外出任官者无法相比的。

刘宰集结众力所形成的自发性民间救济组织，与常见的宋代救灾赈济活动有别。宋代通过科举考试拔擢士人为官，社会流动相当频繁，新兴士人参与政治频率高，对乡里福祉相当关切，尤其儒学复兴运动及道学家兴起以来，通过教化的实践，推广理念，尤关注社会民生议题。但在南宋，由于强敌压境，国防军备关乎国家命脉，成为国家财政的重大负担，只得限缩地方官府的财力。地方面对灾荒，每拙于支应，除向朝廷及监司争取经费外，亦需仰赖民间力量协助，因此在宋代，每逢社会经济问题，常见官民合作之例，灾荒救济执行上尤为常见。

一般说来，灾荒规模扩大，影响社会秩序时，救灾成为官府的重责，势需出面主持救灾工作，这类文献相当丰富。南宋许多道学名儒，如朱熹、刘珙、陈宓、真德秀、李道传、黄震等人所留下的相关文献，可以看到官方主导救灾活动的实况，其运作内容主要包括灾情勘查、蠲免租赋，米粮、物资的筹措、调运，分配经费的运用与人力调度，并通过奖惩制度落实执行。民间则以捐助、赈籴、搬运等为主，属于配合性的角色。由于灾荒救济的经费与物资，除常平仓外，都是正常预算所不及的额外费用，其支用会挤压到正常运作经费，特别是国防军事的费用，所以灾害救助每成为总领所与各地方官府乃至朝廷与地方之间彼此争夺资源的角力所在。因此由官方启动的救灾机制，一般都是规模较大、范围较广，所需费用与物资均较多的时候。其中所牵涉的人事关系与政策立场，显得复杂多样。

宋代民间的救灾活动,佛道寺庙扮演重要角色。其规模虽较官方小,却灵活而频繁。除此之外,个人、家族对乡党邻里乃至流落者,慷慨救助的资料也非常丰富。这些自发性的善举,多是出于个别个人或家族之力,救济的规模与受惠的区域,显然有很大的限制。此外,也常见名门富豪在官府通过保明赏格的鼓励下,捐钱粮或参与救灾的例子,其救济活动的规模稍大,但以配合官府为主,也带有功利性。至于较大规模的施粥等救济活动,事例较少,熙宁年间金坛人陈亢在家乡的施粥救济外[①],绍兴六年(1136)婺州灾荒时,金华人潘好古也有相当规模的救济善举。[②]这两个是以个人或家族之力,推动救灾赈饥规模较大的例子。陈、潘家族都是没有功名的地方富豪。

同样是民间力量,刘宰推动的赈饥则是汇集乡里众人之力,共同推动的,其规模与成效,显然较个别善举来得大,组织方式也有不同。刘宰非富室,个人的财力远不及陈、潘等富人,但他是进士出身,虽长期居乡,仍与中央及地方官员有密切联系,常代表地方发声,又在不同阶段获得亲友的支持,持续维持高知名度与丰厚的人脉。他在撰写乡里人物传记时,突显社会救济等善行的价值,借以彰显关怀乡里的议题,凝聚其力量。这当是他推动赈饥时,能获得乡里士人大力支持,开创个人或家族救灾之外的另一种形态很重要的因素。而且通过组织运作,让施粥有条理进行,发挥了官方或民间个别力量所难以相比的成效。这也是刘宰与众多追求功名仕进或学术卓越的宋代士人最大的不同点。但在宋代,像刘宰这样拥有丰厚人脉,不追求仕进,而以关怀乡里为职志,又善于组织的人,为数甚少,这或许是如刘子健教授所论,在宋代尚难以发展出更具组织性的地方社团的原因吧!

[①] 佚名,《京口耆旧传》,卷6,页5上。
[②] 吕祖谦述潘好古的善举说:"绍兴丙辰(六年,1236),岁大侵,婺米斗千钱。公既发廪不足,则蠹厚货,致他郡粟,下其直十之三以贷之……甲戌(绍兴二十四年,1154),盗发旁郡,流殍交道,里民穷空,竞持破砲败絮来质,主将者以白公,公曰:'第与之。'居数日,填溢栋宇,公有喜色,益市官粟,舟相衔下,以平贵籴,比间不复知有艰岁……其他如代官逋,弛私责,恩鳏寡,逮困疾,旁及棺槨、饩药、桥梁、井泉之属,给予除治亡所靳。"见吕祖谦原著,黄灵庚、吴战垒主编,《吕祖谦全集·东莱吕太史集》(杭州:浙江古籍出版社,2008)第1册,卷10,《朝散潘公墓志铭》,页153。

伍　南宋中期士人的《兰亭序》品题

一、前言

宋代是中国书法碑帖发展的盛世，士人是推动其发展的关键角色。碑帖之刊刻、摹、临肇兴于唐代；到宋代由于朝廷的倡导与士人的雅好，自《淳化阁帖》之后，官刻私摹风气浸盛，帖学兴盛。士人官员在承担文化传承与社会教化的同时，也因经济丰裕，带动书画收藏的风气，并以之作为彼此交流、游赏、联谊的媒介；因此，对书画乃至文物的搜藏研究与相互品题讨论，成为时代风尚。迨金兵入侵、开封沦陷，大量官私图籍、书画文物遭受浩劫；在江南重建的赵宋政权，为体现国运中兴，积极征购书画、图书乃至文物，由中央或地方官府加以整理刊刻出版，使得金石考据学兴盛。[1]加以高、孝二帝均为书法名家，钟情王羲之的书法，推崇《兰亭序》，王羲之的《兰亭序》遂在南宋的政治文化脉络下，发展出如姜夔有关兰亭序的研究、桑世昌的《兰亭考》和俞松《兰亭续考》等专门论著。同时掀起出版、收藏的热潮，出现不少著名的收藏家。由于各阶层的士人热烈参与，以此为赏玩之资，并通过题跋表达其意见、品评其优劣，为兰亭学奠下重要基础，是南宋文化的特色之一。[2]

《兰亭序》是南宋士人参与讨论最多的书法碑帖，不仅刻、摹、临本类目繁多，且经由题跋留下丰富多样的文献资料。由于涉及领域广泛，对之的研究成果相当丰硕，像陈一梅博士《宋人关于〈兰亭序〉的收藏与研究》一书，针对《兰亭序》宋代版本、收藏、研究及几个与艺术有关的重要问题，进行深刻的讨论，是艺术史界具创见的著作。方爱龙《南宋书法

---

[1] 许雅惠，《南宋金石收藏与中兴情结》，《台湾大学美术史研究集刊》，第31期（台北，2011），页3—8；方爱龙，《南宋书法史》（上海：上海古籍出版社，2008），页279—283。
[2] 参见方爱龙，《南宋书法史》，页8—30、282、300—322。

史》一书,专门探讨南宋书法发展,揭示延续北宋的尚意主流风潮及以钟、王为法的复古思潮汇集,名卿争藏《兰亭序》的时代特色,并提出以题跋论书法;书中对《兰亭序》亦有深入探讨。这些艺术史与书法史的专著,都显示《兰亭序》在南宋的重要性,不过受专业领域之限,其所揭示及讨论的要点,较重书法、艺术的内涵与风格的表现。然而,任何一件像"兰亭序"这样经历曲折、评论众多的经典艺术,对传统中国社会文化的影响,绝对超过艺术品本身的价值、内涵和风格,更值得从人的角度与人的关系等广泛的社会文化现象去探讨。

《兰亭序》在南宋的影响与士人关系密切。《兰亭序》在南宋受到关注,除皇室倡导,尤与官僚名儒参与鉴赏品题讨论,所带动的风潮有关。参与科举考试的士人,书写是学习举业过程必经的训练、应当具备的基本素养;书法风格被视为个人学养、才能的一部分,与诗词一样,书法也被视为士人才学的一环。收藏世所稀有《兰亭序》书帖的士人,若具备书写与鉴识能力,并将拥有的珍稀书帖于聚会时供友人、同僚共赏,以题跋或诗词的唱和抒发己见,不仅有助于众人休闲怡情,且能扩展人脉。因此,《兰亭序》除了是书法史或是美术史专业学者所关注的议题外,也应该是历史学界从社会文化角度切入,观察士人活动的议题之一。

本文拟以南宋士人对《兰亭序》的讨论为中心。通过南宋中晚期所辑《兰亭序》题跋著作二本,桑世昌的《兰亭考》①及俞松的《兰亭续考》②,以及当代大儒名宦为《兰亭序》收藏与研究名家撰写的题跋,观察他们借着观赏、品题、评鉴所呈现的士人之间的互动及所建立的人际关系等社会文化属性较强的历史问题。由于专业之限,本文虽多参考艺术史与书法史的研究成果,但不涉及《兰亭序》版本真伪、价值优劣和笔法理论等书法、艺术的内涵及其争议。

本文选择尤袤、沈揆、王厚之、汪逵四人为研究对象。尤、沈、王、汪

---

① 《兰亭考》的作者桑世昌,字泽卿,天台人,是陆游的外甥,博雅工诗,喜集古今名人书籍及遗闻轶事,与当代名士李庚、尤袤、杨万里、楼钥、叶适均有交往,有文集三十卷。《兰亭考》十五卷于宋人题识援据甚详,高似孙删存二卷,今存十二卷,见喻长霖、柯华威,[民国]《台州府志》(台北:成文出版社,1970,《中国方志丛书·华中地方》第74号,据民国二十五年[1936]铅印本影印),卷99,《桑世昌》,页14上;纪昀总纂,《四库全书总目提要》(石家庄:河北人民出版社,2000),卷86,页2235—2237。

② 《兰亭续考》作者俞松,字寿翁,钱塘人,仕履无考,是书为续桑世昌之作,凡二卷,上卷载松所自藏与他家藏本;下卷皆松所自藏;后刊于淳祐四年。有李心传作序,见纪昀总纂,《四库全书总目提要》,卷86,页2237。

四人，是南宋中期搜藏、鉴识、品评《兰亭序》的名家，袁说友（起岩，1140—1204）在《跋汪季路（逵）太博定武本兰亭修禊序》中说："余留都下九年，士夫家所有，幸数见之……余虽随群嗜此，而所储殊未确，仅有一二可以备遗，然必求有以颉颃于尤、沈、王、汪之门可也。"①周必大也说："朝士喜藏金石刻且殚见洽闻者，莫如沈愚卿、尤延之、王顺伯，予每咨问焉。"②显示这四个人，不仅是兰亭序帖的收藏、研究大家，也是对文艺文物有兴趣的官僚，他们提供收藏的《兰亭序》与友人共赏，在南宋诸多士人文化活动中，是颇具特色的。不过，现存史料有关这四位大家的生平事迹的记载，相当片段、零散，汇整、梳理不易，不容易有较完整的认识。因此本文首先广泛搜集资料，从每个人仕途变化与政局发展的角度建立其生命历程，并通过题跋掌握名家间借雅集赏玩讨论《兰亭序》的源流、差异，更结合四人对书画文物搜藏的研究能力，任职秘书省的机缘，发挥文艺职能建立以怡情为主的人际关系，从若干侧面进行综合性的观察分析。

需要说明的是，本文虽以《兰亭序》为主要探讨对象，但尤袤、沈揆、王厚之、汪逵四人，对书画金石等文物都有广泛的兴趣，视野宽阔，这些条件与他们对《兰亭序》鉴识、研究能力的提升，有密切关系，因此讨论的内容包括他们拥有的各类文物资料。同时，由于尤、沈、王、汪与《兰亭序》的资料很零散，《兰亭序》的题跋及与四位收藏家有关的资料，较集中于知名度高及文集内容丰富的楼钥、朱熹、周必大等名儒大臣，本文讨论内容不免侧重他们的观点及凸显彼此的关系。

二、四位《兰亭序》收藏与研究大家的生平与仕历

甲、尤袤

尤袤是南宋著名的诗人、藏书家、书目专家。尤袤，字延之，号安溪，又号遂初居士，无锡人，曾祖、祖与父均不仕。袤生于宣和六年（1124），

---

① 文见袁说友，《东塘集》（台北：商务印书馆，1983，收入《景印文渊阁四库全书》第1154册，据台北故宫博物院藏乾隆四十七年［1782］文渊阁本影印），卷19，页12下—13上。
② 周必大，《周益公文集》（北京：线装书局，2004，收入《宋集珍本丛刊》第48册，据明澹生堂抄本影印），第15卷，《题修禊帖》，页17上。文署"淳熙乙酉正月五日"，然淳熙无乙酉，疑为己酉（十六年，1188）为是。

早年入太学，尝从杨龟山（时）的学生喻樗及樗之女婿汪应辰游，①绍兴十八年（1148），二十二岁中王佐榜进士，是朱熹的同年兼好友。后历知泰兴县；绍兴三十一年冬，金兵来犯，守御有功，改江阴军学官；因相貌不扬，个性静退，久未为时用，其后获陈之茂、胡沂、汪应辰等人举荐，召除将作监簿，②改大宗正丞；乾道七年（1171）五月，任秘书丞兼国史院编修官；八年五月迁著作郎兼太子侍读；③淳熙三年（1176）因谏张说，改任知台州，在台州与楼钥、王枘、钱象祖、石塾、石应之、彭子复等人缔交；④六年，为朱熹在南康军所立五贤祠作"记"，⑤除淮东提举常平；七年改江东提举，曾刊刻好友洪迈《隶释》；⑥八年仲春为朱熹之叔父朱槔《玉澜集》作序，⑦并将朱熹在南康所行检放苗米之法行之江东诸郡；⑧后因梁克家之荐，除吏部郎官、太子侍讲；⑨十二年改右司郎中，兼国史院编修官，与同僚沈揆等进《郊祭大礼庆成诗》；⑩十四年为中书门下省检正诸房公事、兼太子左谕德，⑪为朱熹叔祖朱牟撰墓志铭，⑫并与秘书监兼太子左谕德、国史院编修官的沈揆、将作监丞王厚之参与当年贡举，⑬十月除太常少卿，⑭

---

① 汪应辰，《文定集》（台北：商务印书馆，1983，收入《景印文渊阁四库全书》第1138册，据台北故宫博物院藏乾隆四十七年[1782]文渊阁本影印），卷15，《答尤延之》，页20下—22上。
② 汪应辰之荐，见汪应辰，《文定集》，卷6，《荐尤袤剳子》，页1下—2上。
③ 陈骙原著，张富祥点校《南宋馆阁录》（北京：中华书局，1998），卷7，页89、90、133。
④ 叶适原著，刘公纯、王孝鱼、李哲夫点校，《叶适集·水心文集》（北京：中华书局，1961），卷23，《朝议大夫秘书少监王公墓志铭》，页459。《南宋馆阁录》作"乾道九年十月知台州"，疑误。参陈骙，《南宋馆阁录》，卷7，页90。
⑤ 束景南，《朱熹年谱长编（增订本）》（上海：华东师范大学出版社，2014），页622。
⑥ 文见曾枣庄、刘琳主编，《全宋文》（上海：上海辞书出版社；合肥：安徽教育出版社，2006）第213册，卷4740，页331。
⑦ 尤袤，《梁溪遗稿》（台北：商务印书馆，1983，收入《景印文渊阁四库全书》第1149册，据台北故宫博物院藏乾隆四十七年[1782]文渊阁本影印），卷2，《朱逢年诗集序》，页22下—23下。
⑧ 朱熹原著，陈俊民校编，《朱子文集·正集》（台北：德富文教基金会，2000），卷13，《辛丑延和奏剳四》，页429。
⑨ 事在淳熙十年十月三日。见徐松辑，《宋会要辑稿》（北京：中华书局，1957，据民国二十五年[1936]前北平图书馆影印本重印），《职官》7之33。唯"吏部尚书"应为"吏部郎官"。
⑩ 徐松辑，《宋会要辑稿》，《职官》7之33。时为淳熙十二年二月六日。参佚名，张富祥点校《南宋馆阁续录》（北京：中华书局，1998），卷5，页212。
⑪ 徐松辑，《宋会要辑稿》，《职官》7之34。
⑫ 朱熹原著，陈俊民校编，《朱子文集·正集》，卷98，《奉使直秘阁朱公行状》，页4795；卷37，《答尤延之一》，页1510。
⑬ 徐松辑，《宋会要辑稿》，《选举》22之8。
⑭ 徐松辑，《宋会要辑稿》，《仪制》8之22。

与议高宗丧礼、谥号及配享诸臣,①由于娴熟礼制,孝宗称"如卿才识近世罕有"②。十五年六月,改权礼部侍郎兼实录院同修撰,③并举陆游自代直学士院,④受命撰写内禅制册。尤袤对乾道、淳熙年间官僚集团攻讦道学,颇为介意,曾向孝宗表明道学是尧舜所以帝,禹汤武所以王,周公、孔孟所以设的基石,但"近立此名,诋訾士君子;……此名一立,贤人君子欲自见于世,一举足且入其中,俱无得免"⑤。期盼孝宗能有所补救。

尤袤在光宗朝,对朝政多所建言,抨击近幸,维护善类,极为尽心。尤袤是光宗为太子时的老师,光宗继位后,他抨击权要近臣坏旧法得美官,得罪当轴,且因曾受周必大举荐,⑥遂以党必大遭劾罢,与祠。⑦绍熙元年(1190),知婺州改太平州;绍熙三年六月,任给事中兼侍讲,⑧与同时在朝的旧识楼钥往返甚密、相交甚契,共同论救遭外放的林大中,⑨一齐玩赏彼此珍藏的书画文物,⑩并与赵汝愚等人检讨太学待补法,⑪其后抨击光宗不朝重华宫及李后族人推赏太滥、内侍姜特立用事等问题;四年一月,任礼部尚书兼侍读兼实录院同修撰,五月以疾乞致仕,⑫六月卒,享年七十。⑬秘书省正字项安世撰诗悼念,感念他提拔后进,娴熟礼乐:"四

---

① 脱脱总纂,《宋史》(北京:中华书局,1977),卷389,《尤袤传》,页11925—11926。
② 脱脱总纂,《宋史》,卷389,《尤袤传》,页11926。
③ 佚名,《南宋馆阁续录》,卷9,《官联三》,页381。
④ 于北山,《陆游年谱》(上海:上海古籍出版社,1985),页336。
⑤ 脱脱总纂,《宋史》,卷389,《尤袤传》,页11929。
⑥ 周必大,《周益公文集》(《宋集珍本丛刊》第50册),卷139,《荐监司郡守状》,页205。
⑦ 陆游为遂初堂题诗。见于北山,《陆游年谱》,页346。
⑧ 徐松辑,《宋会要辑稿》,《职官》6之71。
⑨ 二人共同的友人、时任侍御史的林大中,因论奏大理少卿宋之瑞不成,被外放,尤、楼曾联名吁请宋廷收回成命。楼钥原著,顾大朋点校,《楼钥集》(杭州:浙江古籍出版社,2010)第2册,卷26,《缴林大中辞免权吏部侍郎除直宝文阁与郡》,页482—483。
⑩ 楼钥原著,顾大朋点校,《楼钥集》第1册,卷7,《题尤延之给事所藏仙翁徙止图》页180;《楼钥集》第4册,卷70,《跋石曼卿古松诗》,页1242。
⑪ 徐松辑,《宋会要辑稿》,《崇儒》1之46。
⑫ 佚名,《南宋馆阁续录》,卷9,页381。楼钥有制词,参看楼钥原著,顾大朋点校,《楼钥集》第2册,卷31,《给事中尤袤礼部尚书》,页545。
⑬ 吴洪泽《尤袤年谱》作六十七岁,《宋史·尤袤传》作七十岁,但未载生年。学界向来主张尤袤生于靖康二年(1127),然方爱龙据尤袤《西塞涣社图卷跋》所云"予生于甲辰",则当以宣和六年(1124)为是。以上见吴洪泽,《尤袤年谱》(成都:四川大学出版社,2002,收入《宋人年谱丛刊》第9册),页5981—5985;脱脱总纂,《宋史》,卷389,《尤袤传》,页11929;方爱龙,《南宋书法史》,页205—206。蔡文晋:《宋代藏书家尤袤研究》(台北:花木兰出版社,2005);赵维平:《尤袤年谱》(上海:上海三联书店,2012)。

海人才谱,三朝礼乐臣,并将文献去,谁与觉斯民。"①嘉定五年(1212),谥号文简,有《梁溪集》五十卷,由其孙尤藻刊刻,惜遭焚,仅二卷存世。

乙、沈揆

沈揆,字虞卿,是秀州嘉兴人,生卒年与先世不详。王质在绍兴二十八年(1158)八月三日游嘉兴东林时,说沈家是"纨绮世家"②。在《沈氏胜栖堂记》中,③王质对沈氏兄弟经营产业有成,留下深刻的印象。

沈揆中进士后仕途平顺。绍兴三十年(1160),中梁克家榜进士,同榜友人有处州王信。沈揆初期官历不明,仅知乾道三年(1167)在湖州任州学校教授,与知州王十朋、通判宋子飞等人多所唱和。④七年任太学正,九年改除太学博士。⑤淳熙三年(1176),任太府寺丞,五年改宗正寺丞,参与贡举事务。⑥六年正月以朝奉郎知台州,与通判楼钥缔交。⑦八年任吏部员外郎。⑧九年,改国子司业,⑨十一月除秘书少监兼太子左谕德兼国史院编修官。⑩十一年七月,奉诏摹勒累朝御书上石,⑪十一月除秘书监兼国史院编修官兼太子左谕德。⑫十二年三月,奉诏摹勒名贤墨

---

① 见傅璇琮等主编,《全宋诗》(北京:北京大学出版社,1998)第44册,卷2378,页27388。
② 王质,《雪山集》(北京:线装书局,2004,收入《宋集珍本丛刊》第61册,据清孔氏微波榭钞本影印),卷6,《游东林山水记》,页1上—2下。
③ 王质,《雪山集》,卷6,《沈氏胜栖堂记》,页5上—6上。
④ 王十朋原著,梅溪集重刊委员会编,《王十朋全集》(上海:上海古籍出版社,1998),卷25,《十一月十日会于六客堂者十人宋子飞徐致云章茂卿邓叔厚莫子登俞仲明许子齐沈虞卿郑寿叔置酒三行予得诗》《诸公和诗再用韵并简沈虞卿教授》《劳农岘山乘兴游何山同行宋子飞沈虞卿霍从周范文质》《寄沈虞卿寒食上安定冢》,页469、471、477、478。纪年依同书,《王十朋生平记略》,页1190。
⑤ 徐松辑,《宋会要辑稿》,《职官》28之27。
⑥ 徐松辑,《宋会要辑稿》,《选举》22之3。
⑦ 陈耆卿纂,《嘉定赤城志》(北京:中国文史出版社,2008),卷9,页105;袁燮,《絜斋集》(台北:商务印书馆,1983,收入《景印文渊阁四库全书》第1157册,据台北故宫博物院藏乾隆四十七年[1782]文渊阁本影印),卷11,《资政殿大学士赠少师楼公行状》,页5上。袁燮的楼钥行状原作"范揆",据《嘉定赤城志》可知实为"沈揆"之误。
⑧ 徐松辑,《宋会要辑稿》,《选举》22之4。
⑨ 见沈揆在崔敦诗逝世时与"同朝学官"共署之祭文。崔敦诗,《崔舍人玉堂类稿》(上海:上海古籍出版社,2012,收入《日本宫内厅书陵部藏宋元版汉籍选刊》第149册,据宋宁宗朝刊本影印),附录。
⑩ 佚名,《南宋馆阁续录》,卷7,页250;同书,卷9,页367;徐松辑,《宋会要辑稿》,《职官》7之33。
⑪ 佚名,《南宋馆阁续录》,卷3,页173。
⑫ 徐松辑,《宋会要辑稿》,《选举》11之38。

迹上石，①十月上《续孝宗皇帝会要》一百三十卷。②十四年五月出任江东转运副使。③次年六月，被劾罢官。④十六年三月，任国子祭酒，假端明殿学士使金贺登位，副使是韩侂胄。⑤返国后除中大夫守国子祭酒兼权中书舍人。约绍熙元年（1190），被劾，⑥外放知宁国府，旋与新任知建康府的余端礼，"旧因职事有嫌"⑦，改知婺州。二年六月，改知平江府。绍熙三年至四年二月除司农卿，⑧八月，权吏部侍郎兼实录院同修撰兼侍讲，⑨不久致仕。沈揆逝世时间不详，但衡诸楼钥任中书舍人所草制词中涉及转官致仕与赠四官的时间看来，⑩应在绍熙五年（1194）。⑪

沈揆历任孝、光两朝内外职务。在外郡的具体政绩偏于文教设施，如在吴兴州学教授任上，曾立五先生祠，⑫知台州时曾令临海县建社坛，⑬知平江府时，改知府官衙为思政堂，⑭并修复著名的石井泉。⑮在京任职时间较长的是在太学，先后任太学正、国子司业、太学博士及国子祭酒，经历完整，在秘书省则曾任秘书少监与秘书监。因太学与秘书省职务之

---

① 佚名，《南宋馆阁续录》，卷3，页173。
② 佚名，《南宋馆阁续录》，卷4，页199。
③ 佚名，《南宋馆阁续录》，卷7，页244。
④ 徐松辑，《宋会要辑稿》，《职官》72之48。
⑤ 徐松辑，《宋会要辑稿》，《职官》51之34。
⑥ 脱脱总纂，《宋史》，卷397，《刘光祖传》，页12099。传中称沈揆为"太府卿兼中书舍人"，唯不知沈揆任太府卿的确切时间。淳熙十六年十月二十五日，沈揆尚以国子祭酒身份抨击贡举试题，因此，系于国子祭酒之后。
⑦ 徐松辑，《宋会要辑稿》，《职官》61之56。时为绍熙二年正月。
⑧ 范成大原著，陆振岳校点，《吴郡志》（上海：江苏古籍出版社，1999），卷11，页151。
⑨ 佚名，《南宋馆阁续录》，卷9，页381；陈傅良原著，周梦江点校，《陈傅良先生文集》（杭州：浙江大学出版社，1999），卷13，《太中大夫权尚书吏部侍郎沈揆兼侍讲》，页170；楼钥原著，顾大朋点校，《楼钥集》第3册，卷35，《太中大夫沈揆转一官守权吏部侍郎致仕》，页637。
⑩ 楼钥原著，顾大朋点校，《楼钥集》第3册，卷35，《沈揆赠四官》，页637—638。
⑪ 陆心源，《宋诗纪事补遗》（上海：上海古籍出版社，2002，收入《续修四库全书》第1709册，据光绪刻本影印），卷45，页8上—8下。其中所述沈揆生平，在"（绍熙）二年知苏州，四年除司农卿，权吏部侍郎"之后，云"七年，朝奉大夫、知台州"，又称沈揆"官至礼部侍郎"。事实上沈揆是在淳熙七年以朝奉郎知台州，目前亦未见其他资料佐证礼部侍郎之衔。
⑫ 谈钥，《嘉泰吴兴志》（北京：中华书局，1990，收入《宋元方志丛刊》第5册，据民国三年［1914］《吴兴丛书》本影印），卷11，页2上。
⑬ 由楼钥作记。见楼钥原著，顾大朋点校，《楼钥集》第3册，卷51，《台州社坛记》，页955—956。
⑭ 范成大原撰，陆振岳校点，《吴郡志》，卷6，页58。
⑮ 时为绍熙三年。沈揆为此题诗，尤袤亦有诗相和。见傅璇琮等主编，《全宋诗》第45册，卷2396，页27703。

故,有机会参与贡举及朝廷重要庆典。他在淳熙三年到十六年之间(三、五、八、十、十一、十三、十四、十六,其中一次是制举),七次参与贡举,淳熙十六年对科场命题的弊端提供建言。沈揆在秘书省的业绩较为显著,曾参与编撰淳熙十三年十月进呈孝宗淳熙元年至十年的《会要》,①并奏请开局续修淳熙十一年以后《会要》。②此外,多与书法艺术有关,如进呈太宗御书"秘阁"二字刊石后的摹本与北宋诸帝的御书十卷,③及历代名贤墨迹的拓本四本等。④显示沈揆在秘书省,较凸显艺术才华。

丙、王厚之

王厚之(1131—1204),字顺伯,号复斋,生于绍兴元年(1131),是北宋名臣王安石之弟王安礼的四世孙,知通州王珹的长子。原为临川人,至其祖王榕迁居诸暨,是为诸暨人。厚之于绍兴二十六年(1256)入太学,登乾道二年(1166)萧国梁榜进士。⑤曾任温州平阳尉,⑥舒州粤江县令、知蕲州蕲春县,丁父忧不赴。⑦淳熙十一年(1184)任监都进奏院,任贡举点检官。⑧十三年五月,改军器监主簿,任贤良方正直言极谏科对读官。⑨次年正月改将作监丞,并任进士点检试卷官。⑩十五年九月,除秘书郎兼权仓部郎官。⑪十六年正月,除直秘阁淮南路转运判官兼淮西提刑提举,丁母太硕人忧,服阙。⑫绍熙四年正月,召为尚书度支员外郎,直

---

① 徐松辑,《宋会要辑稿》,《职官》18 之 43;佚名,《南宋馆阁续录》,卷 4,页 199。
② 徐松辑,《宋会要辑稿》,《职官》18 之 44;佚名,《南宋馆阁续录》,卷 4,页 200。
③ 佚名,《南宋馆阁续录》,卷 3,页 173。
④ 佚名,《南宋馆阁续录》,卷 3,页 173—174。
⑤ 佚名,《南宋馆阁续录》,卷 8,页 292。
⑥ 洪迈原撰,何卓点校,《夷坚志·支志丁》(北京:中华书局,1981),卷 10,《平阳杜鹃花》,页 1046。
⑦ 王晓鹃,《王厚之生平著述考》,《古典文献研究》第十七辑,下卷,2014 年,页 269—283。引《提刑宝文公墓志》。本文是到目前为止,了解王厚之最丰富的重要文献。感谢华东师范大学古籍所刘成国教授提供。
⑧ 徐松辑,《宋会要辑稿》,《选举》22 之 6。
⑨ 徐松辑,《宋会要辑稿》,《选举》11 之 38。
⑩ 徐松辑,《宋会要辑稿》,《选举》22 之 8。
⑪ 徐松辑,《宋会要辑稿》,《职官》52 之 17;《瑞异》3 之 15。周必大曾于淳熙十五年致函称扬其救灾。见周必大,《周益公文集》(《宋集珍本丛刊》第 50 册),卷 198,页 15 上—15 下。
⑫ 佚名,《南宋馆阁续录》,卷 8,页 292。楼钥作两浙路,见楼钥原著,顾大朋点校,《楼钥集》第 2 册,卷 31,《度支员外郎王厚之直秘阁两浙路转运判官》,页 561。

秘阁两浙路转运判官,并参与国子监发解,①十月,改任知临安府。②五年七月被劾遭罢。③庆元年间,改任江东提举、直显谟阁、江东提点刑狱,进直宝文阁。庆元三年(1197)十二月,宋廷置伪学之籍,王厚之列名其中,六年正月引年赐直宝文阁致仕。④嘉泰四年(1204)卒于龙泉寓所,享年七十四岁,妻郭氏先卒,子4人友任、友雍、友冲、友素,女适林炜。⑤

王厚之任官期间推动诸多兴利除弊工作,颇有建树。如淳熙十三年(1186)二月与六月,检讨南宋各类传递军事与一般行政讯息的摆铺、斥堠与省递混乱所造成的弊病,并提改革方案。⑥任秘书郎兼仓部郎官时,奉命与湖北诸司抚恤因江水泛涨产生的灾民。⑦任淮南运判期间,曾奏论舒州、湖州官员不法,⑧奏请朝廷招募百姓屯田耕种,⑨这些表现都获得姻亲陆九渊的赞赏:"王顺伯在淮间,宣力甚勤。"⑩不过,他的行事风格却有争议,陆九渊在四封致王厚之的信中,亦对其做人处事有所批评。如云"向来永嘉诸人,甚敬尊兄政绩,而又议其严酷,无儒者气象","大志不立,未免同乎污世,合乎流俗",并举朱熹所谓"尊兄坏人已成之功,以奉执政"⑪。结合《宋史·王居安传》所说"使者王厚之厉锋气,人莫敢婴"⑫,与绍熙五年(1194)七月王厚之遭劾"好任私意,肆为异说,暗于听讼,短于治剧"⑬。这些评语显示厚之虽勤于任事,但性情刚烈,行事严酷,是一

---

① 徐松辑,《宋会要辑稿》,《选举》20之6。
② 楼钥有制词,见楼钥原著,顾大朋点校,《楼钥集》第2册,卷34,《直秘阁两浙运判王厚之直显谟阁知临安府》,页614。
③ 徐松辑,《宋会要辑稿》,《职官》73之18。
④ 樵川樵叟,《庆元党禁》(台北:商务印书馆,1983,收入《景印文渊阁四库全书》第451册,据台北故宫博物院藏乾隆四十七年[1782]文渊阁本影印),页4上;佚名,汝企和点校,《续编两朝纲目备要》(北京:中华书局,1996),卷5,页83。
⑤ 张淏纂修,《宝庆会稽续志》(北京:中华书局,1990,收入《宋元方志丛刊》第7册,据嘉庆十三年[1808]刻本影印),卷5,页10下—11上。参见前引王晓鹃文,所引王振《提刑宝文公墓志》,页272。
⑥ 徐松辑,《宋会要辑稿》,《方域》11之31—32。
⑦ 徐松辑,《宋会要辑稿》,《瑞异》3之15;《职官》52之17。
⑧ 徐松辑,《宋会要辑稿》,《职官》72之51。
⑨ 徐松辑,《宋会要辑稿》,《食货》63之61。
⑩ 陆九渊原著,钟哲点校,《陆九渊集》(北京:中华书局,1980),卷13,《与朱元晦(二)》,页181。又见卷36,《年谱》,页507。
⑪ 陆九渊原著,钟哲点校,《陆九渊集》,卷11,《与王顺伯(二)》,页153。
⑫ 脱脱总纂,《宋史》,卷405,《王居安传》,页12250。
⑬ 徐松辑,《宋会要辑稿》,《职官》73之18。

位不善为人与行政的官员。①

庆元党禁之后,王厚之处境骤变,生活俭朴低调。由于资料不足,我们对王厚之的晚年生活,所知不多。不过,刘克庄《与徐漳州书》留有宝贵信息。刘克庄在信中说,其父刘弥正因王厚之推荐迁官,及其父任浙漕,回荐厚之子王友任。王友任出任新昌主簿时,尚在罢职中的王厚之想偕子同往。认识的师友担心他曾任高官,难以适应小官舍的生活,"王卿问接人云:'新昌有猪肉否?有豆腐否?'答云:'皆有之。'卿云:'有此二物,如何住不得?'既至新昌,畏谨逾甚,终日在宅堂,未尝出至照壁后,如子弟然。故人恐其岑寂,以书问讯,答言:'向来往事已成梦幻、今日折迭作主簿宅眷。'"②厚之居新昌时间可能短暂,但这段资料有助于我们了解党禁期间王厚之的遭遇,以及面对政治冲击时他的心境。

丁、汪逵

汪逵字季路,信州玉山人,是南宋名臣汪应辰的次子。其兄伯时,生平事迹不显。汪逵于乾道八年(1172)中黄定榜进士,与陆九渊、舒璘为同年。进士后仕历不明,但据周必大在《跋汪圣锡与武义宰赵醇手书》中说,应辰晚年苦目疾"颇惮亲染",多次与周必大书信往返,皆"季路代作"③。显示淳熙三年(1176)应辰逝世前,季路陪侍在侧,应辰逝世后则有十三年仕历记录不详。淳熙十五年(1188)十一月,任太学博士兼实录院检讨官,次年五月为太常博士,兼职仍旧,曾参与册命皇后仪式,④又任进士的点检试卷官。⑤光宗绍熙元年(1190)十月,改朝奉郎太常丞,兼实录院检讨官,参与详议高宗不祧之典⑥及高宗谥号集议。⑦绍熙五年(1194)外任江西常平使,欲将王安石书帖刻石,朱熹因其父喜荆公书,特

---

① 王晓鹃,《王厚之生平著述考》,《古典文献研究》第十七辑,下卷,2014年,页273—277。
② 见刘克庄原著,辛更儒笺校,《刘克庄集笺校》(北京:中华书局,2011)第12册,卷133,页5338—5339。本资料为张维玲博士读刘克庄文集所见,仅此致谢。唯按墓志王友人当为友任。
③ 文见周必大,《周益公文集》(《宋集珍本丛刊》第49册),卷46,页9上。
④ 佚名,《南宋馆阁续录》,卷9,页388;徐松辑,《宋会要辑稿》,《礼》53之9—10,页1567。
⑤ 徐松辑,《宋会要辑稿》,《选举》22之9—10。绍熙元年一月二十四日。
⑥ 徐松辑,《宋会要辑稿》,《礼》15之59。绍熙元年十二月二十三日。
⑦ 徐松辑,《宋会要辑稿》,《礼》49之58。绍熙二年八月十九日。

托周必大请汪逵将家藏《王荆公进邺侯遗事奏稿》的真迹一并刻石。①绍熙五年十月,任礼部郎官兼实录院检讨官。庆元元年(1195)四月改任国子司业,仍兼实录院检讨官。②六月,孙元卿、陈武与袁燮被罢,汪逵为其辩护,被监察御史刘德秀控以暗号私取太学生,亦遭罢黜,③这是庆元论伪学之始。④后列名《庆元伪学逆党籍》中,⑤赋闲在家,前后计十三年。宋廷曾拟于嘉泰四年(1204)任汪逵知处州,不成。⑥

开禧三年(1207),韩侂胄被杀,钱象祖、卫泾,雷孝友,林大中与史弥远秉政,窜逐韩党,招用褒录祠禄或外任的庆元党人,推动更化。⑦嘉定元年(1208)三月,汪逵任秘书少监兼国史院编修官,⑧八月,兼太子右庶子。⑨此后,相继任除礼部侍郎,兼职如前。⑩三年正月为吏部侍郎,⑪任进士知贡举,⑫旋改权工部尚书,四月又改权吏部尚书。⑬嘉定五年(1212)八月,为吏部尚书兼实录院编修官。⑭汪逵自权工部侍郎后,均兼同修国史兼实录院同修撰及太子右庶子,任权吏部尚书以后,改兼太子詹事,任守吏部尚书时,则兼修国史兼实录院修撰。所有制书均出于时任职学士院真德秀之手。⑮

嘉定五年以后,汪逵的任职情况与逝世时间均不详。但真德秀制书

---

① 周必大,《周益公文集》,卷46,《跋邺侯遗事奏稿》,页8上;朱熹原著,陈俊民校编,《朱子文集·正集》,卷38,《答周益公一》,页1567。汪逵任江西提举的制书,见陈傅良原著,周梦江点校,《陈傅良先生文集》,卷16,《朝散郎江西提举汪逵除礼部员外郎》,页229。
② 佚名,《南宋馆阁续录》,卷9,页390。
③ 徐松辑,《宋会要辑稿》,《职官》73之20。庆元元年六月三日。
④ 佚名,汝企和点校,《续编两朝纲目备要》,卷4,页63—64。另参束景南,《朱熹年谱长编(增订本)》,页1216—1218。
⑤ 李心传,《道命录》(北京:中华书局,1999,收入《知不足斋丛书》第9册,据上海古书流通处影印本影印),卷7下,页15上;佚名,汝企和点校,《续编两朝纲目备要》,卷5,页83。
⑥ 徐松辑,《宋会要辑稿》,《职官》74之16。嘉泰四年八月二十八日。
⑦ 佚名,汝企和点校,《续编两朝纲目备要》,卷10,页187;卷11,页194。
⑧ 佚名,《南宋馆阁续录》,卷7,页251。
⑨ 徐松辑,《宋会要辑稿》,《职官》7之44—45,页2557。
⑩ 佚名,《南宋馆阁续录》,卷9,页362。
⑪ 佚名,《南宋馆阁续录》,卷9,页362。
⑫ 徐松辑,《宋会要辑稿》,《选举》21之12,页4592。嘉定四年一月二十四日。
⑬ 徐松辑,《宋会要辑稿》,《职官》7之45;楼钥原著,顾大朋点校,《楼钥集》第4册,卷67,《恭题汪逵所藏高宗宸翰》,页1192。
⑭ 佚名,《南宋馆阁续录》,卷9,页379。
⑮ 真德秀,《西山先生真文忠公文集》(台北:商务印书馆,1979,收入《原式精印大本四部丛刊正编》第61册,据上海涵芬楼借江南图书馆藏明正德刊本影印),卷19—21各条。

中可见"乞休致不允诏"及辞免除显谟阁学士提举祐神观,依旧兼太子詹事,兼修国史、实录院同修,仍令赴罢,恩命不允。①且杨宏中到嘉定六年(1213)因余嵘、汪逵与赵彦櫹之荐,获授户部架阁。②以真德秀任职学士院的时间推测,汪逵可能在嘉定七年(1214)或稍后逝世。③又不允汪逵休致的诏书说:"若乃道方行而遽画,年甫至而求归,既非眇冲擢任之本心,亦岂平昔自期之壮志"④,看来他或许在七十岁左右致仕,不久逝世。

汪逵个性耿直、博学多识。从汪逵有限的仕历,很难看出实务的政绩,以及对国政民生的具体建议。但他为人处事颇有乃父之风,如曾荐舒璘、杨宏中,与楼钥共同检讨赵汝愚的案子,奏请"昭雪故相之辜"⑤。与沈诜等人共奏请叙孙应时儿子祖开官爵,⑥行事作风颇受时人肯定。楼钥称:"逵能继世科,恪守家法,……博学多识,绰有父风。"⑦嘉定四年(1211),宁宗不允汪逵辞免工部尚书及其兼职的诏书,说:"卿以洪毅任重之资,博洽多闻之学,实似先正,为时名流。中缘直道,见嫉群枉,澹然自守,士论宗之。更化来归,寘在禁近,朕心资其启沃,储德赖其缉熙。"⑧借表彰汪应辰的个性及其贡献,肯定汪逵并有所期待。

汪应辰原名师闵,字孝伯,少从吕本中、胡安国、张九成游,受知于喻樗,娶其女,赵鼎延为馆塾师。绍兴五年(1135),十八岁登科第,为进士第一人,高宗特赐名应辰,赵鼎改其字为圣锡。授镇东军签判,召为秘书省正字,绍兴九年,因反对和议,得罪秦桧,请祠,归居常山永年院,前后十七年。秦桧死,起复,先后通判袁州、静江府、广州,召为吏部郎官,绍

---

① 真德秀,《西山先生真文忠公文集》,卷21,《赐通奉大夫守吏部尚书兼太子詹事兼修国史兼实录院修撰汪逵乞休致不允诏》,页19下—20上;卷22,《赐正奉大夫守吏部尚书兼太子詹事兼修国史兼实录院同修撰汪逵辞免除显谟阁学士提举祐神观依旧兼太子詹事兼修国史实录院同修撰仍令赴四参恩命不允诏》,页2下。
② 脱脱总纂,《宋史》,卷455,《杨宏中传》,页11374。
③ 真德秀于嘉定七年(1214)十一月外任江东转运副使,见林日波,《真德秀年谱》(武汉:华中师范大学中国古典文献学硕士论文,2006),页68。
④ 真德秀,《西山先生真文忠公文集》,卷21,《赐通奉大夫守吏部尚书兼太子詹事监修国史兼实录院修撰汪逵乞休致不允诏》,页19下—20上。
⑤ 袁燮,《絜斋集》,卷11,《资政殿大学士赠少师楼公行状》,页25下。
⑥ 孙应时,《烛湖集·附编》(台北:商务印书馆,1983,收入《景印文渊阁四库全书》第1166册,据台北故宫博物院藏乾隆四十七年[1782]文渊阁本影印),卷下,《祖开补官省札》,页14下—16下。
⑦ 楼钥原著,顾大朋点校,《楼钥集》第4册,卷67,《恭题汪逵所藏高宗宸翰》,页1192。
⑧ 真德秀,《西山先生真文忠公文集》,卷20,《赐中奉大夫试尚书吏部侍郎兼太子右庶子兼同修国史兼实录院同修撰汪逵辞免权工部尚书兼职依旧恩命不允诏》,页19上—19下。

兴二十九年(1159)除秘书少监,迁户部侍郎兼侍讲。三十二年(1162)九月孝宗继位后,应辰因议太上皇尊号触怒高宗,外任知福州及四川置制使等职,在四川宣抚使吴璘逝世时,稳定西蜀政局,孝宗赞他"宽朕西顾忧",改任吏部尚书兼翰林学士,因改革朝政得罪侍宦,请辞。淳熙三年(1176)死于常山球川绍德庵,享年五十九岁。① 汪应辰为官耿介,直言无隐。楼钥称他"四方以其出处为世轻重,位虽止于内相文昌,用不尽其学,至今学者尊敬,真有泰山北斗之望"②。又以才学与当朝名宦名士喻樗、张九成、赵鼎、张浚、王十朋、刘珙、陈良翰、虞允文、吴璘等人交往,加以善荐贤良朱熹、尤袤、郑樵、李焘等人,③是高、孝二朝名臣。学者称为玉山先生,著有文集五十卷,今存二十四卷,名为《文定集》。④

汪逵承家学,与周必大、朱熹、杨万里、袁说友和楼钥等当朝名士,有密切的互动。嘉定五年十一月,宋廷不允汪逵辞免兼修国史兼实录院修撰,期待他效乃父笔削之权,重新厘正宁宗继位之际权力之争的真相,说"惟乃先正以名世巨儒受知我烈祖,实繇铨衡之长,专笔削之权。距今余四十年,朕复命卿嗣掌厥事,岂欲以一职为卿荣哉?顾今三朝之典未免阙遗,甲寅(绍熙五年,1194)之记尚多抵牾。往率厥属,勒成信书,使班马氏不得专美于前,此卿所当自期者"⑤。上述高、孝诸臣中,像尤袤少从汪逵的外祖父喻樗及父亲汪应辰游。⑥ 周必大曾于乾道八年(1172)到无锡拜见过汪逵的外祖喻樗,⑦也与汪应辰颇有交往。⑧ 朱熹为汪应辰的从表侄,汪应辰任福建安抚使时,向宋廷荐举朱熹,⑨逝世时,朱熹亲赴衢州常山绍德庵哭祭。⑩ 汪应辰的行谊亦为张栻所敬重。吕祖谦为其学生,曾

---

① 束景南,《朱熹年谱长编(增订本)》,页557。
② 楼钥原著,顾大朋点校,《楼钥集》第4册,卷67,《恭题汪逵所藏高宗宸翰》,页1192。题跋时间约为嘉定五年八月以后。
③ 汪应辰,《文定集》,卷6,《荐尤袤劄子》,页1下—2上;卷13,《荐李焘与宰执书》,页18上—18下。
④ 脱脱总纂,《宋史》,卷387,《汪应辰传》,页11876—11882。
⑤ 真德秀,《西山先生真文忠公文集》,卷21,《赐太中大夫新除吏部尚书兼太子詹事汪逵兼同修国史兼实录院同修撰辞免升兼修国史兼实修撰不允诏》,页19上—20上。
⑥ 脱脱总纂,《宋史》,卷389,《尤袤传》,页11929。
⑦ 周必大,《周益公文集》(《宋集珍本丛刊》第48册),卷18,《跋喻子材樗帖》,页2上—2下。
⑧ 周必大,《周益公文集》(《宋集珍本丛刊》第49册),卷46,《跋汪圣锡与武义宰赵醇手书》,页165。
⑨ 束景南,《朱熹年谱长编(增订本)》,页284—285。
⑩ 束景南,《朱熹年谱长编(增订本)》,页556—558。

于淳熙二年(1175)三月二十三日到衢州汪宅晋谒。①这样的家世与人脉,无疑让汪逵与道学家的关系有更紧密的联系。

三、从题跋看士人对《兰亭序》的品题与雅集

尤、沈、王、汪四人在南宋中期对《兰亭序》的搜藏与鉴识,深受士人官僚的肯定,这实源于他们收藏的量多质优,并能对《兰亭序》不同版本价值的优劣乃至真伪提供意见,并成为当时鉴识、评价《兰亭序》的判准。当时士人对《兰亭序》的讨论、评价均透过"跋"的文体来提出,因此,分析桑世昌《兰亭考》、俞松《兰亭续考》两书及当时文集中有关四位《兰亭序》收藏家的三十三件题跋内容,可以看到当时士人群体关注《兰亭序》的议题与意见。

以收藏情况而言,既有资料对尤袤收藏《兰亭序》的数量的记载并不具体。但袁说友在《跋汪季路太傅定武本兰亭序修禊序》文中称王厚之收藏的百本《兰亭序》,数量与尤袤、毕少董、康伯可、杜器之等量齐观,②看来尤袤收藏数量相当可观。沈揆的收藏量则为百余本,曾为他同僚的倪思说:"沈揆虞卿蓄《兰亭序》刻凡百余本,予尝见之,要各有所长。"③王厚之收藏的《兰亭序》"凡十秩,殆百本",都是家藏。④而其中定武本修禊序"在等辈实称第一"。尤袤淳熙四年(1177)夏天,在王顺伯所藏的一件《兰亭序》的跋语中说"顺伯诸本皆佳"。⑤十三年(1186)夏天,又称王顺伯所藏第一本"此本旧所拓,尤可贵。余见《兰亭序》多矣,此特一二见尔"。⑥洪迈则称"顺伯所藏修禊两副本,皆遒崒精丽,凛乎其生意存,不必深辨为定武否也"。⑦楼钥跋顺伯所藏定武本称:"顺伯好石刻成癖,兰亭善本收至三四未已。余家无一名帖,心顾好之,把玩不忍去手,虽未若

---

① 见吕祖谦原著,黄灵庚、吴战垒主编,《吕祖谦全集·东莱吕太史文集》(杭州:浙江古籍出版社,2008)第1册,卷15,《入闽录》,页235。
② 袁说友,《东塘集》,卷19,《跋汪季路太博定武本兰亭修禊序》,页12下—13下。
③ 俞松,《兰亭续考》(台北:商务印书馆,1983,收入《景印文渊阁四库全书》第682册,据台北故宫博物院藏乾隆四十七年[1782]文渊阁本影印),卷1,页20下。
④ 袁说友,《东塘集》,卷19,《跋汪季路太博定武本兰亭修禊序》,页381。
⑤ 文见桑世昌,《兰亭考》(台北:商务印书馆,1983,收入《景印文渊阁四库全书》第682册,据台北故宫博物院藏乾隆四十七年[1782]文渊阁本影印),卷7,页3下—4上。
⑥ 文见桑世昌,《兰亭考》,卷7,页3下。
⑦ 文见桑世昌,《兰亭考》,卷6,页15下。

顺伯之膏肓,然疾在膝理矣。"①淳祐二年(1242),李心传看到袁说友长赋题王厚之藏的定武本时,说"顺伯好古博雅,在二熙间为第一,所藏诸禊帖,尤遂初极称之"②。至于汪逵的收藏,尤袤称"司业汪逵家藏禊叙至多",虽不清楚确切数量,但精品甚多。尤袤即认为其中一轴由康伯可(与之)首跋的未损定武本"良是定武古本"③。在淳熙十六年(1189)所作跋文中,尤袤指出汪逵家藏由晁美叔(端彦)、宋久道跋的苏易简所藏唐人摹绢素本,是唐古本。④《兰亭考》所录一篇作于淳熙九年(1182)正月的跋文亦及汪逵的唐本收藏,云"司业汪氏所藏唐人临本有四,其一绢素本,苏太简蟠字韵诗真迹",并提到"唐文皇既得《修禊叙》,命赵模、诸葛贞辈临写,当时在廷之臣竞相传模,故流传于世者皆可宝"⑤。汪逵的其他藏本也被视为上品。淳熙十五、十六年袁说友陆续见到王厚之与汪逵所藏肥本,"一见知为至宝"⑥。楼钥在嘉定年间为汪逵所藏禊帖作跋,则称赞逵自幼即喜欢搜集名物,对不损字本护持有加,并认为"此本更高胜"⑦。对于汪逵所藏淳化本,楼钥指出自己珍藏的董氏淳化本颇得名家称道,甚至被肯认为董氏所摹三百本中最佳的本子,而汪逵的淳化本与此"无一毫之差"⑧。

除了搜藏的质量之外,要成为大家,尚须有丰富的兴趣与阅历。尤袤、汪逵、王厚之对《兰亭序》的搜藏兴趣始于何时不太清楚,沈揆则在太学时即培养搜藏兴趣。绍熙四年(1193),他回忆二十二年前,即乾道七年(1171)任太学正时,与太学同舍生章漑游山阴,向章氏族人购得欧阳修所藏的兰亭帖,是搜藏之始。⑨至于鉴识素养的养成,仍得从广泛的阅历着手。尤、沈、王、汪四人家藏之外,彼此互相观摩、赏玩,视野与眼界

---

① 楼钥原著,顾大朋点校,《楼钥集》第4册,卷68,《跋王顺伯所藏二帖·定武修禊序》,页1197。
② 文见俞松,《兰亭续考》,卷2,页7下。
③ 文见桑世昌,《兰亭考》(北京:中华书局,1999,收入《知不足斋丛书》第4册,据上海古书流通处影印本影印),卷5,页14下—15上。
④ 文见桑世昌,《兰亭考》,卷7,页10上。
⑤ 文见桑世昌,《兰亭考》,卷5,页15下—16下。此处所引两段引文,四库本《兰亭考》视为两篇跋文,《知不足斋丛书》本则视为同篇题跋。应以《知不足斋丛书》本为是。
⑥ 袁说友,《东塘集》,卷19,《跋汪季路太博定武本兰亭修禊序》,页12下—13下。
⑦ 楼钥原著,顾大朋点校,《楼钥集》第1册,卷2,《跋汪季路所藏修禊序》,页44—45。
⑧ 楼钥原著,顾大朋点校,《楼钥集》第4册,卷74,《跋汪季路所藏书帖·淳化本修禊序》,页1326。
⑨ 俞松,《兰亭续考》,卷1,页22上—22下。

均高。像尤袤因与汪应辰父子关系密切,看过汪家的《兰亭序》,[1]担任秘书丞与著作郎前后五年,在秘阁中见过大量珍贵书画文物及不同版本的《兰亭序》,对其鉴识能力颇有增益。[2]淳熙四年(1177)春天,沈揆看过王厚之所藏定武本的《兰亭序》时,说这件《兰亭序》与自己见过四种前辈认定的定武本无异。[3]淳熙十三年(1186),对王厚之所藏《兰亭序》第一本题跋时说:"余见《兰亭序》多矣,此特一二见尔。"[4]显示丰富的阅历,让尤袤能鉴别《兰亭序》的优劣。王厚之不仅搜藏量多质精的《兰亭序》,更因博古,具备慧眼。他评论一本《定武本遂初堂题》"字全而瘦,其缺损至微且少,直是初本,尤可贵也"[5],相当精微。尤、王与沈揆在淳熙年间有多年任职秘书省,或参加贡举,不仅亲眼看过内府珍稀《兰亭序》,并得以在贡举的锁院期间,讨论不同版本的《兰亭序》,辨其优劣。他们的鉴识能力,得到雅好《兰亭序》士人的肯定。如李心传曾直云"虞卿鉴赏甚精"[6]。经过他们鉴赏背书的书帖,价值不菲,备受珍藏。李心传于绍定六年(1233)三月为沈伯愚家藏二轴《兰亭序》撰跋,即主张其中一帖经"博古如尤、王,善书如朱、范"之"同所鉴赏"[7],当属珍品。刘克庄因为其所藏旧本五字不缺,因有"尤、王二公鉴定,真迹耳"[8],即表达对尤袤与王厚之之鉴识能力的肯定。

《兰亭序》自晋以来,由于时空环境的变化,真迹不存,形成临摹及刻本之多元情况,但真伪杂出、评价差异大,造成搜藏者在鉴识上有不同的看法。南宋以后,诸家讨论之风更盛,此时各家的题跋共三十三篇,题跋的内容或对各种版本的笔调风格传承,均有细致的评论,或提出优劣真伪之评,内容丰富精彩。不过,关于这方面陈一梅的专书已有具体介绍与分析,本文不赘述,而聚焦于题跋显现的文化活动。

在三十三篇题跋中,有姓名可稽者有二十六人,尤袤九件题跋均是

---

[1] 桑世昌,《兰亭考》,卷7,页10上。
[2] 如被历来评者认为最接近《兰亭序》真迹的冯承素摹本(即神龙本),在高宗时即藏于御府。参见陈一梅,《宋人关于〈兰亭序〉的收藏与研究》,页25—29。
[3] 桑世昌,《兰亭考》,卷7,页3下—4上。
[4] 桑世昌,《兰亭考》,卷7,页3上—3下。
[5] 此本现藏北京故宫博物院,王厚之跋文转引自陈一梅,《宋人关于〈兰亭序〉的收藏与研究》,页100。跋文未见于《兰亭考》《兰亭续考》等文献。
[6] 俞松,《兰亭续考》,卷2,页4下。
[7] 俞松,《兰亭续考》,卷1,页9上—9下。
[8] 刘克庄原著,辛更儒笺校,《刘克庄集笺校》第10册,卷110,《禊帖》,页4565。

为他人撰写,一件为沈揆,二件为王厚之,三件为汪逵,并未留下任何自藏《兰亭序》的题跋。沈揆有一件自跋,一件为王厚之藏品作跋。王厚之自跋藏品有两件,余为袁说友、朱熹、洪迈、陆九渊、楼钥、倪思、李心传及刘克庄所撰题跋。有关汪逵藏品的题跋有六件,除尤袤外,袁说友与楼钥各一件。可见,有缘得见诸家《兰亭序》帖且写题跋的人不多,但都是南宋名儒大臣。除李心传、刘克庄是在四人死后所撰外,其余诸人均为与四大家同时的诸贤。值得注意的是,这四位收藏家为彼此的收藏品写题跋比例最多,讨论相当热烈。由于《兰亭序》流传的版本差异大,四人对《兰亭序》帖撰写的诸多题跋,除了尊唐的临摹本获共识外,对各类刻本的优劣、真伪的判定,意见并不一致,互有争论,各有坚持,杨万里即说:"遂初欣逢两诗伯,临川先生一禅客。三人情好元不疏,只是相逢逢不得。渠有贞观碑,侬有永和词。真赝争到底,未说妍与蚩。珊瑚击得如粉碎,赵璧博城翻手悔。不似三家阙断碑,夜半战酣莫先退。"①尽管彼此对各种版本《兰亭序》的见解不同,甚或迭有交锋,但更多的是互相欣赏、认同的情谊与大度,说明四位大家彼此关系的亲密。这种现象,当与他们有共同兴趣与长期共事有关。从上节尤、沈、王、汪的生平仕历中,可以看到,从淳熙四年至十六年这十三年,他们在太学、国子监、秘书省实录院、太常寺等机构任职并参与贡举业务,期间有从容闲暇从事文艺活动,是《兰亭序》题跋雅集活跃的时期。

  文人交游、酬唱的雅集活动,自古有之。魏晋时期建安七子的宴游、竹林七贤的酣畅、石崇的祖道游宴及王羲之等人的兰亭雅集,为后世不同类型文人雅士的聚会,留下珍贵的历史记忆和仿效的典范。及至唐朝,伴随科举考试的实施,出现以科举及仕官为主,借诗文酬唱,以增进情谊的集会,如曲江宴、杏园宴等以游赏会友为目的的聚会,及白居易举行的七老会等,都属于新兴士人组成的文化社群。

  到了宋代,士人的文化活动与交流方式更为多元。印刷术发达、书籍刊刻流传及古文物大量出土,增进士人求知与学习的便利,加上朝廷推广文治,强化搜藏、整理书画文物的作为,使士人得以资取丰富多样的文化资源、累积知识、培养兴趣,乃至成为彼此共享、交流、酬唱的题材,于是出现较唐代更为多元的文化社群,如诗社、怡老会、真率会、棋会、酒

---

① 杨万里原著,辛更儒笺校,《杨万里集笺校》(北京:中华书局,2007)第3册,卷24,《跋王顺伯所藏欧公集古录序真迹》,页1215—1216。

会,乃至曝书会、茶会、中秋聚会等,他们借着题跋、序、记等文体,记录活动的内容及其感受。这些文字不仅见证宋代士人精彩多姿的文化活动,构成宋代文学与艺术发展的重要成分,同时也增进人际关系的经营。①陈元峰在《北宋馆阁翰苑与诗坛研究》一书,即指宋文学名家与馆职学士所举办的雅集钱会,均极一时游从之乐与唱和之盛,如苏易简等人的《禁林燕会录》、杨亿等人的《西昆酬唱集》、欧阳修等人的《礼部唱和集》及《坡门酬唱集》等,都属馆阁翰苑之士的诗会酬唱之作。而元祐二年(1087)的西园雅集,不仅有诗文,李公麟的《西园雅集图》及米芾的《西园雅集图记》更是当时最负盛名的士人雅集。②熊海英教授对北宋士人相关雅集的论述,指出宋代新型的士人集会,展现了知识分子在继承传统之余,对魏晋以来士人集会的类型与心态,多有创新。其中融合山水、诗、书、画与酒的兰亭雅集在南宋的表现型态与内涵,就是一个很好的例子。③

借雅集来赏玩《兰亭序》,是南宋士人活动的一项特色。南宋中期名家赏玩品题《兰亭序》的人,包括朱熹、陆九渊、周必大、杨万里、陆游、楼钥、袁说友、范成大、洪迈等人,都曾借题跋留下游赏的活动记录。从题跋的内容看来,赏玩品题《兰亭序》除在个人之间进行外,也出现仿效王羲之等人群体性聚会的雅集;在聚会中,观赏品评《兰亭序》帖是活动的重要主题之一。例如:淳熙九年(1182)三月,朱熹巡历至会稽,即于上巳日禊饮于会稽西园,与友人共观王厚之所藏,包括《兰亭序》在内的书画金石。④沈揆任秘书监期间,则与洪迈、尤袤、王厚之、杨万里、林景思、陆游,乃至周必大,有密切往来。他在淳熙十一年、十三年、十四年,曾分别与王厚之、尤袤等参与贡举事务,颇多共赏书画、以诗相唱和的记载。淳熙十二年(1185)九月,沈揆的同年礼部尚书王信奉命使金贺正旦,⑤三馆之士共有十四人在史退傅北园向他饯别,沈揆即出示自己珍藏的《兰亭序》与同僚共赏,⑥参与者包括洪迈、尤袤、莫叔光、范仲艺、邓驲、倪思、罗

---

① 以上参见黄宽重,《交游酬唱:南宋与元代士人的兰亭雅集》,包伟民、刘后滨主编,《唐宋历史评论》(北京:社会科学文献出版社,2016)第2辑,页212—235。
② 陈元峰,《北宋馆阁翰苑与诗坛研究》(北京:中华书局,2005),页206—265。
③ 熊海英,《北宋文人集会与诗歌》(北京:中华书局,2008),页131—137。
④ 束景南,《朱熹年谱长编(增订本)》,页726。
⑤ 脱脱总纂,《宋史》,卷400,《王信传》,页12141。
⑥ 俞松,《兰亭续考》,卷1,页21下—22上。

点等人。①十四年四月六日，洪迈与尤袤、范东叔、梁昭远、黄彝卿（黄伦）、谢子长、邓千里（邓驲）、黄邕父（黄唐）、倪正甫（倪思）等十六人，在秘书省的群玉亭观看秘书监沈揆提供的《兰亭序》帖。②此外，其他集体性的雅集，也多属观赏书画、诗赋的怡情活动；如十三年上巳日，陆游除知严州，杨万里与沈揆、尤袤、莫叔光，邀放翁游西湖与张镃的北园，赏海棠，杨万里有诗相和。是年秋，枢密使周必大，以七千官陌买到苏东坡《子高无雪》二帖，请精于鉴识、识多见博的尤袤和沈揆写题跋。③十四年，杨万里又约沈揆、尤袤、王厚之、林景思等人于上巳日游西湖，④五月，沈虞卿出任江东漕，杨万里有诗相送，⑤洪迈也有二诗相赠。⑥这些菁英士人以赏玩珍稀《兰亭序》兼及书画金石，作为聚会的主题，并赋诗、题跋记其事，是前代较少见的文化性雅集，这也是南宋具有特色的士人群聚活动。

　　题跋中显示诸人讨论《兰亭序》瘦、肥优劣、真伪时，多与定武本《兰亭序》有所联结（共十一篇）。在南宋，《兰亭序》真迹已不存，临摹本数量稀少，刻本流传多，其中最为宋人所珍视的就是定武本，因此，定武本《兰亭序》帖，是南宋士人讨论《兰亭序》关注的重点所在，具有指标性意义。定武是今日河北定县，隶属于金朝的定州，是宋金使臣必经之地。金人既知定武本《兰亭序》在宋士人心目中的分量，因而也在定武翻刻不同版本的《兰亭序》帖，贩卖给宋使。如淳熙十六年（1189）三月，沈揆奉命使金贺登位，经过定武，购得一本新刻的定武本《兰亭序》，他撰文述说"顾修程万里，犯暑驰驱，而归橐有此，亦可喜也"的喜悦心情。沈揆在定武购入定武本《兰亭序》帖，可能得自先他四年（淳熙十二年）奉命使金的同

---

① 参凌郁之，《洪迈年谱》（上海：上海古籍出版社，2006），页346。淳祐元年四月，俞松曾向李心传展示沈揆与尤袤、洪迈共赏的定武真帖，李心传记下此一聚会的佳话说："淳祐初年小寒节前五日，俞寿翁走价以此帖示余，实沈贰卿于群玉暨此园，两尝出似坐客者，而尤公遗墨在焉，其为定武真帖不疑矣。前后同观者十有六人，大抵二熙名士，其间盖有出处与隆替对者，自是右军羣人物，书翰其一也。"见俞松，《兰亭续考》（北京：中华书局，1999，收入《知不足斋丛书》第4册，据上海古书流通处影印本影印），卷2，页1下—2下。四库本《兰亭续考》所载此跋不全，《知不足斋丛书》本则有全文，本文据引后者。
② 参凌郁之，《洪迈年谱》，页374。
③ 周必大，《周益公文集》（《宋集珍本丛刊》第48册），卷15，《题东坡子高无雪二帖》，页12上—12下。
④ 杨万里原著，辛更儒笺校，《杨万里集笺校》第3册，卷22，《上巳同沈虞卿、尤延之、王顺伯、林景思游春湖上，得十绝句，呈同社》，页1110。
⑤ 杨万里原著，辛更儒笺校，《杨万里集笺校》第3册，卷22，《送沈虞卿秘监修撰将漕江东》，1133。
⑥ 凌郁之，《洪迈年谱》，页374—375。

年友人王信的启发。王信出使期间,曾买两本定武本,"一差肥似新刻者,一谓旧本与人所取又不同,余亦未能辨其是否"①。其后,许及之于绍熙四年(1193)使金,回程抵定武时,金送伴使让他看民间所藏的《兰亭序》,"还定武,送伴以民间所藏书本见示,正类此。若郡所持售者,又不及府治续刻本"②。宋使沈揆、王信、许及之等人在定武看到或购买不同版本的《兰亭序》,显示宋士人对武定本《兰亭序》的高度喜好,以至金朝刊印新旧版本贩卖。此风至元初仍盛,台州临海人陈孚(1259—1309),于至元二十九年(1292)奉命出使安南,路经中山府时,即有诗记此事,说"定武兰亭堕渺茫,愚儒犹护箧中藏,我来一笑无他语,独立西风看雁行"③。

四、四大家的书画文物收藏与研究

尤、沈、王、汪四位除了是《兰亭序》的重要收藏与鉴识家之外,对书画金石文物的嗜好、搜藏与研究,在南宋中期也是负有盛名的。

尤袤学识渊博,对书籍文物有广泛的兴趣。他博极群书、勤于搜集,藏书达三万卷,并亲自手抄。④杨万里在《益斋藏书目序》中提到,"延之于书靡不观,观书靡不记。至于字画之丛残,日月之穿漏,历历举之无竭,听之无疲也。……每退,则闭户谢客,日计手抄若干古书。其子弟亦抄书,不惟延之手抄而已也。其诸女亦抄书,不惟子弟抄书而已也"⑤。著有《遂初堂书目》为文献的巨著,尤精于考订。朱熹所编次的《古今家祭礼》一书中,增收孟诜、徐润与孙日用三家祭礼,即得自尤袤。⑥元人袁桷指出,他是孝宗以来,与向冰、王厚之齐名的博学之士,⑦惜藏书在宝庆

---

① 桑世昌,《兰亭考》,卷6,页9下—10上。
② 桑世昌,《兰亭考》,卷6,页13下。
③ 陈孚,《陈刚中诗集》(台北:商务印书馆,1983,收入《景印文渊阁四库全书》第1202册,据台北故宫博物院藏乾隆四十七年[1782]文渊阁本影印),卷2,《中山府》,页2下—3上。
④ 史能之,《咸淳毗陵志》(北京:中华书局,1990,收入《宋元方志丛刊》第3册,据嘉庆二十五年[1820]赵怀玉刻李兆洛校本影印),卷17,页19下—20下。
⑤ 杨万里原著,辛更儒笺校,《杨万里集笺校》第6册,卷78,《益斋藏书目序》,页3200—3201。
⑥ 朱熹原著,陈俊民校编,《朱子文集·别集》,卷3,《刘子澄二》,页5160。
⑦ 袁桷,《清容居士集》(台北:商务印书馆,1979,收入《原式精印大本四部丛刊正编》第67册,据上海涵芬楼影印元刊本影印),卷47,《秘阁续帖刘无言双钩开皇兰亭》,页8上—9上。

元年（1224）被毁。①尤袤诗风平淡，诗名甚盛，后世将其与杨万里、范成大、陆游，并列为南宋四大诗家。②此外，尤袤善书，"用笔流畅而不失含蓄，生动而不失稳重，厚法度而不着意，见苏、米笔意而不为所囿"，作品存世者殆有三件。③

沈揆则对典籍整理、出版与金石文物的考订有高度兴趣。淳熙七年（1180）二月，他与楼钥将家藏闽本《颜氏家训》与谢景思手版家藏旧蜀本进行比勘，更列二十三条考证成一卷，形成新的《颜氏家训》。④淳熙十六年中秋，使金返乡时，曾为宣和年间秀州孝感县民贾卿在田中获六件商代古鼎中一件名为"父己鬲"的铜鼎作记。记文说他在乾道五年（1169）看到该鼎，虽其中有一字已漫灭，"而铜色绀润，形制醇古，殊可爱"，请县令将之移置学官，"使学者目见三代之器，稍考识其读，以知古人制器崇礼之意"⑤。此外，周辉曾记载郑霭（旸叔）将在荆襄川蜀搜集的金石，刻成《五路墨宝》，其中颇有考订欧阳修《集古录》未备者，分类成数巨帙，正本送秘府，副本留于家中，后为沈揆所得。⑥从这些零碎的记载看出，沈揆对典籍及金石文物的搜藏与整理研究，都有浓厚的兴趣。

王厚之不仅收藏为数极多的金石文物，且精于鉴识，是南宋中期具代表的金石碑帖收藏家。元人柳贯称他是"中兴第一"⑦。全祖望说王厚之："尤长碑碣之学。今传于世者，有《复斋碑目》。宋人言金石之学者，欧、刘、赵、洪四家而外，首数顺伯。"⑧他对金石文物搜藏与研究的兴趣与雅好，正是被推崇的重要因素。此一嗜好在他进入太学时即已显露。宋人章樵在《古文苑》中，提到原藏于宋廷保和殿的石鼓刻石，在靖康之役中，被金人沉于黄河，拓本与法书成了珍贵文物。绍兴二十九年（1159），

---

① 魏了翁，《鹤山先生大全文集》（台北：商务印书馆，1979，收入《原式精印大本四部丛刊正编》第60册，据上海涵芬楼借乌程刘氏嘉业堂藏宋刊本影印），卷63，《跋尤氏遂初堂藏书目录序后》，页8上—9上。
② 朱彝尊，《曝书亭集》（台北：商务印书馆，1979，收入《原式精印大本四部丛刊正编》第81册，据上海涵芬楼景印原刊本影印），卷36，《梁溪遗稿序》，页2上—3上。
③ 方爱龙，《南宋书法史》，页205。
④ 参见沈揆所作跋文，收入曾枣庄、刘琳主编，《全宋文》第242册，卷5408，页115。
⑤ 单庆修、徐硕纂，嘉兴市地方志办公室编校，《至元嘉禾志》（上海：上海古籍出版社，2010），卷16，《州学古鼎记》，页161。
⑥ 周辉原撰，刘永翔校注，《清波杂志校注》（北京：中华书局，1994），卷7，《四路墨宝》，页294—295。
⑦ 柳贯，《跋文正公与尹师鲁手启墨迹》，收入李勇先、王蓉贵校点，《范仲淹全集·附录三》（成都：四川大学出版社，2007），页1057。
⑧ 转引自束景南，《朱熹年谱长编（增订本）》，页726。

王厚之于太学上序获得拓本,"喜而不寐,手自装治成帙"①。友人也因其醉心搜藏文物而赠送碑帖,如淳熙十年(1183)徐寿卿赠送《乐毅论》,②稍后友人邵伟转赠汉代的《司农许氏刘夫人碑》,以及颜真卿的《康府君碑》等。③袁说友对王厚之收藏金石的癖痴,有生动的描述:"临川先生天下士,古貌古心成古癖。搜奇日富老不厌,如渴欲饮饥欲食。有时瞥眼道旁见,倒屣迎之如不及。牙签轴已过三万,集古录多千卷帙。平生着意右军处,并蓄兼收一何力。"④在王厚之生前成书的《嘉泰会稽志》,也盛赞他致力收藏金石碑帖与鉴识之精:"(厚之)平生澹泊无他好,独好聚金石刻甚于嗜欲,又特精鉴,故所得尤多,自三代彝鼎款识,秦汉以降碑篆铭碣、悬崖断壁、题字纪绩,刓补缺,整缉湮灭,皆大备于所著《复斋金石录》。家世有右军茧纸,建安帖,尤所宝惜,常以自随,其它汗牛充栋矣。迨至晚年,遂谓无可欲者,盖爱之专,有之又丰,世共知之。"⑤

王厚之将收藏的千种古今碑刻,汇集成《复斋金石录》《金石录考异》《考古印章》,以及《汉晋印章图谱》等书。⑥通过考订,提出新见,如将友人徐寿卿所赠的《乐毅论》与先前所得旧本及欧阳修本相校,认为彼此相同。⑦他细考吴越所遗各寺庙碑,得出钱镠曾建元有天宝、宝大、宝正三个年号,死前才"语其子元瓘……去国仪,用藩镇法"⑧,此说足补欧阳修与司马光之失记。由于拥有丰富的文物,以及精于考订、评断文物价值的能力,被元儒袁桷举为孝宗以后与向冰、尤袤并为"图籍考订之富"的

---

① 章樵,《古文苑》(台北:商务印书馆,1983,收入《景印文渊阁四库全书》第1332册,据台北故宫博物院藏乾隆四十七年[1782]文渊阁本影印),卷1,《临川王厚之顺伯》,页12下。
② 陈思,《宝刻丛编》(台北:商务印书馆,1983,收入《景印文渊阁四库全书》第682册,据台北故宫博物院藏乾隆四十七年[1782]文渊阁本影印)卷14,页43上—44下。
③ 洪适,《隶续》(台北:商务印书馆,1983,收入《景印文渊阁四库全书》第681册,据台北故宫博物院藏乾隆四十七年[1782]文渊阁本影印),卷2,页7下—8上;沈作宾修,施宿等纂,《嘉泰会稽志》(北京:中华书局,1990,收入《宋元方志丛刊》第7册,据嘉庆十三年[1808]刻本影印),卷16,页20下—21上。
④ 袁说友,《东塘集》,卷2,《题王顺伯秘书所藏兰亭修禊帖》,页21上—21下。
⑤ 沈作宾修,施宿等纂,《嘉泰会稽志》,卷16,页28上—28下。《嘉泰会稽志》当成书于嘉泰元年。
⑥ 张淏纂修,《宝庆会稽续志》,卷5,页10下—11上;方以智,《通雅》(台北:商务印书馆,1983,收入《景印文渊阁四库全书》第857册,据台北故宫博物院藏乾隆四十七年[1782]文渊阁本影印),卷32,页30下。
⑦ 陈思,《宝刻丛编》,卷14,页43上—44下。
⑧ 洪迈,《容斋随笔·四笔》(上海:上海古籍出版社,1978),卷5,《钱武肃三改元》,页673—674。

三位博学人物之一。①

此外,王厚之也收藏众多珍贵的墨帖真迹。洪迈说:"王顺伯藏昔贤墨帖至多",除上述石鼓文、《乐毅论》外,包括钟繇《力命表》《黄庭经》《东方赞》《王荆公诗考》,王羲之《绛帖平》、欧阳修《集古录》序的真迹、李清照《金石录》序的原稿、范仲淹致尹洙的二份书帖,毕良史、朱希真所摹集成,荐送秦禧的《钟鼎款识》等,黄长睿的《东观余论》,《王安石书佛语》,林逋《与通判帖》、王羲之章草,米元章行书、篆书、隶书三帖,苏舜钦《锦鸡诗》、几件《兰亭序》,②以及众多五代吴越时期墨帖,如钱镠《牒钟延翰摄安志主簿》《钱忠懿判词》及元祐《高子允谒刺》等。③在雅集中,他常提供丰富的金石碑帖文物与当代名儒交游,像淳熙九年(1182)三月上巳日,提举两浙东路常平茶盐公事朱熹到绍兴,与诸友禊饮于会稽西园,就观赏厚之所藏书画金石,留下十二条题跋。④

王厚之,博雅好古,喜好金石,深通籀篆,勤于搜访与研究,著作甚丰。依王晓鹃研究,有《复斋金石录》三十卷,《复斋碑录》《考异》四卷、《考古印章》四卷、《汉晋印章图谱》一卷、《复斋印谱》二卷、《钟鼎款识》一册,编纂《古文苑》九卷本及单篇文章九篇。⑤

汪逵珍藏大量书画文物并精于鉴赏,这方面的资料大量见于朱熹、周必大与楼钥的文集中。这是他建立人际关系的重要资产。汪逵承继其父搜藏的珍稀书画名帖甚多。⑥朱熹称"季路所藏法书名画甚富,计无出其右者"。⑦楼钥也称:"其家法书甚富。"⑧周必大以欧阳修说苏舜钦喜行狎草书,汪逵所藏颇备此体。⑨此外,包括高宗为太上皇时亲书的《祭

---

① 陈一梅,《宋人关于〈兰亭序〉的收藏与研究》,页164。《全宋文》23册,《袁桷》15,页301。
② 黄宽重,《以艺会友——楼钥的艺文涵养养成及书画同好》,《长庚人文社会学报》,4:1(桃园:2011),页80—81。
③ 洪迈,《容斋随笔·三笔》,卷16,《唐世辟僚佐有词》,页604—605;《容斋随笔·三笔》,卷16,《高子允谒刺》,页605;《容斋随笔·四笔》,卷10,《钱忠懿判语》,页733—734。
④ 束景南,《朱熹年谱长编(增订本)》,页726。此时王厚之殆居家待阙。
⑤ 王晓鹃:前引《王厚之生平著述考》一文。
⑥ 关于汪应辰搜藏名家书画、名帖,乃至出版苏轼《西楼帖》的资料,见黄宽重,《以艺会友——楼钥的艺文涵养养成及书画同好》,《长庚人文社会学报》,4:1(桃园:2011),页75;方爱龙,《南宋书法史》,页196;陈一梅,《宋人关于〈兰亭序〉的收藏与研究》,页11。
⑦ 朱熹原著,陈俊民校编,《朱子文集·正集》,卷84,《跋吴道子画》,页4152—4153。
⑧ 楼钥原著,顾大朋点校,《楼钥集》第4册,卷67,《恭题汪逵所藏高宗宸翰》,页1192。
⑨ 周必大,《周益公文集》(《宋集珍本丛刊》第48册),卷15,《题苏子美帖临本》,页16下—17上。

土地文稿》真迹,①原收藏于绍兴御府的《东坡书李杜诸公诗》,②以及张栻所藏吴道子名画《昊天观壁》等,都是世所稀有的珍品。③值得注意的是,汪逵家藏颇多欧阳修书简。据日本学者东英寿所录,收藏于日本天理大学附属天理图书馆,庆元二年(1196)出版的《欧阳文忠公集》(158卷)中,有九十六篇书简是周必大编刻时所未收的。周必大于庆元二年春致函项安世,请他雇人至汪逵家抄录欧集相关数据,说"只是欲从汪季路借六一集跋中卷甚切。季路性缓,又有不肯借书之癖;望吾友雇人就抄一本速附示,厥直当奉还,得此则欧集可成编,至祝至祝"④。在这九十六篇书简中,明确为汪逵家(包括其外祖喻樗)收藏的至少有二十二篇。⑤汪逵进一步将所搜集的《阁帖》的体式、行数、汇整成体例,成为此后鉴定真伪的准则。⑥由于搜藏丰富,见多识广,又精于鉴赏,周必大誉为"博洽之人"⑦。

很多名臣大儒看过汪逵搜藏的书画,且有题跋。除杨万里在绍熙元年(1190),有《魏野草堂图》及《李伯时飞骑斫鬃射杨技及绣球图》的题跋外,⑧周必大、朱熹与楼钥看过且题跋的文字更多。周必大留下的题跋就有二十二件。最早时间是淳熙五年(1178),周必大任吏部侍郎时,于漓文堂看到汪氏家藏苏东坡与林希论浙西赈济三帖;其后在淳熙十年(1183)、十一年、十五年、绍熙五年及庆元六年,均有题跋。⑨嘉泰二年

---

① 周必大,《周益公文集》(《宋集珍本丛刊》第50册),卷174,页12上—12下。
② 朱熹原著,陈俊民校编,《朱子文集·正集》,卷84,《跋东坡书李杜诸公诗》,页4150—4151。
③ 朱熹原著,陈俊民校编,《朱子文集·正集》,卷84,《跋吴道子画》,页4152。
④ 周必大,《周益公文集》(《宋集珍本丛刊》第50册),卷188,《项平甫正字》,页4下—5上。周必大可能并未从汪逵处抄到欧集数据。
⑤ 参见东英寿考校、洪本健笺注,《新见欧阳修九十六篇书简笺注》(上海:上海古籍出版社,2014)。本数据承哈佛大学刘晨博士告知,特此致谢。
⑥ 刘克庄原著,辛更儒笺校,《刘克庄集笺校》第10册,卷105,《阁帖》,页4375—4379。
⑦ 周必大,《周益公文集》(《宋集珍本丛刊》第50册),卷178,《辨欧阳公释奠诗》,页9下—10下。
⑧ 杨万里原著,辛更儒笺校,《杨万里集笺校》第3册,卷30,《题汪季路大丞魏野草堂图》《题汪季路所藏李伯时飞骑斫鬃射杨枝及绣球图》,页1568—1569。
⑨ 周必大,《周益公文集》(《宋集珍本丛刊》第48册),卷17,《跋汪圣锡家藏东坡与林希论浙西赈济三帖》,页7下—8上;《题苏子美宝奎殿颂帖》,页21上—21下;《跋汪季路所藏山谷与柳仲远帖》,页22下—23上;《跋汪季路所藏朱希真帖》,页22上;《跋钱穆父与张文潜书》,页674;卷18,《跋汪季路所藏张文潜与彦素帖》,页1上;《又跋季路所藏东坡作王中父哀词》,页1上—1下;《跋喻子材樗帖》,页2上—2下;《题汪逵季路所藏墨迹三轴》,页9下—10上;周必大,《周益公文集》(《宋集珍本丛刊》第49册),卷46,《跋邠侯遗事奏稿》,页8上—9上;《跋汪圣锡与武义宰赵醇手书》,页9上;《题汪季路所藏书画四轴》,页10上—11上;卷49,《跋欧阳文忠公与张洞书》,页3上—3下;《跋黄鲁直帖》,页4下—5上;《跋蔡君谟与唐诏帖》,页5上—5下;《题赵清献公帖》,页12上。

（1202）七十七岁的周必大，为汪逵所藏苏东坡在赴黄州贬所途中所写诗词一卷、梅花二绝写跋。①

朱熹与汪氏父子关系密切，也为其搜藏的丰富书画文物，留下相当多题跋。淳熙八年（1181）十一月十二日，朱熹经衢州，到汪家观季路所藏书画，有《跋东坡与林子中帖》②《跋徐骑省所篆项王亭赋后》。③次年九月十二日，朱熹与吕祖俭会于常山，汪逵兄弟均与会。④晦庵归家后，十二月二十四日，汪逵携书画求见，有四题跋。⑤绍熙五年（1194）闰十月二十五日，朱熹辞兼实录院同修撰，史院同僚包括李壁、叶适、项安世、楼钥、黄由与汪逵饯别于灵芝寺。⑥汪逵赠《泰山秦篆谱》，朱熹居考亭后于庆元元年（1195）五月二十三日作跋。⑦庆元三年朱、汪二人被列名伪学党籍，十月十八日，汪逵携书帖访朱熹，晦庵曾撰跋十三文。⑧

楼钥在上述诸人中最晚与汪逵认识，二人却是交往最深的朋友。楼钥与汪逵结识，有资料可稽的见于光宗绍熙元年（1190），任进士的点检试卷官时。⑨二人均为名宦之后，对书画艺术的搜藏、鉴赏能力强，又因支持赵汝愚，反对韩侂胄，于庆元元年（1195）后，相继遭罢。及韩侂胄被杀，二人获召，再任要职。可以说自嘉定以后，已过花甲的汪、楼同朝任官，交往密切，有许多时间讨论共同嗜好的书画文物。从现存《楼钥集》所见，楼钥评题汪逵搜藏的书画作品多达三十六件，其中图画有九幅，包

---

① 周必大，《周益公文集》（《宋集珍本丛刊》第49册），卷50，《跋汪逵所藏东坡字》，页6上—7上。此事未收入李仁生、丁功谊所编《周必大年谱》（南昌：江西人民出版社，2014）。
② 朱熹原著，陈俊民校编，《朱子文集·正集》，卷82，《跋东坡与林子中帖》《再跋》，页4035—4036。
③ 朱熹原著，陈俊民校编，《朱子文集·正集》，卷84，《跋徐骑省所篆项王亭赋后》，页4186。
④ 束景南，《朱熹年谱长编（增订本）》，页747—749。
⑤ 朱熹原著，陈俊民校编，《朱子文集·正集》，卷82，《跋喻湍石所书相鹤经》，页4043—4044；《跋朱希真所书乐毅报燕王书》，页4044；《跋朱喻二公法帖》，页4044—4045；《跋汪季路所藏其外祖湍石喻公所书文中子言行卷后》，页4186。系年据束景南，《朱熹年谱长编（增订本）》，页758。唯书中将卷84做85，汪季路作汪季如，误。
⑥ 束景南，《朱熹年谱长编（增订本）》，页1189—1191。
⑦ 朱熹原著，陈俊民校编，《朱子文集·正集》，卷84，《跋泰山秦篆谱》，页4187。
⑧ 朱熹原著，陈俊民校编，《朱子文集·正集》，卷84，《跋李伯时马》，页4150；《跋东坡书李杜诸公诗》，页4150—4151；《跋杜祁公与欧阳文忠公帖》，页415；《跋东方朔画赞》，页4151；《跋蔡端明写老杜前出塞诗》，页4152；《跋吴道子画》，页4152—4153；《跋欧阳文忠公与刘侍读帖》，页4153；《跋旧石本乐毅论》，页4154；《跋东坡祭范蜀公文》，页4154；《跋富文忠公与洛尹帖》，页4155—4556；《跋韩魏公与欧阳文忠公帖》，页4156；《跋朱希真所书道德经》，页4157；《跋赵清献公家书》，页4157—4158。以上系年并参考束景南，《朱熹年谱长编（增订本）》，页1308—1309。
⑨ 徐松辑，《宋会要辑稿》，《选举》22之10。

括吴道子、李公麟(两幅)、王诜、魏野、范宽、燕文贵、米元晖(两幅)。著名的书帖达二十七种之多,宋代名宦的笔迹有十九种,包括徐铉、王珪、苏舜钦、富弼、韩琦、苏轼(四幅)、黄山谷、蔡京、蔡襄、欧阳修、司马光(两幅)、赵明诚,以及高宗亲笔所书赐赠汪应辰而为汪氏传家宝的《廷试策问》与《中庸》两篇。① 另有唐代颜真卿与唐僖宗的书帖,传世的书法名作则有《兰亭序》两种及吴彩鸾的《唐韵》以及《乐毅论》。②

五、秘书省职能调整,尤、沈、王、汪的角色与人际关系

《兰亭序》自北宋兴起搜藏之风。由于帝王的提倡,与士大夫的雅好,京城开封成为赏玩的中心,各种体式的兰亭序帖兼备,数量繁富;此时南方新兴的士人及其家族,也因雅好,曾有典藏。开封沦陷后,兰亭序帖与大量珍贵文物在战火中散失,只有部分随之南迁,因此南方旧藏益显珍贵,加上高宗的钟情,《兰亭序》更受到朝廷与士人官僚的重视,形成讨论的焦点,尤袤、沈揆、王厚之、汪逵四位享誉南宋中期,搜藏与研究《兰亭序》的大家,是在此一政治与文化环境中出现的。

尤、沈、王、汪四人能跻身《兰亭序》名家之列,除前述丰厚的家族搜藏、个人兴趣、研究能力之外,任职秘书省,也有助于凸显他们的角色。他们都曾在秘书省任职并兼国史院、实录院修撰等职务,参与文书、书籍、图画、祭词、仪礼、天文、礼乐及国史、会要、实录编修的工作。此外,也任职国子监、太学司业、博士或太常寺、礼部等,得以参与贡举事务;尽管个人任职时间长短不一,但这些职务,在当时都是受人尊仰的清要官。

值得注意的是,由三馆转型的秘书省,在南宋既是人才养成之地,也是朝廷典藏及管理图书文献的重要机构,是培养收藏、鉴赏、学术研究与文艺视野的绝佳场所。馆阁是宋廷典藏重要典籍、文物、图画的机构,北宋馆阁承接五代三馆(昭文、史馆、集贤)制度而来。端拱元年(988),宋廷于崇文院中堂建秘阁,择三馆真本万余卷及内出古画、墨迹,庋藏其中。淳化二年(991)又将原藏于史馆的五千十二卷天文、历算、阴阳、术

---

① 楼钥原著,顾大朋点校,《楼钥集》第4册,卷67,《恭题汪逵所藏高宗宸翰》,页1192—1193。
② 黄宽重,《以艺会友——楼钥的艺文涵养养成及书画同好》,《长庚人文社会学报》,4:1(桃园: 2011),页78。

数、兵法书籍,天文图画一百十四幅,附于秘阁。①秘阁所藏,包括王羲之、王献之、唐太宗、颜真卿、欧阳询、怀素等人的墨迹,及顾恺之、韩干的书画珍品。②至道元年(995),裴喻奉使江南、两浙,集诸州郡名画四十五轴、古琴九件,王羲之、贝灵该、怀素等墨迹共八本,宋廷又将图画并前贤墨迹数千轴,移秘阁收藏;这些珍藏的文物,都是外界难得一见的珍品。

宋代的馆阁更是储备高阶文官的场所。欧阳修说:"今负文学,怀器识,磊落奇伟之士,知名于世而未为时用者不少。惟陛下博访审察,悉召而且置之馆职,养育三数年间,徐察其实,择其尤者而擢用之。"③宋廷借着组织馆职官员,从汇整、鉴藏、著录文献图籍,来选拔、涵养才俊之士,以训练"明于仁义礼乐,通于古今治乱,其文章论议,与之谋虑天下之事,可以决疑定策、论道经邦"的儒学之臣,与透过一般历练庶政,培养刑狱、钱谷、吏事的材能之士,是有明显区隔的。④在北宋,馆阁之士参加由宰辅巨儒领衔编修、撰述、校勘、整理的重要典籍文献,及国史、实录、会要等国朝重典的编撰工作,甚至参与贡举、出席重要庆宴的活动,既得以充实学识、开阔视野,坚实学术基底,且得耳濡目染,扩展其胸怀与识见。⑤正如秦观所称:"馆阁者,图书之府,长育英材之地也。从官于此乎次补,执政于此乎递升。"⑥

元丰改制,馆阁转型。此时,宋廷将三馆秘阁的机构、职事皆并入秘书省,掌图籍、国史等事。秘阁的储藏功能虽仍保留,⑦但经此转折后,其核心职能是图书辑藏工作,由先前不任吏责、论道经邦的儒学,转而以究心文化典藏的艺文为主。特别是徽宗一朝,更将之变为一个政治职能文化机构。⑧

---

① 脱脱总纂,《宋史》,卷164,《职官四》,页3874;程俱原撰,张富祥校证,《麟台故事校证》(北京:中华书局,2000),卷1,页19。
② 程俱原撰,张富祥校证,《麟台故事校证》,卷1,页19。
③ 欧阳修原著,李逸安点校,《欧阳修全集》(北京:中华书局,2001),卷114,《又论馆阁取士劄子》,页1729。
④ 李倚天,《儒学与艺文之间:宋代元丰改制以后的馆职试考释》(清华大学综合论文,2015.6),页9。
⑤ 成明明,《北宋馆阁文人的物质生活与精神生活略论》,《西北大学学报(哲学社会科学版)》,第37卷第6期(西安:2007),页12—13。
⑥ 秦观原著,周义敢、程自信、周雷编注,《秦观集编年校注》(北京:人民文学出版社,2001),卷18,《官制上》,页385。
⑦ 彭慧萍,《两宋宫廷书画储藏制度之变:以秘阁为核心的鉴藏机制研究》,《故宫博物院院刊》,2005年第1期(北京:2005),页14。
⑧ 李倚天,《儒学与艺文之间:宋代元丰改制以后的馆职试考释》,页10。文中兼引伊佩霞之观点。

南宋秘书省更兼具文物鉴藏的职能。南宋三馆之职,仍承元丰之制,归于秘书省所辖。①绍兴十四年(1134)宋廷修建了一个规模胜于其他官署的秘书省,将馆阁、馆舍并入其中;同时,将北宋原统一管理,分贮各阁,乃至诸帝起居便殿收藏的典籍、文物、图书、器物等,集中于秘书省,不再多处分贮、搬迁、调拨。此时,秘书省的工作执掌,除一仍旧贯之外,还取代北宋画院执行书画之鉴定、审核、装裱、整理、编目、著录、钤盖、关防印记,乃至画作进呈、取降等职权。②文物聚集一处,书画藏品开放对象转为任职官僚,将鉴藏制度吸纳入馆阁官员的职能与机构运作体系中,同时甄选具鉴识能力的士人加入馆阁。

宋廷也调整馆阁用人方式。南宋重新恢复北宋晚年被罢废的馆职试,让秘书省成为兼具储养政治人才与文化职事的机构。此一调整,呈现南宋的秘书省,仍被作为培育经邦论道人才的储才之地,③难怪周必大要说:"高宗方内修外攘,首置秘书省以储人才。他有司治事日不暇给,独馆职涵养从容,要路阙必由此选。"④而这种将书画艺术——以往被视为与论道经邦正道应有所区隔的艺文小道,纳入国家储才之体制,显示南宋朝廷将文艺绍兴纳入治国政策中。而具备鉴识、研究书画文物等特殊艺文才学的进士,经推举、考试的程序进入馆阁,足以完备秘书省的职能。尤、沈、王、汪等人兼以艺文才华进入馆阁,揭示南宋秘书省多面向的用人取向。这类官员,不再是以"艺"见长的艺能之士,而是以才艺兼长的身份,进入培养菁英人才的馆阁之地;他们任职于坐拥珍贵瑰宝的馆阁,参与实物鉴识,得以在家学熏陶的基础上,精进专业、提升视野,有效增强秘书省的职能。

悠游论道是馆阁之士的特质。宋代馆阁以经理典籍、论道经邦的清要职事为务,除经常事物之外,同侪之间有充裕的机会,从事宴饮、游乐与诗文唱和的怡情活动。贡举的锁院时期,馆阁之士,在从容愉悦论道的氛围中,借诗文唱和增益彼此情谊,是当时相当盛行的游赏联

---

① 彭慧萍,《两宋宫廷书画储藏制度之变:以秘阁为核心的鉴藏机制研究》,页15;费衮原撰,金圆整理,《梁溪漫志》(郑州:大象出版社,2012,收入《全宋笔记·第五编》第2册),卷2,《三馆馆职》,页146—147。
② 彭慧萍,《两宋宫廷书画储藏制度之变:以秘阁为核心的鉴藏机制研究》,页26—34。
③ 李倚天,《儒学与艺文之间:宋代元丰改制以后的馆职试考释》,页9。
④ 周必大,《文忠集》(台北:商务印书馆,1983,收入《景印文渊阁四库全书》第1147册,据台北故宫博物院藏乾隆四十七年[1782]文渊阁本影印),卷69,《史馆吏部赠通议大夫朱公(松)神道碑》,页7下。

谊活动。①

每年定期举办的曝书会，更是宋代馆阁重要的文艺活动。宋代在每年五月至七月，由馆阁举行一天的曝书会，邀请在朝官员参加。由于秘阁所藏的珍籍稀品，平时外界难得一见，因此北宋的曝书会，吸引许多官员参观，梅尧臣的《二十四日江邻几邀观三馆书画录其所见》诗即云："五月秘府始暴书，一日江君来约予。世间难有古画笔，可往共观临石渠。我时跨马冒热去，开厨发匣鸣钥鱼。羲献墨迹十一卷，水玉作轴光疏疏。最奇小楷《乐毅论》，永和题尾付官奴。又看四本绝品画，戴嵩吴牛望青芜。"②说明北宋士人对曝书会的高度期待。

绍兴十三年（1143），宋廷恢复举行曝书会，并成为制度。秘书省规划曝书会，于奉旨后，选定一日，在道山堂由秘书监或少监主持，邀请侍从、台谏、正言以上，及前馆职贴职人员参加。会场东西两壁分展器物、书画、墨宝及陈列经史子集库等典籍；分送本阁刊行的《太平广记》和《秘阁碑》等书籍给与会者，并计置碑石，刊刻与会者名衔；③所需经费由朝廷拨支。④孝宗朝以后，曝书会主办层级虽有下移及日期变动的情况，但每年举办成为定制。⑤曝书会既成常规性的活动，臣僚接触文物的机会增多，盼望参与的热情虽不如梅尧臣等北宋朝臣来得激切，但也有不少官员借诗句表达对参与盛会的喜悦，周紫芝即有"芸香时近曝书筵，缥帙缃囊得纵观。不是圣时修故事，岂知藏室有清官。香罗剪帕金描凤，红字排方玉作籤。身到蓬山瞻御墨，眼惊奎宿射珠帘"。⑥由于一般官员虽然雅好艺术文物，但未必能拥有珍品，即使拥有，也未必具鉴赏、评析文物真伪、优劣的知识或能力。因此，像尤、沈、王、汪等馆阁之士，以其对书画文物的专业知识、丰富收藏及赏析素养与鉴识能力，在曝书会中，贡献

---

① 陈元锋，《北宋馆阁翰苑与诗坛研究》。
② 见傅璇琮等主编，《全宋诗》第5册，卷254，页3074—3075；另参见郭守运、唐晓文，《宋代宫廷藏书及其对宋代文人地位影响略论》，《宿州学院学报》，第25卷第4期（宿州：2010），页9—15；熊海英，《北宋文人集会与诗歌》，页27—30。
③ 陈骙，《南宋馆录》，卷6，页68—69；佚名，《南宋馆阁续录》，卷6，页223—225。
④ 彭慧萍，《两宋宫廷书画储藏制度之变：以秘阁为核心的鉴藏机制研究》，页36。
⑤ 佚名，《南宋馆阁续录》，卷6，页224—225；彭龟年，《止堂集》（台北：商务印书馆，1983，收入《景印文渊阁四库全书》第1155册，据台北博物院藏乾隆四十七年[1782]文渊阁本影印），卷2，《乞议知院胡晋臣恤典罢曝书会燕疏》，页19上—21下。
⑥ 周紫芝，《太仓稊米集》（台北：商务印书馆，1983，收入《景印文渊阁四库全书》第1141册，据台北博物院藏乾隆四十七年[1782]文渊阁本影印），卷29，《七月二十日秘阁曝书二首》，页5上—5下。

其专业,丰富一般官僚对书画的认识与涵养,使他们的才学受到肯定,也是他们得以建立人脉的一项资源。

《兰亭序》等文物,是尤、沈、王、汪与当代高官名儒交流的媒介。宋代士人在追求学识或仕进的过程中,皆须透过各种媒介建立人际关系。在各种媒介中,以艺游赏、交友,需要有实物搜藏及鉴赏的兴趣与能力,其门坎较诸以诗酒聚会为高,交游对象的阶层属性也较为明显。目前虽然无法全面掌握尤、沈、王、汪四人以《兰亭序》及书画文物与人交流,建立人际关系的实况,不过,从上文拼凑重建的四人仕历与交游情况,特别是从观看者留下的题跋,可以知道从孝宗至宁宗,具备相对应的身份与艺术修养的名儒与重臣,如朱熹、陆九渊、王十朋、周必大、杨万里、陆游、楼钥、袁说友、范成大、洪迈、陈傅良、王信、林大中、倪思、赵汝愚,乃至韩侂胄等人,都分别与他们交往。其中兼具政治与文化名望的硕儒:洪迈、朱熹、周必大和楼钥与他们的关系尤为密切,洪、朱、周、楼雅好文物,也收藏不少兰亭序,并有能力评鉴真伪、优劣,因此在观赏时,留下题跋等的互动相当丰富。此外,朱熹与汪逵为亲戚,是尤袤的好友,周必大与汪应辰、喻樗为旧识,洪迈与楼钥则分别是他们的同僚。朱、周、楼、王、汪虽卷入庆元党禁的政治纠葛中,但当政者对待他们相对宽容,名虽禁锢,在地方上仍相当活跃,彼此经常互动。

六、余论

书法与诗词,是传统社会有志举业者,必要的训练历程,为士人文艺修为的重要组成部分。具备此一能力,在入仕后,对具有历史元素的书画文物都有兴趣,并视财力与能力购置收藏,也与兴趣、能力相近的同好赏玩,藉诗词题跋抒发艺文情怀与鉴赏心得、评价优劣价值,形成宋代文人雅士聚会的活动之一。士人游于艺的文化活动,既可怡情养性,也从中培养、深化情谊,是经营人际关系的一环。

《兰亭序》帖是宋代士人搜藏的书法文物,也是雅集活动的媒介。由于历史的发展与社会文化的变化,到宋代《兰亭序》帖已有版本众多、真赝并存的现象,成为关心者讨论的话题。到南宋,珍品稀贵的《兰亭序》,朝野士人更是竞相庋藏。少数拥有珍品,并具鉴识与研究能力的士人官员,在聚会中,提供其珍藏实物,与有志者赏玩,成为彼此观摩、比较、鉴赏、评论的重要议题,掀起研究风潮。而像尤袤、沈揆、王厚之与汪逵等人,不仅出身豪富,具有专业涵养,进士及第后,又经馆阁试,任职于皮藏档案、文物资料且为朝廷专意培养兼具论道经邦与艺文之才的秘书省,既得以涉猎书画宝藏,增强个人研究与鉴识能力,并得以增强秘书省的职能。这样的能力与身份,使得其交往的对象与话题,和一般埋首庶务、在宦海浮沉的基层官员有别,这是士人文化活动中身份认同的展现。

不过,这种因文艺兴趣相近所形成的人际关系,对个人仕途的荣枯会产生多少影响,值得观察。从理想层面而言,传统士人官僚处世准则是"志于道,据于德,依于仁,游于艺"四个完整的面向,其择友、行事、处世的考虑是多方面的。仅从文艺才学一端,借着特定对象,在特定的时空,建立以怡情、雅聚为主的联谊,固有助于家境才学相近者建立彼此的认同感,但若缺乏其他条件配合,势难发挥具体成效。

从尤、沈、王、汪四人在光宗、宁宗二朝政治风暴中的遭遇,可以印证上述看法。尤袤与沈揆,均在宁宗即位之初即已逝世。因此,在赵汝愚与韩侂胄争权,以至庆元党禁过程中,自不受冲击。但从《宋史·尤袤传》所述,尤袤师承程颐一脉,淳熙年间,为维护道学,曾向孝宗谏言,在光宗朝奏论姜特立、韩侂胄,被视为党附周必大,当属道学成员。沈揆的情况较复杂。他与当代名臣均有交往,但道学色彩甚淡,他奉命使金时,韩侂胄任副使,以致被劾结交近习。王厚之道学倾向也不明显,却被列名党籍遭禁锢。嘉泰四年(1204)逝世时,党禁虽缓,仍未获平反。汪逵与朱熹、周必大、楼钥等人关系最深,兼为道学余绪,因而遭到整肃,韩侂胄被杀后,得以再任要职,参与各项重要政治、文化活动。可见在南宋中期情势骤变的政治风暴下,影响仕途荣枯的因素很多,除了道学影响外,尚需考虑人际关系及不同情势所产生的变化,文艺嗜好所建立的人际关系,需要放入整体架构中,并考虑其牵涉的复杂因素,更通过不同的个案深入探讨,才能有全面而完整的认识。因此,目前对这种政治倾向强的议题,仍有很大的研究空间,有待同道共同耕耘。

陆　南宋与元代士人的兰亭雅集

一、前言

兰亭雅集是中国士人交游聚会的典范之一。士人是中国文化传统的塑造者，也是推动历史文化发展的主要力量。这个群体透过学习拥有知识，并以行动在政治、社会与文化各层面发挥巨大的影响力。他们基于共同兴趣，借由交流、应酬的活动，增进彼此互动、建立人际关系，强化情谊、丰富见识、分享经验，并且透过文字记录与图像的描绘，形塑共同的文化意象。这些酬唱活动与多元的文化内涵，是建构历史文化的重要基础。

文人交游、酬唱的活动，自古有之。像曹操（155—220）、曹丕（187—226）、曹植（192—232）父子与邺下建安七子的宴游集会，即受到后世文人的推扬，而魏晋竹林七贤的肆意酣畅，石崇（249—300）集众人在金谷豪奢的祖道游宴，以及由王羲之（303—361）、谢安（320—385）等四十二位江南名士在会稽举行"曲水流觞，修祓禊事"的兰亭雅集，都为后世不同类型文人雅士的集会，留下足为典范的历史记忆。①

在诸多文人聚会的类型中，王羲之等人举行的兰亭会，是具典雅意义的活动。这次聚会参与的人数众多，有具体的活动与场景，有诗文与书法，以及后来被图像化的绘画，形成诗、书、画融合的景象。举行的时间选择在三月三日，是将传统以祓除污秽、男女相会的传统习俗，转化为文人成群修禊春游，以诗酒会友的群体活动，呈现一个士人聚会的风尚。

唐中叶以后，随着科举实施，追求举业的文人群体形成，出现以科举

---

① 参见黎臻，《从人生趣味到诗歌精神——以两晋金谷诗会和兰亭诗会为中心》，《中国文学研究》，2012年第3期（长沙：2012），页52；熊海英，《北宋文人集会与诗歌》（北京：中华书局，2008），页1—11。

及仕宦为主的同僚、同乡、同年，以赏游会友的聚会，其聚会形态，不仅多样，且异于汉、魏、晋以门阀士族为主的活动形态。这些多样的士人雅集，其内涵与方式，多为后世士人所继承，并留下丰富的文献资料，成为吸引研究者探讨的主题。到宋代，文治成为宋廷标举的立国政策，朝廷通过科举考试拔擢大量人才，士人人数不断扩充，形成庞大群体，在政治、社会、文化的影响，愈为强大。

宋代士人基于仕宦与荐举的需要，十分重视人脉的经营。可以说，一个追求仕进的宋代士人，由于身份、职位的转换，除了师长亲友外，尚有同学、同乡、同僚或同年等多重人际网络。他们为排遣时间或增进情谊、寻求共同兴趣或结交朋友，在不同领域组成不同形式的社群，频繁交流接触，成为其生命中重要的历程。

兰亭雅集是宋代士人眼中具有雅意的聚会。诚如上述，宋以前各类士人聚会中，结合诗、绘画与书法，且具游赏酬唱的文人活动中，兰亭之会无疑是兼具优雅与文化深度的。尤其王羲之的《兰亭序》是行书的极品，唐宋以来成为自皇室及官僚、收藏家珍藏、摹临传拓的书法名物，除要累积一定的财富外，更要有艺术禀赋或经熏陶训练，才具备鉴赏评析与收藏的能力。因此，仿效兰亭的雅集，是宋代士人间具特色的文化活动。整理相关资料观察以兰亭为名的士人聚会，对了解宋代士人的交游与社会人际网络有一定意义。

关于宋以来的文人集会与文化活动，学界的研究成果非常丰硕，特别是对于诗社、乡饮酒礼、真率会、耆老会乃至同年聚会等。[①]但是，这些研究论著集中在文学史与艺术史领域，宋史乃至研究中国近世社会文化史的学者则未见探讨。

本文旨在了解东晋以来，特别是南宋与元代士人取法兰亭雅集为集会形态的发展与变化。鉴于史学界对兰亭雅集研究的不足，本文试由较长时段的视角，看东晋到元代兰亭会文化活动的发展；而特别将研究重点聚焦于南宋与元代，其原因除资料个人较为熟悉之外，尚拟进一步比较易代之际，以兰亭为名的士人雅集的变化。中国大陆文学史学者，针

---

① 包括熊海英的《北宋文人集会与诗歌》、欧阳光《宋元诗社研究丛稿》、陈元锋《北宋馆阁翰苑与诗坛研究》、衣若芬《赤壁漫游与西园雅集——苏轼研究论集》等。此外陈一梅的《宋人关于〈兰亭序〉的收藏与研究》尤其值得参考。

对元末出现大批士人雅集性的诗会,包括由刘仁本主持的"续兰亭会"①及顾瑛(1310—1369)的玉山雅集②等个案,有较深的研究,但缺乏长时段的观察与比较。因此本文着眼于各种以"兰亭"为名的士人聚会,资取艺术与文学界的研究成果,而从历史的角度,特别是人际网络的关系,进行综合性的探讨与观察。

二、兰亭雅集的原貌与变异

王羲之、谢安等四十二人于永和九年(353)三月三日在会稽兰亭举行的修禊集会,是中国传统士人雅集的典范。这个集会是由既有民俗节庆活动转型而成的。三月三日上巳日,是中国古人到水边沐浴以除灾求福和男女相会的民俗节庆活动,葛立方(1138进士)《韵语阳秋》云"上巳日于流水上洗涤,祓除去宿垢,故谓之祓禊。禊者,洁也。"③《诗经·郑风·溱洧》描写了民家在这天倾城而出,宴饮游乐的盛况。④《周礼·春官》也有"女巫:掌岁时祓除、衅浴"的说法。⑤东汉时士人曾于三月三日结队成群修禊春游,显然士人早已选择在民俗节日举行游赏咏唱的集会。⑥魏晋以后,将上巳节正式定于夏历三月初三为春禊,作为岁时节会中的重要节日。⑦君臣乃至文人多利用此日为宴饮游赏之举,如魏明帝(206—239)曾于天渊池南设流杯石沟与群臣饮宴,⑧而晋武帝(236—290)于上

---

① 邱江宁、宋启凤,《论元代"续兰亭会"》,《江苏社会科学》,2013年第6期(南京:2013),页185—190;唐朝晖,《元末续兰亭诗会及其文学史意义》,《兰州学刊》,2010年第3期(兰州:2010),页173—175。
② 展龙,《元末士大夫雅集交游述论》,《甘肃社会科学》,2012年第5期(兰州:2012),页184—187;谷侠,《元末玉山雅集研究综述》,《昆明理工大学学报》,2007年第4期(昆明:2007),页67—72。
③ 葛立方,《韵语阳秋》(上海:上海古籍出版社,1984,据上海图书馆藏宋刻本影印),卷19,页2上。
④ 毛亨传,郑玄笺,孔颖达疏,龚抗云等整理,刘家和审定,《毛诗正义》(北京:北京大学出版社,2001,《十三经注疏整理本》),卷4,页376—378。
⑤ 郑玄注,贾公彦疏,赵伯雄整理,王文锦审定,《周礼注疏》(北京:北京大学出版社,2001,《十三经注疏整理本》),卷26,页812。
⑥ 熊海英,《北宋文人集会与诗歌》,页4。
⑦ 林木,《从兰亭修禊到文人雅集——对中国绘画史一个母题的研究》,《中国国家博物馆馆刊》,2013年第11期(北京:2013),页80。
⑧ 沈约原著,王仲荦点校,《宋书》(北京:中华书局,1974),卷15,页386。

巳日曾宴于华林园,命群臣赋诗,①《世说新语》也记洛下"诸名士"于上巳日"共至洛水戏"②。都说明魏晋君臣文人将上巳日视为优雅的春游雅集。

这种雅聚到王羲之、谢安诸人所处的东晋,有了更具体的情景与活动内容。王羲之在《兰亭集序》说"暮春之初,会于会稽山阴之兰亭,修禊事也。群贤毕至,少长咸集。此地有崇山峻岭,茂林修竹;又有清流激湍,映带左右,引以为流觞曲水,列坐其次。虽无丝竹管弦之盛,一觞一咏,亦足以畅叙幽情"。这次聚会的四十二人,选择天气晴朗,徐风和畅的三月三日,在有山水亭园之美的会稽兰亭,饮酒赋诗。这一活动承袭建安十六年(211)曹氏父子与邺下文人的西园之游,③留下各体诗文,具体呈现生动的活动内容。后世更借着名家之手,将此一山水胜景,名士汇聚,宴集游乐,曲水流觞,吟诗作赋的场景,以绘画的形式展现出来。加上王羲之的《兰亭序》真迹,使得此一内容丰富、时间具体、环境优美而生动的曲水流觞,结合名人饮酒赋诗及书法名品的文化活动——兰亭雅集,成为从古迄今,在士人社群中流传不辍,历世弥丰的雅集典范及绘画的母题。

兰亭雅集在唐以后相继地被模仿、复制。像唐高宗(628—683)上元二年(675)三月上巳,诗人王勃(649—676)曾在云门主持一次模仿兰亭雅集的修禊活动,而且仿王羲之的《兰亭集序》,写下《三月上巳祓禊序》。④宋仁宗(1010—1063)景祐中(1034—1037),会稽太守蒋堂也"修永和故事",并留下诗句。⑤而在元祐年间以苏轼(1036—1101)为领袖所形成的文人社群,彼此既有书信往来、游山观水的活动,也有人数不一的文人雅集。如元祐元年(1086)十一月苏轼赠邓润甫(1027—1094)的《武昌西山》诗,和者达三十人。此外也经常在王直方(1069—1109)、王巩乃至东坡家雅聚,透过李公麟(1049—1106)绘画,将此场景以"西园雅集"

---

① 干宝《晋纪》记:"泰始四年二月,上幸芳林园,与群臣宴,赋诗观志。"转引自逯钦立辑,《先秦汉魏晋南北朝诗》(北京:中华书局,1982),页580。
② 《世说新语》原作"诸名士共至洛水戏",据刘孝标注引《竹林七贤论》,其"戏"即为修禊事,此段可视为上巳日出游。参见余嘉锡,《世说新语笺疏》(北京:中华书局,1983),页85。
③ 马尚玲,《从"西园之游"到"兰亭雅集"》,《语文学刊》,2008年第1期(呼和浩特:2008),页16—18。
④ 王勃,《王子安集》(上海:上海书店,1989,收入《四部丛刊·初编》第102册,据上海涵芬楼借景江南图书馆藏明张绍和刊本重印),卷4,《三月上巳祓禊序》,页10上—11上。参见林木,《从兰亭修禊到文人雅集》,页80。
⑤ 葛立方,《韵语阳秋》,卷5,页1下。

为题呈现出来。这是融合西园之游与兰亭雅集,所形成的北宋晚期文人雅聚之集会。①到元至正二十年(1360),江浙行省左右司郎中刘仁本在三月三日召集瓯越名士四十二人,于余姚州署后山的秘图湖主持的"续兰亭会",则直接承继一千多年前王羲之兰亭集会遗绪,是具有历史传承与时代意义的文人聚会。②

唐代士人雅集的形式与内涵逐渐转型,且趋于多元化,超出兰亭会原有的样态。东晋的兰亭会,旨在体现中古社会高门世族高雅清旷、优游闲适的生活文化,是门第社会文化活动的重要表征。③及至唐代,通过科举取士,擅长诗赋的新兴士人在仕途上崭露头角,他们集会交流的形态趋向多样。初唐固仍多承袭六朝遗风以皇室、世族、文学侍从为主体,但中唐以后,随着诗赋取士的科举制度确立,以举业为目标的文人群体茁壮成长。为因应此一发展的人际关系与社群活动,产生了以同乡、同僚为名交游联谊,借诗文酬唱,以增进情谊的新集会方式,逐渐成为主流。不仅参与活动者人数增多,形式也更为多元;出现了名为曲江宴、杏园宴等以进士同年聚宴、交游所形成的同年会,加上白居易在洛阳举行的七老会,乃至大历年间(766—779)浙东诗人严维(757进士)、吕渭(735—800)等人举行的松花坛茶宴等其他主题的聚会。④都是在科举考试中崛起的新兴士人组成的社群,其集会交流的方式,对东汉、魏晋以来西园之游,金谷祖道饯别,竹林七贤以及兰亭雅集等,固有继承,也有新的发展。

到宋代,士人成为政治、社会的主流,其文化活动与交流方式更为多元。宋朝标举文治,宽容士人并增设中央与地方行政机构,大量拔擢科举新贵进入仕途。官员定期轮调,并有荐举制度构成升迁门槛,使得士

---

① 关于西园雅集,文学史与艺术史界有许多讨论,参见林木,《从兰亭修禊到文人雅集》,页80—81;薛颖、郎宝如,《"西园雅集"的真伪及其文化意蕴》,《内蒙古大学学报(人文社会科学版)》,2004年第2期(呼和浩特:2014),页25—31;薛颖,《元祐文人集团文化精神的传播——以〈西园雅集图〉的考察为中心》,《美术观察》,2009年第8期(北京:2009),页97—100;范凡,《雅集与宋代文人生活》,《数字时尚(新视觉艺术)》,2009年第1期(南京:2009),页61—62。

② 参见邱江宁、宋启凤,《论元代"续兰亭会"》,页185—190;展龙,《元末士大夫雅集交游述论》,页184—187;唐朝晖,《元末续兰亭诗会及其文学史意义》,页173—175。关于元末续兰亭诗会的讨论,详第四节。

③ 参见黎臻,《从人生趣味到诗歌精神》,页52—60。

④ 熊海英,《北宋文人集会与诗歌》,页12—14;贾晋华,《唐代集会总集与诗人群研究》(北京:北京大学出版社,2001)。

人的社会网络增加,且需借交游以活络人脉。而随着印刷术的发达,书籍刊刻流传,及古文物大量出土,增进士人求知与学习的便利;加上朝廷推广文治,追求复古、广搜典籍文献、器物,并透过画院培育艺术人才,与由馆阁、秘书省珍藏书画文物,明确彰显、提升书画艺术的价值。这都使士人得以取得丰富多样的文物为资源,累积知识、培养兴趣,乃至成为与人共赏、交流酬唱的题材。士人群体既不断扩大,可资利用的资源多,活动类型较唐代尤为多样,是宋代士人聚会交流的重要特色;像结社为文的诗社、怡老会、真率会、棋会、酒会、乡饮酒礼、同年聚会,乃至曝书会、茶会、中秋聚会等,种类繁多。他们借着题跋、序、记等文体,记录活动内容及其意见、感受。这些文字不仅见证宋代士人精彩多姿的文化活动与营建人际关系的样态,也构成宋代文学与艺术发展的重要成分。熊海英教授对北宋士人相关雅集,有相当简要却突出的论述。①他指出宋代新型的士人集会体现了知识分子在继承传统之余,并不全然接受魏晋士人集会的形态与心态,且多有创新。对融合山水诗、书、画与酒的兰亭雅集的表现形态与内涵的超越,就是一个好的例子。本文的论述将聚焦于南宋至元代的现象。

三、南宋士人"兰亭雅集"的形态与内涵

南宋士人数量增多,聚会交游的方式与品味雅俗兼具,游赏的形式、时间、地点更趋多元化,其中多取兰亭为喻。

绍兴三年(1133),南宋肇建伊始,就有士人仿王羲之修兰亭禊事。葛立方举仁宗景祐中会稽太守蒋堂(980—1054)修王羲之父子雅集故事,却赋诗抒发对献之不成诗的讽意,说"一派西园曲水声,水边终日会冠缨。几多诗笔无停缀,不似当年有罚觥"②。葛立方并举自己的父亲葛胜仲(谥文康,1072—1144)晚年卜居宝溪上,在溪滨建观禊堂之事。葛胜仲于绍兴三年(1133),仿效七百八十年前兰亭故事,与客同泛舟游赏,作诗自述他们不似右军"痴生死情缠绵",而是更为豁达恣意:"吾党殆天放,卜夜就管弦。尺六细腰女,舞袖轻向旋。且毕今日欢,不期来者

---

① 熊海英,《北宋文人集会与诗歌》,页131—137。
② 葛立方,《韵语阳秋》,卷5,页1下。

传。"①

南宋中期士人仿效兰亭雅集在上巳日聚会时,共同鉴赏王羲之的《兰亭集序》帖是一大特色。这是孝宗淳熙年间,一批对兰亭序的书法具有高度嗜好的士人官僚聚会时的主要活动。王羲之《兰亭集序》帖是中国书法的极品,又为宋君臣所雅好,但真帖不存,摹临乃至拓本繁多。南渡以后,掀起收藏与鉴赏热潮,不仅出现像尤袤、沈揆、王厚之、汪逵等重要的收藏、鉴赏与研究者,②宋廷更借兴建秘书省馆舍,将北宋时期分储不同殿阁的书画器物,集中储藏管理,并由馆阁之士直接取代北宋画院的画师,实际负责鉴藏整理等工作。丰富的国家典藏,成为国家育才,兼具官僚艺文陶铸的重要资源。③在政策激发下,众多雅好书画的同道在聚会中,每以《兰亭序》做为怡情交流的媒介,是在一般游赏、酬唱、赋诗之外,更具雅意的集会。这样的赏玩雅集,超越个人式的鉴赏题跋,更切合兰亭主题的群体活动。

这类活动,首先见于淳熙九年(1182)上巳日,朱熹与友人观赏王厚之所藏包括《兰亭序》在内的金石书画。八年,朱熹奉宋廷之命出任两浙东路常平茶盐公事后,于次年三月游历至会稽,与友人在上巳日禊饮于会稽郡治的西园,并共赏王厚之珍藏,包括十二幅《兰亭序》及金石、书画。陈傅良(1137—1203)亦在同行之列。④淳熙十一年(1184)十一月,《兰亭序》的收藏名家沈揆升任秘书监,自此迄十四年五月出任江东转运副使的三年半的时间,⑤先后有四次与秘书省同僚或在京友人游赏并鉴赏《兰亭序》的雅集。淳熙十二年(1185)九月,沈揆的同年王信(1137—1194)奉命使金贺正旦,三馆之士共有十四人,在史退傅北园向他饯别。沈揆即出示自己珍藏的定武本《兰亭序》与友人共赏,参与者包括时任敷

---

① 葛立方,《韵语阳秋》,卷19,页1下—2上。葛胜仲生平,见周麟之,《海陵集》(台北:商务印书馆,1983,收入《景印文渊阁四库全书》第1142册,据台北故宫博物院藏乾隆四十七年[1782]文渊阁本影印),《葛文康公神道碑》,页11下—23上。

② 黄宽重,《以艺会友:南宋中期士人以〈兰亭序〉为中心的品题与人际关系》,《汉学研究》,第35卷第3期(台北:2017.9),页173—211。

③ 彭慧萍,《两宋宫廷书画储藏制度之变:以秘阁为核心的鉴藏机制研究》,《故宫博物院院刊》,2005年第1期(北京:2005),页13—40。

④ 束景南,《朱熹年谱长编》(上海:华东师范大学出版社,2014),页729。陈傅良之参与,见其为王厚之所藏撰写的题跋,收入桑世昌,《兰亭考》(北京:中华书局,1999,收入《知不足斋丛书》第4册,据上海古书流通处影印本影印),卷7,页15下。

⑤ 佚名,张富祥点校,《南宋馆阁续录》(北京:中华书局,1998,),卷7,页244。

文阁待制同修国史的洪迈(1123—1202)及尤袤、莫叔光(1163进士)、范仲芸、邓驲(1175进士)、倪思(1147—1220)、罗点(1150—1194)等人。①李心传(1167—1244)曾在淳祐元年(1241)四月记下这一聚会的佳话,说"实沈贰卿于群玉暨史园,两尝出示坐客者,而尤公遗墨在焉,其为定武真帖不疑矣。前后同观者十有六人,大抵二熙名士,其间盖有出处与隆替对者,自是右军辈人物"②。这是士人借交流集会,观赏《兰亭序》帖,可以说是在情境上,最贴近王羲之的历史记忆。他们在雅集时共赏个人珍藏的《兰亭序》帖,并以诗文唱和或留下题跋,这当是北宋元祐年间西园雅集在诗词唱和之外,兼有鉴赏古董字画的延续,具较强烈的雅趣追求。③参与这类雅集的士人通常都具备相似的出身背景或仕历条件:如出生富贵之家,得以收藏珍贵文物、擅长书画,或有相当的学养,具典藏或雅好兰亭帖的鉴识能力,任馆阁秘书省等清要官职等,最是此类士人官僚的典例。这些士人官僚彼此交游,聚会频繁,其活动内容较一般士人官僚的聚会更具雅意。

此后沈揆与诸友的聚会主要在西湖赏景赋诗,未见赏《兰亭帖》。淳熙十三年(1186)春上巳日,陆游除知严州,赴京受命。馆阁友人杨万里(1127—1206)、沈揆、尤袤、莫叔光,邀他游西湖、张氏北园、天竺寺,赏海棠,题韵赋诗,持杯酌酒,杨万里有诗相和。④十四年杨万里又约沈揆、尤袤、王厚之、林宪(字景思)等人于上巳日游西湖,作十绝句呈同社。⑤

到南宋中晚期,士人官僚仿兰亭雅集,选择于上巳日聚会游赏赋诗,有文字可稽的有两次。其一是嘉定六年(1213)陈宓在知安溪县与友人偕子侄出县衙,登山临水,饮酒赋诗的雅集。陈宓(1171—1230),字师复,号复斋,福建莆田人,是孝宗朝名臣陈俊卿(1113—1186)之子,少登朱

---

① 凌郁之,《洪迈年谱》(上海:上海古籍出版社,2006),页345—346。
② 李心传所记,见其为洪迈藏品所撰写的题跋,收入俞松,《兰亭续考》(北京:中华书局,1999,收入《知不足斋丛书》第4册,据上海古籍流通处影印本影印),卷2,页1下—2下。按:《南宋馆阁录》引《麟台故事》云:"宋三馆、秘阁官员升迁外补,众必醵会置酒,或集于名园僧舍,饮酒赋诗。"陈骙,《南宋馆阁录》(北京:中华书局,1998),卷6,页69。
③ 范凡,《雅集与宋代文人生活》,页61—62。
④ 杨万里原著,辛更儒笺校,《杨万里集笺校》(北京:中华书局,2007)第3册,卷19,《上巳日予与沈虞卿尤延之莫仲谦招陆务观沈子寿小集张氏北园赏海棠务观持酒酹花予走笔赋长句》,页1002—1004;系年据于北山,《陆游年谱》(上海:上海古籍出版社,1985),页297—298。
⑤ 杨万里原著,辛更儒笺校,《杨万里集笺校》第3册,卷22,《上巳同沈虞卿尤延之王顺伯林景思游春湖上随和得十绝句呈同社》,页1110—1112。

熹之门,长从黄干(1152—1221)游。嘉定三年秋(1210)受知泉州邹应龙(1172—1244)之召,任属邑安溪知县。①安溪县是泉州最偏僻的穷乡,"地无重货,商旅不至""地逾百里,荒远而民贫"②。他到任之后,积极改善弊政,设赡学田,惠民局,赡养院,建龙津桥。③戮力学校教育,刊刻司马光书仪,劝谕百姓服药戒巫,劝农谕俗,推动教化。④经过两年的努力,到六年上巳日才有心情邀集亲友,寻胜地、赏良辰,"东出龙津桥,步登高山,山上有台,翠巘旁远,下瞰曲湍,如过几席,杯行到手,疾如飞羽,咏《兰亭》之章,如与昔人同此一席"。接着西登凤池桥,挐舟抵流惠亭,酒半各赋诗,假笔旁舍,即景成咏,不烦钩索。"回泊双清阁,五峰屏立,一水镜净,觞一再引,日薄暮,意恋恋犹未足,嗟乎!乐不可极,游不可放。斯集俱同心友,又子侄偕来,向之数美,今兹尽偿,其所得不既充矣乎。"遂以仿王羲之之兰亭修禊事为韵,并书序文。⑤

其二则是理宗宝庆三年(1227)由临安府尹户部尚书袁韶(1187进士)召集幕僚十三人于上巳日修禊事于西湖,拟承继晋永和兰亭禊事的雅集。作记的程珌(1164—1242)时任翰林学士知制诰兼修玉牒官兼侍读。他的记文显然是要借着在西湖游赏之乐,与"京尹之仁,都民之和,而太平之观"联结,认为是继晋永和与唐文宗开成三年(838)的洛滨之游后的盛会,而聚焦于在西湖一日的游赏诗歌酬唱为主:"且今日之游,群贤毕至,举觞张圃之池,舣棹苏堤之柳,谒先贤之祠,仰千载之风。羽衣蹁跹,抱琴而来,弹有虞《南熏》之歌,弄《空山白云》之操。已而联辔孤山之馆,引满海棠之下。是日也,晓烟空濛,昼景澄豁,睹物情之咸畅,喜春意之日新,却弦断管,一尘不侵,越嶂吴山,尽入清赏。凡贩夫所粥,毕售

---

① 陈宓,《复斋先生龙图陈公文集》(北京:线装书局,2004,收入《宋集珍本丛刊》第73册,据清钞本影印),卷9,《安溪县赡学田记》,页14上—15上;阳思谦修,徐敏学、吴维新纂,[万历]《泉州府志》(台北:台湾学生书局,1987,《中国史学丛书·三编》第4辑,据万历四十年[1612]刊本影印),卷10,页7下。考《泉州府志》,此时的泉州知州为邹应龙,因此,陈宓文中提到的邹某即邹应龙。
② 陈宓,《复斋先生龙图陈公文集》,卷9,《安溪县赡养院记》,页16上—16下;同卷,《安溪县丞厅题名记》,页19下—20下。
③ 除上引《安溪县赋赡学田记》《安溪县赡养院记》,见陈宓,《复斋先生龙图陈公文集》,卷9,《安溪县惠民局记》,页15上—15下;同卷,《安溪县龙津桥库记》,页16下—17下。
④ 见陈宓所撰《安溪县到任谕俗文》《安溪县劝民服药戒约巫师文》《安溪县劝民造砧基簿》《回使府造砧基簿拟事件》《安溪县劝农文》,俱见陈宓《复斋先生龙图陈公文集》,卷22,页1上—5下。关于刊刻司马光书仪,见《复斋先生龙图陈公文集》,卷10,《跋安溪县刊司马温公书仪》,页9上。
⑤ 陈宓,《复斋先生龙图陈公文集》,卷9,《安溪县集右军字续兰亭记》,页27下—28下。

于公。左右游桡,不令亦舞……于是乐甚,献酬交举,或哦坡仙之什,或论晚唐之诗,颓然西景,放舟中流。"从程珌描述的西湖一日游来看,其活动的人数虽不多,但留下记录动静兼顾,内容较之晋唐雅集更丰富多样,因此留下"是集也,傥有以纪之,宁能多逊兰亭、洛滨邪"之赞。这时的士人虽处于升平繁荣的年代,也自觉不能仅以兰亭士人逍遥避事自况为已足,而是冀中兴之望,"虽然,吾侪亦岂宴安于是哉!他日舆图尽版,护跸上京,则追洛水之游,寻曲江之胜,未央也,尚当续纪之"①。

南宋士人雅集性的文化活动较之前代更为多样。南宋业儒任官的士人增多,人际往来频繁,聚会绵密,游赏活动增多、类型多样,如各种耆老会、率真会、诗社、棋社、乡饮酒礼。同年同僚之间以节庆如中秋茶酒为名的聚会,普遍流行,各种文物都成为同道、同僚共赏怡情的资源。这些不同形式的聚会也颇有以上巳兰亭为名,或仅取其名而变其形。如标榜以举业相砥砺的青云课社,于嘉定十二年(1219)由徐鹿卿(1189—1250)召集,组成以文会友、以文辅仁,共同以砥砺科举时文为目标。②又如陈造(1133—1203)所述在高邮贡院举行的乡饮酒礼,活动过程虽也饮酒赋诗,与兰亭雅集类似,但认为兰亭会无诗者罚酒,属于欢饮的性质,而此次乡饮酒礼并未罚酒,是属于礼饮,③明显与兰亭会诗文交流的目的相异。甚或也有如程珌借机批评东晋兰亭会过于消极,而以中兴自期者。活动的方式,有同僚的聚会,如四十六岁的王十朋(1112—1171),于绍兴二十七年(1157)年底任绍兴府签判后,④次年十一月与八位同僚经镜湖,至会稽县南三十里的天衣寺游历,留下相关诗文,雅会的兴味不逊兰亭。⑤除同僚游赏外,也有由地方长官召集的聚会,如前述知安溪县陈

---

① 程珌,《程端明公洺水集》(北京:线装书局,2004,收入《宋集珍本丛刊》第71册,据嘉靖三十五年[1556]程元昺刻本影印),卷10,《西湖禊事记》,页4上—5上。
② 徐鹿卿,《清正存稿》(台北:商务印书馆,1983,收入《景印文渊阁四库全书》第1178册,据台北故宫博物院藏乾隆四十七年[1782]文渊阁本影印),卷5,《青云课社序》,页19下—20下。
③ 陈造,《江湖长翁集》(北京:线装书局,2004,收入《宋集珍本丛刊》第60册,据万历刻本影印),卷23,《高邮贡院落成诗序》,页20上—20下。
④ 汪应辰,《文定集》(台北:台湾商务印书馆,1983,收入《景印文渊阁四库全书》第1137册,据台北故宫博物院藏本影印),卷23,《龙图阁学士王公墓志铭》,页8上;王十朋原著,梅溪集重刊委员会编,《王十朋全集》(上海:上海古籍出版社,1998),卷11,《民事堂》,页176—177。《宋史·王十朋传》未系年绍兴金判之任,也没有提到王十朋在绍兴二十七年中第。汪应辰的《王十朋墓志》则首先提到他在二十七年中第,再提任官绍兴。根据王十朋的诗作《民事堂》,他在绍兴二十七年已受命绍兴金判。该诗作于十二月,十朋已在绍兴。
⑤ 王十朋原著,梅溪集重刊委员会编,《王十朋全集》,卷12,《游天衣寺》,页199。

宓与僚友登山、临安府尹袁韶召幕僚共游西湖。雅集的举行地点，杭州西湖显然成为会稽之外的重要地方，此外还有泉州安溪，显示区域性活动增多。由于南宋士人参与的群体活动趋于多元，即便仍有以兰亭为名，与东晋原貌相较，亦多变易。这种现象或与士人在仕进过程中，异动频繁，必须不断参与各类聚会以排遣时光、结交同道、经营人脉，而发展出雅俗有别的文化活动关系密切。

以兰亭为名的交流名目虽多，但职任转徙频繁，多属临时或同僚随意性的聚会，组织较为松散，与南宋晚期以后，有领袖人物、定期聚会，组织较为严密的诗社有别。①南宋晚期，科举竞争激烈，仕进不易，出现众多漫游江湖，行谒权门的士人，及虽获功名，因仕途壅塞，而居家待阙的低层选人。他们所形成的社群日益增多，成为晚宋的特殊景象。周密（1232—1298）《武林旧事》和吴自牧（1161—1237）《梦粱录》提到杭州士人所组成的西湖诗社，都是"行都搢绅之士及四方流寓儒人，寄兴适情赋咏，脍炙人口，流传四方"②。呈现一般士人组成的江湖诗派、词派的社群。其活动的内容，也从原来较随性、质朴的赋诗、抒情，发展到多数文人借节庆宴会或群聚宴游时，雕琢、推敲、讲究格律的研习，乃至竞赛，其组织性与群体意识增强，与兰亭一类较随意的游赏联谊雅集，明显有别。

四、宋元易代之际的士人雅集

蒙元的入主中国，不仅是改朝换代，更是由夏变夷所带来统治体制的极大变革。这一转变对于在两宋既有体制及社会环境成长下的士人而言，有着巨大的冲击，需要在心态上有所调整。不过，蒙元政权的文禁不严，其统治政策颇具包容性，因此，随着局势的缓和，胜朝遗士逐渐由敌视而接纳新政权。这些旧朝士人在新政权下的遭遇及其转变，可从彼此聚会时的心情中显露出来。

蒙古征服金宋之后，旧王朝的士人各以不同的态度面对新政权的统治。在北方，元初重要学者兼官员王恽（1227—1304）所记载的北方士人雅集即具代表性。至元十一年（1274）蒙古发动亡宋战争之前，王恽曾任平阳路总管府判官。当年三月上巳日，王恽与平阳府同知张明卿、治中

---

① 郭锋，《论南宋江湖词派的词社》，《云南社会科学》，2006年第1期（昆明：2006），页130—133。
② 吴自牧，《梦粱录》（上海：古典文学出版社，1956，收入《东京梦华录（外四种）》），卷19，页299。

忽德辉、前平阳府判官张傃(字行甫,北燕人)在平阳(今山西临汾)晋源乡兰庄刁氏的醒心亭禊饮并赋诗。①到至元二十四年(1287),王恽暂回卫州汲县家居,也于三月上巳日,约二三知友燕集于当地林氏花圃,重修永和兰亭故事,"所有事宜略具真率旧例,各人备酒一壶,花一握,楮币若干,细柳圈一,春服以色衣为上,其余所需尽约。圃主供具秉筒,续咏辨追洧水欢游,禊饮赋诗,修复兰亭故事"②。这两次参加雅集的人数不多。第一次适逢忽必烈发动大规模南征的前夕,在山水清音,野卉留香的兰庄,虽得"暂脱帕车三日妇,怯怜时序百年心",心情未见快慰。第二次则在忽必烈灭亡南宋后,王恽自燕返乡之际,与同乡知己于上巳日相聚。两次聚会方式像一般士人真率之集,但以追寻兰亭禊饮,显示兰亭为此时北方士人雅集的通称。

蒙古征服南宋后,北方士人官员也曾参加江南雅集。兹以魏初于至元二十三年在杭州参加以兰亭为名的雅集为例。魏初(1232—1292)出身北方弘州顺圣(今河北阳原),于至元二十一年任职江南行御史台。二十三年他与南台御史马煦(字德昌,1244—1316)同巡历至杭州,与杭州士人一起到钱塘门外陈氏山庄的此君亭,"亭在万竹中,轩户足清,杯盘足古。酒数行,谈议蜂起,笑谑间作,觥猛于阵,诗严于律,熏陶浃洽,其气象有大不凡者。明日诸公咸有乐府,以歌咏其事。又令子昂赵君图之,且嘱余序所以意"③。从魏初的序文可以看到蒙元官员与当地士大夫的聚会场面是热闹欢乐的。此次聚会未必是上巳日,但取法晋唐兰亭或竹林七贤、洛下九老会以"托物兴怀,自得天地之妙"的用意十分清楚;而时年三十三岁,已展露诗画才艺的赵孟頫(1254—1322),受命以图像记录这次集会,更让此次雅集见证北方士人面对新政权的心情。

相对于北方士人,江南士人对新旧政权递嬗的冲击感受颇深,而其调适,则需要靠时间来抚平。蒙元征服江南,不仅改变了士人的政治地位,且使其生存于相对险恶的环境中。虽然基层的官员与士人所受冲击

---

① 王恽原著,杨亮、钟彦飞点校,《王恽全集汇校》(北京:中华书局,2013),卷15,《至元十一年岁在甲戌上巳日會府倅张侯明卿治中忽英甫前总判张行甫禊饮于晋源乡兰庄刁氏之醒心亭张侯行甫之子思诚息翁孺侍燕》,页693—694。
② 王恽原著,杨亮、钟彦飞点校,《王恽全集汇校》,卷70,《禊约》,页2988。有关王恽两次修禊的地点与第二次的时间,承洪丽珠博士提出资料与意见,仅此致谢。
③ 魏初,《青崖集》(台北:商务印书馆,1983,收入《景印文渊阁四库全书》第1198册,据台北故宫博物院藏乾隆四十七年[1782]文渊阁本影印),《山庄雅集图序》,卷3,页18下—19上。

较少,其社会关系与地位相对稳定,但面对新环境的急骤变化与挑战,他们同样借由与友人聚会,宣泄、抒发忧闷的心情。

　　士人处于政权交替的处境与遭遇,可由四明人戴表元(1244—1310)所撰两篇比附、对照兰亭的聚会之序文得知。戴表元是四明奉化人,字帅初,一字曾伯,号剡源先生,曾受业于王应麟(1223—1296)、舒岳祥(1217—1301),并与降元的袁洪(1245—1298)友善。他是元代著名四明士人袁桷(1266—1327)的老师。宋恭帝(1271—1323)德祐二年(1276),元兵进逼宁海、奉化,曾任建康府教授的戴表元早在前一年(1275)归乡。为避兵乱,他与舒岳祥等人辗转流徙,生活困顿,对兵乱导致离乱的感慨至深。这种遗民心情使他对陶渊明的诗文有更深的理解。① 等到局势稳定,戴表元返回四明。此时的文士多借诗会发抒对易代的感伤与故国之思,像陈著(1214—1297)即于至元十四年(1277)丁丑九月九日借赏菊为名,组织以诗抒发对时局变迁感怀的诗会。②

　　至元二十三年(1286),久居家乡,馆于袁洪家教授袁桷的戴表元,以四十三岁之年来到杭州,与外地游寓士人如山阴徐天祐(1262进士)、会稽王沂孙、台州陈芳、番禺洪师中及受杨大受之邀而移居杭州的周密(1232—1298)等,以及杭州士人群体有密切往来。周密于当年三月五日,约集杭州及游寓士人共十四人至杨大受所营建的流觞曲水游赏,修兰亭故事。当天适逢大雨,六人缺席,遂移至临池的堂背燕集,共同观赏周密所收藏珍贵古器物。他们以抚琴观书、吟歌饮酒为乐,"各不知人世之有盛衰今古,而穷达壮老之历乎其身也",并感慨"晋之既迁,名士大夫侨居而露宿,愁苦而嗟咨,有愿为盛时故都之氓不可得矣。故且驾言出游,以写我忧,而何择于禊之有?"既以古况今,致"壮者茫然以思,长者愀然以悲。向之叹者欲幡然以辞。既而欢曰:'事适有所寄也。今日之事,知饮酒而已,非叹所也。'"周密责各人赋古体诗,编成《杨氏池堂燕集诗》,请戴表元撰序。③ 从戴表元序文,可以看到易代之初,江南士人对时局的变易仍不能适应,借由诗文抒发他们内心的悲怆,吐露遗民情怀。

---

① 参见杨亮,《宋末元初四明文士及其诗文研究》(北京:中华书局,2009),附录《四明文士活动年表》,页300—302。
② 杨亮,《宋末元初四明文士及其诗文研究》,页309—310。
③ 戴表元原著,李军、辛梦霞校点,《戴表元集·剡源集》(长春:吉林文史出版社,2008),卷10,《杨氏池堂燕集诗序》,页135—136。另参见杨亮,《宋末元初四明文士及其诗文研究》,页321。

至元甲午(1294),戴表元到会稽,参加官方色彩浓厚的兰亭会。在他所撰《游兰亭诗序》中,述及至元三十一年部使者王公与继任者狄公曾分别修建右军祠塾及右军肖像,于三月三日由王氏子孙祭拜外,更行永和修禊故事,并由书塾诸生诵永和诸贤兰亭诗。旁观者"缝衣峨冠,弥巷满谷。山翁野叟,奔走出睹",与会者"音容谐同,情礼清邕,凡在饮者无不欢惬",戴表元赞叹"美哉游乎! 自吾具耳目以来所未始睹识也"。时人虽比于永和诸贤,但戴表元认为"人苦不自知,当永和诸贤,徘徊几席间,取快一时,岂暇豫期后世。事若然者,徒败人意耳"。遂取右军诗为韵,每人探一韵成若干篇,由表元为序。①从序文的内容看来,当时官府似颇重视兰亭会,士人也想藉修禊故事,进一步自比、思索永和诸贤的想法与态度。此时宋亡已十五年,士人多走出亡国阴影,认同新政权,因此认为古今无法相比,希望会友抛弃纠结,"今日之事,且极饮为乐"。

而入元后不仕的邓牧(1247—1306)与友人举行修禊的故事则反映江南士人的另一种心情。邓牧,字牧心,钱塘人,自号三教外人。自幼读书悟文法,下笔追古作者。宋亡后,绝意仕进,遍游方外名山。元贞二年(1296)至绍兴山阴,被延至陶山书院。离开杭州到绍兴的邓牧错过了杭州友人在西湖的修禊聚会,而兰亭右军祠在这年的三月三日亦有活动,邓牧虽然受邀却没有参加,反与少数友人在镜湖举修禊故事。此事见于他留下来的两份修禊的序文中。他与陈观国(字用宾)、刘邦瑞、胡侨(字汲古)三人会于镜湖佛寺,遥望兰亭,举行禊礼。礼毕,游春波桥、禹庙,场景欢乐,"有浩歌者,有瞪目视太虚者。有连举大白不置者……间有起复坐喧笑,亦不暇恤"②。但众人也感伤自晋迄今景物虽无大变化,天运却是无情,因而相顾叹息。邓牧则以豁达的心情看待:"千万世,一日之积也。千万人,一气之分也。死死生生于天地间,如阅传舍……以死生为大者,前此盖未悟尔。"③事后,杭州友人告知邓牧西湖之会有十四人举行修禊并赋诗,以他未参与为憾,请他做序。他提到,"余追思醉越时,坐念西州故人,其乐其悲,弗得知也。西州故人念我,独得知其乐其悲乎哉",以更豁达的心情看待宋、晋千年之间,杭、越百里之间,古今人物生

---

① 戴表元原著,李军、辛梦霞校点,《戴表元集·剡源集》,卷10,《游兰亭诗序》,页141—142。
② 邓牧,《伯牙琴》(北京:中华书局,1999,收入《知不足斋丛书》第4册,据上海古书流通处影印本影印),《鉴湖修禊序》,页31上—31下。
③ 邓牧,《伯牙琴》,《鉴湖修禊序》,页31下—32上。

死之间。[①]从序文来看，邓牧婉辞右军祠之会，可能与其官方色彩有关。邓牧选择与少数不仕的士人朋友私下在镜湖举行禊会，而其杭州友人的修禊故事也可能是不仕士人。他们似乎都借着雅集以豁达相勉，抒发苦闷心情，回避对现实的不满，这与入元之初南人的心态已有相当差异。

从上述士人以兰亭修禊为名的聚会，可以看到易代之际南北士人的聚会模式与心境有别，南方士人更随着时间的推移产生微妙变化。王恽在平阳的修禊会是官员之间的活动，而在汲县则是王恽与乡友的聚会，其场景实与永和兰亭会有别，真率会的倾向较明显。魏初仕宦南台，与同是北士的御史马煦参加在杭州的江南士人的雅聚，则颇有兰亭兴味。不同于北士官员出席的场合，四明戴表元入元后的两份参与兰亭会的序文，则突出了遗民心态的转变。至元二十三年戴表元在杭州以遗民之姿参与周密等十四人的雅集时，虽游赏美景，观赏珍贵文物，仍表露江南士人在新政权统治初期的苦闷与困顿。到至元三十一年，戴表元参与北来官员因会稽兰亭右军肖像落成所举行的雅集，所撰序文则不见遗民之忧愤。然而，钱塘邓牧则婉拒此一官方色彩浓厚的禊会，选择友人举行的私人活动。邓牧在相关序文虽示豁达，却可能反映江南士人面对新统治环境犹然心怀忧惧，不敢于诗文中坦然表达他们对新朝的态度。

五、元末士人雅集与续兰亭会

宋金治下的士人面对蒙元侵犯及政权转变后，在适应与认同上颇有转折。初期由于政治利益与社会身份的冲击，士人对新政权产生敌视、无奈悲怆的心情，出现继金末、宋末以来士人多元的集会形态。随着元政权趋于稳定，士人的文化活动形态也有明显的变化。他们借诗词酬唱为名的雅集活动增多。造成这一现象的原因值得探讨。

首先是士人延续宋末以来群体性的结社活动。江南士人在政权递嬗时所受到的冲击主要有二：一是原有官职的士人若不顺服新政权，身份地位无法保障，或因战乱漂离居住，生活困顿，对新政权不免怨怼、疏离；这些不得意者聚会时，多借诗文抒发心中的愤懑。随着政权统治稳定，社会秩序渐获恢复，返乡者仍须建立人际网络，谋求长久性的生存与

[①] 邓牧，《伯牙琴》，《西湖修禊序》，页32上—33上。

发展。而且蒙元朝廷在经历一段压制征服之后,从中央到地方,相继采取相对温和的手段,弭平创伤,化解对立,甚至须拉拢在地有名望的士人,维持秩序或兴学校推动教化。如宁海人舒岳祥为宝祐四年(1256)进士,曾知定海县,宋亡不仕,以诗文自遣。景炎元年(元至元十三年,1276)元兵进逼宁海、奉化等地,舒岳祥为避兵祸,辗转流徙,生活十分困顿,对乱离多所感慨,对新政权多有抗拒之心。但到至元二十九年(1292),舒岳祥以七十四岁高龄撰写《宁海县学记》时,已强调"一统天下之主,未有不尊孔氏、隆儒术者也"①,此可以反映元廷统一全国后,江南士人对新政权态度的转变。②同样在宋亡后受战乱波及的戴表元也曾有诗劝袁桷之父袁洪任职元廷。③此外,像四明人陈著在蒙军进入浙东后,遭受极大痛苦,故国之思与仇蒙之意甚明。他于景炎二年(1277)九月重阳节时,组织诗友以"菊集"为名的诗会,以赏菊为名,即深怀故国之思。④但到次年,诗会所表达的已由故国之思,转为人生徒行乐的感受。舒岳祥、戴表元与陈著的例子均说明大部士人面对政治环境的变化,心态有所转变与调整,⑤他们在渡过战乱,对统治者怀有信任危机之后,逐步对新政权有所认同,与地方长官之间的互动趋于活络。不论是丧失旧政治舞台的士人官僚或寻找新出路的新锐士人,多借参与诗文酬唱的雅集活动,以为开创新契机。

其次,是士人仕进途径的改变。通过举业追求入仕,是两宋三百二十年来士人谋求仕官仕进的主要方式。通过科举考试入仕的官员,可以获得政治地位、社会名望与经济利益,驱使众多士人迈向举业。士人仕官与升迁有既定的路径,但彼此的关系多元而复杂,如同乡、同年、同僚,都是建立人际网络的重要管道,加上可资交流的资源多样,易于形成不同类型的聚会方式。入元以后,科举时废,大部分士人失去进身之阶,对

---

① 舒岳祥,《阆风集》(台北:商务印书馆,1983,收入《景印文渊阁四库全书》第1187册,据台北故宫博物院藏乾隆四十七年[1782]文渊阁本影印),卷11,《宁海县学记》,页10下。
② 关于入元以后,江南士人的遭遇与对新朝态度的转折与变化,及对遗民的讨论,学界已多有修正性的观点,如旅加华裔学者谢慧贤、萧启庆、陈得芝、包伟民,乃至日本学者森田宪司等,都很具代表性。请参考相关学者论著,兹不赘述。另参见杨亮,《宋末元初四明文士及其诗文研究》,页333。
③ 杨亮,《宋末元初四明文士及其诗文研究》,页311。
④ 杨亮,《宋末元初四明文士及其诗文研究》,页309—310。
⑤ 杨亮,《宋末元初四明文士及其诗文研究》,页312—313。

仕途无望的士人多留在乡里营生或传扬儒学。①

科举废罢，担任学官与投入吏职成为元朝士人入仕的重要途径。众多为谋生而追求仕进的士人，即因地方长官拔擢，出任教授、山长或幕职，转变身份。如至元二十七年（1290）陈恕可（1258—1339）出仕西湖书院山长，②邓文原（1259—1328）应征为杭州路儒学正，③二十九年（1292）刘铉为徽州路紫阳书院山长，④成宗元贞元年（1295）被荐为茂才异等的袁桷（1266—1327）出仕金华丽泽书院山长，⑤二年（1296）王英孙延聘邓牧至陶山书院，⑥大德四年（1300）盛彪得吉水州学教授，后为镇江路学正。⑦前述戴表元即曾记录友人同时担任各地学官，他在大德五年有诗题云"钱塘数友，皆不免以学正之禄糊口；邓善之（文原）得杭，屠存博（约）得婺，白湛渊（珽，1248—1328）得太平，仇山村（远，1247—？）得镇江，张仲宾得江阴，一时皆有远别"⑧。到大德六年，五十九岁的戴表元也被荐出任信州路教授。⑨士人无论投入学官或吏职，多借集会抒发情怀，增进情谊，并觅求仕进机会，形成游走各方的交友论道之风。于是以诗社雅集为名的群体文化活动，蓬勃发展。

在这两种因素的激荡下，入元以后雅集性的群体活动层出不穷，成

---

① 杨亮，《宋末元初四明文士及其诗文研究》，页212。
② 参见牛海蓉，《元初宋金遗民词人研究》（北京：中国社会科学出版社，2007）一书附录《元初宋金遗民词人活动年表》，页412。
③ 杨亮，《宋末元初四明文士及其诗文研究》，页329。
④ 牛海蓉，《元初宋金遗民词人研究》，页413。
⑤ 杨亮，《宋末元初四明文士及其诗文研究》，页336—337。
⑥ 牛海蓉，《元初宋金遗民词人研究》，页414。
⑦ 杨亮，《宋末元初四明文士及其诗文研究》，页348。
⑧ 戴表元原著，李军、辛梦霞校点，《戴表元集·剡源佚诗》（长春：吉林文史出版社，2008），卷4，页532；《元初宋金遗民词人研究》，页415。关于白珽任学官之处，缪氏藕香簃抄本《剡源佚诗》作"白湛渊得太山"，与他本不同。考张伯淳《养蒙文集》之《送白湛渊赴太平》，可知"得太平"无误。张伯淳，《养蒙文集》（台北：商务印书馆，1983，收入《景印文渊阁四库全书》第1194册，据台北故宫博物院藏乾隆四十七年[1782]文渊阁本影印），卷9，《送白湛渊赴太平》，页8下—9上。此条资料承洪丽珠博士提供。原注比对某一版本之《佚诗》与《养蒙文集》，得出"太山"应为"太平"之误。然而，此实涉及《佚诗》之版本问题。
⑨ 袁桷所作戴表元墓志铭记表元六十一岁为信州教授，然《宋元戴剡源先生表元年谱》所引戴表元自述，明言表元出任信州路教授时为五十九岁。见孙荛侯，《宋元戴剡源先生表元年谱》（台北：台湾商务印书馆，1978，收入《新编中国名人年谱集成》第6辑），页75—76。此条数据承洪丽珠博士提供。又见管正平，《戴表元任信州路儒学教授时间考证》，《陕西师范大学学报》，第43卷第3期（西安：2014.5），页113—117。谢承邱逸凡先生提供论文。

为士人的主要文化活动,杭州即有西湖诗社、杭清吟社、白云社、孤山社、武林社、武林九友会等诗会,浙东有越中诗社、山阴诗社,浙西有浦江的月泉诗社,江西有明远诗社、香林诗社,以及由文人组成的各种书会。①这些集会都在世祖、成宗期间兴起,为活跃于各地的士人提供交流的机会。

到元末,士人、士大夫交游讲学之风更盛。以诗文会友,题咏唱和的雅集诗社,更成为士人文化活动及建立人际网络的主要途径。关于这方面的研究,文学史学者有较丰硕的研究成果,而关注元代文学的展龙之论可为代表。依展龙所列,元末江南至少有二十四个雅集,尤其是苏州、松江、昆山、无锡、长洲、杭州、嘉兴、绍兴等经济文化中心,参加者主要是民间艺人、科场及仕途失意人士、宗教人士及官员。这些集会的次数多、规模大,如玉山雅集,前后举行诗会达五十次,参与者一百四十余人。不少诗社组织严密,有召集人、诗题、评语及赏罚,并编汇成集。结社活动除了使士人得以文墨相尚,以道艺、文字相切磋,进行文化层面的交流以外,更是仕途壅滞的环境中,士人借以建立人际关系而成就功名的重要管道。正如刘诜(1268—1350)在《送欧阳可玉》中所说,"自宋科废而游士多,自延祐科复而游士少,数年科暂废而游士复起矣,盖士负其才气,必欲见用于世,不用于科则欲用于游,此人情之所同"②。

在元末众多的诗社雅集聚会中,也出现自比修禊故事的雅集。其一是至正十六年(1356)宋濂(1310—1381)与浦江友人郑铉(1295—1364)于三月上巳日到浦江县东桃花涧仿古修禊。参加这次雅集的士人仍然赋诗,并由郑铉集结成编,宋濂撰序。宋濂在序中,强调此次修禊是追寻《韩诗外传》所记,上巳日"桃花水下之持"的郑国旧俗,持论"追浴沂之风,舞雩之咏叹,庶几情与境通,乐与道俱,而无愧于孔氏之徒",与"晋人兰亭之集多尚清虚"③明显有别。而曾参与此次集会的同乡人戴良(1317—1383)在后记中更批评晋人永和雅集"其雅好游谈,耽嗜华藻,亦不免于君子之所讥,原其故,右军岂得辞其责哉!"与此相对,宋濂与友人

---

① 展龙,《元末士大夫雅集交游述论》,页184。
② 刘诜,《桂隐文集》(台北:商务印书馆,1983,收入《景印文渊阁四库全书》第1195册,据台北故宫博物院藏乾隆四十七年[1782]文渊阁本影印),卷2,《送欧阳可玉》,页8下。本文所举之例多参用展龙,《元末士大夫雅集交游述论》,页184—187
③ 宋濂,《桃花涧修禊诗序》,收入陶宗仪,《游志续编》(成都:四川大学出版社,2007,《宋元地理史料汇编》第6册,据宛委别藏本影印),卷下,页23下—25下。

之仿古修禊则具备正面积极意义:"今景濂则不然,惧斯道之不闻,而末俗之益偷也。既以舞雩之咏勖之,复以山阴之集戒之,终篇数语,凛乎其可畏。呜呼,使晋诸人而闻此,咸以惜时叹老之心,而为汲汲求道之举,则当时士习宁有不振者乎。"①此例显示,在乱象已征的元末,部分士人并不像东晋士人那样清虚消极、随波逐流,反而积极向道。

其二则是由刘仁本(?—1368)于至正二十年(1360)主持,以承续兰亭会为名的"续兰亭会"。此次雅集不仅留下较丰富的史料,而且已有若干论著问世。文史学界针对元明政权更迭之际江南士人的心态进行研究,让我们对此次诗会有更清楚的了解。②不过,若将此次诗会置于元末雅集盛行的社会文化环境中,当能凸显刘仁本传承永和修禊的用心与努力。

刘仁本,字德玄,号羽庭,天台黄岩县人,历官江浙行省左右司郎中。至正十四年(1354)任方国珍幕僚,在庆元、奉化、定海、上虞、黄岩等地积极兴儒学,推动建设,并广泛结交浙东知名士人,乃至佛、道、山野之人,包括朱右(1314—1376)、贡师泰(1298—1362)、如阜、赵俶、徐昭文等,使浙东特别是绍兴一带,成为元末社会秩序稳定的地区与文人聚集的文化中心。③刘仁本除推动建设,稳定社会秩序外,对文化振兴尤为关心。他通晓诸史、百家、阴阳、卜技、名法诸学,尤其雅好玄学,崇尚晋人自然之趣。不仅慕东晋玄学名家孙绰"羽人丹丘,福庭不死"之句而自号羽庭,亦将其诗文集名为《羽庭集》。④他到会稽后,痛感山阴兵乱之余,既有的兰亭古迹不存,于是在他驻节的余姚州署后山的秘图湖上建雩咏亭,作为与士友聚会之所。雩咏亭虽不在会稽,其环境与王羲之的兰亭相似。刘仁本认为晋人尚自然玄妙之风,至唐宋已失,"东晋山阴兰亭之会,蔚然文物衣冠之盛,仪表后世,使人景慕不忘也。……唐宋虽为会于曲江,率皆矜丽务为游观,曾不足以语此"⑤。为了追寻永和雅集修禊的

---

① 戴良著,李军、施贤明校点,《戴良集·山居稿》(长春:吉林文史出版社,2009),卷5,《修禊集后记》,页51—52。
② 参见唐朝晖,《元末续兰亭诗会及其文学史意义》,页173—175;邱江宁、宋启凤,《论元代"续兰亭会"》,页185—189。
③ 唐朝晖,《元末续兰亭诗会及其文学史意义》,页173。
④ 贡师泰著,邱居里、赵文友校点,《贡氏三家集·贡师泰集》(长春:吉林文史出版社,2010),卷6,《羽庭诗集序》,页284。
⑤ 刘仁本,《续兰亭诗序》,收入陶宗仪,《游志续编》,卷下,页21下—22下。

轨迹,直接师法王羲之兰亭会的做法,刘仁本在与永和八年(352)相距一千零八年的至正二十年(1360)三月三日,召集四十二人举行大规模的诗人雅集。出席者除官员与士大夫外,尚有军官与方外之士等绍兴名流。为接续兰亭诗会的精神,刘仁本要求与会者"仍按图取晋人所咏诗",并接兰亭会上未完成的诗,而其内容则体现兰亭雅集的精神、气质与文采。① 此次诗会之后,刘仁本集成《续兰亭诗》,他和朱右撰序并刻石。②至正二十二年(1362),刘仁本更将定武本兰亭帖刻石。③

六、结语

东晋永和年间王羲之聚集士人而举行的兰亭修禊,是在中国古代史上与曹氏西园雅集、石崇金谷宴集并称的典范性士人雅集,且独具特殊意义。它是东晋门第士人将传统民间于三月上巳日在水上招魂续魄,执兰草以祓除不祥的习俗,转化为士人在春天万物新生之时,聚集于山水优胜处,酌酒赋诗的聚会。此会在崇尚自然玄学之风甚盛的东晋举行,因此诗文弥漫着清虚的气息,贴近时代的氛围。更特别的是,此次雅集留下王羲之典雅的书法,显现士人与景色、诗酒、书法交融的文化盛会,成为后世所追法、继承的典范。

随着时空的转变,唐宋士人的雅集,在继承旧惯之余尤有新的发展与变化。隋唐的科举取士,让新兴士人得以经由考试任官,形成政治社会上的优势群体;由于士人群体的扩大,人际关系更趋复杂,像同乡、同学、同年乃至同僚所建立的朋友之伦,既有相同文化背景,又有聚散离合情境,需要透过集会以交流情谊,相互唱和,经营人脉。因此新形态的聚会如耆老会、同年会应运而生。及北宋以后,更有诗社、曝书会、真率会,乃至乡饮酒礼、茶会等不一而足,士人交流频繁,内容增多。南宋以来,以繁盛的江南文化为背景,士人仕途壅塞,需广建人脉,获取荐举,以图升迁;更有众多不仕或低阶官员,为争取奥援或行谒求职,诸多功能与目

---

① 邱江宁、宋启凤,《论元代"续兰亭会"》,页185—187。
② 朱右之序收于所著,《白云稿》(上海:上海古籍出版社,1995,收入《续修四库全书》第1326册,据北京图书馆藏明初刻本影印),卷5,《上巳燕集补兰亭诗序》,页17上—18上。
③ 刘仁本,《羽庭集》(台北:商务印书馆,1983,收入《景印文渊阁四库全书》第1216册,据台北故宫博物院藏乾隆四十七年[1782]文渊阁本影印),卷6,《跋家刊定武兰亭帖后》,页42上—42下。

的有别的诗社雅集等文化团体遂相继出现。出身富盛之家的士人,因收藏或鉴识兰亭序等书画文物成为名家,亦多借雅集性的聚会,共赏兰亭帖,书写题跋,鉴别真赝优劣,增进情谊。这些士人的雅集即使标榜兰亭,却不尽然在上巳日举行,其形式、内容更不全然与永和修禊切合,甚或多有歧异,而且多随性地连结或比较兰亭会,亦有新的诠释。因此,在日趋多元的士人交流活动中,兰亭仅成为象征性的雅集符号,未必为真实的模仿或继承。

宋元交替之际,由于南北环境不同,士人以兰亭为名的聚会在方式和气氛上也有显著差异。江南士人在既有诗社的基础上进一步强化组织。部分江南士人在政权交替之际,因曾经历战事蹂躏或心怀亡国之念,其集会弥漫悲怆,而南下任官的北方士人所参与的雅集则显得轻松愉悦。及蒙元统治稳定,江南士人渐渐认同新朝之后,因科举举罢不时,规模狭小,士人需以吏入仕或任职学校以求晋升之阶,多借雅集结交同道并争取仕进,这使当时雅集的发展较之南宋不仅毫不逊色,且有较强的功利取向。

宋元士人以不同名目进行交流的修禊雅集,其形式及精神已与东晋讲求质朴的原貌相违,甚至出现追求儒者精神的例子。元末,宋濂在家乡与友人尝试融合古代习俗与儒家积极致道传统的桃花涧修禊,正是一个有趣的案例。刘仁本在余姚试图恢复东晋追求自然质朴性的续兰亭诗会,则是士人在长期形式化的聚会方式之后,欲返璞归真,追求雅集原貌的一项努力。

(本文初稿承陈雯怡、洪丽珠两位博士及邱逸凡先生提供修订意见,谨此致谢。)

评述编

壹　邓小南《祖宗之法——北宋前期政治述略》评述

一、前言

从家族、地域到社会、国家,传统在中国历史发展中都留下了长久而深刻的烙印;尤其是朝代建立者订立的制度、规矩,不仅成为一朝施政主轴,更影响后世的政治文化生态。中国历朝各代中,将开国君主典制奉为祖宗家法,施政改革无不祖述之以为圭臬的,莫过于宋代。

"祖宗之法"笼罩赵宋三百二十年,渗透内外政策的方方面面,不论尊崇、利用或批判,朝野君臣议政莫不对"祖宗之法"加以诠释阐发。在人为的累层叠加之下,"祖宗之法"形成有宋一朝特殊的政治语境与空间,随着时空环境转变,同一政策往往衍生诸多变相,各项制度也因实践者不同而多所变化。在历代君臣的政论阐发与内外情势发展的催化之下,祖宗之法的内涵绵延扩大,形成巨大的政治文化传统。除学界早已熟知的重文轻武、强干弱枝两个宋代基本国策之外,其涵摄范围更兼及军事外交、思想文化等范畴,是研究宋史值得探讨的核心课题。在此议题上,宋史学界过去已经累积了不少浅尝经验,而今终能有集大成之作出现,此即邓小南教授《祖宗之法——北宋前期政治述略》一书。[1]

邓教授现任北京大学特聘教授、中国宋史研究会会长,是中国宋史研究学会创会会长、宋史研究开山祖邓广铭教授哲嗣。其早期研究宋代政治制度史,所著《宋代文官选任制度诸层面》细致疏证文官制度,展现卓越的析论能力。[2]而后不论是钻研妇女史研究,或讨论以苏州为主的

---

[1] 邓小南,《祖宗之法——北宋前期政治述略》(北京:生活·新知·读书三联书店,2006)。
[2] 邓小南,《宋代文官选任制度诸层面》(石家庄:河北教育出版社,1993)。

区域性士人家族发展,均能细密梳理史料,深入阐述分析,提出精彩创见。邓教授论著数量不多,但篇篇异军突起,均有创获,对久习于既有思考与写作方式的中国宋史学界,带来巨大的启发与冲击;而其以笃实的风格与通达的胸襟,引导新秀,开展新学风,成效卓著,尤为难得。近年来,邓教授与同道检讨、反思学界既有成果,共同推动结合制度、人事形成互动关系的"活的制度史"研究,透过国际合作,提出如"文书传递与政令运作"等议题,关照行政程序、制度的运作过程与功能,以及信息对帝国统治、人际关系,凝聚跨领域的整合性研究方向;更在中国宋史研究学会年会中,采用议题论坛,组织学术讨论,有效深化研究交流,获致高度评价。

近期最能展现邓教授卓越学术成就者,则当推《祖宗之法》一书。本书完成后,笔者有幸拜读初稿,甚为折服,乃不避愚陋,为文推介于书背,期望抛砖引玉,激发宋史学界更多先进、同道讨论。本书出版后,感于人文学研究较之自然科学成果追求速效不同,必须有长期的沉淀与深入的把握,始能客观评断其学术意义与贡献,并进一步发挥影响,乃于六年间前后四次细读本书,摘要评述。由于本书内容庞博,思虑缜密,为易于梳理,拟先介绍本书重点,再作评论。

二

《祖宗之法》全书近四十五万字,除序引与结语外,共有六章。作者在序文中回顾既有研究,说明写作背景、章节安排与讨论方式。作者强调,本书要旨不在全面系统地铺陈宋初政治史,而希望透过祖宗之法的形成,梳理当时政治过程,据以检验宋代历史上相应的说法,进而理解宋人诠释祖宗之法的背景与寓意。[①]祖宗之法存在于政治与文化的交流界面上,唯有弹性多元地观察当时的政治生态环境、社会变迁及与朝野士人的政治态度,方能建立立体思维,动态掌握当时人的政治实践与互动,不能仅视之为有宋一朝的政治指导思想。有此认识,方能在阅读本书时,理解各章的讨论重点及作者措意所在。

本书前二章是背景说明。

---

① 邓小南,《祖宗之法——北宋前期政治述略》,页13。

第一章《家法与国法的混溶》讨论祖宗家法从汉到宋的变化,指出汉代重故事及祖宗之制,强调帝王之家承袭遵行家传规制的重要;唐代则进一步与皇帝治家与治国的精神紧密结合。历代君主均强调信守祖宗典制,其中《贞观政要》尤指出"有国有家者,克遵前轨",君主若能择家国成规之善者而从之,不必祖述尧舜、宪章文武,也能功业彰著。唐肃宗朝至德宗朝期间,"祖宗之法"一词正式出现,指皇帝所恪奉的规矩与法度。五代诸朝的缔建者则多以祖宗之法强调皇权继嗣的合法性,而利用家国关系纽带,以抚慰百姓、稳定政局。随着五代政治由乱向治过渡,社会对忠孝观、士大夫闺门礼法愈加重视。宋代君臣总结唐代以来的社会变迁,与五代以来政权倏忽兴亡的经验,进行整体性的反思,奠定了对祖宗之法的认识基础。赵宋帝王为稳定政治社会秩序,将士大夫家法融入国法中,使赵宋帝王世代嗣守的祖宗基业,与士大夫保守门户的家法等列齐观,也重新确立以忠事君、以孝事亲的精神。此一祖宗之法既包括维系皇族内部秩序、制约姻戚关系的规矩,又包含处理财政的法度原则,使帝王家法与国法高度混溶。

第二章《走出五代》借分析此时期文臣武将的出身背景、素质演化及宋初文武关系格局形成等问题,讨论从晚唐到宋初统治阶层的构成、民族关系的整合、文武制衡的发展,乃至人们的文化心理等方面,经历了激烈而深刻的变化,呈现破坏、杂糅与整合交汇的过渡性。自五代到宋初,康福、康延泽父子与安守忠等异族统治群体的民族色彩淡化,以及宋人米芾、曹利用等人夷狄背景和语境的消解,说明了五代时期的民族整合过程。于此同时,五代统治集团的文臣结构也有很大的转变。在黄巢变乱及朱温新清算的冲击后,唐末被朝廷标举的士族流品无法适存于乱世,但武人出身的帝王掌政仍须借重敏于行政的文吏与文士参谋治事,因而创造了二者侧近帝王、参与决策的机会。赵匡胤建政后,为安定政局、改善五代以来武臣参预为治的现象,遂以长于吏治及精通礼仪伦理的文臣儒生,抑制权势膨胀的武将,迫使武将接受君臣大义与尊卑之别。此举使不同类型的文臣活跃于政治舞台上,形成宋初的文治景象。此后由于文武分途,君臣定位与关系更加明确,复以太宗朝崇文轻武政策的实质发展,终构成赵宋"祖宗家法"的重要内容。

第三章《事为之防,曲为之制》由三个前后相续的主题组成,建构出北宋统一创业与立制的过程,是全书论著的基础与核心。

首先，是赵匡胤由军阀转换为帝王，以及赵宋君臣在建国的互动中逐步变家为国的历程。在此历程中，除了形象塑造，更着手改革统兵体制，建立枢密院、三衙制，亦即后世所谓"祖宗制兵之法"，有效杜绝武将割据，重建中央集权。同时，由中央逐步派遣京朝官，担任知州军事、通判及转运使等，直接介入地方财政、民政、军政事务，并以优容武将、物质厚赐及政治联姻等方式，来解决藩镇肢体之患。诸项防微杜渐的审慎措施，前后经历近半个世纪的努力方建置完成，这是形成祖宗家法的重要背景。

其次，是中书省与枢密院二府分立，以及枢密机构的调整，这也是宋代最具特色的行政组织再造。作者指出，此举旨在整理、更革前代设施，并加以制度化。在实践过程中，职能分化更明确、责任更集中，也逐步体现权力制衡。其特点有二：一是走向专权分立，并扩充国家决策群体；一是以职任分工为基础，使国家政务集中在二府职任。二府的关系与人事安排具体展现于"废坐论之礼"与"遇事以札子进呈"，显示君相悬隔，宰相从此转为领导政务的执行者，而非决策主导者与咨询者。在枢密院的调整上，作者借分析知枢密院事人选的背景、职能与性质，次第呈现内/外、文/武的转变轨迹。唐末五代正式确立中书与枢密院对持掌文武二柄，枢密院不仅掌兵机，且包含种种机要事端，目的在防范肘腋之变。因之，太祖、太宗二朝任用枢密使，虽兼顾文武，实以对皇帝个人攀附竭忠的亲随为主，与任用宰相注重威望风采有别；然鉴于亲信难以承担战务巨任，因此到太宗中晚期，改以文臣出任长官，从此成为赵宋祖宗家法。

作者在本章最末，集中讨论宋代祖宗家法防微杜渐的精神原则。赵宋君臣在变家为国的过程中，以五代为殷鉴，创法立制无不以防范弊端为目标，形成祖宗之法中"事为之防，曲为之制"的基本精神。在此精神下，各项改革与政令的推动均持守对意外事变的诫惕，透过制度平缓调适，确保政局稳定。不过，太祖、太宗二朝仍有其差异。太祖防弊着意于大纲，太宗则因个性与所处政治形势使然，所设防范内患、制约奸邪的诸项机制，较之太祖更为细密且强烈。此一祖宗之法，固有效杜绝了内部重大变局，也对尔后政治发展造成深远的影响。

第四章《"从保祖宗基业"到"守祖宗典故"》中，作者将真宗朝二十四年分为前后二期，阐述宋代祖宗之法的定型与巩固。从这一时期开始，赵宋君臣逐渐将太祖、太宗朝的施政法度与精神整合概括，称之为祖宗法度、祖宗典故，并奉之为治国圭臬。

咸平、景德年间，为真宗前期。立储到继位过程中的权力紧张与压力，造成真宗谨慎低调的个性，也使真宗君臣尚能在此时期延续太祖、太宗朝的统治方式。当时唐末五代政权变易不居的阴影尚未远去，如何守成并使政务运作规范化、制度化，成为统治群体的目标与期待。士大夫认定真宗既继承祖宗遗绪，责在垂子孙之贻谋，乃揭举保守祖宗家业系君主义务的旗帜，借慎守经制以确保朝政稳定。朝臣标举祖宗之法，固然着意"事为之防，曲为之制"，却也致力开创政治新局。其中，李沆辅佐缺乏治国经验的少年人主，抑制臣下浮薄之风，谏止真宗立刘氏为贵妃等例，尤彰显宰臣通过恪慎以控御政治形势，实践防弊之政的心理。

大中祥符之后，为真宗朝后期。主战的寇准虽让宋廷渡过与契丹的战争危机，确定澶渊之盟，但真宗与以王钦若等人为核心的个人统治班底，却不时演出超越统治常轨的作为。在王钦若引导下，真宗热衷天书符瑞、东封西祀等一连串神道设教，却无法掌握现实政治的活动，使士大夫之间日渐派系分化。李沆与王旦等宰执重臣以"恪守成规"为旗帜，抵制真宗越轨的政治行为。他们举述祖宗旧典，竭力维护太祖、太宗以来逐渐完备的朝廷防制，以保持政策的一贯性，发展出走势明朗的文官政治体制，将朝廷统治拉回常轨，也奠定了恪守祖宗之法的政治原则。

第五章《祖宗之法的正式提出——仁宗朝前期》，是祖宗之法正式提出并趋向神圣化的时期。

真宗去世后，刘太后垂帘，士大夫感于缺少成熟皇帝主政，在政坛展现集体性力量，不但争取到更大的执政空间，也成功扭转了太后听断军国大事的局面，使刘太后无法重现唐代则天太后的胜境，得以建立新的政治秩序。仁宗亲政后，士大夫力量进一步成长，开启政治新局，君臣认定的治世良方，即为遵行祖宗法。这可从孔道辅、范仲淹、段少连等十多位台谏官员，对仁宗废郭后的集体意见与行动中显现。士大夫集体呼声不容皇帝与执政小觑，也反映祖宗之法，将帝王的正家之法与国家的根本性法度混溶起来，通贯了齐家治国平天下的理念。真、仁二朝官员呼吁刘太后还政仁宗、反对废后，都是士大夫防微杜渐、存朝廷大体的集体意见和力量的表现。

《宝训》《圣政》是阐述宋代朝政准则及垂鉴效法的依绳。《圣政记》编纂始于真宗朝,目的既在帝王自身遵守,同时也垂范后人;《宝训》则是仁宗继位之后,刘太后为教育少年天子所撰教材。二者均在继承、光大祖宗之法,透过政坛硕儒讲筵进读,以事例告诫天子,学习祖宗的御下经验,也领会帝王身份所背负的期待,亦即透过家学,将家法灌输给一代一代的帝王。《圣政记》《宝训》在民间广为流行,进而塑造出帝王的完美形象,从而扩大祖宗故事的社会影响。《宝训》《圣政》的出现正说明宋异于汉唐,重视祖宗形象的塑造,关注内部政治秩序的重建,除追求制度设计的防微杜渐,也充分显示赵宋一朝在制度与政策面的历史依赖性。

经历太宗、真宗到仁宗三朝的转变,宋代士大夫阶层由初期唯唯诺诺听命于帝王、缺乏限制君主行为的合理方式与可行手段,经过曲折的蕴育,形成一个群体,构成文彦博对神宗所说"为与士大夫治天下"的局面,体现士大夫群体对自身地位的充分认识与自信。他们自视为朝廷命官,不仅参政,更能议政,与君主共治天下。牵动这一连串改变的,是赵宋统治者所倚重的文官队伍的结构性变化。士大夫标举的祖宗之法,是约束君主统治的精神武器,并借参与祖宗之法的塑造,在政坛中巩固自身地位;然而祖宗之法从此也束缚了众多精英人物的头脑。

第六章《祖宗之法对两宋政治的影响——北宋中期到南宋后期》,透过仁宗到南宋亡国近二百四十年间的政局变动与政治风潮,说明祖宗之法的影响,作者以靖康之变为断限,分两节讨论,最末则综合性阐释宋人对祖宗之法的诠释与祖宗形象的塑造。

赵宋历朝士大夫为推动朝政变革,相继从不同角度阐发、批判祖宗之法,其中受史学界关注与研究最多的,莫过于庆历新政与熙丰变法。在本书中,作者对两次改革的讨论,聚焦于支持与反对两方对祖宗之法的接受与诠释。两派均标榜祖宗之法,作为自身立场的合理依据,但他们对祖宗之法的理解与诠释各有不同,从而也为彼此的救弊致治方略画出分野。士大夫对祖宗之法立场歧异,加以哲、徽两代绍述神宗之政,掌政者党同伐异,导致士大夫集团内部严重分裂。作者指出哲徽钦三朝君臣,假祖宗之法为名,将道德标准无限上纲,以极端的作法相互毁灭,既背离祖宗之法的精神,更毁掉富国强兵的愿景,耗损了不止一代的精英人物。这些历史遗痾不仅使熙丰变法在南宋评价贬过于褒,更是其在近代以前长期受批评的主因之一。

两宋交替之际,赵宋君臣一方面对改变祖宗法度深痛批评,另一方面则阐倡以祖宗厚德立朝施政,双方均以祖宗之法为政治利器。此时君臣将百年来的前规后矩,统归于祖宗法度之中,既留下广阔的选择空间,也导致政令混乱驳杂。其中,着重防弊、缺乏远见与气度的政策走向,一直伴随赵宋走完最后历程。到南宋中晚期,表面上君臣均奉行祖宗家法,实际上却是虚应故事,因人因事因时对祖宗之法的解释和行用而有不同,从而引发伪学之禁与无止境的政争。南宋君臣因欠缺前辈士大夫谈论家法的锐气与果决,乃至总体的把握与创造力,终于失去最后的自救机会。

对祖宗朝法度的肯定与追念,通常凝聚于参政、议政者当下的行事与反思中。以庆历之治为例,范仲淹、文彦博、司马光等人并不认为仁宗是祖宗法度的模范继承者,但经历熙丰变法与元祐绍述的政治风暴,仁宗俨然成为后世帝王的取法典范,显示宋人对仁宗朝的认识,是反思现实政治的结果,是在比较中形成的。祖宗之法的内涵经过士大夫筛选,寄寓其理念,经整合阐发而后成形,体现一代代士人对时代责任特有的认识与追求,也折射出一种整体性的社会理想。恪守祖宗之法,是赵宋君臣的政治与思想文化模式,然而不恰当的倚重与抬高,也是酿就赵宋因循保守政风乃至无所作为的重要原因。可以说对祖宗之法的分析,是理解10世纪至13世纪中国帝国政治特殊性质的主要线索之一。

最终章《结语:对祖宗之法的再认识》,重新拉高思考视野,不再着力解析事件,而是围绕祖宗之法中若干重点,把握其政治的精神脉络与整体气氛,追踪其形成过程中的关键环节,就各章主题讨论宋代政坛上习见的说法与现象。

宋人透过稳定至上与防微杜渐两个政治层面,塑造祖宗形象,尊抬或利用祖宗家法,体现出赵宋的政治文化生态与本朝史观。在相对稳定宽松的政治基调下,士大夫群体逐渐形成力量,透过参政议政,塑就北宋中期"与士大夫治天下"的君臣共识。借由制度法令,运作朝政,形成理性化精神,显现防范弊端、追求稳定的自觉。然而,以防弊着眼的政策走向,缺乏应变机制与远见卓识,以致真正具气魄的改革家被认为触犯祖宗法度,受到疑忌。这也是祖宗之法讲究恒定镇重、警惕翻覆纷乱,以及"矫失以为得,则必丧其得"最终所将形成的局面。不过,这种以立纪纲与召和气为基本方略的祖宗家法,使士大夫得以用祖宗成宪的神圣性约束嗣皇帝,一定程度地制约国家政事,避免君主走向极端的独裁专制,也使政治文化风气显得比较开放自由。

宋代的祖宗之法有其精神实质及客观影响,但由于缺乏固定具象、条目清晰的实体,内容并不确定、统一,给人难以捉摸的虚幻之感。所以如此,实源于宋人对帝王行为的理解阐述与形象塑造,取决于当下的政治需求,并且赋予解释者权威地位,使祖宗观的神圣性弥漫于朝堂之中。到南宋中后期,祖宗观复因科举时文出版的发达,由朝堂走向民间,在庶民社会中扩散、常识化。在宋代,具神圣性的祖宗之法,是一种具宽广意涵的精神导向,不仅被不同程度的引用阐发、借鉴乃至缘饰、玩弄,更被主张与反对变革的士大夫相继高举、引述,使之成为充斥赵宋朝廷的话语体系。祖宗之法的出现,原是为了保证制度与政策的延续,保证创业君主精神原则能充分渗透与延展。然而,在实际的朝政运作中,却逐渐成为脱离社会现实的套话,既而形成固定的政治模式,斤斤于其具体作法,喋喋于其繁复话术,甚至是不切实际的乞灵依据,徒具形式上的尊崇,显示时代精英思想资源的枯竭及现实的窘迫境界。

三

无论在选题或研究方法上,本书都为宋史研究开启了新的视野。

有宋一朝的内政外交受其政权特质中三个关键环节——重文轻武、强干弱枝与祖宗之法——影响至深,历来宋史学者莫不尝试将研究议题与之扣合。其中,强干弱枝、重文轻武两个基本国策多行诸具体政令典章,易于追索,学人讨论最多,成果最为丰硕。相对地,祖宗之法固然也反映在制度层面,实则却与赵宋朝野的政治文化关系更加密切。惟经历南北宋三百二十年,祖宗之法涵摄概念与范畴不断累积、变易,不易理解把握,所涉资料遍及笔记小说、文集等,较之重文轻武、强干弱枝,更加广泛多样,处理难度高。研究者虽然了解祖宗之法的重要性,不同专题也都曾触及此课题,但真正深入阐析、系统性研究者为数不多,可说是宋史研究空白荒芜的待垦之地。在此议题上,本书无疑是开创之作。

然而,本书学术贡献绝不仅止于开创议题,其研究取径对当今史学研究尤具启发意义。宋代祖宗之法是兼具政治性与文化性的历史课题,所涉事务广泛,包括政治制度运作的过程及由之衍生的人事关系。在本书中,作者以整合性观点呈现多样的政治文化风貌,较之传统制度史爬梳静态的典章政令,本书的研究取径更为强调制度发展的动态与渐进性。书中并未大量援引西方相关学科的理论作为解释框架,但却能透过细致的史料分析,将相关论点活络地融入论述之中,更是制度研究的单一视野所难以超越的。

本书说明从唐末到五代,不论是民族语境、家法国法的形成与演变,还是文臣武将的角色转换与相互依附,都是赵宋立国创制、形塑祖宗之法的重要背景。然而,这样的发展绝非一蹴而就。无论是在太祖、太宗二代不同时空情势与帝王个性下所确立"事为之防、曲为之制"的治国基调,或是随之衍生的君臣关系与角色变化,都是因应不同环境而渐次形成,逐步发展到位。在宋初宰执与枢密院体制的长期演变过程中,同样的情况也清晰可见。借着细腻的史料爬梳,作者有层次地呈现祖宗之法如何在唐末五代萌生,经历宋太祖、太宗二朝的铸造,到真宗、仁宗二朝的逐步演化乃至确定,又如何在不同的时空情境下,持续对后世发挥影响,让读者能够更深刻地认识祖宗之法的内涵与宋朝的时代特质。

冀欲勾勒抽象的文化概念与其意象转变,必须返求于当时人具体的行为反应之中。本书经由比较各时期重要官员所扮演的角色与处事应对,掌握不同世代的人物典范与社会趋向。作者借由冯道在五代历事诸朝的事迹,凸显出五代文吏在乱世中的重要性与功能。从五代沙陀人康福以善诸蕃语为荣,到后嗣康延泽入宋后选择以耕读传家,以及《旧五代史》中安金全、审琦父子所述沙陀人,以及安守忠民族背景在其墓志及《宋史》本传的淡化,说明民族融合及胡汉语境消解的因素。[1]太祖朝的赵普、真宗朝的李沆拒绝佻谈利害的政事风格,在两朝评价一正一负;[2]面对真宗天书封禅,神道设教,王旦、王钦若、寇准与年轻士大夫态度各异;至真宗死后,李沆、王曾与范仲淹等人在朝政中各自扮演不同角色,作者透过不同类型的标志性人物在特定事件中的作为、表现,以及其所发挥的作用、获得的评价,呈现祖宗之法逐步发展的过程。

作者进一步比较士大夫对祖宗之法的诠释,借以呈现士大夫群体对政权行使的理解与态度。如刘太后摄政期间,个别士人借着若干特定事件批判朝政,迫使刘太后一再表明将谨遵祖宗成规,恪守保养天子的承

---

[1] 邓小南,《祖宗之法:北宋前期政治述略》,页85—97。
[2] 邓小南,《祖宗之法:北宋前期政治述略》,页292—307。

诺,使宋王朝安然渡过病弱皇帝和幼年皇帝的统治危机,[①]充分展现士大夫群体性的力量。更值得注意的是,作者借由剖析赵宋君臣遭逢内外挑战时,如何借阐发祖宗之法以为政策辩论的攻防与因应策略,说明祖宗之法的内涵,不仅随时势需要变动不居,成为"祖宗"的前代君主也因后世君臣处境转易而有不同评价。如仁宗、神宗二朝的变革与保守之争,争议点在遵循太祖、太宗成宪与否。当哲宗、徽宗二朝再度面临政治路线新旧之争时,政论焦点则转为神宗朝的改革与争议,相较之下,仁宗朝形象遂从保守无为转为典范。而后,哲徽两朝因绍述神宗熙丰变法,招致亡国之祸,仁宗朝的后世形象自此较神宗朝更为正面。

　　宋代祖宗之法涉及诸多北宋重要议题,在不同时期,学者都曾以不同角度分别作过相关阐述。众家观点不免有后出转精或持见不同之争,作者均能广加征引,并从新的角度有效分疏既有论点歧异之处,从而转化为新见,而非以此攻彼,或借批评前人以凸显个人看法。本书多层面、多角度地讨论或评述,指出诸事件的相对性意义,展现作者多元、平衡而非绝对性的论述;全书析论蜿蜒周详,不截然论定是非对错,更能彰显作者有理有据的治史风格。

　　此严谨态度尤见于文字考订。例如刘太后权听军国事期间,宰执争取独见奏事,企图影响朝政,最后太后接受丁谓意见,但丁谓也因宰相身份而横亘于内外朝间,造成讯息围隔与政事壅蔽。经另一宰相王曾于独对时揭发丁谓触犯遵禀忠诚之讳,丁谓因而遭罢,听政仪制重新确立,朝政方恢复正当运作。[②]作者在论述中,借由梳理片断文字,厘清过渡时期的制度与人事变化,使史事更为清楚。本书考订严谨的又一例证,是祖宗之法提出的明确时间。陈邦瞻在《宋史纪事本末》卷23《丁谓之奸》中指出,"祖宗之法"之说最早在乾兴元年(1022)出现,作者则认为刘太后临朝称制时期,是祖宗之法酝酿成熟的阶段;明道二年(1033)十二月,言官批评宰相李迪除二人为台官,[③]到此时祖宗之法之说更加确定,且自此对朝政导向产生了深刻的影响。[④]

[①] 邓小南,《祖宗之法:北宋前期政治述略》,页352—360。
[②] 邓小南,《祖宗之法:北宋前期政治述略》,页345—351。
[③] 李焘原著,上海师范大学古籍整理研究所、华东师范大学古籍整理研究所点校,《续资治通鉴长编》(北京:中华书局,2004),卷113,页2647;邓小南,《祖宗之法:北宋前期政治述略》,页367。
[④] 邓小南,《祖宗之法:北宋前期政治述略》,页367。

作者也在书中透过缜密地考订与分析,重新理解宋代士人的政治角色。熙宁四年(1071),文彦博与王安石、宋神宗对谈中"与士大夫治天下"一言,学界向有二解。一是主张皇权代表士大夫利益,天下不仅属于帝王,也属于士大夫,凸显了士大夫与百姓间的阶级利益对立。一是认为此言指帝王与士大夫共同治理天下,士大夫是负责全国的官员,不能将士大夫与百姓看作彼此对立的两种社会阶级。① 作者深透文义,指出文彦博所强调的是士大夫与百姓在治天下机制中的位置区别,而非阶级划分,进而从汉唐到宋初君臣共治共理的发展,提出士大夫并非决策施政的主体力量,而是帝王治理天下的工具。不过,自11世纪起,文官体系发生结构性转变,士大夫的参政态度从宋初的奉行圣旨、被命执行,因着"以天下为己任""人臣以公正为忠""从义而不从君"与"以道事君"等观念的发展,不仅对自身定位更为积极,也更勇于讨论与君主共治天下的话题。此一观察无疑对宋代士大夫参政议政的角色与分量有更深透的掌握。②

善于运用文献与广泛征引既有研究成果,是本书另一特点。有关"祖宗之法"的讨论,涉及唐、五代及两宋,相关史料与前人研究成果十分庞杂,作者均能恰如其分地广泛征引、利用。引用既有研究成果,本是学界对智慧财产的尊重,亦为国际惯例。唯此学术规范尚未为中国大陆文史学界严格遵守,以致许多论著缺乏回顾检计,甚至在观点与资料上大量引用前人成果,却据为己见。相较此类风气,本书作者对前人重要观点,莫不慎重征引并加以讨论,征引范围及于中、英、日文,尤能吸收最新研究成果。本书完稿时间约为2006年3月,其中征引10本以上2003年以后的专书,包括讨论甚多的余英时教授《朱熹的历史世界》(2004)、牟发松主编《社会与国家关系视野下的汉唐历史变迁》(2006),以及6篇2005年出版的重要论文,包括法国蓝克利(2005及未刊稿)、李全德(2005)、柳立言(2005)、刘浦江(2006)与荷兰魏希德(2006)。对既有研究的广泛征引、讨论,说明作者充分掌握学术发展脉络,并将各家观点纳入讨论中,这种尊重智慧产权及善用最新的研究成果,也是本书非常值得称道的地方。

本书章节架构体现作者全盘通贯的写作策略。赵宋历朝均奉祖宗

---

① 邓小南,《祖宗之法:北宋前期政治述略》,页413—414。
② 邓小南,《祖宗之法:北宋前期政治述略》,页408—420。

之法为龟鉴,然而祖宗之法的内涵变异性极大,且弥漫渗透有宋一朝各个领域层面,其中任一专题均可构成贯穿两宋且卓有见识的专书。在本书中,作者不着眼于单一主题,而是从唐末迄于宋亡,将每个时期的主要议题与祖宋之法建立联系,广泛讨论祖宗之法的背景、形成过程、历朝君臣的诠释与持用,以及祖宗之法对后世不同时期的影响。透过章节架构的安排,将主题有效笼罩于两宋的方方面面。这样的书写策略既考虑汇整已发表论文的形式,更充分显示作者兼具高度与广度的视野。作者丰厚多元而具有新意的学识与学养,更使本书成为兼具专题性与通贯性的作品。

由于祖宗之法的历史背景与形成过程复杂,本书部分讨论难免超出作者原定范畴。如第二章第二节讨论10世纪前中期的文臣群体,作者曾表明其重点"主要是五代后期的臣僚班底,故姑且不涉及北方的辽与南方诸国之情形"①,文中却有不少篇幅讨论相关内容,如江西军阀钟傅、湖湘马希范。②第六章综观北宋中期到南宋后期祖宗之法对赵宋政治发展的影响,也溢出本书所揭橥的北宋前期讨论范围。又如作者讨论太祖、太宗与赵普间的互动,乃至二君主对赵普的批评与前后不一的态度,旨在彰显创业君王的个性与统御之术,兼及文武官僚,并不全然着眼文武矛盾。然文中所举文士杨徽之被贬,亲校史珪被贬,或如文臣梁梦升及臧丙为同年马汝士申冤,固然可以捕捉文士在宋初政坛活跃的景象,却也容易予人着眼于文武矛盾之感。

本书关注北宋前期士大夫政治与祖宗之法概念的互动关系,就祖宗之法对宋代的重要性而言,确实把握命题重点,析论深刻;然若以结构论之,则略显重北轻南。这一方面出于北宋中期以前是政治制度运作的成形时期,研究成果较为丰硕,另一方面也与目前学界对南宋的研究尚待充实有关。

本书前三章约占全书一半篇幅,细致分析北宋前期政治发展,以之为主轴,贯串讨论祖宗之法萌芽背景、成形过程乃至影响,第四、五章则分析真宗至仁宗前期祖宗之法的正式提出与神圣化。各章独立性强,除时序之外,彼此间的连贯性则相对薄弱。在理解北宋时期祖宗之法的形成与发展的同时,读者也不免衍生好奇:在赵宋建立政权、缔造帝业初

---

① 邓小南,《祖宗之法:北宋前期政治述略》,页104。
② 邓小南,《祖宗之法:北宋前期政治述略》,页139、页170—171。

期,是否经历傍依前代典范以建立家法蓝本的过渡?"法三代"与"贞观之治"在那些时期都曾是君臣讨论焦点,它们与祖宗之法的关系又如何?宋人的唐史观与祖宗之法的建构,是否存在关连性?这些重要议题与祖宗之法关系密切,既让读者想更深入了解,也值得后继者进一步诠释阐发。

在本书第六章,作者透过三个主题,综合观察祖宗之法如何在南宋持续发挥效应,其中引述相当多南宋笔记、文集等史料,显示南宋人对祖宗之法的关注。第二章中关于"事业付之书生"之论,也为南宋儒臣吕中、陈传良、魏了翁、吴渊所提及,①众多南宋进读《宝训》以发明祖宗故事之例,②都可以说明到南宋更加强化祖宗之法的论述,并将之神圣化,与中唐以后对祖宗的缅怀如出一辙。③作者论述与所举例证,都说明了延续探讨南宋的祖宗之法有其意义。不过,这样的安排也容易使读者误以为,南北宋的士大夫政治与祖宗之法的关系前后一贯相继。

实际上,南宋立国环境及内政情况与北宋差异甚巨,君臣面对新的内外形势,实行了众多调整与肆应之道,对祖宗之法也有不同的讨论与诠释。在本书中,作者以南宋一连串有关"祈天永命"的政论,凸显此时士大夫的消极性,认为他们"失去了前辈谈论'家法'的锐气与果决,也失去了对于'家法'的总体把握与创新力"④。然而,若能结合南宋中晚期时势观察,其中仍有细作分析讨论的空间。当时道学兴起,朝野士人对改革的期待不再单单寄诸君主,转而在基层社会身体力行推动社仓、书院者,不乏其众。亦即,与其说南宋士大夫失去了积极性,毋宁说他们实践政治、社会关怀的方式转移了。

有鉴于南北宋的内外情势差异与士大夫政治态度的变化,未来对祖宗之法议题的讨论,或可结合南北宋祖宗之法内涵的发展与转变,比较观察讨论南宋重要议题。如南宋君臣如何看待两宋帝系转移——北宋除太祖之外,均为太宗子嗣,而南宋自高宗以下,皆为太祖后裔——的巧合?又如,在祖宗之法的脉络下,"宰相须用书人"观念,或学界长期关注的皇权/相权消长、宰相与言官等课题,在两宋间又存在哪些异同?若能在本书现有基础之上,进一步援引、比较高宗及其后历朝君臣作为与

---

① 邓小南,《祖宗之法:北宋前期政治述略》,页165—168。
② 邓小南,《祖宗之法:北宋前期政治述略》,页389—398。
③ 邓小南,《祖宗之法:北宋前期政治述略》,页495。
④ 邓小南,《祖宗之法:北宋前期政治述略》,页491。

太祖、太宗二朝所建立的制度或施政方针的异同,当有助学界更深刻掌握不同时期士人群体对祖宗之法的理解与态度。

关于宋代祖宗之法,邓广铭教授的《宋朝的家法与北宋的政治改革运动》一文,首次将北宋两次变法与祖宗之法结合讨论,是理解北宋中期政局的重要论著。邓小南教授受此启发,进一步探讨祖宗之法的发展背景、奠基,及其对有宋三百二十年的影响等重要议题。经二十多年的努力,终能以其深邃的洞察力,曲尽幽微地诠释分析史料,并结合史事变化,细致地阐发赵宋王朝的政治特质,提出宏观的新见。就议题的学术意义而言,本书从开题到完成,都具有强烈的历史传承。从本书的架构、内容乃至论证,更可以见到作者的治学态度与方法,不仅克绍乃父箕裘,其讨论内容更具新意,辩证层次也更为拔升,可以说是女继父志、犹加光大的典范性力作。惟祖宗之法议题涵摄层面太广,本书仅是作者择其中具学术意义的论题加以讨论,虽已足为后学典范,然仍有许多可从不同侧面加以扩大讨论的议题,期待后继者深掘。

贰 陶希圣的中国社会史研究历程

一、前言

1988年6月27日,陶希圣先生(1899—1988)辞世,享年九十一岁。希圣先生是中国现代史上少数拥有众多"专家"头衔的历史人物:是历史学家、法学家、政治评论家、战略学家、中共理论及中国问题专家等,更是参赞高层政务的政治人物。因此,他辞世时,政、学各界纷纷撰文,悼念这位宿学鸿儒。

在众多悼念挽联中,有两幅深刻表彰他在中国社会史研究的贡献与特色,令人印象深刻。一是杜正胜先生所撰"礼律研社会,布衣足为天下法;食货解经济,风气新开百代师",一是屠忠谋、屠义方所撰"以殷周文化异同,探索天人思想背景,启迪复兴机运;从社会经济史实,领导学术研习方向,堪称一代宗师"。两篇所述虽各有侧重,但都精要的点出陶希圣先生的学术特质与历史地位。

1975年至1988年之间,宽重奉业师陶晋生教授之嘱,协助希圣先生处理《食货》月刊编辑业务,前后凡十三年,有缘亲炙教诲,加以学习领域相近,对希圣先生致力开展中国社会经济史研究的方向,稍有认识,亦有机会参与整理其部分遗留资料,深感一代拓垦者的典范,有为当今学界了解之必要。然又讶于时势变异之速,年轻学者对前辈学习历程与研究业绩之陌生,因此特综合希圣先生的自述、著作及前辈、师友的研究成果,就其学术历程及开拓中国社会史的业绩进行探讨,向学界请教。

陶希圣先生在中国社会史研究领域的成就,以杜正胜先生的讨论最称精要。宽重对中国古代史与古代典籍涉猎不深,亦未受过法学专业训练,对先生学术最核心、成就最大的部分,实无资格评述,唯于阅读先生著作及其弟子、师友的回忆资料中,爬梳整理,从近代学术流变之侧面,观察希圣先生的学术发展过程及成就。但病残之余,又为杂事所困,未能从容董理文稿,缺漏不足之处必多,敬请海涵。至于希圣先生在中国经济史方面的开拓之功及成就,梁庚尧教授在《历史未停滞:从中国社会史分期论争看全汉昇的唐宋经济史研究》一文中,有详细的讨论,值得参读。①

二、幼承庭训,熟读经史——英雄出少年

陶希圣先生才学洋溢、思路敏捷,辩才无碍,是他成就事业的重要因素。这样的成就,固有部分得之天分,但更重要的是来自启蒙时期对重要经典的娴熟,而这些都得自于其家庭教育及幼年的勤奋苦读。关于他自幼年至进入北大法律系,二十一年间的学读历程,及家学、师承与受教环境等方面,在他所著的《潮流与点滴》一书中,有深刻的描述。同样地,在他以叙述学业为主的《八十自序》中,也有精要的记述。从这两本自传,知道他自四岁到八岁随其父陶炯照月波先生至河南夏邑、新野任所时,已读《诗经》、四书、《书经》《礼记》及《汉书》等。他九岁时,进入开封旅汴中学(后改为第一中学)就读,接受新式教育,除经义、历史、国文外,也修习数学、理化、博物等课程。这时候,他已能仿两《汉书》的论赞作文。

希圣先生学业奠基的工作,得自家学。月轲先生有经世之志,早年入两湖书院为经心精舍生,治史地,尤研习前四史。除研读重要经典外,兼及《资治通鉴》和《读史兵略》等实学书籍,以自身的学习经验与阅历,训练希圣先生,不仅奠定其学术基础,更影响他一生治学的方向。在五岁到十三岁间,他随其父宦游河南诸县间,与闻县政刑名钱谷之审判,并与幕僚长随,谈说刑名,对基层县级审判制度、程序早有领悟。这种既有学理基础,又预闻实务的成长经验,是他日后精研法学,娴于实务之根源。②

1915年秋,希圣先生考入北大预科,1922年从北大法科毕业,在北京大学历七个寒暑。这一段时间,正是中国在政治环境和新旧思想上冲击转变最大的时候,也是英雄豪杰竞起的大时代,许多对中国现代具重要影响的人物,都在这一波浪潮中崛起。这时也是希圣先生潜心力学、扩

---

① 梁庚尧,《历史未停滞:从中国社会史分期论争看全汉昇的唐宋经济史研究》,《台大历史学报》,第35期(台北:2005.6),页1—53。
② 陶希圣,《清代州县衙门刑事审判制度及程序》(台北:食货出版社,1972),页2—3。

展学术领域与眼界,蓄积奋起能量的时刻。他在北大预科期间,受教于沈尹默先生(1883—1971),勤读《吕氏春秋》《淮南子》《文心雕龙》《日知录》《十驾斋养新录》《文史通义》《国故论衡》等,由此领略中国哲学、文学及史学演变的概略。语文(日、英)的训练,培养他对国际认识的眼光,经世之志,则让他决定选择法律系。及至本科,一面研读罗马法,以追寻欧美法制与法学之根源,同时自修《明儒学案》与《宋元学案》两部典籍。这两部学案对希圣先生学习态度有极大的影响,他自称此前只是勤学,此后渐进于苦学。①

除了法学与传统典籍外,希圣先生也勤学西洋理论及佛教经论。在大环境的冲击下,这个时候中国青年的民族意识觉醒,倡言改造社会,掀起思想革命。五四运动以后,西方世界的各种社会政治思潮,向中国学术界输入,青年学生竞相学习不同主义与学说。先生关心民主与科学的议题,亦研习考茨基(Karl Kautsky,1854—1938)的阶级斗争论与克鲁泡特金(Peter Kropotkin,1842—1921)的互助论,对马克思理论也有深入探讨。他在回乡侍其父医病及居丧期间,研读佛教经论,不仅启发了思路,扩大心境,尤其学到了裨益推理与辩理之方法。可以说北大前后七年的求学生涯,是他厚植学术基础,掌握语文、方法等学术工具,酝酿学术发展的重要时期。而动荡、变迁的环境,使他因关心时政,而将学术方向放在反映现实的汉学,及探索中国社会本质的课题上。更重要的是这种学术基础是宽广与深厚兼顾的,是问题性而非专题性的。

果然,大学三年级时,希圣先生就展现了他卓越的才学。民国九年,修订法律馆为修订民法债权篇草案,征求法学界意见,希圣先生撰文应征,获得第一名,文稿并在《法学会杂志》陆续发表。这对法科三年级的学生而言,是重大的鼓励,更激励他研治法学的心志。毕业前,法律系主任黄右昌(1885—1970)教授指示他读秦蕙田(1702—1764)的《五礼通考》和徐乾学(1631—1694)的《读礼通考》两部书,加上自选胡培翚(1782—1849)的《仪礼正义》一书。这三本书让他领悟到孟子的一本与墨子的二本之说,由此寻求商周两代社会组织之差异及其演变轨迹,决定他此后结合礼律治史的方向。而英国学者梅因(Henry Maine,1822—1888)的《古代法》(*Ancient Law: Its Connection with the Early History of*

---

① 陶希圣,《潮流与点滴》(台北:传记文学出版社,1964),页32。

Society, and Its Relation to Modern Ideas)与《仪礼正义》二书则是他由法学转入中国社会史学之枢纽。①

三、生活洗炼，知识提炼——崭然见头角

　　1922年到1929年是中国现代史上变化多端的时代，对陶希圣先生而言，也是他在大时代的洗炼中，由学致用的开始。这七年中，他当过教授、编辑，论政并投身革命，最后回到教学行列，是一生中经历变化最大的时期之一。在这个激变的时局中，他凭恃丰厚的学养和才华，冲破环境的限制，在学界与政界中逐渐崭露头角。

　　五四以后的中国，在内政、外交等方面都面临严重的考验。在大环境的冲击下，激起青年们力振图强的民族意识，展开对政局的批判，进而激发出文学、思想诸层面的革命。除了形上的讨论之外，响应现实更大的挑战，则是社会与政治的改革；这时许多国外的理论、学说和主义相继涌入，新时代的知识青年援引这些舶来品，讨论和他们切身相关的国家社会与命运前途等问题，掀起无数的争论，其中最引人入胜的，当然是德先生与赛先生的辩论、古史讨论及社会史大论战。这些争辩所揭示的，无非是中国历史社会的本质如何，以及中国未来何去何从的问题。随之而来的更大政治变动，则将众多有志青年卷入革命的浪潮中：共产党的兴起和国民党的北伐，将无数期待于缔造新中国的青年，吸纳入既分又合的政治旋涡之中。希圣先生既有宽广的学识基础，抱持经世之志，在动荡的环境积极投入改造社会的浪潮之中，以初生之犊的姿态，与当代大学者共同论学议政；在不断转换身份，参与实际政、学活动的过程中，扩展其视野、提升其地位，在学术业绩与政绩两方面，崭露才华。

　　1922年8月，刚踏出北大校门的希圣先生，先到安庆的安徽法政学校任教，同时致力亲属法的探研。他从梅因的《古代史》，比较东西法制之特点，显示东西社会之差异，打开了亲属制度之枷锁。而胡培翚的《仪礼正义》则使其推求中国家族制度与婚姻制度，以阐明丧服、丧期规定的标准，及尊卑长幼、亲疏远近的关系等。根据此一观点所撰的《亲属法讲义》，不仅分析中国的宗法，更开拓中国社会史研究的新方向。

---

① 陶希圣，《八十自序》（台北：中国大陆问题研究中心，1978)，页10。

1924年秋，转入商务印书馆编译所法制经济部担任编辑，是希圣先生研读、著述和论政俱进的时期。当时与家眷同住上海，收入不多，生活相当艰苦，但他利用东方图书馆的藏书，研读英、美、法、德的法律学书籍，勤读民族学的论著，同时留意当前社会、政治情况，著文发表意见。①及五卅惨案爆发，先生著文评论并与十位学者联署宣言，抗议英国巡捕，声名大噪。此后，他既研究学术，也与关心社会政治发展的朋友，组织社群，创立《独立评论》，以及在国民党革命前哨站的上海大学教书，接触了国家主义者、共产主义者及国民党人等各路人马，在十里洋场的上海，与当代政治、思想界的精英，相互论辩，从中替自己的学术和政治角色，找到方向和定位。

1927年1月，希圣先生抱着投笔从戎之志到武汉，投入国民党北伐行列。适逢国共由合到分、思想路线分歧的时刻，先生既看到国际共产党之思想理论与共产党发动农民运动所造成的局面，又发觉自身卷入宁汉分裂旋涡后的困境，乃于1928年春，自武汉脱身，回到上海，以写作与讨论中国革命理论与方向为主。当时国共两党以探讨中国社会的性质与走向，作为革命的基本前提。先生以士大夫与农民是中国社会两大阶层的论点为基础，在《新生命》月刊上发表多篇讨论中国社会是什么社会的论文，后来集结成《中国社会之史的分析》和《中国社会与中国革命》二书。这两本书主要在诠释中国社会是宗法封建的构造，以具有官僚地主身份的士大夫阶级为主导，但又长期存在着不能充分发展的商业资本。②中共干部派主张中国社会是半殖民、半封建社会，中国革命的对象是帝国主义及封建势力，干部派的反对派认为中国已进入资本主义社会，革命对象是资本家，陶希圣先生的观点与这两派的论点相抗衡，并且逐渐成为国民党的理论基础。

中国社会的性质和革命的对象，既然成为知识界论辩的焦点，由希圣先生等人发起《读书杂志》踵其后所形成的中国社会史论战，关怀的是中国革命的前途。论辩者引用马克思所用封建制度、阶级关系、商品经济的词汇与概念，作为辩论的语言，他们相信正确的革命理论，才能指导正确的革命途径，于是利用几则史料，即以宏观的角度，论述千百年的历史变化。这样的论述方式，虽然开辟了史学新方向，但诚如孟森所说：

---

① 陶希圣，《潮流与点滴》，页70—71。
② 杜正胜，《中国社会史研究的探索》，收入氏著，《古代社会与国家》（台北：允晨文化，1992），页973。

"欲速者未暇遍求之本国史书,辄援外国形成之社会,反映吾国未必有之事实,断章取义,以就其说,……终非创辟之境也。"①这种限于搬弄原理的公式主义,顶多只属于卖弄知识的政论,实难成为一门学问。希圣先生虽然也不可避免地和论战者一样,引用马克思理论作为论述中国社会的基础。但他是最早觉醒者,早在民国十八年出版的《中国社会与中国革命》绪论中,他就指出当时学者论述的几个毛病,并提出应抱持历史的、社会的和生活的三个观点,把历史的成因详加剖析。②

在出版《中国社会之史的分析》等专书的同时,希圣先生更深切检讨这种以理论为主导的研究方法上的缺点。他批判讨论此一课题的学者,喜欢套用或漫加演绎欧洲学者剖析欧洲社会的结论,把中国社会构造当作欧洲的某一国家看待,或混淆名词的含义,或排斥不合于成见的社会成因。③他的意见道破了当时中国学术界在西方理论笼罩下呈现虚华无根、天马行空的虚幻现象,而这一现象在此后高涨一时的"中国社会史论战"中,更表露无遗。④希圣先生对空虚的理论流于游谈的觉醒,促使他进一步从挖掘史料的实际工夫,去填补理论的贫乏,从而发展出学术性更强的社会经济史研究。

1928年12月以后,希圣先生辞去南京国民党的职务,在上海专事研究、写作及为中国国民党改组派宣扬革命理论。⑤他关心的是中国社会的性质与组织,尤其分析士大夫阶级与农民的社会关系,及其与政府的政治关系。他全力投入写作,曾有一个月写十四万字的纪录。⑥此后,他将对中国社会性质的意见,形之于文字,除上述二书外,尚有《辩士与游侠》《西汉经济史》《中国社会现象拾零》《中国之家族与婚姻》《中国封建社会史》以及奥本海马(Franz Oppenheimer, 1864—1943)《国家论》(*The State*)的翻译工作,该书对他的社会史观方法论影响甚巨。此一时期,他的观点,虽接近唯物史观,却加上桑巴德(Werner Sombart, 1863—1941)的资本主义史及国家论等,形成自有的社会历史方法或社会史观。⑦

---

① 见瞿宣颖,《中国社会史料丛钞》(长沙:湖南教育出版社,2009),《孟序》,页1。
② 陶希圣,《中国社会与中国革命》(台北:食货出版社,1977),《绪论》,页2—3。
③ 陶希圣,《中国社会与中国革命》,《绪论》,页1—3。
④ 参见杜正胜,《古代社会与国家》,页973。
⑤ 参见何兹全,《爱国一书生:八十五自述》(上海:华东师范大学出版社,1997),页27—31。
⑥ 陶希圣,《八十自序》,页18。
⑦ 陶希圣,《潮流与点滴》,页1102。

除了写作与研究，希圣先生也在上海复旦、暨南、中国公学等各大学演讲中国社会史，激起青年学生读书与讨论的兴趣。1930年，希圣先生在中央大学讲授中国政治思想史和中国法律思想史，课余编次讲义成书，讨论的主轴是中国历史上的社会组织、政治演变与思想潮流，特别是士大夫的形象与活动。课程或书籍虽以政治或法律思想史为名，实际上则是社会的分析。这一时期，他讲授的内容与对象，逐渐由法学院及于文学院；1930年12月，他在一场题为"战国的辩士与游侠"的演讲中，分析战国时期社会演变，对中央大学历史系学生造成深刻的影响。

希圣先生还企图以其宽广的历史观，影响司法官的学习态度。1931年，他应谢冠生（1897—1971）之邀至司法官训练所讲授亲属法，第一次上课，便以罗马法与日耳曼法亲系和亲等计算法的区别，与商周的亲系亲等计算法作比较，并评论现行民法亲属篇采取罗马法计算与中国固有社会组织与婚姻制度相违之处。这样的讲授内容，与学员的期待不同。学生希望此课程是以法条来解释，使其熟悉司法实务为主。希圣先生面对这一学习态度，采取的因应是，告诉学员法律解释学只是分析法条，社会法律学就要解剖社会制度，让司法人员有意识地活用法条，以适应历史传统及社会习惯。他指出现行民法在立法时，采用法、德、日等国的立法例，订定法条，其中颇有与中国社会习惯不能适应而成为死法律者，如债法之瑕疵担保及亲属法之夫妇财产制就是实例。他认为法官如果不能了解现行民法与历史传统及社会习惯之间的差异，将来审理家族与婚姻案件时，就会被此一矛盾所困扰。①他仍继续讲授拟定的内容，不过希圣先生与受训司法学员的对话，反映了当时立法、审法者对法律实务和社会习惯的偏颇态度，执法者与社会传统或习惯相疏离的现象，以及由于习法者忽视法律史或社会史的训练，以致出现审判结果与社会期待严重背离的情况。

1931年夏天，北京大学法学院函聘希圣先生为教授，他遂告别中央大学，从上海北上，担任北京大学法学院政治系教授。

---

① 陶希圣，《潮流与点滴》，页121—122。

四、短命《食货》，长远影响——拓垦社会史

从1931年夏天到1937年夏天的六年间，是希圣先生在中国社会经济史领域耕耘最深、成就最大、影响最深远的时期，而其研究团队的建立与《食货》半月刊的发行，为中国历史研究开辟了新的方法和领域。年仅四十岁的希圣先生成为当时与傅斯年（1896—1950）、顾颉刚（1893—1980）、胡适（1891—1962）等史学大家同领风骚，共同引领学术发展的重要学者。

重回北大的陶希圣先生，不仅在紧张的政治环境中，展现其折冲的长才，更在人才备出的学术圈里，展布新局。希圣先生重回北大的身份是教授，这时的北京虽然政治气氛浓厚，但已不仅是政治城，而有着更为浓郁的学术味，名家尽出，各领风骚，学生也各随兴趣，各自追随名师，开展新的学术发展方向。希圣先生在北大讲授中国社会经济史、中国政治思想史、法律思想史之外，也到师范大学史学系、北平大学政治系、燕京大学社会系和清华大学政治系轮流讲课；并前往南京、天津、济南、青岛、太原、武昌、开封各地各级学校演讲。[①]其讲授内容主要以中国社会组织或结构为主干，旁及政治制度与政治思想，所有演讲都得到热烈的回响。

坚实的工夫和方法训练是陶先生讲课成功之处。他的演讲之能吸引青年学生，除了学术功力深厚、能说善道之外，更讲求方法的训练。他曾说："讲课最要紧不在教结论，而在教学生以如何达到结论之思想过程。""如果你们能得到社会的历史学思想方法与思想过程，你们自会研究，自有心得，而且超过我以上。"[②]这样的授课方式，不仅吸引学生，更能造成影响，他的学生何兹全（1911—2011）就说："当时课堂上教学受欢迎的是：胡适、傅斯年、钱穆和陶希圣几位教授。他们讲课都很生动，析理清楚、深刻，引人入胜，处处有他们各自独到的见解，使你佩服。"[③]不到四十岁的陶希圣先生成为学生心目中的名师。除了善于讲课吸引学生之外，他更以新的学术领域及有系统的方法理论相结合，而成为当时北京大学三大学术流派的领导人之一。何兹全指出，当时北大史学系教授的学术思想，一是以乾嘉为主导的学派包括钱穆、孟森（1868—1938）、蒙文

---

① 陶希圣，《八十自序》，页21。
② 陶希圣，《八十自序》，页21—22。
③ 何兹全，《爱国一书生：八十五自述》，页51。

通(1894—1968),一是乾嘉加上西方新史学学派,以胡适、傅斯年为代表,一是以乾嘉与辩证唯物论的结合,这派的代表人是陶希圣先生。何先生曾修习希圣先生所授中国社会史、中国政治思想史,他的同班同学全汉昇(1912—2001)则选修中国社会经济史,这些学生都深受先生的影响,他们在尔后致力的研究范畴、治史方法,甚至对历史分期的看法,都承续希圣先生的看法,甚或是诠释他的观点。①

为了扭转当时革命者以唯物史观之理论与方法,使用贫乏的历史数据,推断几千年的历史变化,达成预定的、偏颇的肤浅论述,陶希圣先生刊行《中国社会史丛书》,在《刊行缘起》提出三项"誓愿":1."宁可用十倍的劳力在中国史料里去找出一点一滴的木材,不愿用半分的工夫去翻译欧洲史学家的半句字来,在沙上建立堂皇的楼阁";2."多做中国社会史的工夫,少立关于中国社会史的空论";3."多找具体的现象,少谈抽象的名词"。②他鼓励学生搜集史料,撰写有问题意识的社会经济史论文与专书。③

1934年12月陶希圣先生创办《食货》半月刊,以实际行动力斥公式主义与教条主义之不当,他认为热闹的中国社会史论战已经过去了,接下来的是史料的搜求工夫,在《食货》创刊号《编辑的话》中揭示了此一观点,他说:"史学虽不是史料的单纯的排列,史学却离不开史料。理论虽不是史料的单纯排列可以产生,理论并不是尽原形一摆就算成功。方法虽不是单纯把材料排列,方法却不能离开史料独立的发挥功用的。有些史料非预先有正确的理论和方法,不能认识,不能评定,不能活用;也有些理论和方法非先得到充分的史料,不能证实,不能精致,甚至于不能产生。"他主张历史研究的方法须从史料里再产生,才有真实的功能和价值,反对先搭一个架子,然后把史料拼进去,把方法当结论。他主张以社会科学方法治史,认为要了解中国社会只有先探求历史的真实,从真实而且坚固的史料基础上,才能建构可信的理论,否则有如朝露,阳光一现即蒸发消逝,这是他创办《食货》的态度。

---

① 何兹全,《爱国一书生:八十五自述》,页54—55。
② 文见刘道元,《两宋田赋制度》(上海:新生命书局,1933),书前。该书为《中国社会史丛书》的第一种。
③ 何兹全,《爱国一书生:八十五自述》,页57。

为了实践从史料中探求问题的信念，希圣先生身体力行，从二十四史中，寻找有意义的社会经济的史料与议题。1935年，为了"鼓励学生青年们搜辑经济社会史料，并从史料中寻找历史法则"①，希圣先生在北大法学院设立"中国经济史研究室"，由他带领学生将二十四史中关于社会经济史的记载，分条记录于卡片上，分类汇存；由连士升（1907—1973）、鞠清远、武仙卿、沈任远等先搜辑唐代经济史料，至抗战前夕，共辑成《唐代都市生活》《唐代农业》《唐代手工业》《唐代交通》《唐代商业》《唐代寺院经济》《唐代财政》和《唐代土地问题》共八册，由北京大学出版社着手出版。可惜七七事变之后，所有稿件，连同研究室的大量卡片、全部藏书和未完成的《中国经济史》都在战火中佚失。②另外，"中国经济史研究室"也替美国著名的马克思主义者，中国社会史学者魏特夫（Karl A. Wittfogel, 1896—1988）搜辑辽金经济社会史料，出版了《辽代社会史》一书。③

希圣先生在研读二十四史的过程中，探讨了许多以往被重视政治、军事和学术思想的正统史家所轻忽，关于人民的社会经济议题。讨论时间自上古以迄清朝，讨论的内容涉及各朝的田制、经济财政、婚姻制度、户口、都市与商业、佛教寺院、高利贷、农民暴动等重要问题，先后在《食货》发表了三十六篇论文，出版过《中国政治思想史》（四册）、《婚姻与家族》《民法亲属篇》、《唐代经济史》（与鞠清远合著）、《秦汉政治制度》（与沈任远合著）、《南北朝经济史》（与武仙卿合著）、《中国民族战史》（与沈任远合著）等专书。同时，他也鼓励他的学生和年轻学者搜辑经济社会史料，撰写、发表论文④，如何兹全从1933年至1934年在北大读书期间，即发表了七篇论文，其中有五篇在《食货》刊登。⑤日后被杨联陞（1914—1990）称为"经济史坛祭酒"的全汉昇，也在1934年到1936年之间，于《食

---

① 陶希圣，《潮流与点滴》，页30。
② 鲍家麟，《中国社会经济史研究的奠基者——陶希圣》，收入逯耀东编著，《拓垦者的画像》（台北：中华文化复兴月刊社，1977），页239。后来《唐代寺院经济》等部分唐代史料书籍，于1974年在台北重新出版影印。
③ 陶希圣，《潮流与点滴》，页137。
④ 参见《食货》半月刊各期《编辑的话》。
⑤ 何兹全，《爱国一书生：八十五自述》，页58—59。

货》半月刊上发表了八篇社会史论文。①不仅如此,包括杨联陞与前述追随希圣先生学习社会经济史的连士升等学生,以及刘道元等人,年轻时即成为《食货》半月刊的重要作者,后来也多成为中国社会经济史研究的著名学者。②

1937年7月,卢沟桥事变发生,中日战争爆发,创刊两年半,发行六十一期的《食货》宣告停刊,结束了短暂的出版生命。这六十一期《食货》共发表了三百四十五篇论文。和其他刊物相比,发行的时间短促,篇数也不多,照理说它的影响是有限的,况且,此后陶希圣先生由学从政,参赞枢要,未再撰写中国社会经济史的论著,而他的学生除全汉昇、杨联陞等外,被视为他的亲兵的研究新秀们,都追随希圣先生投入政治旋涡中。像沈任远、武仙卿、鞠清远、曾謇、何兹全等人,均先参与希圣先生所负责的艺文研究会研究组,③而后沈、武、鞠、曾等人更跟从希圣先生离开重庆到上海,成为汪精卫组织的伪"维新政府"成员。及至希圣先生脱离汪政权,重返重庆,进入蒋介石侍从室时,部分亲兵如沈任远又重回他的身边。④而留在伪"维新政府"的鞠清远、武仙卿、曾謇等人的遭遇都很悲惨。⑤这样的变化,使得创办《食货》,推动中国社会经济史研究的主力,因涉入政治,而减弱了在学术研究尤其是中国社会史领域领航的空间。使得两年半的《食货》半月刊宛如昙花一般,乍现即灭。

然而陶希圣先生多年来的努力与坚持的原则,却使《食货》所倡导的研究方法,成为引领中国社会经济史的主要方向。他创办《食货》所持的两个精神:以开阔的胸怀、理性的问学态度,集合研究同道,扩大学术影响,以及在动荡的环境中,建立长久学术事业的志向。抱持"有一天可以工作,便以长期工作的精神来工作"的态度,在外力侵扰、政局不安中,保持积极态度,扩充研究领域,扩大研究成果,使得短短两年半的学术刊

---

① 见《全汉昇教授著作目录》,收入全汉昇教授九秩荣庆祝寿论文集编辑委员会编,《薪火集:传统与近代变迁中的中国经济——全汉昇教授九秩荣庆祝寿论文集》(台北:稻乡出版社,2001),页620—621。
② 何兹全,《爱国一书生:八十五自述》,页59。全汉昇、鞠清远等人在二十年代已出版具影响的专书,如全汉昇的《中国行会制度史》、鞠清远的《唐代财政史》与《唐宋官私工业》、曾謇的《中国古代社会》、刘道元的《两宋田赋制度》与《中国中古时期的田赋制度》等,这些书在1978年曾由食货出版社影印刊行。
③ 何兹全,《爱国一书生:八十五自述》,页114—115。
④ 何兹全,《爱国一书生:八十五自述》,页155—156。
⑤ 陶恒生,《高陶事件始末:中国现代史上传奇的一章》(台北:成文出版社,2001),页392。

物,发挥了巨大而深远的影响。①他发起从史料中挖掘中国社会史真相,以立的工夫,取代疑古派学者破坏性的态度,对当时史学界更具有积极的作用。而且这种以应用社会科学知识来研究中国历史的方法,为此后各大学研究中国社会史与经济史者所延续。因此,可以说《食货》停刊以后,希圣先生和他的大部分学生虽然离开史学界,但部分学生如杨联陞、全汉昇仍能持续探研,而且发扬光大,继续拓展,进一步深化社会经济史的研究。更重要的是,他所领导的社会史研究方法与方向,已广为学界所接受,形成风潮,使中国社会经济史研究走上研究学术的大路。日本学者森鹿三认为《食货》和顾颉刚主编的《禹贡》两种刊物,可视为当时国民政府提倡中国本位文化运动的一环。因此,《食货》虽草创即夭折,但已替中国社会经济史的研究打开了一条宽阔而有学术品味的道路。②

在《食货》半月刊推动中国社会经济史研究期间,希圣先生从史料爬梳与分析中,对中国社会史的发展有了更坚实的看法,提出了"五个阶段"的说法,矫正了一些学者因无法掌握秦汉以后浩繁而不集中的史料,对于秦汉至清末将近二千年的社会发展认识不足,而凭己意乱加猜测,认为中国历史只有古代奴隶制的崩溃和近代资本主义兴起的简单过程,以及西方学者将秦汉到清末视为一个段落,认为中国二千年停滞未变的观点。在希圣先生和他的学生的努力下,不仅发掘秦汉以下各朝代的社会经济史料和重要问题,也将秦汉至中唐之间,中国社会经济的发展形态与前后历史发展的差异清楚厘清,③填补了二千年来历史的空白观念和不同时期历史现象有阶段性发展的看法。总之,在研究方法和观点上,希圣先生把中国社会史研究从政论层次带入学问的领域,成为研究中国历史的主流学派之一,这一贡献和影响使他被尊为"中国社会史开山祖"。

陶希圣先生和他主持的《食货》半月刊,除了在中国史学界有深远的影响外,在日本也有很大影响力。《食货》半月刊发行量中约有百分之六十销到日本,是日本研究中国史的学者必读的刊物。先生的著作中,《中国社会之史的分析》《西汉经济史》二书由天野元之助译成日文,田中忠

---

① 引自何兹全之语。见黄宽重,《陶希圣与食货杂志》,《历史月刊》,第7期(台北:1988.8),页24—25。
② 鲍家麟,《中国社会经济史研究的奠基者——陶希圣》,页240。
③ 梁庚尧,《历史未停滞:从中国社会史分期论争看全汉昇的唐宋经济史研究》,页47—52。

夫译《支那封建社会史》、荒尾久译《支那社会史讲话》等,在日本广泛流行。佐伯富编有《陶希圣先生著作目录附略传》。除日本外,先生在《食货》发表的文章中,有六篇于一九五六年译成英文出版。①

五、洗尽铅华,回归学术——《食货》再出发

1937年的卢沟桥事变,改变了陶希圣先生的生涯规划,从此投身政治,出入权力政治核心,前后凡三十四年。

抗战之初,他与周佛海(1897—1948)在武汉组织艺文研究会,作为宣传抗日的基地,联络学界,在思想上与中共相抗,同时与陈布雷(1890—1948)、周佛海作为汪精卫(1883—1944)与蒋介石(1887—1975)之间的联络人。②而后为推动"和平运动"追随汪精卫同赴上海,参与同日本谈判及筹组"维新政府";在谈判过程中发现日方所提的《日支新关系调整要纲》中,隐藏日本、苏俄瓜分中国的阴谋,乃于1940年1月与高宗武携《要纲》脱身到香港,并将《要纲》公诸于世。③

1942年正月,陶希圣先生回到重庆,担任蒋介石军事委员会委员长侍从室第五组组长及《中央日报》总主笔等职务,从事文宣工作。此后的三十年间,他中断了学术研究,先后为蒋介石撰作了《中国之命运》《苏俄在中国》及《三民主义育乐补编》等代表国民政府的重要文宣著作,以及蒋介石任总统时的重要文告,乃至宣示国民政府立场的社论等。来台后,更继陈布雷之后,成为蒋介石的重要幕僚及改造国民党的重要成员。

1971年,希圣先生自党政乃至中央日报退休,只担任中华战略学会理事长等闲职,有充裕时间重理学术旧业,乃一面邀集学者,以月刊的形式恢复发行《食货》,重新领导台湾学界对中国社会经济史研究的方向,一面则致力于以礼律探究中国社会变化,对台湾的中国社会史研究具有开展与深化之功。

就邀集学者、领导新的史学方向而言,《食货》月刊在台湾确有承先启后之功,但希圣先生因兴趣与身体之故,实居于精神领导之地位,实际

---

① 鲍家鳞,《中国社会经济史研究的奠基者——陶希圣》,页241。
② 陶希圣述,陈存恭、苏启明、刘妮玲访问,《陶希圣先生访问纪录》(台北:史政编译局,1994),页56—88;另参陶恒生《高陶事件始末》。
③ 陶希圣述,陈存恭、苏启明、刘妮玲访问,《陶希圣先生访问纪录》,页79—144。

工作则由其四子晋生先生负责。当时美国汉学界深受新社会科学理论的影响,以之分析、解释中国历史之发展,新工具与新观点相继成为研究中国史的主要手段。而来台的历史学者,因国民政府仇视马克思理论,为免触法,既避谈理论,又无力抵抗唯物主义的浪潮,除谨守乾嘉治史的传统外,别无良方。直至第一代留美学成的许倬云先生、陶晋生先生等人回台,开始引介新方法、新理论来研治中国史,才为台湾的中国史研究开展了一个新局面。在此过程中,《思与言》《新知杂志》与《食货》都曾扮演重要的角色。《食货》月刊以史学领域为主,由于有希圣先生的经济支持,发行时期较长,加上所收的论著包含以翻译、评介方式介绍欧美方法、理论与研究成果诸方面,范围较广,在史学界无疑是主要推动的角色。陶晋生先生与他的同侪孙同勋先生、张忠栋先生、管东贵先生、张存武先生、李国祁先生、张朋园先生、李永炽先生、鲍家麟教授等人成立编辑会,负责审查文稿。这些编辑委员同时分别在台湾大学、台湾师范大学等校历史研究所讲学,是当时的学界新秀。由他们所带动的新的史学研究方法,在六七十年代的台湾史学界,隐然成为学术主流。这时候的研究虽仍不免在接受西方社会思潮与如何有效深入史料两个方面,面临难以两全的窘境;但新一代的推动者,与希圣先生当年创《食货》半月刊时,强调史料与方法相结合的想法一致,并非一味接受理论。两个《食货》的精神,实一脉相承。不过,1975年陶晋生先生赴美讲学以后,《食货》月刊再难独以研究中国社会经济史为主,所刊论文偏于强调问题意识的研究课题,广泛接受一般史学论文,已非半月刊所标榜的社会经济史专业刊物了。①

恢复《食货》月刊外,陶希圣先生也成立食货出版社,除重印早期食货丛书及陶先生的部分著作外,更出版了许多优良的学术专著,如黄仁宇《万历十五年》繁体字版、陶晋生《女真史论》、张朋园《梁启超与民国政治》、戴玄之《红枪会》、李天鸣《宋元战史》、金渭显《高丽史中中韩关系史料汇编》等重要论著专书。

在致力中国社会史的研究上,希圣先生则更有新的发展。此一时期先生除了长期在《法令月刊》定期发表有关时政法律见解的杂文外,继续在《食货》月刊发表论文,②而以结集成《中国法制之社会史的考察:汉律

---

① 关于《食货》月刊的评论,参见杜正胜,《中国社会史研究的探索》,页985—991。
② 于《法令月刊》发表的论文,后则集成《夏虫语冰录》(台北:法令月刊社,1980)。

系统的源流》一书最称代表。本书是先生从社会政治史的演变,考察法家与儒家之升降,以及从礼与律之分合,来研析中国法制。全书十章,凡四十余万字,探讨汉律系统之源流,欲衔接"唐律系统之社会政治史",[①]以呈现从礼、律两大支柱,探讨中国社会变迁的发展线索。本书讨论的时间从孔子以迄南北朝。可惜隋唐以后未能成篇,使他对中国社会史的系统性见解,未能完整面世。

《中国法制之社会史的考察:汉律系统的源流》虽然早在1979年12月由食货出版社出版,但由于这本书的印行量不大,食货出版社发行网不广,加上当时台湾史学界过于重视对西方理论与方法的汲取,对以传统风格写作的著作不感兴趣,以及对古代典籍的陌生,再有希圣先生离开史学界三十余载,青年学子对他在中国社会史研究的见解了解不够等因素,造成这本书的学术价值,以及本书在陶希圣先生研究中国社会史中的重要性,均未能引起足够重视,也因此到今日仍未能给予希圣先生在中国社会史的总体成就作适当的评价,实在遗憾。幸好,与希圣先生治学背景与理路相近的杜正胜先生,在这方面有深刻的阐述与评价,让我们对希圣先生的学术成就有所认识。

杜正胜先生指出,近人论述商周社会,往往重视王国维的《殷周制度论》,却忽视希圣先生的见解。其实,二人见解各有千秋。对秦汉以下二千年的历史发展,希圣先生以礼律两大支柱加以解疏,以社会组织为骨干,旁及政治制度与伦理思想,解答中国社会是一个什么社会的问题,寻求"基于自然法则的伦理法则",不仅先后相贯,且体系完备,其成绩远大于静安先生。因此,他认为希圣先生不仅开启中国社会经济史研究之新风气,而且"通贯礼律之社会史学",更是他为后世师法的表征。[②]深刻揭示希圣先生晚年的学术成就与贡献。

六、哲人已逝,典范难追:社会史的未来

陶希圣先生一生在政学两方面都有精彩的表现,学术修为使他成为一个学派的宗师,政务的参与又实现了他经世致用的理想。期待政学兼顾,却也陷于政学两难抉择的困境,这一点颇像宋代改革家王安石。他

[①] 陶希圣,《中国法制之社会史的考察:汉律系统的源流》(台北:食货出版社,1979),《序》,页1。
[②] 杜正胜,《通贯礼与律的社会史学——陶希圣学述》,《历史月刊》,第7期,页20—23。

在《夏虫语冰录》一书的序言中,摘引王安石《两山间》的诗以自况,就是他一生最佳写照:"自予营北渚,数至两山间。临路爱山好,出山愁路难。山花如水净,山鸟与云闲。我欲抛山去,山仍劝我还。只应身后冢,便是眼中山。且复依山住,归鞍未可攀。"[①]王安石借依山与离山的矛盾心情,反映他在学术与政治之间的两难。这种矛盾也同样在陶希圣先生的身上体现出来。

　　学政兼顾,实源于经世之志。而这经世之志,是陶希圣先生以及清末以来知识分子奋身救国共有的心愿。受到清末民初以来世局巨变的冲击,陶氏父子均怀抱经世之志,致力经世之学。从先生启蒙受教开始,即决定了他一生学习乃至志业发展的方向:读书从史论着手,兼融法学、礼书,旁及社会科学,日英文更是他扩展视野的工具,这种学习方式,为他奠定了既广且深的学术基础。五四运动以后,内外交迫的时局,让希圣先生和众多有志青年一样,谋从思想、社会诸层面推动改革,而马克思学说更是力求广搜博通的希圣先生所汲取的资源。毕业后,先生投身社会政治的改造,在大时代的横流中,生活、事业多所转折,而在实际生活中,观察社会脉动,遂对中国社会的性质有深刻了解,进而寻找中国社会根源与演变,为革命树立理论,于是发起中国社会性质的论辩,引发了著名的中国社会史大论战。这是希圣先生以其丰厚扎实的学养基础,从经世的立场着手探讨中国社会史,所开拓的新学术研究方向。

　　在论战过程中,他认识到只有理论,缺乏对历史真实的掌握,将流于游谈无根,只能是革命的口号,不是为学之道。于是,他到北大任教后,除一面在北大、清华、师大、燕京等名校讲授中国社会政治史外,更创办以探索中国社会经济史为主的《食货》半月刊,强调史料的重要,而且要从史料的梳理中,找出理论。他更成立中国经济史研究室,与学生共同整理史料,从中寻找问题,撰写论文。在他的熏陶和训练下,追随他修习社会经济史的学生都有杰出的学术表现,他和他的学生,形成一个以探寻新学术领域闻名的学术团队,在乾嘉学风与马列学说弥漫的北京城中,另立旗帜。从此,陶希圣先生和《食货》成为学术领域标志,代表中国社会史研究从革命家的口号变成研究者的场域。因此,《食货》的寿命虽短,影响却很深远。

[①] 参见王安石原著,李壁笺注,高克勤点校,《王荆文公诗笺注》(上海:上海古籍出版社,2010),卷2,页39—40。

七七卢沟桥的战火,燃起了希圣先生救亡图存的念头,于是他率领学生投笔从政,投身抗日宣传。然而他徘徊于和战,出入汪蒋政权之间,使自己卷入了政治旋涡之中。他自己最后虽得以全身而退,但追随他的学生却多浮沉于宦海中,甚至郁郁以殁,难再展学术领航之气势。

　　希圣先生晚年从政界退休,重回学界,为重振社会经济史研究,再创《食货》月刊,再辟社会史研究的新境界。此时的《食货》月刊由陶晋生先生负责,承继半月刊的精神,引介欧美社会科学的理论与方法,由于发行时间较久,讨论议题较广,对台湾史学界有一定影响,但因人力不足,气势上已难与半月刊时期相比。希圣先生除精神领导之外,本身则借由史料整理,建立观察中国社会发展的完备体系。他从殷周一本、二本的讨论,进而以礼、律两个线索,掌握秦汉以来法、儒对中国社会的影响,直接切入中国社会核心,延续并深化半月刊时代的成果。杜正胜即认为希圣先生在这方面的研究业绩应在王国维之上。

　　从先生学术成长及拓垦中国社会经济史的过程,我们看到了在学习上广泛与专精兼顾的重要。社会史是以史学专业为基础,结合礼、律乃至民族学等多个学科所形成的领域,因此,跨学科的学习,实为必要条件,唯其广博才有开阔的视野,而深入扎根才能专精,不致空泛无依。不过,这一通旁求广的态度,在民国二三十年代强调单一学科为主轴的正统史家眼中是杂家,未必予以看重,在这种环境下,先生和他的弟子需要建立团队,厚植学术基础,加倍的努力,才能突破重围,开宗立派。

　　希圣先生是以中国典籍,尤其是礼、律为治学之根基,虽然兼用社会科学的理论,实际上是建立在对传统学术的深厚基础之上,而他自身处在传统到现代社会的转变之中,领悟最为真切;有这些诸多有利的条件,才能为学术领域开创一个发展方向。从今天的角度看,希圣先生所论述的中国社会,诚然尚有许多待补充、修正或发展的部分,但由于学习环境的转变,新一代的学术工作者,虽拥有更多西方理论与方法的能力,但对古籍、古学的掌握不足,恐难对二千年历史有贯通的工夫,顶多只是一个专家而已。像希圣先生这样博雅求通的学者,只能在历史中寻求了。

　　此外,在台湾学术艰困时期,《食货》月刊复刊且发行十四年,对传承、发展与引领发展史学研究,扮演重要的角色,而他为坚持学术理念,独力支撑学术期刊,更展现了知识分子的风骨与发皇学术永续的典范,这种情怀与精神,恐成绝响。这正是他更值得感念的价值所在。

后记：本文初稿发表于东吴大学"二十世纪后半叶人文社会学术研讨会"(2006.12.15—16)，经相当幅度的增补修订而成，感谢两名匿名审查人提供修正意见。

余论:从士人艺文交流到移动社会的知识建构

宋代是传统中国士人文化高度发展的标志性时代。此时期社会经济复苏繁荣,朝廷文治政策带动了教育普及,加之印刷术发达蓬勃,业举求宦人数激增,催生出以知识为身份认同的士人群体。士人所掌握的知识,由传统典籍扩展至文学、书画、金石鉴藏等艺文修为,由个人兴趣雅好衍生为士人群体互动的重要媒介;不论为官或居乡,都是士人生活最重要的文化资本。平日无事时,知识、艺文能怡情益性,增进人际情谊;政局动荡时,因知识、艺文交流所搭建的互动网络则成为缓解紧张局势或人际关系的可能良方。同时,在赵宋皇室崇尚艺文的风尚引领下,右文好古、重视文物典藏融入有宋一朝的文化政策,朝廷借由有形的艺文活动展现无形的政权正统;朝野文化活动多元而丰富,政治意识也不时交织于文艺之中。

迨至靖康之难,士人群体经历了王朝倾覆危机,维系国家继存的使命感愈形强烈。在北宋时期,士人群体间渐次发展出成熟的跨区域、甚至全国性信息交流网络,到了南宋时期,国家政策与人事布局递嬗难测,士人群体更频繁利用这些信息交流网络,密切关注王朝南渡后的内政外交时务,观察舆论动向。[1]然而,此一网络不仅承载着士人群体之间的政治沟通,也是知识、艺文乃至情谊交流的载体。借此网络载体,士人以知识、艺文为核心交流互动的文化产物,如诗词书画、金石鉴藏,得以持续在士人群体中流传、引发讨论,进而发展为系统性知识。

本书余论将借观察士人群体间的文化活动与交流,呈现南宋时期因

---

[1] Hilde De Weerdt, *Information, Territory, and Networks: The Crisis and Maintenance of Empire in Song China*, Cambridge, MA: Harvard University Asia Center, 2015.

多国政治格局与社会形态转变而产生系统性知识建构的文化现象。借此观察，一方面希望能与读者共同重新理解本书各篇章的历史意义，另一方面也希望能抛砖引玉，期待学界能对南宋系统性知识建构的文化现象有更多挖掘与讨论。

一、移动社会与见识新知

南宋士人群体借文化交流逐步建构系统性知识的文化现象，与宋代特殊的社会形态与内外局势息息相关。在宋代，人群基本生活形态仍以定居农业为主，不过较之汉、唐时期，宋人的移动性特别显著——移动者性质与因素更为多元、人数更为庞大、频率也更为繁密——众多原因促成了宋代移动社会的形成，尤以此时期的官僚体系设计、多国竞合的政治格局，以及社会经济发展等因素最为关键。

赵宋王朝的官僚体系与相应的人才选拔制度，是这一时期人群频繁而常规性移动的重要推力。宋代以科举取士，为了读书业举，士人近则赴县、府，远则赴太学求学；又为了求取功名，必须参加乡试、省试、殿试。不同层级的教育与考试使士人必须离乡背井，在外地转徙游动。有幸中举任官者，受避籍、避亲、轮调等制度的规范，必须赴异地任职；任职期间则因省亲、待阙、致仕、守丧、罢黜等因素，时常往返于任所与故乡。各类负责监察职务的官员，以及奉命出使或迎宾的官员也都经常处于旅途之中。加上士人之间游赏性的文化活动，同样让士人、官员在不同地理空间之间转换，接触不同的人群与事物，移动因而成为宋代士人生命世界中的重要元素。

其次，两宋时期多国竞合的政治格局也创造了大量的移动人口。赵宋王朝长期处于强敌环伺之下，巩固国防为王朝存续之所系。以南宋为例，朝廷虽借称臣纳贡以冀维系与金、蒙的和平协议，但终不敢因和忘战。为了强固战备，在江淮边防布置了多达五六十万的正规军，警戒守卫以防敌兵进犯；同时，也在岭南地区成立地方军，以防堵茶、盐私贩武装叛乱，维护地方的治安。然而，为了防止军队久驻一地形成在地势力，反而对中央构成威胁，不论是防边正规军或境内地方军都必须依照轮调番上规定移动换防。因此，在宋廷防卫维稳的军事部署下，为数庞大的各类军旅也成为宋代常规移动的人群之一。

游走各地的各类行商则是另一种性质更为驳杂、行动较无组织性的移动人群。在强敌环伺下,无论和战,赵宋王朝都必须积极扩大财政收入,以因应耗资庞大的军事、外交行动。宋廷推行了各种增益国税收入的政策,如茶盐专卖、设市舶司专责海外贸易,以及在宋金与少数民族的边界设置榷场,专责境外贸易。加上境内商品经济发达,各类行商、坐商为追逐利益,输有运无,活跃于规模不一的大小市镇,乃至临时性市集。这些商人像蚂蚁雄兵般聚集移动,从水陆运贩物品,移动频率最高。此外,僧道、术士等游方人士亦不在少数,其足迹遍及境内域外,无远弗届。

性质多样、为数庞大的常态性移动人群,构成了宋代活络的社会风貌。行旅者往来道途,常有机会见闻异地新奇的风土人情,不乏以口传或文字记录见闻者,或借通信与亲友分享,或收录于个人笔记中,甚或整理记录,汇为具主题性的专门著作。著名的例子如陆游的《入蜀记》《吴船录》,或楼钥的《北行日录》,都属旅行历程的见闻记录;赵汝适的《诸蕃志》与范成大的《桂海虞衡志》,则属于对境外见闻的经验汇集。其中,《诸蕃志》一书描绘海外诸国并兼记外来物产,更是赵汝适以提举市舶司身份,汇整对海外物产所知,向好奇新事物的知识界分享的作品。这类见闻记载遂成为宋代士人群体获取新知的媒介。

二、见闻汇整与知识建构

迨至南宋时期,士人记录新奇事物的文化现象进一步衍生出尝试建构系统性知识的趋势。士人将新见事物整理归纳入既有知识之中,或与过往记录相互比较,进而系统性地分类,汇集为具特定主题或观点的专门著作。

在宋人著作中,这类尝试建构系统性知识的案例所在多有,探讨菊、茶、竹、牡丹、荔枝、花、谷、果、香料等植物物种者,尤为常见。如史铸的《百菊集谱》,即是大规模采集、参考既有菊谱,建立严谨的体例,以菊类植物为主题,系统性梳理相关知识的作品。又如范成大的《梅谱》,除了介绍自家所种植百株梅树之外,也评比不同画家展现梅之神韵的不同技法,讨论梅之神韵如何与文人致力表达的精神相连,使梅成为绘画中的文化符码。范成大更将梅树介绍与当时风行的咏梅诗连结,凸显出梅作为南宋士人文化活动中的重要主题。① 这些将物与饮食、绘画连结的现象反映出在北宋艺术化文物的基础上,南宋士人进而借着书写记录,将艺术、文化与日常生活相结合,组织为更具有脉络性的知识。

在行旅交游中,士人因着对新事物的好奇喜爱,加以记录、搜藏,丰富而多元的知识因此融入南宋士人生活中。士人比较、分类所记事物,形成专门知识,这些知识在士人群体的信息交流网络中流传、讨论,再借由出版或其他不同形式的文化活动与传播途径,更加深入基层社会。当各类以专门知识为主轴的谱录日渐增多,谱录遂进入图书搜藏者的视野,成为目录文献学中独立的著述类别。宋代私人藏书家尤袤在其《遂初堂书目》中,便在子部增列了以前没有的"谱录类",依物品性质分类——主题涵括古物、文房、饮馔、植物等——收录当代各类专项单类物品的六十三部著作。尤袤搜集大量宋代谱录,在阅读、比较后进行系统性分类,此举体现了当代士人记录其经历见闻的各种新旧事物,并组织汇整为系统性知识的文化现象;此一搜集、阅读、分类、书写撰述的过程,恰恰展现出南宋士人为周遭事物建构知识系统的企图。②

这些新衍生的专门性知识与以经典为中心的儒学并不相扞格,宋代士人往往以博学、杂学或小道之学定位这些专门性知识,并将之融入既有的儒学知识体系之中,或至少与儒学共存相生。以数术之学为例,廖咸惠借研究真德秀、文天祥的知识观,指出儒者与释道交锋,在抗拒之余仍互相取法。③ 她与刘祥光的研究同样指出,宋人面对科举、仕途巨大的竞争压力,无论个人仕途或家族发展均顺逆难料,因而乞灵于风水、堪舆等数术;数术之士与儒者同受儒家经典的教育训练,前者常见因业举不

---

① 吴雅婷,《南宋与蒙元的谱录书写理路》,发表于"繁花似锦:文明交会、人群汇流与个人境遇"国际研讨会,成功大学,2014年11月。
② 吴雅婷,《十一至十四世纪谱录所见的阅读史》,发表于"游于艺:十一至十四世纪士人的文化活动与人际网络"国际学术研讨会,长庚大学,2015年6月。又见吴雅婷著、小二田章译《南宋中葉の知識ネットワーク——「譜録」類目の成立から(南宋中叶的知识网络——从谱录类目的成立谈起)》,收入宋代史研究会编,《宋代史研究会研究报告(10)中国伝統社会への視角》(东京:汲古书院,2015),页235—266。
③ 李长远,《易图象数与宋元之际士人之亲道、入道》,《台大历史学报》待刊。又见《融道入儒:唐宋思想转型期间的士人与道家传统》,台湾大学历史研究所博士论文,(台北:2015.7)。廖咸惠:《知识从实践へ——真德秀の『易经』活用(从知识到实践:真德秀的《易经》应用)》,收录于(日本)宋代史研究会编,《宋代史研究会研究报告第十集——中国伝統社会への視角》(东京:汲古书院),页191—234。廖咸惠:《理解天命:文天祥的命运观与术数知识》,《汉学研究》,35卷2期,页225—260。

遂而转以数术知识谋生,为人预测祸福,数术之士与其知识得到士人官僚普遍接纳,双方互动频繁。① 正因此,在掌握儒家经典之外,士人另发展出"小道亦道"的观点,将兼修天文历算、术数视为"博学",从而扩大了知识的涵摄范围。类似专门知识的形成,以及与既有儒学知识体系的共生现象,也出现在医学领域:中国传统医学本是由个人之间传授的知识与技能,但宋代朝廷设立专门机构,将医学知识的授受纳入官方教育训练体系。士人习医并以之为业的人数增加,儒家价值遂渗透至医学知识与教育之中,儒医观念于焉产生;以技艺为主的医学融入了儒者的价值观,形成新的知识体系。②

三、讯息传递与知识建构

学界既有研究从谱录、方术、医学等面向,捕捉到南宋时期士人群体系统性建构专门知识的文化现象。此一文化现象同样展现在士人群体的艺文活动中,深化了士人对书画文物的认识与掌握,对特定文物的真伪鉴别与研究论辩,成为南宋时期士人艺文交流的显著特征。

崇尚图籍文物收藏是有宋一朝的政治文化传统。赵宋皇室热衷于搜藏书画、金石,借持有有形的文物,建立与历代正统政权的历史与政治的连结,以体现赵宋王朝统治的合法性。皇室风尚引领,加之以国家文治政策推波助澜,以艺文为核心的各式活动蓬勃于朝野。萌芽于北宋士人官僚群体间的复古运动,则由下而上与国家崇文风尚相衔接。士人致力搜藏古典书画文物,并以之印证经史,建立新说,使艺文收藏鉴赏由具象的物质赏玩,逐渐发展为抽象的知识建构。欧阳修搜集拓片,辑成《集古录》,开金石学研究之先河,便是文物与知识结合日益紧密的例证。③尔后,在苏轼、王诜、米芾等诗词书画名家引领风潮下,书画文物的艺

---

① 刘祥光,《宋代日常生活中的卜算与鬼怪》(台北:政大出版社,2013)。
② 陈元朋,《宋代儒医》,见林富士主编,《中国史新论——医疗史分册》(台北:联经出版公司,2015),页245—305。
③ 这类研究成果十分丰硕,参见艾朗诺(Ronald Egan)著,杜斐然等译,《美的焦虑——北宋士大夫的审美思想与追求》(上海:上海古籍出版社,2013),页7—59。陈芳妹,《青铜器与宋代文化史》(台北:台湾大学出版中心,2016)。许雅惠:《南宋金石收藏与中兴情节》《台湾大学美术史研究集刊》,31卷(台北:2011),页1—60。陈温菊:《宋代经学的省思——由宋人古器物学与金石学研究谈起》,《孔孟月刊》,32卷,7期(台北:1994.3),页34—42。

价值日显,士人搜藏之风益盛;而重视文物的风尚,在赵宋王朝经历靖康之难后,仍在偏安江南的南宋政权与江南士人群体之间延续。

由具象的物质赏玩到抽象的知识建构,是宋代士人艺文交流的显著时代特色。由此知识建构的视角出发,我们可以重新理解本书研究编三组论文所揭示南宋士人文化活动的历史意义。

首先,以楼钥为案例的两篇论文,呈现崇尚文物收藏的政治文化氛围下,以艺文赏鉴为核心的君臣互动,带动士人官僚群体艺文活动风潮;世代仕宦的名门大族不仅致力于书画文物收藏,更积极养成子弟的文物鉴赏能力,以积累从政的文化资本。楼钥案例体现了具象的物质持有、赏玩,以及南宋士人如何环绕具体的"物"开展交流互动。

两篇探讨兰亭序的研究则指出南宋以降士人艺文交流所出现的文化现象:士人之间开始围绕特定"物"而形成社群,并以该特定物为核心,形成、创造专业知识,此专业知识又持续在士人群体之间交换、传播乃至再创造。士人之间经常以书画文物作为交流情谊的媒介,借题跋、序、记,讨论文物真伪与价值,从而发展为论辩、研究,并建构起具主题性的专业知识。在宋人文集中,保存了许多对特定金石文物的考证与评价。这些专业知识甚至逐步发展为具有系统性观点的专门性著作。如桑世昌的《兰亭序》与俞松《兰亭续考》二书,正是在考订、评赏兰亭序书帖之外,整合与《兰亭序》相关议题以形成系统性知识的学术性著作。①

以知识建构为观察视角,思考本书所呈现刘宰的在地文化活动,则呈现出士人乡居时对在地风土人情的知识搜集与建构,进而创造地方价值。更重要的是,刘宰案例揭示出,在南宋系统性知识建构的文化现象中,书信是士人群体之间知识交流与建构的重要媒介。

刘宰是南宋中期基层士人官僚,四十岁就以身体残疾为由,辞官返回镇江金坛,此后乡居长达三十年。但即便身居乡里,刘宰仍旧高度关注时政,以书信为管道,与在朝执政者、其他在地方任职的官员,或与他同样乡居的士人交换意见,就宋金关系、地区政治、社会现象积极建言。他更曾结合乡人,推动三次大规模的赈饥活动。刘宰的心路历程、活动事迹充分反映在其《漫塘集》所收录的书信之中。值得注意的是,刘宰与亲友的鱼雁往返,除了政局、社会情况的讯息交换,也借书信内容提及刘

---

① 陈一梅,《宋人关于〈兰亭序〉的收藏与研究》(中国美术学院出版社,校刊2011年3月版)。

宰与亲友之间频繁而大量的相互馈赠。例如提及李埴将其父李焘《续资治通鉴长编》赠与刘宰，李道传也以其兄李心传《建炎以来系年要录》及《旧闻正误》二书相赠；刘宰也曾收到袁肃致赠其父袁燮文集。刘宰本人也伴随书信将《朱子语类》赠与知宜兴县赵与哲，以《朱子语类》及《近思录》等朱熹著作，送给乡人汤镇。

　　学界已知宋代士人常借序、记、题跋等文体，讨论文物价值，整合讨论时空环境与学术源流变迁。刘宰案例体现出，除序跋文类外，书信往来与诗文、著作互赠，也是当时士人扩大知识链接的途径。刘宰与亲友的书信往返，除了有助我们更具体了解信中所及书籍的出版流传之外，他对书籍内容与学术价值的评论，也有助勾勒宋代士人如何传递及评价典籍著作，透过讨论形成相关专业知识。① 刘宰并非南宋中期硕儒名官，其著作便已呈现如此丰富的专业知识建构与交流现象，相信若广泛搜集、探究其他宋人著作，可以对南宋士人的艺文、知识交流有更具学术意义的刻画。

　　宋代特殊的立国环境与政治发展，使得在朝任官的各级官员乃至地方士人，都对政治社会环境变化格外敏感，时常以奏劄书信，相互讨论朝政或切身问题，提出个人观察与感受。宋人文集中保留大量书信，如理学大儒朱熹文集便保存书信超过两千封，乡居士人刘宰文集也收录书信两百七十余封。书札是宋代士人日常生活的重要环节，宋代士人重视人际关系、爱好文物搜藏，故而常在传递书信时，随附各式礼物馈赠友人，②也常在赠送自己或时人的诗文与学术著作时，透过书信讨论其学术价值。较之于学界现有对序、记、题跋等文体的研究，借助书信与文物知识链接的议题尚待开展。若能将从书信中得到的观察，与序、记、题跋研究整合，将有助学界更全面而深入掌握南宋知识建构的文化现象。此外，上述南宋士人对各项知识的探索、汇整、形成专业知识论述的现象，若能进一步与理学思想的系统性与史学论著体例发展结合，将更能凸显南宋时期建构系统性知识的时代特色。

　　南宋国祚一百五十三年始终处在风雨飘摇的政权危机中，士人虽在艰难的政治环境中成长，但却享有江南丰厚的社会经济资源。南宋士人

---

① 黄宽重，《刘宰乡居期间的讯息管道与内涵》，发表于"7—16世纪的信息沟通与国家秩序"第五次工作坊，北京大学中国古代史研究中心，2018年11月。
② 陶晋生：《北宋士族：家庭·婚姻·生活》，历史语言研究所专刊之102，(台北：2001)，页197—243。

以知识争取功名，戮力仕进，面对政治强力渗透的现实世界，则借艺文怡情益性，广拓人脉网络，开阔知识领域；困顿时，士人则居乡扎根基层，致力地方建设，整个基层社会呈现充满活力的自足风貌。在传统中国的历史洪流中，无论是政治、社会文化或智识学术发展面向，南宋士人都扮演着为后世奠基的承先启后角色。本书由南宋士人文化活动出发，爬梳此时期艺文与政治的交织；未来如何广泛利用史料，将宋代政治与文化连结讨论，开拓更具学术意义的研究议题，从而更清楚而全面勾勒两宋士人文化发展脉络，并评价其对中国后世之影响，值得学界持续探究。

参考书目

传统文献与史料汇编

曹彦约,《昌谷集》,台北:商务印书馆,1983,收入《景印文渊阁四库全书》第1078册,据台北故宫博物院藏乾隆四十七年(1782)文渊阁本影印。

陈孚,《陈刚中诗集》,台北:商务印书馆,1983,收入《景印文渊阁四库全书》第1202册,据台北故宫博物院藏乾隆四十七年(1782)文渊阁本影印。

陈傅良原著,周梦江点校,《陈傅良先生文集》,杭州:浙江大学出版社,1999。

陈高华编,《宋辽金画家史料》,北京:文物出版社,1984。

陈康伯,《陈文正公集》,北京:线装书局,2004,收入《宋集珍本丛刊》第41册,据康熙二十九年(1690)刻本影印。

陈宓,《复斋先生龙图陈公文集》,北京:线装书局,2004,收入《宋集珍本丛刊》第73册,据清钞本影印。

陈耆卿纂,《嘉定赤城志》,北京:中国文史出版社,2008。

陈师道,《后山先生集》,北京:线装书局,2004,收入《宋集珍本丛刊》第28册,据弘治十二年(1499)刻、傅增湘校本影印。

陈思,《宝刻丛编》,台北:商务印书馆,1983,收入《景印文渊阁四库全书》第682册,据台北故宫博物院藏乾隆四十七年(1782)文渊阁本影印。

陈栎,《负暄野录》,台北:商务印书馆,1983,收入《景印文渊阁四库全书》第871册,据台北故宫博物院藏乾隆四十七年(1782)文渊阁本影印。

陈造,《江湖长翁集》,北京:线装书局,2004,收入《宋集珍本丛刊》第60册,据万历刻本影印。

程珌,《程端明公洺水集》,北京:线装书局,2004,收入《宋集珍本丛刊》第71册,据嘉靖三十五年(1556)程元昺刻本影印。

程俱原撰,张富祥校证,《麟台故事校证》,北京:中华书局,2000。

崔敦诗,《崔舍人玉堂类稿》,上海:上海古籍出版社,2012,收入《日本宫内厅书陵部藏宋元版汉籍选刊》第149册,据宋宁宗朝刊本影印。

戴表元原著,李军、辛梦霞校点,《戴表元集》,长春:吉林文史出版社,2008。

戴良著,李军、施贤明校点,《戴良集》,长春:吉林文史出版社,2009。

邓牧,《伯牙琴》,北京:中华书局,1999,收入《知不足斋丛书》第4册,据上海古书流通处影印本影印。

东英寿考校、洪本健笺注,《新见欧阳修九十六篇书简笺注》,上海:上海古籍出版社,2014。

董更,《书录》,台北:商务印书馆,1983,收入《景印文渊阁四库全书》第814册,据台北故宫博物院藏乾隆四十七年(1782)文渊阁本影印。

范成大原撰,陆振岳校点,《吴郡志》,上海:江苏古籍出版社,1999。

范仲淹原著,李勇先、王蓉贵校点,《范仲淹全集》,成都:四川大学出版社,2007。

方以智,《通雅》,台北:商务印书馆,1983,收入《景印文渊阁四库全书》第857册,据台北故宫博物院藏本影印。

费衮原撰,金圆整理,《梁溪漫志》,郑州:大象出版社,2012,收入《全宋笔记·第五编》第2册。

傅璇琮等主编,《全宋诗》,北京:北京大学出版社,1995。

葛立方,《韵语阳秋》,上海:上海古籍出版社,1984,据上海图书馆藏宋刻本影印。

贡师泰著,邱居里、赵文友校点,《贡氏三家集·贡师泰集》,长春:吉林文史出版社,2010。

洪迈,《容斋随笔》,上海:上海古籍出版社,1978。

洪迈原著,何卓点校,《夷坚志》,北京:中华书局,1981。

洪适,《隶续》,台北:商务印书馆,1983,收入《景印文渊阁四库全书》第681册,据台北故宫博物院藏乾隆四十七年(1782)文渊阁本影印。

洪适,《盘洲文集》,台北:商务印书馆,1979,收入《原式精印大本四部丛刊正编》第56册,据上海涵芬楼影印宋刊本重印。

洪咨夔,《平斋文集》,台北:商务印书馆,1981,收入《四部丛刊广编》第41册,据上海涵芬楼景印常熟瞿氏铁琴铜剑楼景宋钞本影印。

黄干,《勉斋先生黄文肃公文集》,北京:线装书局,2004,收入《宋集珍本丛刊》第68册,据清钞本影印。

纪昀总纂,《四库全书总目提要》,石家庄:河北人民出版社,2000。

姜夔,《绛帖平》,台北:商务印书馆,1983,收入《景印文渊阁四库全书》第682册,据台北故宫博物院藏本影印。

李弥逊,《筠溪集》,台北:商务印书馆,1983,收入《景印文渊阁四库全书》第1130册,据台北故宫博物院藏乾隆四十七年(1782)文渊阁本影印。

李心传,《道命录》,北京:中华书局,1999,收入《知不足斋丛书》第9册,据上海古书流通处影印本影印。

李心传编撰,胡坤点校,《建炎以来系年要录》,北京:中华书局,2013。

李心传原撰,徐规点校,《建炎以来朝野杂记》,北京:中华书局,2000。

刘克庄原著,辛更儒笺校,《刘克庄集笺校》,北京:中华书局,2011。

刘仁本,《羽庭集》,台北:商务印书馆,1983,收入《景印文渊阁四库全书》第1216册,据台北故宫博物院藏乾隆四十七年(1782)文渊阁本影印。

刘诜,《桂隐文集》,台北:商务印书馆,1983,收入《景印文渊阁四库全书》第1195册,据台北故宫博物院藏乾隆四十七年(1782)文渊阁本影印。

刘宰,《漫塘集》,台北:商务印书馆,1983,收入《景印文渊阁四库全书》第1170册,据台北故宫博物院藏乾隆四十七年(1782)文渊阁本影印。

刘宰,《漫塘文集》,北京:线装书局,2004,收入《宋集珍本丛刊》第72册,据万历三十二年(1604)刻本影印。

楼钥原著,顾大朋点校,《楼钥集》,杭州:浙江古籍出版社,2010。

陆九渊原著,钟哲点校,《陆九渊集》,北京:中华书局,1980。

陆心源,《宋诗纪事补遗》,上海:上海古籍出版社,2002,收入《续修四库全书》第1709册,据光绪刻本影印。

陆游原著,李昌宪整理,《老学庵笔记》,郑州:大象出版社,2012,收入《全宋笔记·第五编》第8册。

逯钦立辑,《先秦汉魏晋南北朝诗》,北京:中华书局,1982。

吕祖谦原著,黄灵庚、吴战垒主编,《吕祖谦全集》,杭州:浙江古籍出版社,2008。

栾贵明,《四库辑本别集拾遗》,北京:中华书局,1983。

马光祖修,周应合纂,《景定建康志》,北京:中华书局,1990,收入《宋元方志丛刊》第2册,据嘉庆六年(1801)金陵孙忠愍祠刻本影印。

马泽修,袁桷纂,《延祐四明志》,北京:中华书局,1990,《宋元方志丛刊》第6册,据咸丰四年(1854)《宋元四明六志》本影印。

毛亨传,郑玄笺,孔颖达疏,龚抗云等整理,刘家和审定,《毛诗正义》,北京:北京大学出版社,2001,《十三经注疏整理本》。

缪荃孙,《江苏通志稿》,江苏:江苏通志局,1927。

欧阳修原著,李逸安点校,《欧阳修全集》,北京:中华书局,2001。

彭龟年,《止堂集》,台北:商务印书馆,1983,收入《景印文渊阁四库全书》第1155册,据台北故宫博物院藏乾隆四十七年(1782)文渊阁本影印。

樵川樵叟,《庆元党禁》,台北:商务印书馆,1983,收入《景印文渊阁四库全书》第451册,据台北故宫博物院藏乾隆四十七年(1782)文渊阁本影印。

秦观原著,周义敢、程自信、周雷编注,《秦观集编年校注》,北京:人民文学出版社2001。

桑世昌,《兰亭考》,北京:中华书局,1999,收入《知不足斋丛书》第4册,据上海古书流通处影印本影印。

桑世昌,《兰亭考》,台北:商务印书馆,1983,收入《景印文渊阁四库全书》第682册,据台北故宫博物院藏乾隆四十七年(1782)文渊阁本影印。

单庆修,徐硕纂,嘉兴市地方志办公室编校,《至元嘉禾志》,上海:上海古籍出版社,2010。

上海书店出版社编,《宋元尺牍》,上海:上海书店出版社,2000。

沈约原著,王仲荦点校,《宋书》,北京:中华书局,1974。

沈作宾修,施宿等纂,《嘉泰会稽志》,北京:中华书局,1990,收入《宋元方志丛刊》第7册,据嘉庆十三年(1808)刻本影印。

史浩原著,俞信芳点校,《史浩集》,杭州:浙江古籍出版社,2016。
史能之,《咸淳毗陵志》,北京:中华书局,1990,收入《宋元方志丛刊》第3册,据嘉庆二十五年(1820)赵怀玉刻李兆洛校本影印。
释居简,《北磵集》,台北:商务印书馆,1983,收入《景印文渊阁四库全书》第1183册,据台北故宫博物院藏乾隆四十七年(1782)文渊阁本影印。
舒岳祥,《阆风集》,台北:商务印书馆,1983,收入《景印文渊阁四库全书》第1187册,据台北故宫博物院藏乾隆四十七年(1782)文渊阁本影印。
宋高宗,《思陵翰墨志》,台北:商务印书馆,1983,收入《景印文渊阁四库全书》第812册,据台北故宫博物院藏乾隆四十七年(1782)文渊阁本影印。
孙应时,《烛湖集》,台北:商务印书馆,1983,收入《景印文渊阁四库全书》第1166册,据台北故宫博物院藏乾隆四十七年(1782)文渊阁本影印。
谈钥,《嘉泰吴兴志》,北京:中华书局,1990,收入《宋元方志丛刊》第5册,据民国三年(1914)《吴兴丛书》本影印。
汤垕,《画鉴》,台北:商务印书馆,1983,收入《景印文渊阁四库全书》第814册,据台北故宫博物院藏乾隆四十七年(1782)文渊阁本影印。
陶晋生、王民信合编《李焘续资治通鉴长编宋辽关系史料辑录》,台北:历史语言研究所,1974。
陶希圣述,陈存恭、苏启明、刘妮玲访问,《陶希圣先生访问纪录》,台北:史政编译局,1994。
陶宗仪,《游志续编》,成都:四川大学出版社,2007,《宋元地理史料汇编》第6册,据宛委别藏本影印。
脱脱总纂,《宋史》,北京:中华书局,1977。
脱因修,俞希鲁纂,《至顺镇江志》,北京:中华书局,1990,收入《宋元方志丛刊》第6册,据道光二十二年(1842)丹徒包氏刻本影印。
汪应辰,《文定集》,台北:商务印书馆,1983,收入《景印文渊阁四库全书》第1137册,据台北故宫博物院藏本影印。
王安石原著,李壁笺注,高克勤点校,《王荆文公诗笺注》,上海:上海古籍出版社,2010。
王勃,《王子安集》,上海:上海书店,1989,收入《四部丛刊·初编》第102册,据上海涵芬楼借景江南图书馆藏明张绍和刊本重印。
王潮生主编,《中国古代耕织图》,北京:中国农业出版社,1995。
王棻编,曹清华校点,《杜清献公年谱》,成都:四川大学出版社,2002,收入《宋人年谱丛刊》第11册。
王厚之,《汉晋印章图谱》,上海:上海古籍出版社,1988,收入《说郛三种》第7册,据宛委山堂《说郛》所收影印。
王连起主编,《故宫博物院藏文物珍品全集》,香港:商务印书馆,1996—2008。
王十朋原著,梅溪集重刊委员会编,《王十朋全集》,上海:上海古籍出版社,1998。

王庭珪,《庐溪文集》,台北:商务印书馆,1983,收入《景印文渊阁四库全书》第1134册,据台北故宫博物院藏乾隆四十七年(1782)文渊阁本影印。

王洋,《东牟集》,台北:商务印书馆,1983,收入《景印文渊阁四库全书》第1132册,据台北故宫博物院藏乾隆四十七年(1782)文渊阁本影印。

王毓贤,《绘事备考》,台北:商务印书馆,1983,收入《景印文渊阁四库全书》第826册,据台北故宫博物院藏乾隆四十七年(1782)文渊阁本影印。

王元恭修,王厚孙、徐亮纂,《至正四明续志》,北京:中华书局,1990,《宋元方志丛刊》第7册,据咸丰四年(1854)《宋元四明六志》本影印。

王恽原著,杨亮、钟彦飞点校,《王恽全集汇校》,北京:中华书局,2013。

王质,《雪山集》,北京:线装书局,2004,收入《宋集珍本丛刊》第61册,据清孔氏微波榭钞本影印。

魏初,《青崖集》,台北:商务印书馆,1983,收入《景印文渊阁四库全书》第1198册,据台北故宫博物院藏乾隆四十七年(1782)文渊阁本影印。

魏了翁,《鹤山先生大全文集》,台北:商务印书馆,1979,收入《原式精印大本四部丛刊正编》第60册,据上海涵芬楼借乌程刘氏嘉业堂藏宋刊本影印。

吴泳,《鹤林集》,台北:商务印书馆,1983,收入《景印文渊阁四库全书》第1176册,据台北故宫博物院藏乾隆四十七年(1782)文渊阁本影印。

吴自牧,《梦粱录》,上海:古典文学出版社,1956,收入《东京梦华录(外四种)》。

项安世,《平庵悔稿》,北京:线装书局,2004,收入《宋集珍本丛刊》第66册,据清秦恩复钞本影印。

徐度,《却扫编》,台北:商务印书馆,1983,收入《景印文渊阁四库全书》第863册,据台北故宫博物院藏乾隆四十七年(1782)文渊阁本影印。

徐兢,《宣和奉使高丽图经·附录》,台北:商务印书馆,1983,收入《景印文渊阁四库全书》第593册,据台北故宫博物院藏乾隆四十七年(1782)文渊阁本影印。

徐鹿卿,《清正存稿》,台北:商务印书馆,1983,收入《景印文渊阁四库全书》第1178册,据台北故宫博物院藏乾隆四十七年(1782)文渊阁本影印。

徐梦莘,《三朝北盟会编》,扬州:江苏广陵古籍刻印社,1987,据光绪四年越冬集印本影印。

徐松辑,《宋会要辑稿》,台北:新文丰出版公司,1976,据民国三十四年(1945)上海大东书局影印国立北平图书馆徐氏原稿影印。

严复原著,王栻主编,《严复集》,北京:中华书局,1986。

阳枋,《字溪集》,台北:商务印书馆,1983,收入《景印文渊阁四库全书》第1183册,据台北故宫博物院藏乾隆四十七年(1782)文渊阁本影印。

阳思谦修,徐敏学、吴维新纂,《万历泉州府志》,台北:台湾学生书局,1987,《中国史学丛书·三编》第4辑,据万历四十年(1612)刊本影印。

杨讷、李晓明编,《文渊阁四库全书补遗·集部》,北京:北京图书馆出版社,1997。

杨万里,《诚斋诗话》,台北:商务印书馆,1983,收入《景印文渊阁四库全书》第1480册,据台北故宫博物院藏乾隆四十七年(1782)文渊阁本影印。
杨万里原著、辛更儒笺校,《杨万里集笺校》,北京:中华书局,2007。
叶绍翁原撰、沈锡麟、冯惠民点校,《四朝见闻录》,北京:中华书局,1989。
叶适原著、刘公纯、王孝鱼、李哲夫点校,《叶适集》,北京:中华书局,1961。
叶寘,《爱日斋丛抄》,台北:商务印书馆,1983,收入《景印文渊阁四库全书》第854册,据台北故宫博物院藏乾隆四十七年(1782)文渊阁本影印。
佚名,《京口耆旧传》,台北:商务印书馆,1983,收入《景印文渊阁四库全书》第451册,据台北故宫博物院藏乾隆四十七年(1782)文渊阁本影印。
佚名,李之亮点校,《宋史全文》,哈尔滨:黑龙江人民出版社,2005。
佚名,汝企和点校,《两朝纲目备要》,北京:中华书局,1995。
尤袤,《梁溪遗稿》,台北:商务印书馆,1983,收入《景印文渊阁四库全书》第1149册,据台北故宫博物院藏本影印。
余嘉锡,《世说新语笺疏》,北京:中华书局,1983。
俞松,《兰亭续考》,北京:中华书局,1999,收入《知不足斋丛书》第4册,据上海古书流通处影印本影印。
俞松,《兰亭续考》,台北:商务印书馆,1983,收入《景印文渊阁四库全书》第682册,据台北故宫博物院藏乾隆四十七年(1782)文渊阁本影印。
喻长霖、柯华威,《民国台州府志》,台北:成文出版社,1970,《中国方志丛书·华中地方》第74号,据民国二十五年(1936)铅印本影印。
员兴宗,《九华集》,台北:商务印书馆,1983,收入《景印文渊阁四库全书》第1158册,据台北故宫博物院藏乾隆四十七年(1782)文渊阁本影印。
袁采,《袁氏世范》,台北:商务印书馆,1983,收入《景印文渊阁四库全书》第698册,据台北故宫博物院藏乾隆四十七年(1782)文渊阁本影印。
袁甫,《蒙斋集》,台北:商务印书馆,1983,收入《景印文渊阁四库全书》第1175册,据台北故宫博物院藏乾隆四十七年(1782)文渊阁本影印。
袁桷,《清容居士集》,台北:商务印书馆,1979,收入《原式精印大本四部丛刊正编》第67册,据上海涵芬楼影印元刊本影印。
袁说友,《东塘集》,台北:商务印书馆,1983,收入《景印文渊阁四库全书》第1154册,据台北故宫博物院藏本影印。
袁燮,《絜斋集》,台北:商务印书馆,1983,收入《景印文渊阁四库全书》第1157册,据台北故宫博物院藏乾隆四十七年(1782)文渊阁本影印。
岳珂,《宝真斋法书赞》,台北:商务印书馆,1983,收入《景印文渊阁四库全书》第813册,据台北故宫博物院藏乾隆四十七年(1782)文渊阁本影印。
曾几,《茶山集》,台北:商务印书馆,1983,收入《景印文渊阁四库全书》第1136册,据台北故宫博物院藏乾隆四十七年(1782)文渊阁本影印。
曾枣庄、刘琳主编,《全宋文》,上海:上海辞书出版社;合肥:安徽教育出版社,2006。

张伯淳,《养蒙文集》,台北:商务印书馆,1983,收入《景印文渊阁四库全书》第1194册,据台北故宫博物院藏乾隆四十七年(1782)文渊阁本影印。

张端义原著,许沛藻、刘宇整理,《贵耳集》,郑州:大象出版社,2013,收入《全宋笔记·第六编》第10册。

张富祥点校,《南宋馆阁录·续录》,北京:中华书局,1998。

张淏纂修,《宝庆会稽续志》,北京:中华书局,1990,收入《宋元方志丛刊》第7册,据嘉庆十三年(1808)刻本影印。

张栻原著,邓洪波校点,《张栻集》,长沙:岳麓书社,2010。

张元幹,《芦川词》,台北:商务印书馆,1983,收入《景印文渊阁四库全书》第1487册,据台北故宫博物院藏乾隆四十七年(1782)文渊阁本影印。

章樵,《古文苑》,台北:商务印书馆,1983,收入《景印文渊阁四库全书》第1332册,据台北故宫博物院藏本影印。

赵鼎臣,《竹隐畸士集》,台北:商务印书馆,1983,收入《景印文渊阁四库全书》第1124册,据台北故宫博物院藏乾隆四十七年(1782)文渊阁本影印。

赵孟坚,《彝斋文编》,台北:商务印书馆,1983,收入《景印文渊阁四库全书》第1181册,据台北故宫博物院藏乾隆四十七年(1782)文渊阁本影印。

真德秀,《西山先生真文忠公文集》,台北:商务印书馆,1979,收入《原式精印大本四部丛刊正编》第61册,据上海涵芬楼借江南图书馆藏正德刊本影印。

郑玄注,贾公彦疏,赵伯雄整理,王文锦审定,《周礼注疏》,北京:北京大学出版社,2001,《十三经注疏整理本》。

周必大,《文忠集》,台北:商务印书馆,1983,收入《景印文渊阁四库全书》第1147册,据台北故宫博物院藏乾隆四十七年(1782)文渊阁本影印。

周必大,《周益公文集》,北京:线装书局,2004,收入《宋集珍本丛刊》第48—50册,据明澹生堂抄本影印。

周辉原撰,刘永翔校注,《清波杂志校注》,北京:中华书局,1994。

周麟之,《海陵集》,台北:商务印书馆,1983,收入《景印文渊阁四库全书》第1142册,据台北故宫博物院藏乾隆四十七年(1782)文渊阁本影印。

周密原著,吴企明点校,《癸辛杂识·续集》,北京:中华书局,1988。

周紫芝,《太仓稊米集》,台北:商务印书馆,1983,收入《景印文渊阁四库全书》第1141册,据台北故宫博物院藏乾隆四十七年(1782)文渊阁本影印。

朱熹原著,陈俊民校编,《朱子全集》,台北:德富文教基金会出版,2000。

朱彝尊,《曝书亭集》,台北:商务印书馆,1979,收入《原式精印大本四部丛刊正编》第81册,据上海涵芬楼景印原刊本影印。

朱右,《白云稿》,上海:上海古籍出版社,1995,收入《续修四库全书》第1326册,据北京图书馆藏明初刻本影印。

学术专书

Charles Hartman and Cho-Ying Li, "Rehabilitation of Chen Dong," *Harvard Journal of Asiatic Studies* 75:1（2015）, 77-159.

Hilde De Weerdt, *Information, Territory, and Networks: The Crisis and Maintenance of Empire in Song China*, Cambridge, MA: Harvard University Asia Center, 2015.

Richard Davis, "Evolution of an Historical Stereotype for the Southern Sung——the case against Shih Mi-yuan," in Kinugawa, Tsuyoshi, ed., *Collected studies on Sung history dedicated to Professor James T.C. Liu in celebration of his seventieth birthday*（Kyoto: Dohosha, 1989）, pp. 357-386.

Richard Davis, "The reigns of Kuang-tsung（1189-94）and Ning-tsung（1194-1224），" and "The reign of Li-tsung（1225-64），" in Denis Twitchett and Paul Smith ed., *The Cambridge History of China, Volume 5: The Sung Dynasty and its Precursors, 907-1279*（Part 1）（Cambridge: Cambridge University Press, 2009）, pp. 812-823, 839-852.

Richard Davis, *Court and Family in Sung China, 960-1279: Bureaucratic Success and Kinship Fortunes for the Shih of Ming-chou*, Durham: Duke University Press, 1986.

Robert Hymes, *Statesmen and Gentlemen: The Elite of Fu-Chou, Chiang-Hsi, in Northern and Southern Sung*, Cambridge: Cambridge University Press, 1986.

艾朗诺（Ronald Egan）著，杜斐然等译，《美的焦虑——北宋士大夫的审美思想与追求》，上海：上海古籍出版社，2013。

包伟民，《传统国家与社会（960—1279）》，北京：商务印书馆，2009。

包伟民，《宋代地方财政史研究》，上海：上海古籍出版社，2001。

北京大学中国古代史研究中心编，《舆地、考古与史学新说——李孝聪教授荣休论文集》，北京：中华书局，2012。

蔡涵墨（Charles Hartman），《历史的严妆：解读道学阴影下的南宋史学》，北京：中华书局，2016。

蔡玫芬主编，《文艺绍兴：南宋艺术与文化·器物卷》，台北：故宫博物院，2010。

蔡文晋：《宋代藏书家尤袤研究》，台北：花木兰出版社，2005年。

陈雯怡，《由官学到书院——从制度与理念的互动看宋代教育的演变》，台北：联经出版公司，2004。

陈一梅，《宋人关于〈兰亭序〉的收藏与研究》，杭州：中国美术学院出版社，2011。

陈元峰，《北宋馆阁翰苑与诗坛研究》，北京：中华书局，2005。

陈元朋，《两宋的"尚医士人"与"儒医"：兼论其在金元的流变》，台北：台湾大学出版委员会，1997。

程志华，《学术与政治：南宋"庆元党禁"之研究》，新竹：清华大学历史研究所硕士论文，1996。

邓小南，《宋代文官选任制度诸层面》，石家庄：河北教育出版社，1993。

邓小南，《祖宗之法：北宋前期政治述略》，北京：三联书店，2006。

杜正胜,《古代社会与国家》,台北:允晨文化,1992。
方爱龙,《南宋书法史》,上海:上海古籍出版社,2008。
方诚峰,《北宋晚期的政治体制与政治文化》,北京:北京大学出版社,2015。
何传馨主编,《文艺绍兴:南宋的艺术与文化·书画卷》,台北:台北故宫博物院,2010。
何俊,《南宋儒学建构》,上海:上海人民出版社,2004。
何兹全,《爱国一书生:八十五自述》,上海:华东师范大学出版社,1997。
洪铭聪,《南宋家庙制的发展》,台北:台北大学历史学系硕士论文,2012。
胡坤,《制度运行与文书流转:宋代荐举改官研究》,北京大学博士后研究工作报告,2011,稿本。
胡昭曦、蔡东洲,《宋理宗·宋度宗》,吉林文史出版社,1996。
黄俊彦,《韩侂胄与南宋中期政局的转变》,台北:台湾师范大学历史研究所硕士论文,1975。
黄宽重,《南宋地方武力——地方军与民间自卫武力的探讨》,台北:东大图书公司,2003。
黄宽重,《南宋军政与文献探索》,台北:新文丰出版公司,1990。
黄宽重,《南宋史研究集》,台北:新文丰出版公司,1985。
黄宽重,《史事、文献与人物》,台北:东大图书公司,2003。
黄宽重,《宋代的家族与社会》,台北:东大图书公司,2006。
黄宽重,《宋史丛论》,台北:新文丰出版公司,1993。
黄宽重,《孙应时的学宦生涯:道学追随者对南宋中期政局变动的因应》,台北:台湾大学出版中心,2018。
黄宽重,《晚宋朝臣对国是的争议:理宗时代的和战、边防与流民》,台北:台湾大学文学院,1978。
贾晋华,《唐代集会总集与诗人群研究》,北京:北京大学出版社,2001。
李长远,《融道入儒:唐宋思想转型期间的士人与道家传统》,台北:台湾大学历史研究所博士论文,2015。
李更,《宋代馆阁校勘研究》,南京:凤凰出版社,2006。
李倚天,《南宋高宗朝政治思想研究——以中兴、构思为核心》,北京:清华大学人文学院历史系硕士论文,2018。
梁庚尧,《宋代社会经济史论文集》,台北:允晨文化公司,1997。
梁建国,《朝堂之外:北宋东京士人交流》,北京:中国社会科学出版社,2016。
林日波,《真德秀年谱》,武汉:华中师范大学中国古典文献学硕士论文,2006。
凌郁之,《洪迈年谱》,上海:上海古籍出版社,2006。
刘道元,《两宋田赋制度》,上海:新生命书局,1933。
刘静贞,《北宋前期皇帝和他们的权力》,台北:稻乡出版社,1996。
刘祥光,《宋代日常生活中的卜算与鬼怪》,台北:政大出版社,2013。
刘子健,《两宋史研究汇编》,台北:联经出版公司,1987。

刘子健原著,赵冬梅译,《中国转向内在:两宋之际的文化内向》,南京:江苏人民出版社,
    2002。
逯耀东编著,《拓垦者的画像》,台北:中华文化复兴月刊社,1977年。
罗家祥,《宋代政治与学术论稿》,香港:华夏文化艺术出版社,2008。
牛海蓉,《元初宋金遗民词人研究》,北京:中国社会科学出版社,2007。
欧阳光,《宋元诗社研究丛稿》,广州:广东教育出版社,1996。
皮庆生,《宋代民众祠神信仰研究》,上海:上海古籍出版社,2008。
全汉昇教授九秩荣庆祝寿论文集编辑委员会编,《薪火集:传统与近代变迁中的中国经济
    ——全汉昇教授九秩荣庆祝寿论文集》,台北县板桥市:稻乡出版社,2001。
史美珩,《是奸相还是能臣:史弥远历史真相研究》,太原:山西人民出版社,2010。
束景南,《朱熹年谱长编,增订本》。》,上海:华东师范大学出版社,2014。
斯波义信著,庄景辉译,《宋代商业史研究》,台北:稻禾出版社,1997。
四川大学古籍整理研究所编,《现存宋人别集版本目录》,成都:巴蜀书社,1990。
寺地遵,《南宋初期政治史研究》,广岛:溪水社,1988。
宋晞,《宋史研究论文与书籍目录(1905—1981)》,台北:中国文化大学出版部,1983。
孙蒨侯,《宋元戴剡源先生表元年谱》,台北:商务印书馆,1978,收入《新编中国名人年谱
    集成》第6辑。
孙克宽,《诗与诗人》,台北:学生书局,1971。
陶恒生,《高陶事件始末:中国现代史上传奇的一章》,台北:成文出版社,2001。
陶晋生,《北宋士族:家庭·婚姻·生活》,台北:历史语言研究所专刊之102,2001。
陶晋生,《宋辽关系史研究》,台北:联经出版公司,1984。
陶晋生等译,《宋史论文选集》,台北:台湾编译馆,1995。
陶希圣,《八十自序》,台北:中国大陆问题研究中心,1978。
陶希圣,《潮流与点滴》,台北:传记文学出版社,1964。
陶希圣,《清代州县衙门刑事审判制度及程序》,台北:食货出版社,1972。
陶希圣,《夏虫语冰录》,台北:法令月刊社,1980。
陶希圣,《中国法制之社会史的考察:汉律系统的源流》,台北:食货出版社,1979。
陶希圣,《中国社会与中国革命》,台北:食货出版社,1977。
田浩,《朱熹的思维世界》,台北:允晨文化,1996。
汪圣铎,《两宋财政史》,北京:中华书局,1995。
王德毅,《宋史研究论集·第二辑》,台北:新文丰出版公司,2008。
王国维,《王观堂先生全集》,台北:文华出版公司,1968。
王瑞来,《近世中国——从唐宋变革到宋元变革》,太原:传媒集团,山西教育出版社,
    2015。
王宇,《刘克庄与南宋学术》,北京:中华书局,2007。
王曾瑜,《荒淫无道宋高宗》,石家庄:河北人民出版社,1999。

吴洪泽,《尤袤年谱》,成都:四川大学出版社,2002,收入《宋人年谱丛刊》第9册。
向以鲜,《超越江湖的诗人:后村研究》,成都:巴蜀书社,1995。
谢和耐(Jacques Gernet)原著,马德程译,《南宋社会生活史》,台北:中国文化大学出版部,1982。
熊海英,《北宋文人集会与诗歌》,北京:中华书局,2008。
杨果,《宋代两湖平原地理研究》,武汉:湖北人民出版社,2001。
杨亮,《宋末元初四明文士及其诗文研究》,北京:中华书局,2009。
衣若芬,《苏轼题画文学研究》,台北:文津出版社,1999。
于北山,《陆游年谱》,上海:上海古籍出版社,1985。
余嘉锡,《四库提要辨证》,北京:中华书局,1985。
余英时,《朱熹的历史世界:宋代士大夫政治文化的研究》,台北:允晨文化,2003。
虞云国,《宋光宗、宋宁宗》,吉林文史出版社,1997。
张宏生,《江湖诗派研究》,北京:中华书局,1995。
张劲,《两宋开封临安皇城宫苑研究》,广州:暨南大学博士论文,2004。
赵维平,《尤袤年谱》,上海:上海三联书店,2012。
周学武,《叶水心先生年谱》,台北:大安出版社,1988。
朱开宇,《科举社会、地域秩序与家族发展——宋明间的徽州》,台北:台湾大学出版委员会,2004。
朱迎平,《宋代刻书产业与文学》,上海:上海古籍出版社,2008。

学术论文

小林晃,《南宋中期における韓侂冑專權の確立過程:寧宗即位(一一九四年)直後の政治抗争を中心として》,《史学雑誌》,第115卷第8号(東京:2006),頁31—54。
小林晃,《南宋寧宗朝における史彌遠政權のとそ成立の意義》,《東洋学報》,第91卷第1号(東京:2009.6),頁35—64。
小林晃,《鄭真輯'四明文獻'の史料價值とその編纂目的——'全宋文''全元文'補遺の試み》,《北大史学》,第49期(札幌:2009.12),頁22—48。
小林晃,《史彌堅墓誌銘と史彌遠神道碑:南宋四明史氏の伝記史料二種》,《史朋》,第43号(札幌:2010.12),頁1—17。
小林晃,《南宋理宗朝前期における二つの政治抗争:'四明文獻'から見た理宗親政の成立過程》,《史學》,第79卷第4号(東京:2010.12),頁31—60。
小林晃,《南宋晚期对两淮防卫军的驾御体制——从浙西两淮发运司到公田法》,收入邓小南主编,《过程·空间:宋代政治史再探研》(北京:北京大学出版社,2017),頁272—291。
方震华,《转机的错失——南宋理宗即位与政局的纷扰》,《台大历史学报》,53期,(台北:2015.3),頁67—91。

方震华,《破冤气与回天意——济王争议与南宋后期政治(1225—1275)》,《新史学》27卷2期,(台北:2016.6),页1—41。

方震华,《复仇大义与南宋后期对外政策的改变》,《"中央研究院"历史语言研究所集刊》,88本2分(台北:2017.6),页309—345。

方诚峰,《补释宋高宗"最爱元祐"》,《清华大学学报(哲学社会科学版)》,2014年2期,(北京:2014),页69—76。

王曾瑜,《岳飞的部将和幕僚》,收入岳飞研究会选编,《岳飞研究》(杭州:浙江古籍出版社,1988)第1辑,页35—144。

王瑞来,《内举不避亲——以杨万里为个案的宋元变革论实证研究》,《北京大学学报(哲学社会科学版)》,第49卷第2期(北京:2012.3),页117—129。

王瑞来,《金榜题名后:"破白"与"合尖"——宋元变革论实证研究举隅之一》,《国际社会科学杂志》,第26卷第3期(北京:2009.9),页80—90。

王德毅,《宋孝宗及其时代》,《"国立编译馆"馆刊》2:1,1973,页1—28。

石守谦,《赋彩制形——传统中国美学思想与艺术批评》,收入郭继生主编,《美感与造型》(台北:联经出版事业公司,1982),页13—66。

寺地遵,《南宋中期政治史の試み(日本歴史学協会二〇〇二年度総会公開講演要旨)》,《日本歴史学協会年報》,第18號(東京:2003)。

成明明,《北宋馆阁文人的物质生活与精神生活略论》,《西北大学学报(哲学社会科学版)》,第37卷第6期(西安:2007),页10—14。

朱溢,《临安与南宋国家祭祀礼仪——着重于空间因素的探讨》,《"中央研究院"历史语言研究所集刊》88本1分,(台北:2017.3),页159—171。

李卓颖,《地方性与跨地方性:从"子游传统"之论述与实践看苏州在地文化与理学之竞合》,《"中央研究院"历史语言研究所集刊》,82本2分(台北:2011.6),页325—398。

李天鸣,《瑞应图故事》,李天鸣等编《文艺绍兴——南宋艺术与文化》图书卷(台北:故宫博物院,2010),页18—29。

李长远,《易图象数与宋元之际士人之亲道、人道》,《台大历史学报》待刊。

杜正胜,《通贯礼与律的社会史学——陶希圣学述》,《历史月刊》,第7期(台北:1988.8),页20—23。

谷侠,《元末玉山雅集研究综述》,《昆明理工大学学报》,2007年第4期(昆明:2007),页67—72。

宋晓希,《君臣庆会:宋代私宅御书阁的兴起与发展》,《第十八届宋史国际研讨会论文集》,(兰州:2018.8)。

林岩,《南宋科举、道学与古文之学——兼论南宋知识话语的分立与合流》,《中山大学学报(社会科学版)》,2013年第6期(广州:2013.12),页14—24。

林岩,《宋代举子赴考的旅费问题》,《中华文史论丛》,2012年第4期(上海:上海古籍出版社,2012),页123—152。

吴雅婷,《南宋与蒙元的谱录书写理路》,"繁花似锦:文明交会、人群汇流与个人境遇"国际研讨会,(台南:成功大学,2014.11)。
吴雅婷,《十一至十四世纪谱录所见的阅读史》,"游于艺:十一至十四世纪士人的文化活动与人际网络"国际学术研讨会,(桃园,长庚大学,2015.6),页351—378。
吴雅婷著,小二田章译,《南宋中叶の知識ネットワーク——"譜録"類目の成立から(南宋中叶的知识网络——从谱录类目之成立谈起)》,收入宋代史研究会编,《宋代史研究会研究报告(10)中国伝統社会への視角》,(东京:汲古书院,2015.7),页235—266。
竺沙雅章,《宋代官僚の寄居について》,《東洋史研究》,41卷1號(京都:1982.6),页28—57。
林木,《从兰亭修禊到文人雅集——对中国绘画史一个母题的研究》,《中国国家博物馆馆刊》,2013年第11期(北京:2013),页75—82。
周密,《思陵书画记》,载《中国书画全书》第二册,(上海:上海书画出版社,1993),页132。
邱江宁、宋启凤,《论元代"续兰亭会"》,《江苏社会科学》,2013年第6期(南京:2013),页185—190。
津坂貢政,《朱熹の伝記題跋をめぐって》,发表于"第41回(平成27年度)宋代史研究會夏合宿"(2015.08.27—29)。
柳立言,《从赵鼎〈家训笔录〉看南宋浙东的一个士大夫家族》,收入第二届国际华学研究会议秘书处编,《第二届国际华学研究会议论文集》(台北:中国文化大学文学院,1992),页495—550。
胡坤,《临民与治军:宋代帅臣荐举权述论》,《西南大学学报(社会科学版)》,第38卷第1期(重庆:2012.1),页106—112。
胡坤,《宋代荐举之弊》,《云南社会科学》2012年第5期,页132—136。
胡坤,《宋代荐举改官文书中的照牒和奏检》,《中国史研究》2014年第2期,页117—131。
范凡,《雅集与宋代文人生活》,《数字时尚(新视觉艺术)》2009:1(南京:2009),页61—62。
唐朝晖,《元末续兰亭诗会及其文学史意义》,《兰州学刊》,2010年第3期(兰州:2010),页173—175。
展龙,《元末士大夫雅集交游述论》,《甘肃社会科学》,2012年第5期(兰州,2012),页184—187。
桂始馨,《宋代皇权与相权关系研究综述》,往复国史网,2005.4.22。
高柯立,《宋代的地方官、士人和社会舆论——对苏州地方事务的考察》,《中国社会历史评论》,第10卷,(天津:2009),页188—204。
马尚玲,《从"西园之游"到"兰亭雅集"》,《语文学刊》,2008年第1期(呼和浩特:2008),页16—18。
宿白,《南宋的雕版印刷》,《文物》1962年第1期(北京),页15—28。
张玉范,《〈攻媿集〉宋本、文渊阁四库全书本、武英殿聚珍本之比较》,《国学研究》,第11卷

（北京：2003.6），页351—364。

曹家齐，《"爱元祐"与"遵嘉祐"——对南宋政治指归的一点考察》，《学术研究》，2005年第11期（广州），页103—107。

莫家良，《宋高宗与〈兰亭序〉——古典书风的回归》，载华人德、白谦慎编，《兰亭论集》（苏州：苏州大学出版社，2000），页395。

梁天锡，《论宋宰辅互兼制度》，收入《宋史研究集》（台北：台湾编译馆，1969）第四辑，页275—308。

梁庚尧，《宋代财政的中央集权倾向》，《中华民国史专题·第五届讨论会：国史上中央与地方的关系》（台北：国史馆，2000），页563—581。

梁庚尧，《宋代福州士人与举业》，《东吴历史学报》，第11期（台北：2004.6），页175—213。

梁庚尧，《家族合作、社会声望与地方公益：宋元四明乡曲义田的起源与演变》，收入柳立言等编辑，《中国近世家族与社会学术研讨会论文集》（台北："中央研究院"历史语言研究所，1998），页213—237。

梁庚尧，《历史未停滞：从中国社会史分期论争看全汉昇的唐宋经济史研究》，《台大历史学报》，第35期（台北：2005.6），页1—53。

郭峰，《论南宋江湖词派的词社》，《云南社会科学》，2006年第1期（昆明：2006），页130—133。

陈元朋，《宋代儒医》，《中国史新论——医疗史分册》，"中央研究院"，联经出版公司（台北：2015），页245—305。

陈温菊，《宋代经学的省思——由宋人古器物学与金石学研究谈起》，《孔孟月刊》，第32卷第7期（台北：1994），页34—42。

许雅惠，《南宋金石收藏与中兴情结》，《台湾大学美术史研究集刊》，第31期（台北，2011），页1—60。

郭守运、唐晓文，《宋代宫廷藏书及其对宋代文人地位影响略论》，《宿州学院学报》，第25卷第4期（宿州，2010），页9—15。

傅海波（Herbert Franke），《贾似道（1213—1275）：一个邪恶的亡国丞相？》，收入《中国历史人物论集》（台北：正中书局，1973），页298—324。

彭慧萍，《两宋宫廷书画储藏制度之变：以秘阁为核心的鉴藏机制研究》，《故宫博物院院刊》，2005年第1期（北京，2005），页12—40。

須江隆，《地域社会へのまなざし—祠廟制の新局面—》，《"唐宋変革"論を考える（第53回東方学会全国会員総会シンポジウムI発表論文集）》，页2—28。

黄宽重，《陶希圣与食货杂志》，《历史月刊》，第7期（台北：1988.8），页24—25。

黄宽重，《宋代基层社会的权力结构与运作——以县为主的考察》，收入黄宽重主编，《中国史新论·基层社会分册》（台北：联经出版公司，2009），页273—325。

黄宽重，《政治、地域与家族——宋元时期四明士族的衰替》，《新史学》，第20卷第2期（台北：2009.6），页1—41。

黄宽重，《从活的制度史迈向新的政治史——综论宋代政治史研究趋向》，《中国史研究》，2009年第4期(北京：2009.11)，页69—80。

黄宽重，《刘宰の人间关系と社会への关心》，《宋代史研究会研究报告(10)中国传统社会への视角》，(日本：汲古书院，2015)，页151—189。

黄宽重，《以艺会友：南宋中期士人以〈兰亭序〉为中心的品题与人际关系》，《汉学研究》，第35卷第3期(台北：2017.9)，页173—211。

黄宽重，《刘宰乡居期间的讯息管道与内涵》，发表于"7—16世纪的信息沟通与国家秩序"第五次工作坊，北京大学中国古代史研究中心，2018年11月。

杨俊峰，《绍兴辛巳亲征诏草的隐漫与再现——兼论和议国是确立后历史书写的避忌现象》，《台湾师大历史学报》，53期(台北：2015.6)，页1—41。

廖咸惠，《祈求神启：宋代科举考生的崇拜行为与民间信仰》，《新史学》，第15卷第4期(台北：2004.12)，页41—92。

廖咸惠，《探休咎：宋代士大夫的命运观与卜算行为》，收入《走向近代：国史发展与区域动向》(台北：东华书局，2004)，页1—43。

廖咸惠，《墓葬と风水：宋代における地理师の社会的位置》，《都市文化研究》，第10期(大阪：2008.3)，页96—115。

廖咸惠，《体验"小道"：宋代士人生活中的术士与术数》，《新史学》，第20卷第4期(台北：2009.12)，页1—58。

廖咸惠，《知识から实践へ——真德秀の'易经'活用(从知识到实践：真德秀的《易经》应用)》，收录于(日本)宋代史研究会编，《宋代史研究会研究报告集第十集——中国传统社会への视角》(东京：汲古书院，2015)，页191—234。

廖咸惠，《理解天命：文天祥的命运观与术数知识》，《汉学研究》，第35卷第2期，(台北：2017)，页225—260。

熊慧岚，《宋代苏州州学的财务经营与权益维护——兼论州学功能与教授职责的扩增》，《台大历史学报》，第45期(台北：2010.6)，页79—116。

管正平，《戴表元任信州路儒学教授时间考证》，《陕西师范大学学报》，第43卷第3期(西安：2014.5)，页113—117。

赵冬梅，《试论北宋中后期的碑志书写——以司马光晚年改辙拒作碑志为中心》，收入王晴佳、李隆国主编，《断裂与转型：帝国之后的欧亚历史与史学》(上海：上海古籍出版社，2017)，页373—397。

刘祥光，《宋代风水文化的扩展》，《台大历史学报》，第45期(台北：2010.6)，页1—78。

刘祥光，《两宋士人与卜算文化的成长》，收入蒲慕洲主编，《鬼魅神魔：中国通俗文化侧写》(台北：麦田出版社，2005)，页221—277。

刘静贞，《北宋前期墓志书写活动初探》，《东吴历史学报》，第11期(台北：2005.6)，页59—82。

刘静贞，《唯家之索：隆祐孟后在南宋初期政局中的位置》《国际社会科学杂志(中文版)》，2016年第3期(北京：2016)，页24—38。

蔡涵墨(Charles Hartman),《曹勋与太祖誓约的传说》,《中国史研究》(北京:2016),页89—116。

蔡涵墨(Charles Hartman)、李卓颖,《平反陈东》,《文史》,2017年第2期(北京),页157—222。

邓小南,《何澹与南宋龙泉何氏家族》,《北京大学学报(哲学社会科学版)》,第50卷第2期(北京:2013.3),页113—130。

邓小南,《关于泥马渡康王》,《北京大学学报》,1995年第6期,(北京:1995),页101—108。

邓小南,《图画作品与宋代政治研究》,《宋代历史探究——邓小南自选集》(北京:首都师范大学出版社,2015.8),页368—381。

郑丞良,《南宋明州州学先贤祠与人物祭祀》,收入浙江大学宋学研究中心编,《宋学研究集刊》第1辑(杭州:浙江大学出版社,2008),页320—347。

郑丞良,《试由科举与赐谥探讨嘉定时期官方对道学的态度及其转变》,收入杭州市社会科学院、浙江大学历史系主编,《第三届海峡两岸宋代社会文化学术研讨会议文集》(杭州:浙江大学出版社,2013),页272—287。

郑丞良,《道学、政治与人际网络:试探南宋嘉定时期黄干的仕宦经历与挫折》,《史学汇刊》,第35期(台北:2016.12),页153—174。

郑利锋,《〈全宋文〉补遗》,《中州学刊》,2013年第9期(郑州:2013.9),页154—161。

郑嘉励,《明招山出土的南宋吕祖谦家族墓志》,《唐宋历史评论·第一辑》(北京:社会科学文献出版社,2015),页186—215。

黎臻,《从人生趣味到诗歌精神——以两晋金谷诗会和兰亭诗会为中心》,《中国文学研究》,2012年第3期(长沙:2012),页52—60。

薛颖,《元祐文人集团文化精神的传播——以〈西园雅集图〉的考察为中心》,《美术观察》2009年第8期(北京,2009),页97—100。

薛颖、郎宝如,《"西园雅集"的真伪及其文化意蕴》,《内蒙古大学学报(人文社会科学版)》2004年第2期(呼和浩特,2014),页25—31。

后　记

　　这本论著是我近十年来探索南宋新议题的部分成果，有幸能汇集出版以就教同道，颇感欣慰。

　　选择以南宋为研究领域，是生命的意外。大学二年级时，我曾受教于李毓澍、王聿均二位研究中国近、现代史的老师，也曾利用在近代史研究所工读的两个暑假，阅读不少清末民初名人传记与一手史料。我本有意探索巨变中的近代中国，然此志向却因大学三年级时修习孙克宽教授的宋辽金史而改变。孙教授是博学多才的诗人，对宋元文集用力最深。他以诗文阐述英雄豪杰在时代动荡中的遭遇与抉择，生动的演讲和认真批改作业的态度激励了我的读史动力。在孙克宽教授的引导下，我重新认识了南宋历史——在12、13世纪东亚世界秩序变动中，南宋立国江南、处境多艰，却能坚忍求存，缔造璀璨多元的社会文化——我深受南宋历史吸引，从此穷一生之力探索这段长期被忽视的历史。当时年轻的我万万没有预料到，此一转折竟影响了自己一生的治学方向；在耕耘南宋历史研究的过程中，虽有事倍功半的艰辛，却始终甘之如饴，转瞬间已近五十年寒暑，我也迈入古稀之年。

　　如今回想，当年治学方向的转折既是一大挑战，我却也得以走出自己的学术特色。触发我研究志趣的南宋晚期，学界一向视之为历史研究的灰暗时代。由于缺乏完整的南宋编年史籍，研究这一时期全仰赖士人文集和笔记小说、方志等零散记载；加上这类典籍版本问题复杂，以致更难从中建构较宏观的历史论述。因此，我仅能选择从有具体资料的议题或个案入手，依循孙教授的研究路径，并效仿王德毅教授编写年谱，以时序为线索，建立人与社会、政治环境的联系。资料零散又欠缺宏观架构，使我的研究方式犹如瞎子摸象或拼凑碎布。当时选题侧重于政治变动中的国家处境，以及中层官僚与武人的遭遇与应对，与主流议题惯于称颂盛世或宏观诠释社会经济发展,相距甚远;从学界友人称我为"军事史专家",可知我的研究议题冷僻而小众。不过,正因为这样的研究路径,从资料到议题都乏人竞争,反而得以自在阅读史料,从中寻找自己认为有意义且感兴趣的议题,如和战、归正人、地方武力、家族、中下阶层的士人官僚、高丽与宋金关系等;同时,也有更多余裕通过比勘不同版本的典籍以发掘新史料,如通过宋人书信内容证明活字印刷术在南宋的持续发展与应用等。诸此均是我早期投入大量时间从事南宋历史研究的写照:从点开始,如跑野马式逐步发展为线的连结;虽得以粗略勾勒南宋图像,但仍缺乏系统性的整合看法,更难对这一时期提出宏观的历史诠释。

尝试将学术视野向文化面向扩展,是我研究生涯的又一次转折。2010年,台北故宫博物院筹办"文艺绍兴:南宋艺术与文化"大型展览,嘱我撰文综论南宋历史,以利参观者掌握展览背景知识。为呼应这项特展,我尝试整体性检视南宋一百五十三年的政治与文化;复因此前曾以专文提出南宋中晚期"嘉定现象",呼吁宋史学界重视这一时期的历史研究,我的学术关怀也因此更加聚焦于南宋政治与文化的发展,以及两者之间的关联互动——在这一时期,士人已然形成政治、社会的优势群体,并深刻影响了宋代,乃至后世中国的社会文化——这一连串的思考与写作,加上长久以来不同议题的积累,让我有勇气突破过往单点式的研究模式,尝试以跨领域视角探索南宋。与此同时,我有缘与陈雯怡、许雅惠、吴雅婷、陈韵如、廖咸惠等五位优秀的跨领域青年学者,共同执行以"游于艺:十三至十四世纪士人的文化活动与人际网络"整合型研究计划,透过定期交流阶段性成果,延伸彼此的研究触角,也激发更强的动力,探索整合性议题。这一过程中,各项研究虽仍以单篇论文形式发表,但点滴间却也逐渐凝聚出本书着重跨领域连结整合的旨趣与脉络。

我的研究历程一如运动习惯,反映着我的个性和成长背景。生长于荒野偏乡,我的家庭靠山吃饭,我也自小在山林间奔跑;虽有野溪,但父母禁止近水,上了小学后,也只玩过躲避球。由于习性、体能、身材之故,初、高中体育课不敢碰各种球类,因此很难融入同学们热衷的各类流行运动,只能选择枯燥的爬山、慢跑。凡此种种,使我的我日常生活多以山野为伴,爬山、慢跑虽然单调,却也培养出我甘于孤独的性格与耐性;往后,我的人生经历各种病痛,都是靠走路、慢跑来调整生活形态与心境,熬过生命的幽谷。随着年华老大,青年时长于各种球类的朋友们,陆续受限于体力而挂起免战牌,不得不寻求更和缓的运动形态,而我则仍旧持续以慢跑调养生息。在枯燥、孤独的慢跑中,我寻得心境的恬适,也以此为生活与健康的基石。我一辈子的生活形态与研究历程,和成长的时空环境及其限制息息相关,幸而我能够乐在孤独,未曾自怨自艾,因而能在自己的道路上走出丰盛人生。

本书得以顺利出版,特别要感谢邓小南教授和熊慧岚小姐。与邓教授结识三十年,彼此都认同两岸宋史学界各有研究特色与优缺点,需要结合各方力量,加强交流合作,相互补强,以共同提升学术质量。三十年来,邓教授与我始终相互支持;她对本书主题尤为关切,热心协助联系北京大学中国古代史研究中心、北京大学出版社,玉成了本书出版。我的学生熊慧岚,目前虽忙于撰写博士论文,却能协助我仔细检查、修订文稿,让我怀着戒慎的心情,不懈修改。她们二人为本书质量把关,是此书得以顺利出版的重要推手。邱逸凡、林筱倩费心劳神整理、编辑本书,陈雯怡、雷之波伉俪多年来代译英文,北大出版社刘方主任鼎力促成、刘书广编辑实际推动业务,让本书简体版得以顺利出版,特此致谢。

本书出版期间,是我迈入古稀届退时刻。我满怀感激之情,感谢兄长、老师的扶持与家人、亲友的包容,让我得以专心从事教学与研究工作。近十年,我有缘在长庚大学认识一群优秀的医师,承蒙他们照顾我和家人的健康;特别是方基存和柯毓贤二位医师,无微不至为我的健康把关,衷心感谢。更难得的是,有缘在长庚大学教授众多优秀的医、工科青年。我的授课方式传统,又坚持历史学的学术训练,让他们承受巨大压力,但他们始终努力以赴,表现不逊于历史学专业学生。和这些不同领域的优秀学生交流,让我在心境上更加年轻、充满活力,更时常感受到教学相长的喜悦。这些缘分与喜悦,让我在长庚大学度过愉快的岁月,也为我的学术生涯留下美好回忆;在退休之际,谨以此书敬致谢忱与怀念。

最后,希望借本书出版感谢我高中时期的历史老师、慧灯中学创办人林忠胜先生生前对我的鼓励;也由衷感激指导我硕、博士论文的王德毅和陶晋生两位老师,在我迈向学术的道路上,一路扶持、引领着我的研究视野与方向。

黄宽重
南港中研院
2020.4.30